KB265668

여성|몸|성

여성｜몸｜성

장 (윤) 필화 지음

도서출판 **또 하나의 문화**

책을 펴내며

재래의 모든 제도와 전통과 관념에서 멀리 떠나 생명에 대한 청신한 의미를 환기코저 하는 우리 여자에게는 무엇보다도 우리들의 인격과 개성을 무시하는 재래의 성도덕에 대해 열렬이 반항하지 않을 수 없습니다. … 나는 우리가 인격과 개성을 본위로 한 성적 신도덕을 건설하겠다는 제일보로 먼저 구도덕에 대하여 파괴적 사상을 가지게 됨은 당연한 순서인 줄 압니다.
— 김원주, 「우리의 이상」, 『부녀지광』, 1924

우리의 해방은 정조의 해방부터 할 것이니 좀더 정조가 문란해 가지고 다시 정조를 고수하는 자가 있어야 한다.
— 나혜석, 「신생활에 들면서」, 『삼천리』, 1935

'성적 신도덕' 건설에 대한 강렬한 토로와 '정조 해방'에 대한 거침없는 요구에도 불구하고, 시인 김원주(김일엽)는 스님이 되는 것으로 자신의 포부를 접어야만 했고, 화가 나혜석은 자신에게 쏟아지는 비난 속에서 외로이 쓰러져 갔다. 그로부터 육칠십 년이 지난 오늘, 이들의 문제 의식에 동감하는 여성들이 그 당시에 비해 훨씬 많아졌다. 특히 내가 몸담고 있는 여성학이라는 학문 영역에서는 전통적 성도덕의 해체 작업이 조심스럽게나마 진행되고 있다. 그러나 이 땅에 살고 있는 대다수의 여성들이 여전히 여성 억압적인 전통 문화의 굴레로부터 자유로울 수 없는 현 상황에서, 김원주·나혜석 같은 선배들이 살아 있다면 우리의 '조심스러움'을 과연 어떻게 평가할 것인가?

이 책은 지난 10년 동안 다양한 동기와 배경에서 썼던 성 sexuality에 관한 글들을 모은 것이다. 나는 여성학 연구 작업을 죽 진행해 오면서, 여성 억압과 성의 문제가 강한 연관성을 갖고 있다는 확신을 갖게 되었다. 물론 이러한 확신은 내 개인의 것만은 아니다. 내가 재직하고 있는 이화여대 여성학과에서만도 1989년, 강간에 대한 석사학위 논문이 3편 제출되었고, 한국 여성학회에서는 성의 문제를 주제로 하여 심포지엄이 열리기도 했다. 사실 이 주제를 다루어야 한다는 당위성은 그 훨씬 전부터 제기되어 왔지만, 우리의 조심스러움이 성에 관해 공식적으로 말하는 것을 지연시켰다.

최근 몇년 간, 성을 주제로 하는 책들이 쏟아져 나오고 성 담론이 대학가를 풍미했던 덕분에, 요즘 우리는 성 자체가 중요한 연구 주제라는 것을 당연하게 받아들인다. 그래서 성이 왜 중요한 주제인가를 따로 설명할 필요도 없는 것같이 느껴지기도 한다. 그러나 여성 운동사를 돌이켜 볼 때, 1970년대 이 땅의 여성 운동가들은 성에 대해 토론하기 시작했고, 또 성 문제의 심각성을 뼈저리게 느꼈음에도 불구하고, 그것을 하나의 독립적 연구 주제로까지 고려하지는 못했다.

나 역시 처음부터 성 연구를 한 것은 아니다. '여성의 경제 활동'을 주제로 한 박사 학위 논문을 준비하던 1980년대 초반, 나는 경기도의 한 읍에서 현장 연구를 하게 되었다. 그곳에서 나는 많은 여성들을 만나게 되었고 이들의 경제 활동 유형과 일의 형태, 그리고 여성들이 하는 일에 대한 주관적 평가 방식을 접할 수 있었다. 특히 그때까지 주목받지 못하고 있던 경제 활동과 성, 즉 일과 성의 연관성에 대해서 자각하게 되었다.

그 여성들에게서 발견되는 생각 중의 하나는 여성이 순전히 생계를 유지하기 위해 일하는 것은 그리 내세울 만한 것이 아니라는 점이다. "물건 값을 모르는 여자가 행복하다. 남자가 벌어다 주는 대로 먹고 사는 삶이 가장 행복한 삶이다"라는 관념이 만연하는 우리 사회에서, 부양해 줄 남성이 없어서 노동 시장에 뛰어들어야 하는 여성의 삶은 흔히 불행한 것으로 치부되었기 때문이다. 여성이 시장 관계에 직접 개입할 때 여성성이나 여성다움은 훼손되기 쉽고, 따라서 여성이 일을 하는 경우는 남성과 달리 특별한 동기가 있어야만 그럴 듯해 보인다. 예컨대, 자아 실현을 위해서, 사회 참여를 위해서, 또는 아이 과자 값이나 벌기 위해서 등등의 동기가 있어야만 그 여성은 불행한 여성의 대열에서 벗어날 수 있다. 단지 먹고 살기 위해서 일을 하는 여성은 남들에게 처량하게 보일 수 있기 때문에, 여성이 자존심을 지키려면 자신이 불쌍하게 보이지 않기 위한 장치가 필요하다. 이는 중산층 여성에만 한정되어 있는 관념이 아니라, 중산층 여성의 삶을 선망하고 있는 많은 여성들이 갖고 있는 관념이기도 하다. 결국 여성의 경제 활동 참여 여부는 부양자인 남성과의 관계에서 결정된다.

또한 나는 우리 사회에서 여성들의 직업 선택은, '직업 여성'이라는 말이 '술집 여성'과 동의어로 사용되고 있는 일상 언어의 배경으로부터 자유로울 수 없다는 점에 주목하게 되었다. 일상 언어의 이 같은 사용은 여성의 직업과 성이 깊은 연관을 맺고 있음을 단적으로 보여준다. 그러므로 여성이 어떤 직업을 선택할 때 그 직업이 어떤 성적 함의를 갖는가는 매우 중요한 고려 사항이 된다. 이 점은 여성이 선택한 직업이 강한 성적 함의를 갖게 되는 경우, 예를 들면, 술집에서 일하는 경우를 생각해 보면 쉽게 이해가 갈 수 있다. 그때 비록 여성의 일이 자신의 성을 상품화하는 식의 성적 행동과는 무관한 것이 될지라도, 그 여성의 직업에 대한 일반적인 인식에서 술집 여자라고 상징화되어 있는 특정한 범주와 연관성을 끊어내기가 어렵다. 이처럼 여성의 직업에는 성적 연관성의 코드가 작용한다. 그리고 바로 이런 코드가 여성의 직업, 일의 범위를 축소하고 사회 활동을 위축시키는 역할을 한다.

결국 여성이 하는 일은 그 일이 존경받을 만한 일인지 respectability의 여부가 일 자체를 판단하는 데에서 중요한 비중을 차지한다. 그러나 이때 존경받을 만한 일은 극히 제한되어 있다. 이런 상태에서 자발적 선택의 폭은 작아질 수밖에 없다. 그렇다면 여성들이 자발적으로 선택하고 싶어 하는 존경받을 만한 일이란 무엇인가?

존경받을 수 있는 일을 쉽게 규정하는 한 가지 방식은 존경받을 수 없는 일이 무엇인지를 파악하는 부정적 방법을 동원하는 것이다. 엄밀히 말해 몸을 사용하지 않고 할 수 있는 일은 상상할 수 없음에도 불구하고 우리 사회에서 어떤 일의 귀천을 판가름할 때, 몸의 사용과 연관이 가까울수록 그 일은 천하다고 평가된다. 그런데 여기서 몸의 사용이라는 인식은 여성과 관련되면 그것은 곧 몸의 성적 사용을 의미하게 된다. 즉 여성이 하는 일은 그 일이 몸의 성적 사용과 얼마만큼 가깝게 연관되어 있는가에 따라 귀천을 판단하게 된다. 그래서 판매하는 서비스가 직접적으로 성적인 내용을 가지면 가질수록 그 노동은 존경받는 일과는 거리가 멀어진다.

이와 같은 일과 성의 연관성은 여성과 남성의 노동 형태를 근본적으로 다른 것으로 만든다. 남성의 시각과 그 시각으로 일반화된 노동에 대한 개념 및 모든 과학적 분석과 접근 방법은 이런 차이를 간과하고 있으며 그 때문에 여성을 이해하지 못하고 있다. 바로 이 점에서 일과 관련된 성의 문제를 여성학이 중요한 주제로 삼아야 하는 이유가 분명해진다. 그러나 일과 관련된 성의 문제는 성이라는 문제 영역의 일부를 구성할 뿐이다. 성은 단지 일과의 연관성을 넘어서 문화적 구조의 버팀목으로 자리잡아 왔기 때문이다. 성과 관련해서는 여성뿐만 아니라 남성 또한 억압과 통제의 대상이 된다. 그러나 물론 그 정도와 성격에는 큰 차이가 있다. 예컨대 우리 전통 사회에서 그리고 최근까지도 많은 사람의 입에 오르내렸던 "순결이 생명보다 더 귀중하다"는 생각은 여성에게 적용되는 것이지 남성에게 적용되는 것이 아니었다는 점만 보더라도 그러하다.

결국 우리는 가부장제 문화 전통 속에서 여성과 남성의 성은 다르다는 인식에 이르게 된다. 이러한 인식은 포괄적인 성 연구를 시작하는 데에 기초를 제공하는 핵심적인 것이다. 또 하나의 핵심적인 인식은 앞에서도 언급했듯이 가부장제 문화 전통에서 담론의 주체는 남성이었고 따라서 여성의 관점은 전혀 들어오지 않았다는 점이다. 이 두 가지의 핵심적 인식은 일과 성의 관계를 논하기 위해 또는 성과 관련된 측면들을 다각적으로 살피는 포괄적인 성 연구를 위해 반드시 검토해야 할 필요가 있는 것들이다. 그러므로 이 책의 첫 글, 「성 sexuality에 관련한 여성 해방론의 이해와 문제」는 바로 이러한 문제 의식을 집중적으로 다룬다. 이 글은 1989년 한국 여성학회 춘계 학술 대회에서 발표된 논문으로 이 때 발표된 다른 학자들의 글과 함께 『일과 성』(청하, 1992)으로 출판되었다.

당시 나는 여성학회의 연구위원장으로 심포지엄을 준비하면서 한국 전통 문화에 성이 어떤 위치를 차지하고 있으며 그 안에서 여성의 성이 어떻게 규정되는지 연구하는 작업을 기획했다. 원래 기획했던 바는 무속, 유가, 불가 모두를 다루려는 것이었으나 적당한 연구자를 찾기 힘들었고 결국은 불교를 전공한 한 저명한 남자 교수가 참여하게 되었다. 그의 해박한 전공 지식과 성실한 연구 자세에도 불구하고 그의 논문에서 '여성'과 '성'이라는 개념은 구분되지 않은 채 문맥에 따라 혼용되어 사용되고 있었다. 엄밀성을 추구하는 학문 영역에서조차 이처럼 전혀 다른 두 개념이 모호하게 동일시된다는 사실은 무엇을 의미하는 것일까? 그것은 이성애의 맥락에서 남성의 관점으로 이해할 때 여성은 성과 혼동되며 동시에 중립성을 표방하는 학문 영역에서 사실상 이성애의 맥락에 선 남성의 관점만이 관철되고 있음을 알려주는 가시적인 증거가 된다. 결국 이 분의 논문은 그 동안 심증은 있었으나 물증이 없었던 성 담론에 관한 나의 가설을 증명해 준 셈이 되었다.

조형 교수와 함께 한 공동 연구인 「한국의 성문화 : 남성 성문화를 중심으로」(『여성학 논집』 8집, 1991)는 한국의 성문화에 대해 짐작만 하고 있던 일들을 실증적인 연구를 통해 객관화시키는 작업이었다. 이 연구는 심층 면접 조사 연구를 통해 이루어졌는데, 면담한 남성들의 입을 통해 그 동안 '구전되어 오던' 남성들의 성문화가 '사실'로 파악되었을 때 우리는 새삼스럽게 놀라지 않을 수 없었다. 「성, 사랑,

결혼에서 주인되기 : 통념과 규범의 비판」(1991)은 또 하나의 문화에서 펴낸『새로 쓰는 성 이야기』에 실렸던 글이다. 나는 오랫동안 여성학 강의를 통해 많은 젊은 여성들의 성과 사랑, 결혼에 관한 생각과 갈등을 접할 수 있었다. 이 글에는 기성 세대와는 다를 것으로 기대했던 젊은 여성들 역시 전통적인 성문화와 도덕에 억눌려 있다는 사실을 인식하면서 그들에게 느꼈던 서글픈 공감과 안타까움이 함께 배어 있다.

일반적으로 성에 대한 논의는 몸에 대한 논의를 벗어나서 이루어지기 힘들다. 흔히 성은 생물학적 현상이며 본능이라고 정의 내려진다. 이러한 신체 결정론적 통념은 성을 실천하는 몸을, 생물학적으로 존재하는 몸과 마음의 이분법적 인식 하에서 이해함으로써 발생하는 것이다. 이런 점에서「여성과 몸」(『한국 여성학』 제8집, 1992)은 사회 과학이나 자연 과학이 암묵적으로 전제해 온 정신과 육체에 대한 이분법을 비판하며, 여성주의 입장에서 좀더 통합적으로 몸을 이해해 보려고 하였다.

현상적으로 볼 때, 여성과 남성은 분명히 다르게 행동한다. 그 다름이 제도화되고 있는 몇 가지 측면을 매매춘과 성희롱의 주제와 관련해서 다룬 글이 두 편 있다. 「국회 속기록에 나타난 여성 정책 시각 : 매매춘에 대하여」(『여성학 논집』 제7집, 1990)는 국회 속기록 자료를 기초로 제1공화국에서 제6공화국에 이르기까지 매매춘 문제에 대한 입법부와 행정부의 정책적 시각과 그 변화 과정을 살펴본 글이고, 「직장내 '성희롱'에 대한 이해와 대처 방안의 모색」(『여성학 논집』 제11집, 1994)은 1994년 서울대 조교 성희롱 사건에서 촉발되어 성희롱이 사회적 문제로 인식되면서 이를 이해하고 대처하는 방법을 모색하기 위해 쓰여진 글이다. 이 글은 성희롱에 대한 학문적 개념이나 접근이 부재한 상황에서 쓰여진 시론격 글이다. 1999년 1월 초, 「남녀 차별 금지 및 구제에 관한 법」이 통과되고, 또한 남녀 고용 평등법이 개정되어 성희롱에 대한 제도적인 조치가 정비되고 있는 현 상황에서, 이 글은 역사적 자료의 의의를 가질 수 있을 것이다. 그래서 이 글 뒤에 두 법의 관련 조항을 덧붙였다.

「여성 체험의 공통성」(『철학과 현실』, 1996)은 여성주의 인식론의 필요성과 더불어, 여성들의 체험의 공통성이 기반하고 있는 '여성'이라는 범주의 사용 가능성을 '성폭력'과 연관시켜 분석한 글이다. 즉 일상적인 이성애적 성경험과 연속선에 있는 성폭력 개념에 대한 분석을 통해 '여성'의 범주화 가능성을 주장하였다. 「성차별과 성윤리 : 성윤리에서의 성적 불평등」(아산재단 주최 심포지엄, 1996)에서는 여성의 몸과 성, 성과 권력 및 폭력의 관계를 분석하고 있으며, 전통적이고 성차별적인 성윤리에 대한 여성주의 비판을 정리하고 있다.

「결혼 제도와 성」(『한국 여성학』 제13권 2호, 1997)은 우리 사회의 성문화와 성 규범의 핵심을 이루고 있는 결혼 제도를 둘러싸고 여성의 성이 어떻게 구성되는가를 분석하였다. 이 연구는 「한국의 성문화 : 남성 성문화를 중심으로」에서 소개한 남성에 대한 연구와 비교되는데, 남성들이 주로 결혼 밖의 성을 이야기했다면 여성들은 주로 결혼 내의 성을 이야기하고 있다는 점이 흥미롭다.

여성과 남성이 다르다는 생각은 일반화된 것이면서도 남녀 모두에게서 반발과 오해를 사기도 한다. 오해의 대부분은 이러한 논의가 남성을 적대시한다는 생각에서 비롯된다. 그러나 그것이 오해라는 점을 명확히 할 필요가 있다. 인류의 절반을 차지하는 수많은 남성들과 수많은 여성들을 일반화하여 설명하는 것에 논리적으로 무리가 따르지 않는 것은 아니다. 성별에 대해 일반화된 명제가 제시될 때마다 그것에 예외가 되는 사례를 어렵지 않게 찾을 수 있다. 예를 들어 여성이 '남성보다 더 평화적이다' 또는 '남성은 여성보다 더 폭력적이다'는 명제에 대해 반론을 전개할 수 있는 개인을 찾아내는 것은 쉬운 일이다. 폭력 남편이 있을 때 폭력 아내의 예를 찾을 수 있다. 또한 전쟁을 일으켜서 수많은 살상을 한 결과로 우상이 된 남성들도 많지만, 동시에 자신의 아들을 전사로 보낸 것을 자랑하는 어머니가 있는 것도 사실이다. 그럼에도 불구하고 여성과 남성의 차이에 대해서 이야기하는 것이 여전히 중요하다는 점은 이 책 전체를 통해서 분명하게 드러날 것이다. '남존 여비'라는 표현을 구시대의 유물이라 치더라도, 남성들뿐만 아니라 심지어 여성들까지도 남성이 여성보다 우선적인 권리를 갖는 것이 당연하다고 생각하는 경향이 있다. 이런 점에서 볼 때, 여성 문제는 여성 개개인 혹은 남성 개개인의 선택이나 가치관의 문제가 아니라, 그 이전에 그것들을 틀지우고 있는 관념과 제도의 문제이다.

여기에 실린 글들은 거의 모두 동료들의 도움을 거쳐 완성되었다. 이화여대 대학원 여성학과의 이명선, 김정희, 이미경, 안연선, 조영미, 변혜정, 정영애, 이성은, 권수현, 이은아, 이효희에게 감사한다. 이 책을 완성하는 데 도움을 주신 도서출판 또하나의 문화의 안희옥 편집장님, 조옥라 교수, 유승희 사장님에게 감사한다. 일찍이 성에 대한 철학적 논의를 시작해서 우리에게 용기를 준 정대현 교수께도 감사를 드린다. 또한 이 책에 실린 글 중 철학적 논의에 기반한 몇몇 글은 이상화 교수의 끊임없는 문제 제기와 격려를 통해 이루어졌음을 밝히며 감사하는 마음을 전한다. 직접 인용하거나 표면적으로 다루지는 않았어도 사실상 이 책의 글들은 여러 동료들과의 교류와 토론에 힘입고 있다. 70년대 크리스챤 아카데미 영아덜트 교육, 중간 집단 교육 수강 동료들과 초기 의식화 작업을 공유했고, 또 하나의 문화 동인들과는『지배 문화, 남성 문화』,『새로 쓰는 성 이야기』,『새로 쓰는 사랑 이야기』를 기획·편집하면서 치열한 토론을 벌였다. 학부 학생들의 진솔한 고민을 적은 쪽글도 변화하는, 또는 변화하지 않는 세태를 읽을 수 있는 중요한 자료가 되었고, 이화여대 대학원 여성학과 학생들의 치열한 부딪힘도 새로운 힘을 주는 경험이었다. 80년대 말『여성신문』이 새로운 시각으로 조명하기 시작한 사건들 또한 여성과 성의 문제를 파악하고 사회 운동을 구체적으로 펴나가는 데 매우 중요한 역할을 하였다.

강정순 사건, 변월수 사건, 김부남 사건 등은 이 분들의 개인적 고통과 희생을 통해서 아이러니컬하게도 문제 의식을 갖고 개선을 모색하게 되는 계기를 마련했다는 점에서 큰 의미를 갖는다. 또한 문제 의식을 함께 공유하며 한국 성폭력 상담소를 창립하기 위해 밤늦게까지 일하고 연구하던 동지들과도 이 책의 의미를 나누고 싶다. 마지막으로 구체적으로 이름을 밝힐 수 없는 수백 명의 면담자들에게 감사한다. 별로 드러내고 싶지 않은 자신의 경험을 나누어 줄 만큼 신뢰해준 점이 고맙다. 그들의 경험을 분석해 냄으로써 무언가 보탬이 될 수 있는 학문적 기여를 함으로써 보답하고 싶다.

차 례

여성 · 몸 · 성

책을 펴내며 — 5

1. 성 Sexuality에 관련한 여성 해방론의 이해와 문제 — 16

2. 한국의 성문화 : 남성 성문화를 중심으로 — 48

3. 성, 사랑, 결혼에서 주인되기 : 통념과 규범의 비판 — 112

4. 여성과 몸 — 130

5. 국회 속기록에 나타난 여성 정책 시각 : 매매춘에 대하여 — 154

6. 직장내 '성희롱'에 대한 이해와 대처 방안의 모색 — 196

7. 여성 체험의 공통성 — 238

8. 성차별과 성윤리 : 성윤리에서의 성적 불평등 — 258

9. 결혼 제도와 성 — 286

참고문헌 — 321

찾아보기 — 329

1 성 Sexuality에 관련한 여성 해방론의 이해와 문제

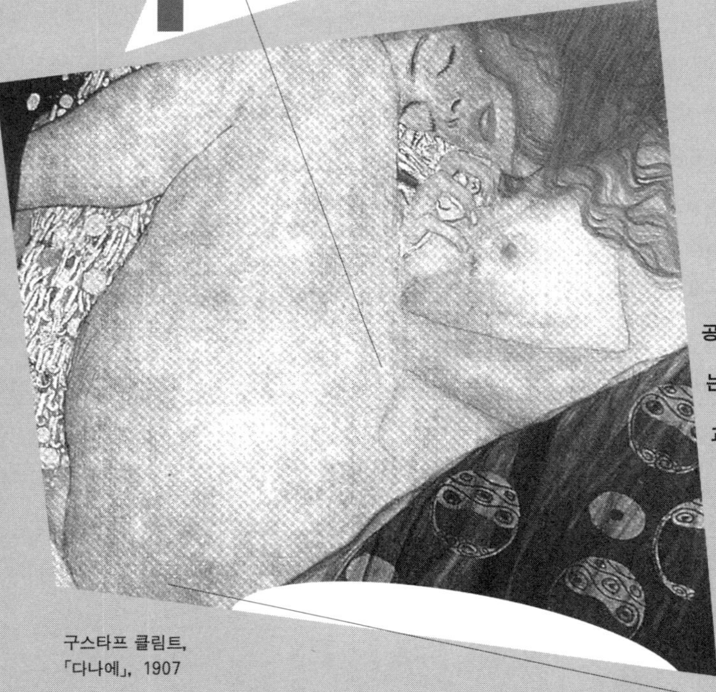

구스타프 클림트,
「다나에」, 1907

공식 체계와 비공식 체계는 공통적으로 여성의 성과 남성의 성에 대한 두 가지 이중 구조를 갖고 있다. 그 하나는 남성과 여성은 전혀 상이한 성적인 본능을 갖고 있으며, 남성은 그 신체적 구조에 의해 관용적 대접을 받는 것이 마땅한 반면에 여성의 신체 구조는 순결을 지키도록 만들어져 있다는 논리이다. 이러한 논리는 또 다른 이중 구조, 즉 정숙한 여성과 비정숙한 여성으로 이분화된 여성상을 결과하며, 이들은 또한 가족 및 여타 사회 제도에 의해 분리된다. 가부장제의 역사를 통하여 여성이 열등한 사회적 위치를 점하게 된 원인을 이러한 이중의 이중 구조를 통해 파악할 수 있을 것이다.

1. 머리말

왜 우리는 성을 연구해야 하는가? 아마도 가장 쉽게 공감할 수 있는 이유는 바로 이 시대의 성문화가 매우 어지럽다고 생각하는 층이 많아지고 있고, 특히 여성들이 스스로를 이러한 성문화의 피해자로 인식하고 이 문제에 대한 연구의 필요성을 급박하게 느끼기 시작한 때문일 것이다. 성폭력, 성의 상품화, 성의 이중 윤리 등이 점차 사회적으로 표면화되면서 우리에게 위기 의식을 심화시키고 있다. 그러나 이렇게 표면으로 드러나는 문제는 그 이전까지 은폐되어 온 문제들과 연결하지 않고서는 진단을 제대로 내릴 수 없다. 이제까지 성을 공식적으로 거론하는 것이 기피되어 왔고, 또한 성은 연구 대상으로서의 가치도 인정받지 못해 온 것이 한국 사회의 풍토이다.

이렇게 국내의 연구와 논의가 축적되지 못했기 때문에, 대부분의 논의는 서구의 것을 검토할 수밖에 없는 한계가 있다. 제한된 자료나마 이를 기초로 한국의 상황과 연결지어 보도록 노력하였다.

성에 관한 논의의 근저에는 성이란 자연, 즉 생물학적 영역에 귀속되는 것 nature 인가, 아니면 사회화 또는 양육의 결과 nurture인가 하는 양자택일적 입장이 깔려 있다. 자연과 양육, 즉 신체 구조적 차이와 사회적 역할을 분리하여 생각할 수 없는 것이 분명함에도 불구하고 흔히 양자택일적 입장을 취하게 되는 것은 어떤 이데올로기적 요소가 작용했기 때문이라고 생각된다. 그렇다면 이러한 이데올로기의 생성 주체가 누구인가를 살펴보지 않으면 안된다.

다른 모든 지식의 영역에서와 마찬가지로 성을 주제로 한 논의 체계도 주로 남성에 의해 이루어져 왔다. 푸코 Foucault에 의하면 모든 언술 행위 discourse는 궁극적으로 사회적 권력 행위와 연결되어 있다. 이러한 입장을 의미 있게 받아들인다면, 성에 대한 남성들의 독점적 언술 행위 또한 그 원인과 결과 면에서 남성과 여성의 권력 관계와 무관하게 이해할 수 없다.

이 글은 성에 대한 논의의 주류 **main stream**는 남성 중심적 인식의 흐름 **male stream**에 기초하고 있다고 파악하고, 이러한 흐름 속에서 나타나는 여성 해방론의 반응을 검토하고 정리하는 데 일차적인 목표를 두고 있다. 이 과정을 통하여 여성 해방론의 비판적 이론이 '여성' 해방뿐만 아니라 '인간' 해방에 도달하려는 이론적 접근의 맹아를 보일 수 있는가가 간접적으로나마 시사되리라 믿는다.

2절에서는 성을 어떻게 정리해야 하는가의 문제와 대체로 서구에서 이루어진 성에 대한 논의와 지식 발전의 흐름을 훑어 봄으로써 여성과 여성의 성이 어떻게 평가되고 있는지를 검토한다.

3절에서는 서구에서 18세기 말부터 제기되기 시작한 여성 해방론에서 성을 어떻게 다루고 있는가를 본다. 그 중 흔히 제2의 물결로 일컬어지는 20세기 후반의 여성 해방론자들의 비판적 인식을 중심으로, 이들이 처한 각 시대의 사회 사상적 바탕과 역사적 상황에서 비롯되는 한계가 지적될 것이다.

4절에서는 여성학 연구를 통해서 도출되는 몇 가지 이론들을 중심으로 성을 분석하는 시각을 정리해 보고, 이와 한국 사회의 문제들을 연결시켜 볼 것이다.

2. 성지식의 발전

(1) 성의 개념 및 정의

우선 '성'이 무엇을 의미하는가, 어떤 동의어 및 유사어들이 사용되는가에 따른 개념 정의의 문제를 정리할 필요가 있다. 이 글의 주제를 '성 **Sexuality**'이라 표현한 이유도 영어 어휘의 보조를 통해 이해를 좀더 분명히 하고자 하는 의도 때문이다.

우리말에서 성은 성별 구분을 의미하는 일반적 의미와 성행위, 성관계를 의미하는 특정한 의미를 함께 포함하고 있다. 영어권에서 말하는 섹슈얼리티 **sexuality**는

19세기 이후에 만들어진 용어로 섹스 sex보다 포괄적인 의미를 갖고 사용되며, 이때의 섹스는 성관계 또는 성교를 의미하는 것으로 문맥을 통해 이해된다. 우리말에서도 섹스라는 외래어를 성관계, 성교를 지칭하기 위해 사용하는 경향이 있는데, 이는 국어로 표현하기에 어색하거나 거북할 때 외국어로 대체하는 대표적 예의 하나일 것이다. 그러나 영어권에서도 섹스는 단일하게 사용되지 않는 어휘이다. 좀더 일반적으로는 성교, 성관계를 의미하기보다는 성별 구분을 지칭하고 있다.

그러나 더 세분하자면 섹스는 주로 신체 구조에 기반한 성별을 의미하고, 젠더 gender는 문화적 성을 지칭하는 것으로 사용되고 있다. 국어에서는 이들을 구분하는 어휘를 찾을 수 없다. 최근 국내에서 섹슈얼리티는 성성 性性이라는 조어 造語로 번역되기 시작했으나 아직은 일반적으로 소개되지 못하였으므로 이 글에서는 불만족스러운 대로 '성'을 사용한다. 여기에서 성은 성교, 성관계 등의 구체적 성행동을 포함하지만 이보다는 훨씬 더 포괄적 개념으로 사용하고 있다.

즉, 성은 신체 구조와 심리 구조, 사회적 규범과 특정 사회 조직들에 의해 지지되고 있는 복합적인 스펙트럼으로 이해되어야 한다.[1] 또한 가장 사적인 것 같으면서도 사실은 가장 공적이며, 가장 여리고 예민하면서도 가장 폭력적일 수 있다(Hearn & Parkin, 1987).

이제까지의 지배적인 성개념은 성을 성교, 성행위를 중심으로 이해하고 따라서 성기 중심적으로 이해하고 있다. 이러한 성개념은 성을 생리적 현상으로 보고 사회 구조와는 분리될 수 있는, 자율적인 영역으로 생각하도록 한다. 그러나 최근의 논의들은 이를 비판하고 사회적 구성물로서의 성을 강조하고 있어(Weeks, 1986), 위와 같은 지배적인 성개념은 성의 복합성을 망각하거나 상대적으로 약화시킨다. 이에 더하여 우리가 집중하여 연구할 논제는 성을 성기 중심적 행위로서 이해하는 것은 여성의 입장에서보다는 남성의 입장에서 출발된다는 점이다(정대현, 1988).

여성에게 성은 성교라는 행위만을 중심으로 정의될 수 없다. 성교와 인간 생산의

---

1) Cheris Kramarae and Paula A. Treichler, 1985, *Feminist Dictionary*, Pandora.

관계는 임신, 출산이라는 여성의 육체적 변화 및 기능과 직결되어 있기 때문에 분리된 개별적 행위로 이해되기 어렵다. 따라서 성행위도 월경, 출산, 양육이라는 일련의 과정 속에서 이해되고 평가되어야 한다. 오브라이언 O'Brien(1983)은 남녀 신체 구조의 차이와, 출산 및 출생자의 소속 문제, 또 이에 관련한 이데올로기와 사회 제도와의 관련 속에서만 남성과 여성의 성 이해를 분석할 수 있다고 주장한다.

혹자는 이런 주장은 전혀 새로운 주장이 아니며, 여성과 남성에게 달리 적용되는 소위 '성의 이중 윤리'는 바로 육체적 차이에 기인하기 때문에 합리적인 것이라고 주장할 것이다. 그러나 위의 논의는 모든 문제를 육체적 차이로 환원하는 생물학적 결정론과는 구별되어야 한다. 한 사회가 임신과 출산, 양육에 대하여 어떤 평가를 내리고 또 어떤 사회 조직 내에서 인간을 생산하는가 하는 사회·문화 구조 및 경제적 분업 형태가 이러한 육체적 차이의 의미를 상당히 달라지게 하기 때문이다. 다시 말하면 사회가 인정하는 관계 이외의 행위에 대해 그 사회가 어느 정도 관용적이며 대안을 제공하고 있는가에 따라 달라질 수밖에 없다.

따라서 육체적 차이와 성 인식의 차이와 행동의 차이는 상호 연관 관계에 있으면서 또한 문화적으로 상대적이라고 규정하는 것은 당연한 귀결이다. 여성에게 성교란 오브라이언의 주장처럼 일련의 과정의 한 부분이므로 성기, 성교가 차지하는 비중은 성에서 상대적으로 약하며 성적 에너지, 성적 관심, 성적 쾌감 등도 이러한 일련의 과정이 확산된 범위에서 파악되어야 할 것이다. 이 점을 이해하기 위한 쉬운 예로서 수유나 양육 과정에서 육체적 접촉이 가져오는 만족 등을 이성간의 접촉에서 오는 만족과 완전히 구별하는 것은 매우 어렵다는 점을 들 수 있다.

남녀의 육체적 차이에 중요한 의미를 부여할 때, 피임법의 확대는 성에 대한 여성의 이해를 좀더 남성적인 것과 유사하게 만들 수 있는 신체적 조건을 갖게 해준 것은 사실이다. 그러나 소위 '성해방', 또는 '프리 섹스 free sex'로 불려지는 사회적 흐름에 동참한 여성들의 경험에 기초한 평가를 통해 보면, 이러한 경험을 통해 여성이 해방되거나 인간화되는 것은 아님이 분명하다(Ehrenreich, 1983). 임신·출산의 기능은 사회적으로 필수적이며 이를 계속 여성이 맡게 되는 한, 피임이 갖고 있는 변화의 잠재력은 부분적일 수밖에 없다. 그보다 더욱 중요한 것은 사회적 규범과 보상과 처벌 기제의 변화이며, 이러한 변화가 병행되지 않는 한, 여성과 남성의 성인식과 행동은 서로 접근하기 어렵다.

이러한 모든 논의들은 근원적으로 성을 어떻게 정의하는가와 밀접히 연관되어 있고 남성과 여성의 이해를 함께 포괄하는 정의가 지배적이 될 때 더욱 진정한 의미를 파악할 수 있는 시발점이 된다고 할 수 있다.

(2) 성지식 : 여성의 이분화와 대상화

금세기 이전까지 서구에서 진행된 성 논의의 흐름은 크게 세 가지로 파악할 수 있다. 첫째는 철학자와 신학자들의 성 규범에 관련한 논의로서 이는 19세기 이전까지 가장 오랫동안 지배적인 위치를 차지해 왔다. 이들은 성을 일차적으로는 '죄'로 규정하고 특정한 조건에 의해서만 구원될 수 있다고 보았다. 대표적으로 아퀴나스 **Aquinas**와 칸트 **Kant** 등을 들 수 있다.

두번째 흐름은 일종의 본질주의 또는 생물학적 결정론이다. 즉, 성은 인간 본성에 내재되어 있는 '자연적'인 것으로 남성은 강한 '성적 충동' '성적 본능'을 갖고 있는 반면에 여성은 '모성 본능'을 갖고 있다는 견해이다. 엘리스 **Havelock Ellis**는 개개인의 특정한 신체 구조적 범주에 따라 동성애 또는 그 외의 다양성을 갖게 하는 특징을 찾을 수 있다고 보았다(Open Univ., 1983).

세번째는 19세기 중반부터 자리잡기 시작한 성 과학으로 주로 의학자나 심리학자들에 의해 연구되었다. 특히 프로이트는 성의 정의나 성 연구의 대상을 넓히는 데 기여하였다. 즉, 성적인 것과 성기적인 것은 엄격히 구분해야 한다고 주장하고, 성이란 인간의 성기와는 무관하게 행해지는 보다 많은 행동, 행위를 포괄하는 개념으로 보았다. 원래 인간의 성에너지는 신체 여러 부분을 통해 쾌락을 얻게 되는데 후에 추가적으로 생식에 봉사하는 기능으로 축소된 것이라고 주장한다.2) 그러나 임상적으로는 성을 '죄'로 보는 억압적 규범이 질병을 유발하는 것으로 보아 결과적으로 '질병'과 연결하여 결론들을 내리고 있다.

20세기에 들어와서 위의 논의들은 크게 도전을 받거나 보완되고 있다. 19세기의 성에 대한 금기는 많이 깨지고, 성 과학은 더욱 실증적인 연구 방법을 택하였다. 의학자들인 매스터와 존슨은 임상 실험을 통하여 여성과 남성의 오르가슴을 연구했으며, 킨제이는 면담 방법을 통해 성행동의 범위를 연구하였다. 이들은 철저히 가치 중립적이고 객관적인 관찰을 근거로 보고서를 썼음을 강조하지만 도덕적 판단을 완전히 극복하지는 못하고 있다. 특히 여성 입장에서 조사한 하이트 리포트 **Hite Report**와는 많은 차이점을 보이고 있다는 점을 볼 때 성 연구에서 객관성의 문제는 가장 어려운 문제의 하나라고 할 수 있다(Open Univ., 1983). 1960년대 이후에는 철학 및 사회 과학의 연구 대상으로서 성이 등장하기 시작했다. 이 후자의 배경에는 마르쿠제를 위시한 비판 철학의 영향과3) 여성 해방의 물결이 큰 역할을 했다고 할 수 있다.

---

2) 이러한 의미에서 프로이트의 성본능, 성의 개념은 플라톤 Plato의 『향연』에 나타나는 에로스 **Eros**와 유사하다고 볼 수 있다. 그러나 플라톤의 에로스를 생체들을 좀더 큰 단위로 결속, 결합하려는 노력으로 이해한다면 프로이트와는 차이를 갖는다. 프로이트에게 있어서 개인은 타인과 결합하는 힘으로써 리비도적으로 만족하는 성격을 갖는 반면 서로 사랑하는 사람끼리 충분히 만족하고 배타적인, 비사회적 성격을 동시에 갖는다고 본다. 따라서 이러한 배타성 때문에 성본능은 사회적 조직을 통해 생식기적 성욕에 국한되며 이것이 일부일처제의 원천이 된다고 본다. 그러므로 프로이트에게 있어서 성이 성기적으로 제한되는 것은 생물학적으로 불가피한 것이라는 역설적 결론을 끌어내게 된다(프로이트, 『심리 분석학 개요』).

3) 마르쿠제는 인간의 성이 성기 중심적으로 국소화되는 것은 생물학적 필연성이 아니라, 문화적이고 사회적인 산물이며, 특정한 지배를 위한 목적으로 인간의 성을 축소시킨 결과라고 주장한다. 인간의 성이 에로스적 성격을 가지고 있다는 프로이트의 이론에서 출발하지만, 인간의 본능적 성 에너지는 직접적인 성감대를 넘어서서 더 넓은 만족의 영역에로 자기 초월을 시도한다는 점에서 동물과는 다르다는 점을 주목한다. 이렇게 승화된 성에너지, 에로스적 에너지의 만족 영역은 성애나 성교에 국한되는 것이 아니라 더 넓은 차원, 인간의 동지적 결속, 공동체적 유대감까지도 연장될 수 있다고 보았다(마르쿠제, 『에로스와 문명』).

성의 정의 자체에 앞장에서와 같은 문제를 제기하고 보면, 이제까지의 성 연구가 기초해 온 남성 중심적 성 정의는 그 출발에서부터 심각한 장애 요소를 안고 들어가는 것으로 파악할 수 있다.

다시 말하면, 남녀 모두 각기 이성의 성경험을 직접 체험할 수 없으며 이 점에서 각 성만이 갖는 주관성을 극복하기란 어렵다. 따라서 성에 관해 양성에게 일반화된 논리를 전개하는 데에는 큰 한계가 있는 것이 틀림없다. 그런데도 성에 관한 언술 행위가 한 성에 의해 거의 독점적으로 이루어졌으며, 그러한 사실 자체에 대해서도 무감각해 왔다는 사실을 인식하는 것이 성 연구에서 갖추어야 할 기본적인 자세라고 생각된다.

이 점은 성을 도덕적 판단의 영역으로 생각했던 전통이나, 그 이후 과학의 대상으로 설정했던 경우에 공통적으로 지적할 수 있는 문제점이다. 성에 대한 논의가 도덕적·윤리적 강령의 차원에 머물렀던 경우에 그 판단의 근거를 제시한 종교 지도자나 철학자들은 남성들이고, 이들은 철저히 남성들의 입장에서 여성들의 입장을 고려하지 않은 채 여성들을 객체화하고 이를 또한 '진리'의 이름으로 선포했다.

특히 문제의 초점을 맞추어야 할 부분은 서양 사상에서 다루어지는 성은 대부분의 경우, 성을 도덕적으로 악하거나 또는 바람직하지 못한 것으로, 오직 합법적인 부부 관계 내에서 생식을 위해서만 정당화될 수 있는, 일종의 필요악으로 보려는 경향이 짙다고 하는 점이다. 성에 대한 이러한 부정적 시각과, 이러한 시각을 실천에 옮겨야 한다고 주장한 남성들에게 여성은 부정적 성을 유발하는 대상으로서 평가될 가능성이 매우 높다. 즉, 자연스럽게 여성상은 부정적 유혹자의 상이 되고, 이러한 여성상은 곧 성적 존재라는 여성상으로 연결된다.

성적 존재로서의 여성상이 부정적으로 보여지는 것은 그 반대의 경우, 즉 성과 무관한 존재로서의 여성만을 도덕적 존재로 인정하는 것과 유관하며 이의 대표적인 예는 동정녀 마리아상에서 나타난다. 여성 이분화는 가부장제 문화에 뿌리 깊이 자리잡고 있다.

한 인간의 인격을 평가하는 기준조차 그 인간이 남성이냐 여성이냐에 따라 달라진다. 남성에게는 다원적인 평가 기준이 적용되는 반면에 여성에게는 성적 행동이 가장 우선적인 근거가 되어 정숙한 여성과 비순결한 여성이라는 이분법으로 여성을 평가한다. 이 점은 우리 사회에서 아직도 통용되는 "생명보다 더 귀중한 정절"이라는 표현에서 잘 나타난다.4)

여성의 인격을 그의 성적 활동을 기준으로 이분화시켜서 판단하는 데는 두 가지 조건이 결합되어 있다. 첫째, 남성이 성을 논의하는 주체가 되고 여성이 객체로 되었을 때, 둘째, 성에 대한 평가가 부정적이라는 조건이다.

성에 대한 부정적 시각을 완화하는 데 기여한 성 과학과 프로이트의 등장도 성적 존재로서 여성을 대상화하는 것은 극복하지 못했던 점은 둘째 조건이 완화되었다 하더라도 첫째 조건의 변화가 이루어지지 않았다는 점에서 당연한 귀결이라고 할 수 있다. 오직 여성들의 사회적 위치가 강화되고 여성들의 조직과 운동이 강화되고, 여성이 주체자로서 등장하면서 이 문제 제기는 새로운 전기를 맞게 된다. 이러한 조건이 성숙되는 것은 여성의 시각에서 성의 문제를 정리하는 데 필수적이다.

3. 여성 해방론의 성이해

남녀의 비대칭적 관계에 대한 문제 제기의 역사를 정확히 밝히는 것은 불가능하지만 개인적 차원에서는 가부장제의 기원과 시기를 같이할 것으로 추정할 수 있다 (Kinnear, 1982). 확실한 윤곽은 근대 민주화의 역사와 함께 나타난다. 여기에서는 여성 해방론을 18세기 말에서 20세기 초까지의 기간을 제1의 물결로, 20세기 후반을 제2의 물결로 대별하여, 전자에서는 합리주의적 접근, 마르크스주의적 접근을 매우 간략히 요약하고 후자에서는 급진주의와 정신 분석학적 접근을 다루도록 한다. 문

---

4) 좋은 예로, 1989년 1월 대구에서 열린 변월수 사건 법정에서 법조인과 당사자들은 이 수사법을 자주 사용하고 있었다.

제의 성격상 후자에 더 많은 비중을 둘 수밖에 없다.

(1) 합리주의적 접근 및 도덕 개혁적 접근

초기의 영·미 여성 해방에 매우 주요한 길잡이 역할을 담당한 사람으로 메리 월스톤크라프트를 들 수 있다. 당시의 시대 상황에서 자유주의는 급진적 사상을 대표하고 있었으며 월스톤크라프트는 진보 사상의 선봉에 선 루소의 추종자로서 미국 독립과 프랑스 혁명을 열렬히 지지한 집단에 속해 있었다. 그러한 진보적 분위기에서 여성의 위치는 매우 모순적인 상황에 있었다. 인권을 주장할 수 있는 존재로서의 여성이 간과될 뿐만 아니라 오히려 역행적인 방향으로 정리되는 흐름을 간파하고 이에 철퇴를 가하려는 동기에서 저술된『여성 권리의 옹호』는 당시의 진보 사상의 이론들에 따른 여성의 인간 선언이라고 할 수 있다.

월스톤크라프트의『여성 권리의 옹호』의 저작은 직접적으로는 루소의 저서『에밀』에 의해 촉발되었다.『에밀』은 여성에 대한 남성 의식의 한계 및 문제점을 가장 분명하게 나타내는 예로 꼽을 수 있다. 특히 여성의 '성'에 관한 루소의 판단은 매우 흥미롭다.

루소의 독특한 개인적 배경과 시대적 특수성은 오늘날 우리 사회가 갖고 있는 여성의 성에 대한 지배적 평가와는 전혀 다른 판단을 갖게 했다. 즉, 여성은 충족되지 못할 만큼의 성적 욕구를 갖고 있으며, 이러한 여성들에게 경제적·심리적으로 독립할 기반까지 보장시켜 준다면 여성의 성적 욕망은 통제가 불가능할 것으로 판단하고 있다. 이는 당시에 막 건설하려고 하는 새로운 계몽주의 시대의 자유주의적 사회 질서를 수립하는 데 결정적인 저해 요소가 된다고 본다. 루소는 이러한 판단을 기초로 하여 여성은 성장 초기에서부터 경제적·심리적 독립이 가능하지 않은 사회화 과정과 교육 과정을 밟음으로써, 궁극적으로 여성의 성을 통제하고 활동 범위는 가정 영역에 국한시켜야 한다는 구체적 대안을 제시하고 있다.

월스톤크라프트의『여성 권리의 옹호』가 루소의 이러한 여성관을 전면적으로 부정하지 못하는 것은 아마도 이 책이 주대상으로 하고 있는 당시의 중산층 여성들의 실태에 대한 자신의 관찰 때문이었던 것 같다. 따라서 그에게는 루소 이론을 반격할 전략이 모호할 수밖에 없었다. 즉, 한편으로는 중산층 여성들을 관능적으로만 만들고 있는 요소는 여성들이 선천적으로 갖고 있는 성차에 기인한 것이 아니라, 바로 루소가 제시하는 것 같은 사회화 과정과 가정이라는 울타리에 제한된 역할 때문이라고 강조하면서도, 또 한편으로는 현재의 중산층 여성들은 자신의 성을 통제하지 않으면 안된다는 교훈을 밑바탕에 깔고 있다.

이러한 논리는 중산층 여성은 혁명을 주도하는 같은 계급 내 남성들과는 달리 타도의 대상인 부패하고 타락한 귀족 계급과 동일한 룸펜 집단이라고 보며, 이 여성들은 귀족 계급과 마찬가지로 재교육을 받아야 할 관능적이며 퇴폐적인 미를 추구한다고 보는 것이다. 귀족 계급과의 차이가 있다면 중산층 여성들은 스스로를 남성 욕구의 대상으로 설정하고, 결혼을 통해 안주하여 자신의 삶의 근거를 확립하려 하는 데 있다고 보았다.

여성에 대해 갖고 있는 기존의 통념인 성적 존재로서보다는 이성적 존재로서의 여성의 잠재력을 강조함으로써 여성의 독립적 기반을 강화할 수 있다는 의도가, 결국 여성의 조건을 변화시킬 선결 조건은 여성의 성행동 개혁이라는 결론으로 이끌게 되었다고 할 수 있다(Kaplan, 1986).

따라서 월스톤크라프트의 문제 제기는 첫째로, 귀족 계급의 성에 대한 계급적 비판이며, 둘째로, 사회 구조에 대한 비판이다.『여성 권리의 옹호』의 일차적인 주제는 여성의 성은 아니다. 다시 말하면, 여성을 새로운 질서에 대한 잠재적 위협으로 보는 이념의 저변에는 여성을 통제하려는 의도가 있음을 간파했으면서도 계몽주의의 패러다임을 수용하고 있기 때문에, 여성들은 욕망을 승화하여 이성적 존재가 되어야 함을 역설하는 결과를 낳게 되는 것이다. 루소는 여성은 독자적으로 이성을 발전시키고 경제적·심리적 독립을 시켜서는 안된다는 입장이며, 월스톤크라프트는 이에 대해 정반대의 입장을 개진하고 있지만, 결국 여성의 본질 및 성에 대한 판단에 있어서는 루소와 차이가 없다.

월스톤크라프트의 논리 전개의 이러한 취약점은 현실과 부딪혔을 때 공교롭게도 자신의 개인적 생활의 비극성과 연결되어 나타나고 있다. 당시의 시대적 상황은 여성의 인권을 강조하기 위해서는 여성이 이성적인 존재임을 강조하지 않으면 안되었다. 따라서 여성의 성 sexuality은 그 자체로서 존중되어야 하는 중요한 연구의 대상이 되기보다는 다른 목적을 위한 논리의 도구로 이용될 수밖에 없었다. 이는 미혼모로서 고통을 겪었고 결국은 출산 때문에 삶을 일찍 마칠 수밖에 없었던 월스톤크라프트의 개인사를 통해서 볼 때 아이러니컬하지 않을 수 없다.

엘리자베드 케디 스탠튼은 반 세기 이후 미국에서 이러한 입장을 한 단계 발전시키고 있다. 그는 합리적 논리성의 도구를 좀더 철저히 광범위하게 적용하여 선과 정의의 원칙을 저해하는 남성 중심적 논리 전개와 법 제도와 권위에 직접적으로 도전하였다.

'여성이 남성을 위해서 창조되었다'는 신학적 믿음은 합리적 종교 정신에 위배된다고 보며, 이러한 잘못된 믿음은 바로 남성은 여성에 대한 성적인 권리를 갖는다는 생각에 근거하고 있다고 지적한다. 특히 결혼 제도를 통하여 남성이 여성의 성에 관해 갖는 권리에 초점을 맞추고 있다. 더욱이 이러한 권리의 제도화(초야권 등)가 곧 여성 지위 하락의 기본 원인이라고 보았다.

성적 권리는 남녀에게 열려 있는 선택권이 불평등하기 때문에 문제가 된다. 그럼에도 불구하고 이러한 양성간에 불평등한 세력 관계를 구체화하는 결혼 제도는 표면적으로는 상호간의 합의라는 형식을 취함으로써 그 사실을 은폐한다는 것이다. 결혼 자체가 남성에게는 많은 선택 중 한 가지에 불과한 반면 여성에게는 유일한 생활 수단이 되어 있는 한, 결혼 계약의 불평등성은 명백하다. 여성은 이런 불평등한 계약 속에서 의존적 존재가 될 수밖에 없다. 불평등 관계가 전제된 결혼 계약은 여성의 자유를 구속하고 이런 점에서 볼 때 결혼을 합법적인 매춘 제도라고 할 수 있다는 것이다. 그러나 결혼 관계 내에서 개인적인 권리와 사적인 자유를 갖지 못한 여성에게 사랑을 강조함으로써 이러한 특수한 형태의 노예 제도는 은폐된다는 것이다.

위의 두 사람의 성에 관한 논의는 합리주의 원칙에 의거한다는 점에서는 동일하지만 시대적 및 사회적 상황에 따라 매우 다르게 나타난다. 신대륙의 여성 해방론자들은 월스톤크라프트의『여성 권리의 옹호』를 경전처럼 읽으면서 운동을 전진시켜 나갔다. 이들은 성과 사회 제도와의 연관 관계를 파고 들어가는 논의를 전개시켰다. 합리주의 원칙의 한계와 가능성을 동시에 보여 주고 있는 이들의 논의에 대한 비판은 급진주의에서 다뤄질 것이다.

(2) 마르크스주의적 접근

다른 대부분의 사회 이론 체계와 마찬가지로 마르크스주의 역시 직접적으로 여성의 성에 관한 분석을 하고 있지는 않으나 엥겔스의 저작이나, 마르크스 저작의 일부분에서 이들의 관심을 엿볼 수 있다. 뿐만 아니라 제2의 물결 여성 해방론의 중요한 부분이 마르크스주의가 기초한 인간관과 사회관, 또 자본주의 비판의 방법론을 사용하여 성의 문제를 다루고 있기 때문에 이 접근의 중요성과 한계를 짚고 넘어갈 필요가 있다고 하겠다.

엥겔스는『가족, 사유 재산, 국가의 기원』을 통하여 성이 정치·경제적 상황에 따라 다르게 규정되고 있음을 보여 주었다는 점에 가장 큰 이론적 공헌이 있다고 할 수 있다. 성은 자연 결정론적인 또는 자율적인 영역으로 볼 수 없고 정치·경제 구조의 체계 속에서 상대적으로 이해하지 않으면 안된다는 점은 한편으로는 생산과 함께 재생산에 대한 의미를 부여함으로써 중요한 방법론적 의미를 갖는다.

그러나 엥겔스의 분석이 기반하고 있는 문제는 첫째로, 그의 경제 결정론적 시각이 문제를 너무 단순화한다는 점이다. 엥겔스를 중심으로 경제 결정론적 입장을 살펴보면, 남편의 지배는 그의 경제적 특권에 있다고 본다. 가정 주부는 '가사 노예' 또는 가족 안에서 남편은 부르주아이고 아내는 프롤레타리아를 대표한다고 본다. 어떻게 표현하든 부부 관계의 지배·종속 관계는 남편의 물리적·법적 권력보다는 경제적 관계에 기반하고 있다는 것을 보여 주고자 한 것이 그의 의도이다. 따라서 여성은 경제적인 이유에서 결혼을 하지 않을 수 없으며 일단 결혼하게 되면 남성의 지배적 위치는 이중적 성윤리를 통해서도 나타난다. 간통의 경우, 남편에게는 별로 문제가 되지 않는 반면에 아내의 경우는 중대한 법적·사회적 결과를 가져온다. "경제적 고려가 아내로 하여금 남편의 습관적인 부정을 참아내게 하는데, 자신과 특히 자녀들의 생존 수단 때문이다." 바로 이러한 남편의 경제적 지배는 일부일처제의 도입 이후에 만연하게 된 아내 구타 등의 토대가 된다는 것을 암시하고 있다.

재거 Jaggar는, 이러한 분석은 현시대를 설명하는 데 충분치 못하다고 본다. 현대 자본주의 사회는 낭만적 사랑의 이데올로기가 너무 팽배해 있기 때문에 대부분의 여성들은 경제적 이유보다는 사랑 때문에 결혼한다고 믿고 있고, 이는 이러한 상황에서 너무 단순한 논리라는 것이다(Jaggar, 1983: 219).

재생산의 개념과 관련한 방법론적 중요성이 제기되었음에도 불구하고 마르크스의 인간의 노동과 실현에 관한 논의는 이를 포괄하지는 못하고 있다.

"남자의 여자에 대한 관계는 인간의 인간에 대한 관계 중 가장 자연스런 관계"라고 보는 마르크스는 빅토리안 도덕 관념을 따라 자유로운 성관계를 부정적이라고 여기며, 따라서 여성의 노동자화가 이런 부정적 결과를 낳을 수 있다는 것을 우려하고 있다.

따라서 출산은 노동으로 이해할 수 없는 자연적 영역이므로 정치 경제학에 포함되지 않는다고 본다. 즉, 출산은 동물적 과정이지 인간의 실천 praxis은 아니라고 보는 것이다. 또한 그의 초기 저작에서 매춘은 임금 노동과 구별될 수 없다고 주장한다. "매춘은 노동자의 보편적 매춘의 특정한 표현일 뿐이다 Prostitution is only a specific expression of the universal prostitution of the worker"라고 한다. 따라서 깊이 있고 일관된 분석이라기보다는 어떤 도덕적 판단에서 비유적으로 사용된 경우가 많다.

(3) 급진적 여성 해방론

성에 대해 가장 근본적이고 포괄적인 문제를 제기한 흔히 래디컬 페미니즘 **Radical Feminism**이라고 불리는 제2기 여성 해방론의 흐름에서는 성을 여성 해방론의 가장 핵심적 부분으로 본다.

성을 핵심적 부분으로 보는 급진적 여성 해방론의 접근은 실제로 다른 이론적 배경을 갖는 여성 해방론에 깊은 영향을 미쳤으며, 따라서 적어도 성에 관한 연구에 한해서는 다른 접근과 병렬적으로 논하는 것은 불공평하다. 급진적 여성 해방론은 하나의 일관된 이론 체계를 갖기보다는 오히려 때로는 상반된 결론을 내리고 있다. 초기의 이론가들은 여성의 성을 문제로 삼은 반면에 후기 이론가들은 문제를 남성의 공격성에 두고 있다.

또한 급진적 여성 해방론의 입장에서 다룬 대표적 영역들, 즉 피임과 낙태, 강간, 포르노그라피, 성폭행 등에 관하여서 이론적 논의의 차원에 머무는 것이 아니라 실제로 이러한 문제들을 해결하기 위한 실천에 참여함으로써 이론의 검증을 하고 있기 때문에 이를 개괄하는 데는 많은 무리가 따른다.

급진적 여성 해방론의 촉발은 길게 보아서는 베티 프리단으로부터 시작되어 직접적으로는 케이트 밀레트와 슐라미드 파이어스톤에 의해 본격적으로 다루어졌다. 이어서 아직은 국내에 잘 소개되지 않은 드워킨 **Dworkin**, 맥키논 **MacKinnon**, 메리 데일리 **Mary Daly**와 오브라이언 **O'Brien** 등이 성에 대해 새로운 문제 제기를 하고 있다. 다음에서 이들의 논의를 간단히 살펴본다.

케이트 밀레트는 성교가 표면적으로는 생물학적·육체적 행동인 것처럼 보이지만, 이 행동에 포함되어 있는 태도와 가치는 인간 행동을 규정하는 문화 구조의 소우주 **microcosm**라는 점을 지적한다. 따라서 성관계는 보다 일반적인 인간 관계와 분리할 수 없으며, 인간 관계가 힘의 관계로 엮여져 있는 광의의 정치적 관계라고 할 때 성관계도 성의 정치학이라는 개념으로 분석될 수 있다는 것이다. 즉, 성관계도 개인간의 그리고 여성과 남성 집단간의 힘의 구조에 의해 규정되는 관계이다.

피임, 고등 교육, 경제력의 점진적 증가를 통하여 빅토리아 시대의 성억압과 이중 규범은 문제로 제기되기 시작했지만, 동일 규범의 기준은 순결의 확대가 아니라 성적 자유의 확대로 연결된다. 그러나 실제에 있어서는 여성의 성적 자유가 허용될 수 있었던 구체적 요소는 피임 방법의 개발과 고등 교육 기회의 확대로 보고 있다.

파이어스톤은 성 자체를 근거로 역사의 유물론적 관점을 발전시킬 수 있다는 전제를 가지고 출발하고 있다는 점에서 케이트 밀레트보다 좀더 정리된 논의를 전개하고자 한다. 그러나 케이트 밀레트와 마찬가지로 각 시대마다 성윤리라는 것이 얼마나 가변적인가 하는 것을 지적하고 있다. 특히 아동기라는 개념의 발견과 이에 따른 제반 성장 과정에 대한 아동의 성에 대한 관념, 또한 아동과 성인의 분리 등을 지적하면서 아동기에 대한 신화는 여성성에 대한 신화와 비슷한 것임을 잘 보여주고 있다. 남녀간의 불평등 관계는 사랑을 불건전한 형태인 낭만적 사랑으로 타락시키며 이는 계산에 의해 성을 이용하게 한다는 것이다.

개인을 타자로부터 고립시키는 현대 자본주의 문화가 수반하는 인간의 고독의 상태와 더불어 이를 극복할 수 있는 것이 성기적 성(성관계)이며 성애라고 부추김을 당한다는 것, 즉 "모든 사회적 애정의 필요를 성으로 대치하는 경향"이 일반적으로 지적된 문제인데 여기에서 강조하는 것은 이 경향이 한 방향으로만 작용되어 여성은 스스로를 '사랑'의 대상으로 만들고 스스로를 성애적이라고 여기게 만든다는 것이다. 이러한 성애적 경향은 성계급 제도를 보존한다. 게다가 각 여성의 성을 사적 영역화함으로써 개인의 성과 개성을 혼동시키게 한다.

급진적 여성 해방론에서 중요하게 다루는 것은 남성의 '공격성과 지배의 욕구'를 정상적인 것으로 간주하는 가정이다. 이러한 가정은 성이라는 가장 기본적인 데에서 여성 종속·남성 지배의 규범을 갖고 있고, 이것이 다른 상황의 기본 규범이 된다는 것이다.

따라서 올바른 법적·정치적 제도가 있으며 이성애 관계는 자발적·평등·정의의 관계가 될 것이라는 합리주의적 관념이나, 또는 올바른 경제 제도가 이성애 관계를 착취적이거나 소외, 또는 억압 관계로부터 구원할 수 있을 것이라는 마르크시스트 이론과 달리 성개념이 변화, 재구성되지 않는 한 여성은 남성에게 종속적으로 남아 있지 않을 수 없다는 결론을 내포하고 있다.

이상의 논의에서 볼 때, 제2의 여성 해방론자의 성에 대한 논의가 제1기에 비해서 일보 진전된 점은 성을 사회 맥락에서 권력 관계와 더 분명하게 연결시키고 있다는 점이다.

그렇기 때문에 이 대표적인 두 사람은 성에만 초점을 맞추기에는 다루어야 할 것이 너무나 많았다고 볼 수 있다. 따라서 이들의 논의는 엄밀히 따져보자면 성에 대한 논의보다는 좀더 구조적인 문제의 분석을 성을 중심으로 풀어 나갔다고 할 수 있을 것이다. 성에 대한 집중적인 논의는 그 이후 저자들에게 남겨지게 된다. 이후의 저자들은 성을 보다 분명히 사회 문제로 인식하면서 여성이 피해자가 되는 영역들을 잡아서 분석하고, 그 분석을 바탕으로 구체적인 변화를 위한 사회 운동을 펼쳐 나가고 있다. 이렇게 사회 운동과 직접적인 연관을 맺고 있다는 사실은 이들의 분석에도 영향을 미치고 있다.

활발하게 진행되어 온 포르노그라피와 성폭력에 대한 이론은 이들의 논거와 입장의 차이를 보여 준다. 포르노그라피에 대한 찬반은 여성 해방론이 개입하기 이전부터 몇 갈래로 이루어져 왔다.

포르노그라피를 반대하는 전통적 입장은 성을 묘사하는 것 자체에 반대하는 도덕주의에 기반하고 있으며 포르노그라피의 옹호는 바로 이러한 도덕주의의 반대에 기초하고 있다. 옹호 입장의 변은 간단히 말하면, 성의 은폐는 도덕주의자들의 위선이며, 따라서 이러한 위선적인 은폐를 폭로하는 것은 바로 기존의 권위주의에 대한 도전이라는 것이다. 그리고, 실제로 포르노그라피는 권위주의를 유지하기 위한 정치적 목적으로 오랜 역사를 통해서 사용되었고 그 목적을 훌륭히 수행해 왔다는 것이다. 또 한편으로 포르노그라피의 옹호에 일조하는 입장은 예술의 영역인 에로티카 **erotica**와 포르노그라피를 구분하는 것은 상당히 어려우며, 예술사를 통해 볼 때 당대에 포르노그라피로 규정된 작품이나 사장된 작품들이 후세에서 예술성이 높이 평가되는 예를 수없이 볼 수 있다는 것이다.

포르노그라피에 대한 이러한 일반적 논의의 맥락에서 볼 때, 여성 해방론자들이 전개하는 포르노그라피 반대 운동은 그들을 보수적 도덕주의자의 편에 서게 하거나 또는 불감증 여성들로 몰아붙이게 하는 요인이 되기도 하며, 더 나아가서 진보를 저지하는 세력으로 오해받는 여지가 되기도 한다.

여기에 대해 여성 해방론자들은 첫째로, 그 이전의 포르노그라피의 논의들이 여성에 대한 영향이나, 내용들에 대해서는 전혀 문제 의식이 없었다는 점을 비판한다. 즉, 포르노그라피에서 묘사되고 있는 남녀의 관계를 분석하는 것이 중요한 과제가 아닐 수 없다. 그 예로서, 창조적 원칙을 가진 에로티카와 죽음과 파괴의 원칙을 가진 타나티카 thanatica를 구별하는 분석을 제의한다. 에로티카가 서로 완전히 동의하고 있는 동등한 파트너끼리 정서적으로 상호 일체감을 공유하는 관계에 대한 묘사라면 타나티카는 파트너간의 동의, 동등, 정서적 일체감의 요소들을 결여한다는 것이다.

따라서 에로티카가 남녀 모두 상대방을 인격으로 대접하는 반면에 타나티카는 남성으로 하여금 여성을 대상으로 하여 성추행, 강간 및 갖은 수단의 폭행 등, 여성을 모멸하는 관계를 제시한다는 것이다. 여기에서 강제하는 남성과 강제당하는 여성의 불평등 관계는 분명히 드러나며, 이들의 관계를 사도 - 마조히즘 sado-masoch-ism적 쾌락을 추구하기 위해 자발적으로 참여하는 관계로 보는 것은 불가능하다는 것이다. 따라서 이것은 여성의 명예를 훼손한다는 점이 분명하다(Tong, 1989).

둘째로, 여성 해방론적 입장에서 포르노그라피를 반대하는 이유에는 여성에 대한 실제의 폭력과 포르노그라피가 직접적인 관계를 갖고 있다고 보는 관점이 강하게 깔려 있다. "포르노그라피가 이론이라면 강간은 실천이다"는 말이 가장 잘 표현하듯이 포르노그라피는 여성에 대한 성적 적대감을 관용할 뿐만 아니라 권장하고 있다는 것이다. 그러므로 포르노그라피와 강간을 비롯한 성폭력의 논의는 긴밀하게 연결되어 여러 이론가들의 논리가 진작되었다.

위의 연구들이 피해자적인 문제 제기에 머물고 있다면 후기 급진주의 여성 해방론자들과 정신 분석학적 연구는 새로운 관점으로 전기를 마련했다. 후기 급진주의, 사회주의 여성 해방론, 그리고 불란서 여성 해방론자들의 정신 분석학적 접근들은 여러 측면에서 커다란 차이를 갖는다. 그럼에도 불구하고 이들이 공통적으로 공유하는 점이 있다면 여성적 특성을 피해자적인 입장 일변도로 받아들이기보다는 오히려 여성적 특성에 긍정적 가치를 부여한다는 점이다. 남녀의 심리적 성 차이가 근본적으로는 남녀 신체 구조의 차이와 성별 역할 분리의 차이에 있으며, 이러한 차이가 분명한 인식론적 차이를 초래하고 있다고 보는 점이다.

줄리엣 미첼 Juliet Mitchell, 낸시 쵸도로우 Nancy Chodorow, 도로시 디너스타인 Dorothy Dinnerstein 등은 일단 프로이트의 방법론을 수용하여 이를 성장 과정과 그에 영향을 미치는 부모의 성별 분업과 연결하여 설명하고 있다. 즉, 양육의 전담자가 여성(어머니)으로 고정되어 있는 한 이성인 아들과 동성인 딸에게 각기 다른 심리 구조를 형성하게 할 수밖에 없다. 따라서 만일 아버지가 양육의 전담자가 되거나 또는 부모가 똑같은 비중으로 양육을 분담할 때 남아와 여아는 프로이트가 분석한 심리 구조의 발달 단계와는 전혀 다른 단계를 거칠 것이라는 추론이 가능하다. 비록 그것이 현재로는 경험적으로 증명되기 어려운 단계에 머물고 있다 하더라도 이러한 추론이 성 sexuality 연구에 갖는 함의는 프로이트가 성 연구에 미친 영향과 견주어 볼 때 매우 크다고 할 수 있다.

단적으로 말해서 프로이트의 유아기 발달 단계는 바로 성 인지 단계가 그 핵심을 이루고 있고, 성적 성숙의 결과를 여성다움과 남성다움의 완성으로 보았기 때문에 성 인지 단계의 기초가 도전을 받을 때 남성성과 여성성의 기초가 무너진다고 할 수 있는 것이다.

(4) 정신 분석학적 여성 해방론

프로이트를 중심으로 한 남성들의 정신 분석학적 연구가 갖는 한계가 무엇인지는 프랑스 정신 분석학적 여성 해방론자들의 저술을 통해 볼 때 상대적으로 드러난다. 위틱 Wittig, 이리거레이 Irigaray, 씩수 Cixious, 크리스테바 Kristeva 등은 후기 구조주의자로 지칭되는 라캉 Lacan과 해체주의의 방법론을 이용하여 더욱 본격적으로 현대 문명의 남성 중심적 기반을 비판하고 있다. 이들의 논의를 짧게, 쉽게 설명하기는 어려우나, 간단히 짚어 본다면 다음과 같다.

사회는 상징 질서 symbolic order에 의해 규정되고 이는 어린이가 배우는 언어를 통해 내면화되는데 이러한 상징 질서에서 가장 중요한 비중을 차지하는 것이 남근 상징 질서 phallic order이다.

남근 상징 질서는 논리 중심주의 logo centrism와 이원론 dualism적 방법을 통해 밑받침되고 유지되어 왔다. 남근 상징 질서는 육체의 한 부분에 지나지 않는 남근이 전체를 의미하게 됨으로써, 결과적으로 부분과 전체와의 비율을 깨뜨린다. 바로 이것 때문에 남녀 모두는 거세당하는 결과가 초래된다. 여성은 남성이 되지 못했기 때문에 거세되지만, 남성 역시 '전체'가 되지 못하기 때문에 거세되는 것이다. 여기에서 '전체'는 오이디푸스 시기 이전의 어머니로서 이해될 수도 있다.

이 전제에서부터 자기를 발견하는 과정이 미러 스테이지 mirror stage(자아 반사 단계)이다. 이제까지는 어머니가 바로 나로 생각되었는데, 거울에 비추어진 타자(나)를 통해서 자신을 알게 된다. 그런데 거울 속에 비친 나는 향방이 바뀐 형상을 갖고 또한 축소된 형태로 보임으로써 타인이 나보다는 열등하다는 자존심을 가지게 된다(송동건, 1987).

오이디푸스 시기에 들어가면서, 어머니와의 격리 과정이 생기는데 이는 특히 언어를 습득하지 않으면 의사 소통이 되지 않고 따라서 욕구를 충족시킬 수 없다는 것을 깨닫기 시작하면서 어머니의 타자성이 분명해지는 데서부터 비롯된다. 이렇게 약화된 모자 관계는 아버지에 의해 깨지며 상징적 거세를 두려워하는 아들은 어머니에서부터 자신을 분리시키며 이를 보상하기 위해 언어를 습득한다. 언어는 상징 질서, 즉 남근 상징 질서를 담고 있기 때문에 이를 통해 아버지와의 동일시는 쉽게 이루어지고 내면화된다.

그러나 딸은 육체적으로 아버지와 동일시하기가 어렵기 때문에 상징 질서를 완전히 인정하거나 내면화하지 않는다. 여성들은 이렇게 아버지의 법칙을 내면화하지 못하기 때문에 여자들에 대한 규제는 외부에서부터 부과하지 않으면 안된다. 여성에게 주어지는 언어는 남성의 언어이기 때문에 여성성은 침묵당하게 된다.

이러한 언어의 상실은 심각한 결과를 가져온다. 그들의 언어는 그들의 느낌, 생각 등을 표현해 주지 못하기 때문이다. 특히 아버지의 남근 숭배적 phallic 언어로는 여성의 성적 만족의 수준을 표현할 수도 알아낼 수도 없는 것이다. 즉, 오이디푸스 콤플렉스가 존재하는 한(지배적 사회 권위에 복종하는 한) 여성의 성적 만족 jouissance 은 단지 가끔 엿볼 수밖에 없다. 여성의 성적 만족, 또는 쾌락을 언어화하여 말하고 생각하게 될 때 상징 질서는 깨질 것이다.

데리다는 우리가 배운 유일한 언어는 상징 질서의 논리 중심주의 logocentrism, 남근 중심주의 phallocentrism, 이원론 dualism의 제 측면을 모두 갖고 있기 때문에 이러한 언어를 유지하면서 어떤 근본적인 사회 혁명을 이룩하는 것은 불가능하다고 보았다.

그러나 위에 열거한 여성학자들은 그렇게 비관적으로 보지 않는다. 오히려 이제까지의 상징 질서 속에서 주변적 위치를 점해 온 여성들이야말로 혁명을 주도할 수 있는 세력이 된다는 것이다. 논리 중심주의 logocentrism를 비판하면서도 이를 전혀 극복할 수 없는 데리다나, 남근 숭배 phallus에 매몰되어 있는 라캉이 결핍하고 있는 재질은 바로 여성들이 이제까지 타자였기 때문에 가질 수 있는 특징이다.

‘아버지의 이름’으로 표현되는 남근 상징 중심적 법질서가 유지되기 위해서는 어머니의 정절은 절대적으로 필수적이다. 이렇게 볼 때 역설적으로, 아버지의 이름은 어머니가 준다고 할 수 있다. 따라서 이러한 논의는 정절의 거부야말로 ‘아버지의 이름’ ‘아버지의 법질서’를 잠식할 수 있는 여성 해방론자의 실천이 될 것이라는 함의를 깔고 있다.

여성은 더 이상 남성에 의해서 정의될 수 없다. 라캉의 “여성이 원하는 것은 무엇인가”라는 묘한 질문은 이제까지 자신이 원하는 것을 추구하기보다는 남자들이 자신에게 원하는 것이 무엇인가를 생각할 수밖에 없었던 상황에 처했던 여성들에게, 즉 철저히 대상화가 내면화된 상황에서는 무의미할 수밖에 없다(Cixous).

4. 여성학에서의 문제 제기

이상에서 훑어 본 논의와 실천이 여러 학문 분야에서 성을 새로운 연구 과제로 부상시키는 자극제가 되었음은 분명하다. 그 동안 성을 연구 대상으로 삼지 않았던 이유가 학문적 연구 대상으로의 가치를 인정받지 못해서인지, 또는 기존 학문의 성격 자체에 기인한 것이었는지, 또는 학문 연구의 개별화 departmentalization 때문인지는 별도로 다루어야 할 문제이다.

여하튼 성의 문제는 1960년대 이후 철학, 인류학, 역사학, 사회학 등의 분야에서 활발히 다루어지고 있고, 이러한 연구 결과들을 종합적으로 정리하는 것 자체가 불가능하리만큼 다양한 연구가 진행되고 있다. 이 소절의 제목을 '여성학에서의 문제 제기'로 잡은 이유는 바로 이러한 개별 학문에서의 성과를 모으고, 개별 학문이 갖는 제한점을 다학문적, 또한 간학문적으로 종합하고 보완해야 하는 것을 여성학이 갖는 한 특성으로 간주하고 있는 본인의 입장에 기인한다.

이제까지 논의된 문제들을 정리할 때 성에 관한 생물학적 결정론, 환경 결정론, 경제 결정론 등이 중요한 문제로 등장하는 것을 알 수 있다. 이러한 문제들에 부분적이나마 해답을 줄 수 있는 인류학적 연구들은 성에 대해 뿌리 깊게 자리잡아 온 보편주의적 개념(생물학적 결정론)이나 문화주의적 개념(환경 결정론) 입장에 관한 이론적 함의를 갖는다.

즉, 인류학의 발전에 한 촉진적 역할을 담당한 진화론이 '과학적 연구의 결과'라고 제시한 것은 우선 힘이 세고 경쟁심이 강한 남성들에게 유리한 적자 생존적 진화를 거쳐 왔다는 생각이며, 이러한 생각은 별로 도전받지 않고 거의 2세기 가량 유지되었다. 그러나 이러한 논의는 여러 방면으로 비판받고 있다. 인간 진화는 사회성이라는 특징 때문에 가능했으며, 위의 생각이 전제하고 있는 남성의 여성 선택설보다는 그 반대가 가능하다는 이론도 제시되고 있다.

초기 인간 집단에게 생산력과 출산력은 모두 극히 중요한 역할을 하고 있다. 여성이 인간 생산자로서 갖고 있는 중요성은 바로 그것 때문에 여성이 결과적으로 지배, 통제당하게 하는 모순을 가져왔다고 할 수 있다.

매매춘의 문제 또한 문화 보편적인 현상으로, 그리고 역사적으로 가장 오래된 직업으로 인식되어 매매춘의 불가피성을 주장하는 근거가 되기도 한다. 그러나 러너 Lerner는 이를 고대 메소포타미아에서 풍요의 숭배 의식으로 신성한 의미를 지니고 있었고 이것은 분명 최고의 권위를 부여받은 여사제들에 의해 집행된 종교 의식이라고 본다. 이 시기의 성 인식에는 현대의 우리가 갖고 있는 성에 관한 금기 같은 것은 없으며 또한 금전의 수수도 오늘날 매매춘과는 전혀 다른 것으로 사원에 헌납하는 헌금이라고 해석해야 한다는 것이다.

종교 의식에서 상업 매매춘으로 통속화되는 십수 세기에 걸친 과정은 가부장제적 가족, 친족 집단과 국가의 출현과 연결하여 이해해야 한다. 이러한 과정에서 드러나는 것은 여성에게 독특한 계급 분화로서, 그것의 특징은 여성의 성적 행동이 기준이 되는 데 있다. 정절의 상실은 여성에게는 존경받는 계급의 상실을 의미하고 있고 이 점은 가부장제의 역사 속에서 일괄적으로 나타난다.

헨더슨 Henderson과 쿤츠 Coontz는 엥겔스의 경제 결정론적 입장을 커다란 범위에서는 어느 정도 인정하면서도 각 발전 단계의 인식에 대해서는 문제를 제기한다. 즉, 개별적 사유 재산의 소유와 자본주의의 출현과 함께 중산층 가족의 여성 성통제가 일어난 것이 아니라, 이미 고대 문명의 맹아기, 친족 집단의 재산 소유와 부계제 출현이 여성의 출산력을 생산력과 함께 사유화하게 되는 요인이라고 본다.

부계 父系와 부거제 夫居制가 타사회에 대해 상대적으로 우월한 권력 확장의 기반이 되기 때문에 생산력의 소유 및 통제를 확립시키게 되었다. 이와 함께 결혼 체계가 정교화되며 이러한 발전 과정은 점진적으로 일어나 여성의 집단적 저항이 불가능한 구조가 만들어진다. 여성이 교환되는 것을 인정하고 강제와 직접 통제는 없었을 것으로 볼 수 있다.

이러한 상황에서 여성의 성통제는 남성의 성통제도 수반할 수밖에 없다. 여성의 자유 선택권이 부정될 때 남성은 단순히 여성의 호감을 사는 외에 여성의 부 父나 형 兄을 만족시킬 수 있어야만 결혼이 가능하기 때문이다.

이러한 과정에 국가 기관들의 통제, 종교, 법적 통제, 신화, 상징 체계, 공사 영역의 분리들이 복합적으로 작용하여, 여성의 성통제를 내면화시키고 궁극적으로는 그것이 자연의 섭리인 것처럼 만드는 데 성공할 수 있었다.

위의 논의를 종합해 볼 때 결국 성을 자연 결정론적으로 보거나 환경 결정론적으로 보는 이분법도 문제가 있지만, 특히 성은 사회와 분리되어 있는 개개인의 개별적 영역으로 보는 것에 대해서도 문제 제기를 하지 않으면 안된다.

코워드 Coward는 성을 행동, 감정, 신체 영역으로 간주하고 결혼, 가족 등은 이러한 기본적 본능의 기초 위에서 작용하는 것으로 가정하는 기본적 전제에 대해 문제를 제기한다. 이것은 소위 개인과 사회 영역을 분리하는 사회 과학이 받아들이고 있는 기본적 전제인데 개인과 사회의 이분법적 범주화는 성적 관계의 사회적 표현 이외의 영역에 대해서는 분석을 하지 못하는 기본적 한계를 갖게 된다. 개인과 사회의 분리는 순전히 개념적 분리 이상의 것이 될 수 없다는 점에서 이러한 분리를 통합시키지 못할 때에 성적 분리가 어떻게 억압적 관계를 갖는지를 이해할 수 없다. 실제로 성은 개인의 영역이고 사적인 영역인 것 같으나 어디에서나 성은 사회적으로 공적으로 정의되어 있다.

이는 푸코 Foucault의 논의에서 더 분명히 보인다. 푸코는 성통제를 18세기 말까지 교회법, 민법, 기독교 교리 등을 통해 혈통 중심의 절대 권력, 법적 처벌의 통치 형태를 유지해 온 사회의 결합 장치로 본다. 이 시기에는 허용과 금지, 합법과 불법이 명확하며, 부부간의 관계인 합법적 성관계에 가치를 부여함으로써 이외의 관계는 징벌의 대상이 될 수 있었다.

이 결합 장치는 19세기 이후 점점 정치 구조에 적합한 도구가 되지 못하고 정치

체제를 유지하는 충분한 힘이 되지 못했다. 여기에 성 장치가 등장하여 결합 장치와 가세한다. 합법적인 부부간의 성관계가 프라이버시의 영역이 되며 '비합법적인' 혹은 '주변적'인 성, 어린이, 범죄자의 성이 이전 시대 합법적 부부 관계가 받았던 까다로운 규제와 감시 대상의 자리를 대치했다.

푸코는 역사적으로 성은 억압되어 왔으며 그 억압의 동기를 경제적으로 노동력 착취로 본 프로이트와 마르쿠제와는 전혀 다른 논의를 전개하였다. 첫째로, 표면적으로는 18세기 말에 어린이의 성, 성도착 등에 대해 급증한 관심은 이들을 엄격히 통제하겠다는 권력의 의도처럼 보이지만, 사실은 이러한 문제 의식의 확산을 통하여 각 가정으로 권력을 운반하는 침투적 연결망을 만들려는 권력의 의도로 보아야 한다는 것이다.

다시 말하면, 여러 성의 행태를 의학의 대상으로 부각시키고 어린이의 자위 행위, 여성의 히스테리, 출산을 통한 부부의 사회 전체에 대한 책임을 강조하여 인구 조절의 문제와 연결시키고, 퇴폐적 쾌락을 정신병으로 규정하고, 변태적 성행위를 교정하는 등의 기술 개발을 하는 변화는 이제까지의 도덕과 신학의 테두리를 벗어나 새로운 성 과학의 영역을 개척하는 결과를 가져왔다. 따라서 가정은 성 장치와 결합 장치의 입체교차로이며, 또한 성 장치의 결정체로서 반사와 굴절을 통해 성을 확산하는 기능을 맡게 되고 성 장치의 전략들은 모두 가정을 통함으로써 가능해지게 된다는 것이다.

성이 경제적 동기로 억압되었으며 노동력을 착취하는 것이 그 목적이라는 가설에 대해서도 푸코는 이견을 제시한다. 즉, 가난한 계급에게 강력하고 교만하게 가해진 것이 아니라 정치적으로 지배 계급이며 경제적으로 특혜를 받은 부르주아지에게 가장 엄격하게 적용하여 이를 중심으로 하여 사회 전체에 확산된 것이다. 부르주아지는 자신들의 계급을 다른 계급과 구분하고 유지하기 위하여 귀족 계급이 의존했던 혈통(즉 조상 중심적) 방법이 아니라 성을 통한 후손의 번성에 관심을 갖게 되었고 이를 위해 건강과 유전에 특별한 관심을 기울이게 되었다.

푸코는 여성 해방론의 시각을 가지고 문제에 접근하지 않으나, 성의 사회적 구성은 권력에 기초한 특정한 영역이라는 점을 제시함으로써 새로운 이론적 방법을 열어 주었다고 할 수 있다.

남성과 여성의 성적 사회화 과정 **sexualization** 자체는 애당초 권력 관계로서의 성적 관계를 내포하고 있다고 볼 수 있다(Haug, 1987). 다음에는 이런 논의를 배경으로 한국 사회의 성을 분석하는 시론을, 두 가지의 이론 체계를 통해서 시도해 보려고 한다.

(1) 성 규범의 이중 체계

한 사회가 일정한 성개념과 규범을 갖고 있을 때, 사회 구성원은 모두 직접, 간접적으로 성통제의 대상이 된다. 관념적인 차원에서의 규범은 구체적인 차원에서의 사회 조직으로 밑받침되고 있다. 결혼 및 가족 제도, 또한 이를 규정하는 법 제도 및 절차, 경제 구조가 서로 결합하여 하나의 성 규범을 유지하는 것으로 보인다.

현재 한국 사회의 성 규범은 단일하기보다는 이중의 논리 체계가 공존하고 있는 것으로 보는 것이 더 정확한 인식을 가능케 한다고 생각된다. 첫째가 공식적 논리 체계이고, 둘째가 비공식적 논리 체계라고 할 수 있는데, 이 체계들은 각기 그 체계에 따라 움직이는 사회 조직을 가지고 있다. 공식적 논리 체계가 이상적이고 표면적인 규범이라면, 비공식적 논리 체계는 규범에 도달하지는 못하나 '인간적'인, 그리고 엄연히 실재하는 현상을 설명하고 또한 합리화하는 논리이며 사회 체계라고 할 수 있다.

우선 공식적 체계에서 유일하게 합법적이고 윤리적인 성관계는 법이 인정한 결혼한 부부간의 관계이다. 이들은 가족을 구성하여 경제적 단위를 이룩하고 그들의 성교의 결과로 태어난 자녀들을 양육할 책임과 권리를 갖고 있다. 한국 현행법에서도 그 외의 성적 행동은 풍속을 해하는 죄(간통, 음행 매개, 음화 등의 제조, 배포 등)로서 형사 처벌의 대상이 되고 있다. 따라서 혼외 관계나 혼외 출생자는 당연히 불법적 관계에서부터 나온 결과이다. 이 논리 체계를 받들고 있는 사회 조직이 일부 일처제 가족이다. 다시 말하면, 성관계는 일부 일처제적으로 배타적인 관계에서 사랑에 기반한 영속적인 관계를 그 이상형으로 하고 있음이 나타난다. 이 이상형을 전형으로 하여 교육과 사회화가 이루어지고 있다.

남녀 관계는 궁극적으로 결혼으로 골인하는 것이 이상적인 관계이며, 따라서 모든 남녀 관계는 이러한 성관계의 잠재성을 갖고 있는 것으로 파악된다. 그러므로 성은 될수록 분리되는 편이 안전하다. 따라서 남학생과 여학생은 분리 교육이 바람직하다는 것이 이 체계 안에서 일관적인 논리가 된다.

공식적 성 규범이 이와 같이 매우 한정된 성개념에 머물러 있는 것은 성의 억압과 또 성에 대한 논의의 억압과 연결되어 있다. 성은 공식적으로 논의할 주제가 되지 못한다. 그러나 사회 문제를 미연에 방지해야 한다는 소극적인 입장에서 최소한의 지식을 전달하는 성교육은 실시되어야 한다. 이런 상황에서 성 인식은 비공식적인 경로를 통하여 은밀히 전달되며 왜곡된 사실로 채워질 수밖에 없다. 젊은이들은 성은 더럽고, 감추어져야 하고, 도덕적으로 타락한 것이라는 인식을 갖거나, 또는 성에 대해 전혀 무지하게 된다.

비공식적 논리 체계는 공식적 논리 체계의 한계를 분명히 하면서 그 체계의 밖에서 공존하고 있다. 즉, 인간의 본성은 이러한 규범에 맞추어 살기에는 적합하지 못하기 때문에 때로는 비윤리적일 수 있으며, 규범에서 벗어난 행동을 할 수 있다는 허용적인 관점을 갖는다. 성관계는 부부 관계로만 한정되기 어렵고, 이외의 관계, 혼전·혼외 관계 등이 일어날 수 있다. 때로는 사랑하는 관계가 아니며 영속적인 관계를 약속하지 않았더라도 성관계를 가질 수 있고, 따라서 일회적 상품으로 매매춘이 이루어질 수도 있으며 강제적인 성관계도 가질 수 있다.

이러한 비공식적 논리 체계는 사적인 장소에서 자주 등장하는 가장 흥미로운 이야깃거리가 되며, 문학 및 예술의 범주에서 가장 중요한 주제이며 대중 매체에 의해서 또한 상품 광고에 의해서 넓게, 빠르게, 그리고 효과적으로 유포된다. 여기에서는 공식적 논리 체계와 거의 완전히 반대되는 메시지가 훨씬 강하게 전달된다. 부부 관계보다는 그 외의 여러 다양한 관계가, 관계의 지속보다는 단절이 훨씬 더 흥미롭고 자극적인 관계로 비친다.

한마디로, 공식적 체계가 남녀의 분리를 조장한다면 비공식 체계는 남녀 결합이 가장 중요한 주제이며 이 남녀 결합의 형태를 최대한 다양하게 그려 보려는 시도를 하여 인간의 '성적 환상'의 욕구를 충족시키는 역할을 한다고 자부한다.

그렇다면, 공식적 체계와 비공식적 체계는 어떤 관계를 갖고 있는가? 비공식적 논리 체계가 공식적 논리 체계와 상치된 메시지를 담는다는 사실은 후자에 어떠한 영향을 미치고 있는가? 이에 대한 질문에 답하기 위해서는 더 많은 연구가 필요하다. 그러나 현상적으로도 이 두 관계는 긴밀하다는 것이 드러난다.

혼외 출생자도 일정 절차를 밟으면 입적할 수 있으며, 간통의 경우에도 일정 절차를 밟아야만 형사 처벌의 대상이 되는 공식 체계의 법은 비공식 체계를 어느 정도 인정하고 있음을 뜻한다. 또한 성과 폭력에 관련된 대부분의 행위들은 비공식 체계에 의해 촉발되며 그것이 극단적인 경우에만 공식 체계의 법 질서에 의해 범죄로서 다스려진다(이명선, 1989; 박선미, 1989; 김선영, 1989). 성일탈의 연구와 법적 통제의 연구는 이 양자간의 관계를 이해하는 데 중요한 역할을 할 수 있다.

다음에서는 이 이중 체계는 상호 분리되어 있는 것이 아니라 남녀에 대한 비대칭적인 성통제를 위해서는 필수적이며 상호 보완적인 관계에 있음을 보이기 위해 이 양자에 적용되는 남성성과 여성성의 이중 구조에 초점을 맞추어 살펴보고자 한다.

(2) 여성성과 남성성의 이중 구조

공식적 체계와 비공식적 체계에서 공통적으로 나타나는 것은 여성과 남성의 본성이 상이하다는 생각과 그 차이에 대한 남성 본위적 해석이다. 그 생각과 해석에서 가장 중심적인 것이 남성은 본성적으로 억제할 수 없는 성충동을 갖고 있다는 명제이다. 공식 체계도 이 명제를 부분적으로나마 받아들인다. 예를 들어, 한 성교육 지침서는 "남성의 성적 충동은 본능적이며 억제할 수 없으므로, 여성이 이를 조절하지 않으면 안된다"고 명시하고 있다.

또한 현재 실시되고 있는 성교육은 남녀 학생들에게 매우 다른 내용을 전달하고 있다. 예를 들면 남학생에게는 '성생활과 성병', 여학생에게는 '월경·임신·출산 그리고 순결'을 주내용으로 하고 있는 점이다.

남성이라도 개인에 따라서, 연령에 따라서 또한 처해 있는 환경에 따라서 각기 다른 차이를 가질 수밖에 없기 때문에, 남성을 일반화하여 보편적으로 적용된다고 보는 위의 명제는 참일 수가 없다는 것은 명백하다.

이 명제가 함의하고 있는 그 이면의 명제, 즉 "여성은 성적 욕구가 없거나, 있더라도 스스로 통제할 수 있다"도 마찬가지 논리로 비판할 수 있다. 여성 또한 개인적, 연령적, 환경적 차이가 다양하다는 점을 감안한다면, 위와 같은 보편적 일반화는 참 명제가 될 수 없다. 뿐만 아니라, 위의 명제와 함께 "여성은 충족시키기 어려운 성욕을 갖는다"는 명제도 함께 병존하여 왔다. 그러나 "여성은 성적 욕구가 없다"는 명제가 공식 체계에서 더 지배적으로 나타나는 것은 여성의 정조를 중시하려는 성통제의 의도가 있기 때문일 것이다.

많은 논리적 모순에도 불구하고 위의 명제들이 계속적으로 유지·재생산되고 있다는 사실 때문에 경험 연구와 분석이 필요하다. 남성에게 이 명제는 공식 체계와 비공식 체계를 공존시키는 합리화의 요소를 제공한다. 공식 체계의 제도, 결혼과 합법성이 갖고 있는 한계를 비공식 체계가 제공하는 제도, '매매춘'과 혼외 관계를 통해 해결할 수 있다. 바로 이 명제가 이를 합리화시켜 주고 있기 때문이다.

그러나 여성에 관한 지배적 명제는 여성들이 공식 체계와 비공식 체계를 공존시킬 수 있는 합리화에 도움이 되지 못할 뿐 아니라, 순결과 정조 개념은 적극적으로 이에 개입하여 여성의 평가를 절하한다. 즉, 순결을 잃은 여성은 공식 체계에 머물러 있을 수 없고 비공식 체계에 속한 여성들은 인격적 존중을 받지 못한다.

경제적·법적 불이익과 함께, 도덕적으로 타락했다는 평가를 무릅쓰지 않고서 여성은 공식적 체계를 벗어날 수 없는 것이다. 한마디로 여성은 이 두 체계를 공존시킬 수 없다. 그런데도 공식·비공식 체계가 존속될 수 있는 것은 여성들이 순결한 여성과 타락한 여성으로 이분화되어 있기 때문이다.

　따라서 성 규범 자체는 사회 구성원 전부에게 적용되는 것이라 하더라도 여성성과 남성성에 대한 이중 구조가 존재하는 성통제는 여성에게 더 억압적으로 가해질 수밖에 없다.

　이상의 논의를 요약하면 다음과 같다.

　첫째는 성에 관한 일반적 논의이다. 성은 단순히 신체 구조에 의해 결정되는 생리 현상이 아니라 사회적으로 구성되며 따라서 역사적·경제적·문화적 상황에 따라 다양한 성격을 갖게 되는 것으로 보아야 한다. 또한 성은 성기 중심적인 단편적 행위가 아니라 신체적 특성에 토대를 두고 사회적 권력 관계를 구성하는 사회적 구성으로 규범과 사회 조직들에 의해 사회화되고 있다. 따라서 신체 구조와 심리 구조와 사회 구조가 복합적으로 연계되어 있는 것으로 이해되어야 한다.

　둘째로, 그러나 성에 대한 가장 보편적 인식은 아직도 신체 결정론적이고 성기 중심적이며, 이러한 인식에 기반하여 성에 대한 논의가 남성들에 의해 남성 본위적으로 이루어지고 있기 때문에 여성의 성을 이해하는 데 전혀 적합하지 못할 뿐만 아니라 여성을 성적인 대상으로 규정하고 여성을 이분화하여 통제하는 데 주역을 담당했다는 점이다.

　셋째로, 현재 한국 사회에는 성에 관련한 이중의 논리 체계와 사회 조직이 공존하고 있다. 공식 체계는 성을 공식적으로 논의하기에 적합한 주제로 보지 않으며, 법이 인정한 부부간 이외의 성관계는 비윤리적인 것으로 간주하는 윤리 체계와 법적·경제적 체계를 갖고 있다. 반면에 비공식적 체계는 공식 체계가 인정하지 않는데도 불구하고 엄연하게 존재하면서 나름대로의 논리와 사회 조직을 갖고 있다. 즉, 인간 본성에 대한 편의적인 관점을 갖고 불법적이나마 매매춘 제도 등이 존재할 수밖에 없다고 보는 것이다. 특히 자본주의 경제 원칙은 대중 매체를 동원하여 성을 상품화함으로써 사회 구성원들의 의식을 조작하며, 이것이 비공식 체계가 갖는 비중을 확대 재생산하게 하고 있다.

　넷째로, 공식 체계와 비공식 체계는 공통적으로 여성의 성과 남성의 성에 대한 두 가지 이중 구조를 갖고 있다는 점이다. 그 하나는 남성과 여성은 전혀 상이한 성적 본능을 갖고 있으며, 남성은 그 신체적 구조에 의해 관용적 대접을 받는 것이 마땅한 반면에 여성의 신체 구조는 순결을 지키도록 만들어져 있다는 논리이다. 이러한 논리는 또 다른 이중 구조, 즉 정숙한 여성과 비정숙한 여성으로 이분화된 여성상을 결과하며, 이들은 또한 가족 및 여타 사회 제도에 의해 분리된다. 가부장제의 역사를 통하여 여성이 열등한 사회적 위치를 점하게 된 원인을 이러한 이중의 이중 구조를 통해 파악할 수 있을 것이다.(1989, 『한국 여성학』 제5집)

2 한국의 성문화

— 남성 성문화를 중심으로

겉으로 보기에 남성들은 거칠 것 없이 원하는 대로 경험하고 이야기하는 자유로운 존재로 나타난다. 그들은 혼전 성관계도 매매춘도 그리고 혼외 성관계까지도 자신이 원하기만 하면 별다른 사회적 저항을 받지 않고 경험할 수 있기 때문이다. 그러나 성에 관한 부정적 인식, 매매춘 경험을 통해 남성이 느끼는 좌절감과 실망, 원하지 않을 때조차 남성 집단에서 이탈되지 않기 위해 거짓 적응을 연출하는 억압감, 조직 내에서 살아남기 위해 성을 이용하거나 상품화된 성에서 느끼는 소외감 등 순간순간 드러나는 남성의 경험은 현재의 성문화에서 남성 역시 피해자임을 입증한다. 남성의 이런 경험은 상호적일 수밖에 없는 성 Sexuality에서 한 성 性이 다른 한 성 性을 억압하는 한 누구도 자유로울 수가 없음을 보여 준다. 따라서 현재의 남성 중심 성문화에서 가장 큰 피해자는 여성이겠으나 남성 역시 또 다른 피해자로서 새로운 변화를 모색할 책임을 갖는다고 볼 수 있다.

장정예 그림

1. 성문화 연구를 시작하며

성 연구가 여성학에서 중요한 학문적 탐구 영역의 하나로 조명받기 시작한 것은 아주 최근의 일이다. 이는 성의 자연성을 전제로 한 의학, 생리학, 정신 분석학 등 소수 전문 분야에서의 연구나 윤리학에서의 도덕적 당위성 논의들에 만족하지 않고 새로운 시각에서 근본적인 문제를 제기하면서 성의 인간성과 사회성에 초점을 맞춘 사회 과학적 탐구로의 대전환을 의미한다.

서구에서는 제2의 여성 해방 운동의 물결이 일기 시작한 1960, 70년대에 여성 해방 이론가들이[1] 성을 남녀간의 사회적 권력 관계의 바탕에 깔린 핵심 문제로 풀기 시작한 이래 성을 둘러싼 여성 억압에 관한 연구가 다각적으로 전개되어 왔다. 이러한 연구들은 여성들이 성적 억압으로부터 자유로워지고 자신의 몸과 성에 대해 스스로 통제할 수 있을 때까지는 남녀간의 사회적 평등이 불가능할 것이라는 전제를 기초로 한다.

우리 나라 여성학계에서는 1980년대 말에 이르러 여성의 출산과 성적 피해의 경험에 주의를 기울이면서 성 연구가 조심스럽게 시작되었다. 구체적인 피임, 매매춘, 성폭력 등에 대한 여성학적 문제 의식이 소수의 선구적 성 연구를 주도한 셈이다.[2] 1989년 한국 여성학회가 성을 주제로 학술 대회를 열고 그 연구물을 학회지로 발간하면서[3] 여성학에서 성 연구의 중요성에 정당성이 부여되고 성에 대한 새로운 시

---

* 이 글은 1991년 이화여대 사회학과 조형 교수와 공동으로 수행한 연구이다.

1) 케이트 밀레트나 파이어스톤의 논의들을 대표적인 예로 들 수 있다.

2) 이러한 연구는 주로 여성학 석사 논문을 통해 이루어졌는데 이미경, 1989, 「한국 농촌 여성의 피임 결정 요인에 관한 사례 연구」; 김선영, 1989, 「강간에 대한 통념의 수용에 관한 연구」; 박선미, 1989, 「강간 범죄의 재판 과정에 나타나는 성차별적 선택성에 관한 연구」, 이명선, 1989, 「강간에 대한 여성학적 접근」; 정경자, 1989, 「피임 광고를 통해서 본 성문화 일고찰」; 임순영, 1991, 「기혼 여성의 인공 유산 경험에 대한 사례 연구」 등이 있다.

3) 한국 여성학회 편, 1989, 『한국 여성학』 제5집.

각의 필요성과 탐구 방식에 대한 논의가 자리잡게 되었다.

성 연구의 중요성에도 불구하고 우리 나라에서 이렇게 늦게 소수의 여성학자들에 의해, 그것도 매우 조심스럽게 진행되기 시작한 데에는 우리 사회의 사회 문화적 배경과 학문적 풍토에서 몇 가지 이유들을 찾을 수 있다.

우선 공식적 담론에서 성이라는 주제가 금기시되고 생략되어온 점을 들 수 있다. 특히 학문 세계에서는 매우 사적인 문제나 개인간의 미묘한 관계는 공적인 경제, 정치, 교육 등에 비해 연구 가치가 떨어지는 것으로 간주되어 왔다. 그러나 이는 접근이 어렵다는 연구 방법상의 문제보다는 남성 주도적 학문 세계가 갖는 편견 때문으로 해석할 수 있다.

둘째는, 앞의 문제와 관련된 문제이기도 하지만 자칫 잘못 접근할 경우 학문적 연구로 인정되기는커녕 흥미 위주의 주간지 기사거리로 전락하지 않을 것인가의 우려도 상당히 작용하였다. 예를 들어 여성학회에서조차 초창기인 1980년대 전반부터 성 연구의 중요성과 필요성이 계속 논의되었지만 아직은 시기 상조라는 신중론이 강했고 매번 이 주제가 뒤로 미루어졌다.

셋째는 여성학 내부의 경향을 지적할 수 있다. 즉 여성 문제를 설명하는 데 노동과 생산의 요소가 성과 출산의 요소에 우선한다는 인식이 통용되면서 성 연구의 이론적 가치에 의문을 제기하는 경향이 성 연구를 지연시킨 또 다른 이유이다. 여성 연구에서 노동과 생산을 특권화하는 경향은 1970년대 이래 일관되어온 우리 나라의 진보적 사회 과학의 조류와 연관된 것이기도 하다. 그리하여 성 연구는 급진적 여성 해방론의 일환으로 치부되고 낙인 찍히는 위험을 무릅쓰는 용기를 필요로 했기 때문에 초기 성 연구자의 기여가 더욱 돋보일 수 있다.

이 연구는 성에 관련된 우리 사회 문화가 비공식적인 담론 체계와 성 분리적인 구도를 지닌다는 점에 주목하면서 남성들이 지닌 성에 대한 인식과 행동의 실체를 발견하려는 데 목적을 두고 있다. 성에 관해서는 비공식적 담론이 지배하기 때문에 공식적 차원에서 성에 대한 논의는 극히 제한된다. 그렇다고 해서 성에 대한 인식이나 행동이 정형화되지 않은 상태는 아니고 다만 비밀스럽게 여겨지고 밖으로 드러나지 않을 뿐이다. 또 성에 대한 이중 규범을 비롯하여 성의 인식과 행동에서 남성과 여성은 커다란 격차를 보인다. 성을 주제로 한 일상적 대화에서조차 남성과 여성은 격리되며, 성의 체험 자체에서 큰 차이가 있다는 점은 일일이 그 증거를 열거할 필요도 없다.

이러한 우리 사회의 성문화에 대한 연구는 남녀 어느 한 성의 체험과 인식에 대한 연구만으로는 그 절반을 이해할 수도 없을 것이 분명하다. 여성학의 최근 성 연구가 대부분 여성들의 경험에 관한 연구, 특히 성일탈 현상에 대한 연구가 주를 이룬 상황에서 이 문제의 해결은커녕 이해조차도 피해자뿐 아니라 가해자에 대한 파악 없이는 어렵다는 인식을 하게 된 것이다. 따라서 이 연구는 여성의 일반적인 성 인식과 체험에 대한 탐구를 다음으로 미루고 먼저 남성에 초점을 맞추었다.

이 연구의 중심 주제는 다음의 세 가지이다.

첫째, 현대 한국 남성들의 성문화는 어떤 내용을 갖고 있는가?

둘째, 그러한 성문화는 어떠한 과정을 통해 형성·유지되는가?

셋째, 남성의 성문화를 구성하는 특징은 무엇이며, 그것은 무엇을 의미하는가?

이들 연구 주제는 남성 자신들이 표현하는 언어와 체험을 통해 연구되었다. 따라서 여기에서 말하는 남성들의 성문화는 일반적이고 추상적인 성 규범과 행동 양식이 아니라 구체적으로 오늘날 한국 남성 개개인들이 내면화하고 외재화하는 실재의 문화를 의미한다. 그들이 인식하는 성, 실제의 성적 경험, 성적 행동의 기초, 그들의 성적 체험 상대가 되는 여성에 대한 인식, 여성과의 관계에 대한 평가 등이 성문화의 내용으로 포함된다.

이 연구는 이와 유사한 선행 연구가 없는 상황에서 시작되었기 때문에 다분히 기초 조사의 성격을 띤다. 성에 대한 이론적 논의나 방법론적 틀을 수립하는 등의 과욕을 부리려 하지는 않는다. 다만 남성들이 담지하고 있는 성문화의 일면을 여성의 관점에서 조명하려는 것이다. 이러한 목표조차도 성 분리 사회에서 남성을 대상으로 여성들이 수집한 자료가 어느 만큼 신빙성을 지니는가에 따라 그 성취도가 판가름 나리라는 점을 인정하지 않을 수 없다.

(1) 연구 방법 및 과정

연구를 처음 시작하면서 성은 개인의 사생활이라는 일반 인식 때문에 조사할 때 어려움이 따를 것으로 예상되었다. 또한 막연하게나마 우리 사회의 성문화가 남성 중심적으로 형성되어 있다는 가정만을 전제할 뿐 그 내용에 대한 경험 연구가 뒷받 침되어 있지 않은 상황에서 구체적인 연구의 범주와 연구 방법을 새로 개발해야 하는 부담도 있었다.

이 연구에서는 우선 연구 대상의 범주를 중간층으로 국한시키기로 했다. 이는 고 등 교육 과정을 거쳐 사회로 편입하게 되는 대표적인 집단으로서 중간층 남성의 성문화를 살펴보려는 의도에서이다. 이들은 공식적인 성의 사회화 과정에 가장 많 이 노출되는 집단이자 문화를 형성하고 재생산하는 주요 지배 집단으로서 성문화 의 형성과 유지에서도 상당한 영향력을 갖고 있으리라고 여겨진다. 따라서 연구 대 상은 우리 사회의 대표적인 신중간 계급에 속하는 사무직, 전문직, 관리직에 종사 하는 20대에서 40대 사이의 직장인 남성으로 제한했다. 또한 미래의 예비 중간 계 급 형성자로서 대학생 집단을 분석에 포함시켰다.

자료 수집 방법으로는 심층 면접과 질문지 조사를 병행하였다. 일종의 예비 조사 성격을 겸한 심층 면접 과정을 통해 남성의 성문화의 대략적인 윤곽을 파악할 수 있었으며 이를 기초로 좀더 일반화된 자료를 얻기 위한 질문지 조사를 수행했다.

심층 면접은 우리의 연구 취지를 이해하고 응해준 14명을 대상으로 이루어졌다. 주제의 예민성 때문에 면접 요청을 하기가 다소 어려웠지만 일단 면접에 응해준 사람들은 연구자가 걱정했던 것과 달리 비교적 솔직하게 자신의 경험이나 의견을 이야기해 주었다. 또 처음에 이야기를 시작하는 것이 다소 어색한 경우도 있었지만 이야기가 어느 정도 진행되고 나면 "에라 모르겠다. 이왕 시작한 거 다 이야기하 지"라며 털어놓기도 했다. 조사자를 남성으로 하는 것이 더 효율적이지 않을까 하 는 고려가 있었지만 몇몇 연구 대상자로부터 "어떻게 낯선 남성끼리 마주앉아 이 런 이야기를 하는가? 차라리 여자니까 가능하다"라는 이야기를 듣고 그대로 진행했다. 즉 친밀한 관계라면 몰라도 처음 만나는 남자 사이에서 자신의 속을 다 '털어 보이는' 것은 어렵다는 얘기다. 그러나 상대가 연구자라는 점, 그리고 성에 관한 이야기라는 점, 여자에게 성 이야기를 한다는 생소함 등으로 인해 개인의 성격에 따라 다소 과장하거나 이야기하지 않으려는 부분도 없지는 않았다.

면접에 들어가기 전에 연구자들은 성에 관련된 사회화 과정과 성경험, 인식 등에 관해 약 30 문항의 질문 항목을 준비했다. 그러나 연령별로 혹은 각 개인에 따라 경험하는 폭이나 관심이 다를 수 있으므로 준비된 질문 항목에 집착하기보다 각 응답자가 주로 관심을 갖고 이야기하는 주제를 중심으로 이야기를 풀어 나갔다. 가령 20대의 대학생인 경우 중·고등학교 때의 성에 대한 호기심이나 지식을 얻어가는 과정, 미팅이나 매매춘에 대한 관심 등에 대해 주로 이야기하는 반면, 30대 후반의 한 직장인의 경우 자신의 외도 경험을 마치 무용담 이야기하듯 2 - 3시간 동안이나 계속했다. 또 어떤 20대 직장인은 자신의 연애 경험을 주로 이야기했고(마치 연애 상담하듯이), 군대와 매매춘 경험에 대해서 자세히 이야기하다 "내가 무슨 매춘 협회에서 나온 사람같다"며 쑥스러워 한 30대 대기업 직장인 남성도 있었다.

연구 대상자들이 이 연구의 진행에 대해 보인 반응에서도 조금씩 차이가 나타났는데 주로 20대와 30대 초반의 남성들은 면접 과정을 흥미있어 하고 '꼭 필요한 연구를 한다'며 다른 조사 대상자를 소개시켜 주기도 한 반면 30대 후반이나 40대의 경우에는 성을 주제로 면담하는 것 자체를 어색해 할 뿐 아니라 업무가 아닌 일로 2 - 3시간을 따로 내는 것에 대해 부담스러워 했다. 특히 40대 연령층에 대한 조사의 어려움은 질문지 조사에서도 경험되었다.

면접은 1991년 4월에서 7월까지 3개월 동안 진행되었고 면접 시간은 2-3시간 정도가 소요되었다. 아무래도 사적인 내용이어서 그런지(한 남성은 면접을 끝내고 나서 "다시 만나면 얼굴을 못 들겠다. 어디서 만나면 모른 척 하자"고 말하기도 했다) 녹음을 시작하면 조사 대상자가 긴장을 하고 말을 조심하는 것을 알게 되어 주로 필드 노트를 사용하거나 헤어진 후 곧바로 기록하는 방식을 택했다.

이러한 면접 과정은 연구자에게도 쉬운 일이 아니었다. 우선 이러이러한 주제로 연구를 하니 응해 달라고 부탁하는 것도 쉽지 않았고, 다행히 약속이 되어도 정작 남성의 성에 대한 인식이나 경험을 듣고 질문하는 것은 조사 대상자보다 면접자에게 더 어려운 일처럼 여겨지기도 했다. 또한 어디까지 구체적인 질문을 던져야 하는가도 늘 어려운 문제로 다가왔다. 한번은 조사 대상자가 "그런 이야기는 술을 마시며 해야 한다"고 해서 함께 술을 마시면서도 맥을 놓치지 않기 위해 노력해야 했던 기억이 있다.

면접 자료에 대한 예비 분석에서 우리는 중요한 사실을 발견해 낼 수 있었다. 그것은 심층 면접의 내용이 주로 '일탈적인 성'4)에 집중되어 있는 점이었다. 비록 자신의 경험이든 주위 사람들로부터 전해 들은 것이든 매매춘이나 외도, 강간 등 '일탈적'인 주제에 대해서는 거리낌 없이 자신의 의견이나 경험을 적극적으로 이야기하는 반면 부부간의 성이나 피임, 임신, 출산 등 '정상적'인 성에 관해선 오히려 공개하기를 꺼리는 경향을 보였다. 특히 아내와의 성이나 출산 등의 질문은 "그런 건 이야기하지 말자"며 응답을 회피하거나 "별로 생각해 보지 않았다" "여자가 알아서 하는 것(피임) 같더라"는 등의 말로 얼버무리고 지나갔다. 물론 그러한 분위기에서 연구자 역시 적극적인 질문을 계속하기는 어려웠다.

이는 성에 관한 남성의 담론이 규범적인 것보다 비규범적인 것, 공식적인 것보다 비공식적인 것, 정상적인 것보다 일탈적인 것에 훨씬 허용적임을 보여 준다. 또한 연구 대상자들이 이야기하는 자신의 성경험 역시 비규범적, 비공식적, 일탈적인 범주에 해당하는 경험을 상당 부분 포함하고 있었다. 예를 들면 면접한 14명 중 단지 3명만이 매매춘의 경험이 없는 것으로 나타났는데 그 중 2명은 아직 대학 1년생의 '순진한' 남학생이었고 다른 한 명은 전문직에 종사하는 29세의 기혼자로 사회 의식과 여성 의식이 특별한 조금은 '예외적인 남성'이었다. 소위 20대 중반 이후의 '평범한 남성'이라면 매매춘 경험을 갖고 있는 것이 정상적인 것처럼 여겨졌다.

---

4) 여기서 '일탈적 성'이란 사회의 공식 규범에서 허용하는 범위를 벗어난 성을 의미한다. 가령 매매춘이나 혼외 관계, 강간 등은 관습적으로 부도덕한 것으로 인식되고 있을 뿐 아니라 불법적인 행위로 규정되어 있다.

이러한 결과에 대해 연구자들은 우연히 그런 사례만을 접하게 된 것인지 아니면 보편적인 현상인지를 궁금하게 여겼다. 이에 대한 보다 구체적인 양적 자료를 얻기 위해 심층 면접을 토대로 질문지의 작성과 조사에 들어갔다.

질문지는 심층 면접에서 얻은 결과에 대한 예비 분석과 연구자들간의 몇 차례 토론 과정을 거쳐 작성했다. 결과적으로 질문지 항목 또한 비공식적이고 성관계 중심의 성에 치중하게 되는 한계를 갖게 되었다. 이는 성문화를 총체적으로 접근하지 못하는 위험성이 있으나 그 자체가 우리 사회의 성문화를 반영하는 하나의 특징으로 보고 이 부분에 대한 집중적 탐구가 의미 있다고 생각되어 그대로 조사를 진행하였다. 구체적으로 질문지 항목은 성의 사회화와 성에 대한 일반적 인식 그리고 혼전 성관계, 매매춘, 혼외 관계, 포르노, 강간, 부부간의 성 등에 대한 태도와 경험을 묻는 항목으로 구성하고 예비 조사를 한 후에 나타난 문제점에 대해 보완하고 수정하는 과정을 거쳐 완성되었다.

질문지 조사는 1991년 4월 - 5월 동안에 실시되었다. 내용이 사적인 것에 대한 것을 포함하고 있어 조사원들에게는 미리 연구 취지와 질문 내용을 충분히 숙지시키고 연구 대상자 선정과 조사시 유의점에 대해 설명해 주었다.

조사 대상자는 20대 120명(대학생 80명 포함), 30대 100명, 40대 100명의 총 320명으로 하되, 서울 거주자로 한정했다. 조사 대상자의 선정시 대학생의 경우 한 학교당 6인 이하, 직장인의 경우 한 회사 내 3인 이하를 조사하되 대기업은 5인 이하로 제한하였다. 이러한 제한은 한 학교나 직장 내에서 조성될 수 있는 문화적 공통성의 효과를 최대한 줄여 다양성을 증대해 보자는 노력이었다. 동시에 '직장인 문화'라는 공통점을 담아 내고자 일반 사업체, 금융업, 공무원 집단 등 관리직과 사무직을 중심으로 조사했고 전문직의 경우에도 기업체에 소속되어 있거나 직장 생활을 하는 전문직(교사, 컴퓨터 프로그래머, 건축 설계사 등)으로 한정했다.

최종 수집된 질문지는 12개 대학교와 90여 개 사업체를 대상으로 한 총 361부이었으며 이 중에서 응답이 충실하지 못한 질문지를 제외한 352부가 분석에 사용되었다.

(2) 연구 대상자의 일반적 특징

연구 대상자는 심층 면접자 14명(사례)과 질문지 조사자 352명으로 총 366명이다.
우선 심층 면접자의 일반적 특징을 살펴보면 연령별로는 20대 6명, 30대 6명, 40대
2명이고, 직업별로는 대학생이 3명, 사무직 5명, 관리직 3명, 전문직 3명이다. 결혼
상태는 미혼이 9명, 기혼이 5명이다. 연령대가 20대와 30대에 집중되었고 기혼보다
미혼이 많은 것은 30대 후반과 40대의 면접 대상자를 확보하기 어려웠기 때문이다.

질문지 조사 대상자의 일반적 특징이라 할 수 있는 연령, 학력, 직업, 혼인 상태,
종교, 가구 당 월수입, 주관적 계층 의식을 도표화하면 다음과 같다([표 1]).

[표 1] 질문지 조사 대상자의 일반적 특징 단위 : 명(%)

연령*	20대**	30대	40대				합
	134 (38.1)	118 (33.5)	100 (28.4)				352 (100.0)
학력	고졸	전문대졸	대재, 졸***	대학원졸			합
	39 (11.1)	18 (5.1)	253 (71.9)	42 (11.9)			352 (100.0)
직업	대학생	전문직	사무직	관리직			합
	80 (22.9)	48 (33.7)	118 (33.7)	104 (29.7)			350 (100.0)
혼인 상태	미혼	동거	기혼	별거,이혼,사별			합
	143 (40.6)	1 (.3)	205 (58.2)	3 (.9)			352 (100.0)
종교	없음	개신교	천주교	불교	유교	기타	합
	202 (57.5)	73 (20.8)	47 (13.4)	27 (7.7)	1 (.3)	1 (.3)	351 (100.0)
가구 월수입	50만원 미만	50 - 69만원	70 - 99만원	100 - 149만원	150 - 199만원	200만원이상	합
	10 (2.8)	26 (7.4)	90 (25.6)	111 (31.6)	68 (19.4)	46 (13.1)	351 (100.0)
계층 의식	상 - 상	상 - 하	중 - 상	중 - 하	하 - 상	하 - 하	합
	4 (1.1)	19 (5.4)	164 (46.7)	141 (40.2)	19 (5.4)	4 (1.1)	351 (100.0)

* 연령은 만 나이를 기준으로 한다.

** 대학 1년생인 12명이 18 - 19세에 해당되지만 편의상 20대에 포함시켜 분석한다.

*** 대재,졸은 현재 재학중인 대학생과 졸업하고 직장 생활을 하는 두 범주를 포함한다.

연령대는 20대가 38.1%로 가장·많고, 그 다음이 30대로 33.5%, 40대 28.4% 순이다. 학력은 89.9%가 대학 재학 또는 졸업 이상으로 나타난다. 고등학교 졸업도 11.1% 포함되는데 이는 대부분 30대 후반 혹은 40대 직장인에 해당된다. 직업별로는 대학생이 22.9%, 전문직 13.1%, 사무직 33.7%, 관리직 29.7%로 역시 20대 후반과 30대 초반에 해당하는 사무직 비율이 가장 높다. 결혼 상태는 미혼이 40.6%, 기혼이 58.2%이다. 종교별로는, 종교를 갖지 않은 사람이 57.5%로 가장 높고 그 다음이 개신교로 20.8%, 천주교 13.4%, 불교 7.7%, 유교 0.3% 순이다.

이상의 인구학적 변수로 볼 때 연령층에서 학생을 포함하는 20대가 초과 대표된 표본임을 알 수 있다. 분석에서 필요한 경우 연령과 직업별 경향을 따로 분석하는 방식을 택하기로 한다.

계층적 배경으로 가구 월수입과 주관적 계층을 알아보았는데 대부분이 중간층으로 보아도 무방할 것으로 보인다. 가족 월수입은 200만 원 이상이 13.1%, 100만 원 - 199만 원 사이 51%, 70만 원 - 99만 원 사이가 25.6%, 70만 원 미만은 10.2%이다. 주관적 계층 의식에서는 자신을 중층이라고 응답한 비율이 86.9%이고 상층과 하층으로 응답한 경우가 각각 6.5%이다.

2. 성에 대한 인식과 경험

이 장에서는 성에 대한 남성의 일반적인 인식과 경험을 중심으로 논의하고자 한다. 분석에서는 심층 면접을 통한 질적 자료와 질문지 조사 결과로 나온 양적 자료를 병행해서 사용하되, 양적 조사의 경우 빈도와 교차 분석 정도의 통계를 이용했다.

(1) 성 인식

1) 성관계 중심의 성개념

남성들이 일반적으로 갖고 있는 '성' 개념을 이해하기 위해 면접 과정에서 우선 "'성'이라고 할 때 어떤 생각이 떠오릅니까?"라는 막연한 질문을 던져 보았다.

'성' 하면 '행위'가 생각난다. 포르노를 많이 봐서 그런지… (사례10, 20세 : 대학생)

여러 가지가 동시에 떠오르는데, 성에 대해 건전하게 접해 보지 못해서 그런지 음란 서적, 사진 그런 게 생각난다. 특히 여자, 여자가… (사례13, 20세 : 대학생)

질문이 막연함에도 불구하고 남성들의 이야기 속에서 '성관계'와 '여자'라는 공통점을 찾아낼 수 있었다. 여기서 성관계란 실제 대화에서는 '섹스', '행위', '남녀의 그런 행위', '성교' 등으로 표현되었는데 주로 남녀간의 성기 중심적인 신체 접촉을 의미한다. 성과 연관되어 떠오르는 여자는 '음란 사진에 나오는 여자' 즉 구체적인 성관계의 대상이다. 이는 질문지 조사에서도 유사한 결과를 보여 준다. 똑같은 개방형 질문을 주고 자유롭게 응답하도록 했더니 남녀 구분, 흥미, 자연스러움, 부끄러움, 신비감, 추한 것, 퇴폐, 쾌락, 사랑, 본능 등 특정하게 범주화할 수 없는 다양한 대답 가운데 유독 '성관계'와 '여자'라는 응답이 눈에 띄게 높아 각각 37.1%, 15.0%를 차지했다.

반면에 피임이나 임신, 출산 등 성의 생식적 영역에 관한 개념은 거의 나타나고 있지 않다. 성에 관한 남성들의 담론이 성관계에 집중되고 있음을 의식한 연구자가 면접 과정에서 의도적으로 피임이나, 출산, 자녀 등에 관한 질문을 하는 경우조차도 '그런 거 생각한 적 없다'고 이야기가 중단되거나 예의상의 짤막한 응답으로 마무리되는 것을 경험하곤 했다. 다음은 그러한 상황을 잘 보여 주는 면접 사례 중의 일부이다.

연구자 : 딸이 하나라면, 자녀를 더 둘 생각이 있으십니까?

응답자 : 그건 우리 아내하고 관계되는 문제니까 더 이상 얘기하지 맙시다.

연구자 : 아내가 처음 임신했을 때는 어떤 기분이셨나요?

응답자 : 당연한 거지. 결혼하면 출산하는 거 당연한 거 아닌가요?

연구자 : 아내는…

응답자 : 좋았겠지.

이 기혼 남성은 37세의 관리직 종사자로 자신의 외도 경험과 현재 관계하고 있는 여성에 대해 장황하게 설명하면서 자신의 그런 경험을 '사회적으로 능력 있는 남성'의 증거인 양 매우 자랑스러워 하는 모습을 보여 주었다. 그런데 이야기가 아내의 임신이나 출산, 자녀 문제에 이르자 그것은 '아내와 관계되는 문제'이자 결혼하면 당연히 따라오는 결과일 뿐 자신의 관심이나 흥미 대상은 아니라는 단호한 태도를 나타냈다. 이 경우 성관계의 대상으로서 여성 특히 혼외 성관계의 여성은 관심 대상이지만 여성의 출산이나 임신은 '아내와 관계되는 일'이므로 자신과는 상관이 없다고 생각하는 듯하다.

여러 여성과 성관계를 가졌으면서도 피임은 전혀 고려하지 않는 다음의 미혼 남성의 태도 역시 마찬가지이다.

임신 같은 건 걱정 안한다. 여자들이 다 무언가 하고 있는 것 같다. 하지만 성병에 걸리지 않을까 꺼림칙하기는 하다.(사례8, 31세 : 사무직)

이 남성은 성관계가 임신을 초래할 수 있다는 것을 분명히 알지만 그 임신은 '남성의 성관계'와는 상관 없는 것으로 여성이 알아서 미리 '무언가를 할 것'으로 믿고 있고 다만 자신의 몸과 직접 관련이 있는 성병의 감염만이 걱정될 뿐이다.

다른 한편 연구자와의 이야기 중에 남성들은 성관계나 여자를 비유하는 여러 가지 표현이나 속어를 사용하고 있었는데, 이들 용어에 대한 분석은 남성들이 성관계에 어떤 의미를 부여하고 있는지를 구체적으로 보여 준다. 내용별로 분류해 보면 첫째, 구체적인 성관계에 대한 묘사로서 '삽신하다' '구멍 파기' 등이 있다. 이와 같이 '삽신' 즉 몸(남성 성기)을 삽입한다는 의미나 '구멍(여성의 성기) 파기'라는 표현은 지극히 성기 중심적 성관계일 뿐 아니라 그 주체는 남성으로 나타나고 있다. 둘째, 여성의 몸이나 성기에 대한 묘사를 '기계가 좋다' '물건이 좋으면' 등이 그것이다. 여기서 여성의 몸이나 성기는 인격과 분리된 채 '기계'로 분절되고 '물건'으로 대상화되고 있는 특성을 보인다. 셋째, 여성과 성관계를 가졌다는 의미로 '소유했다' '정복했다' '먹었다' '따먹었다' '내 꺼 만들었다' 등을 사용하고 있는데 이는 말 그대로 '성관계를 가짐으로써 여성을 소유했다'는 의식을 반영하고 있다.

　이상에서 볼 때, 남성들은 성을 곧 성관계와 그 성적 대상으로서 여성과 동일시하여 인식하고 있다. 특히 피임이나 임신 등의 문제는 성관계와는 별개의 여성이 책임져야 할 부분으로 인식한다. 그렇게 축소된 성관계 개념은 남성 중심적이고 성기 중심적일뿐 아니라 여성의 몸을 분절화, 대상화시키는 특성을 갖는다. 또한 남성에게 성관계는 여성에 대한 소유를 상징하는 행위이기도 하다.

2) 남성의 성과 여성의 성

　성은 남성들의 사적인 자리에서 자주 입에 오르내리거나 관심거리로 등장하는 매우 '인기 있는' 주제로 나타난다.

> 남자 친구들 사이에서 성에 관한 얘기는 때와 장소에 관계없이 많이 한다. 처음에는 심각한 문제, 예컨대 사회 문제나 정치 상황에 관한 토론으로 시작하는 경우에도 흔히 여자나 성에 대한 이야기로 끝나곤 한다.(사례2, 25세 : 대학생)

　그 이야기의 내용은 역시 구체적인 성관계 경험에 집중된다.

> 남자들 간에는 자신의 성경험을 많이 이야기한다. 신기한 경험이니까. 성관계를 안해 본 것이 오히려 수치다. 안했어도 했다고 한다. 한 여자를 정복하는 것은 쉽지 않은 경험이다. 난관을 물리쳐 가는 과정이다. 모험심, 탐험심, 영웅심 그런 것.(사례1, 29세 : 전문직)

‘한 여자를 정복하는 것’이 모험심, 탐험심, 영웅심으로 대표되는 ‘난관을 물리쳐 가는 과정’과 비유되고 있는데 그것은 곧 남성다움의 전형이기도 하다. 그래서 자신의 남성다움을 과시하기 위해서는 성적 능력에 대한 과장도 필요하다.

아가씨들이 싱싱하다던가… 자랑하고 과시하고 남자 속성이 다 그런 거 아닌가. 야성적으로 압도했다. 오래 끌어 여자 홍분시켰다는 그런 얘기들… (사례9, 37세 : 관리직)

매춘에 관한 얘기는 자랑하고 그런다. “하루밤 몇 탕 뛰었느냐”, “밤새도록 했다”, “여자의 기교가 어떻더라”, “여자가 교성을 지르고 안 놔주더라”는 등… 그런 얘기 들으면 “이 새 끼 대단하다. 나는 왜 이상하게 그런 게 없었나” 하는 생각이 든다.(사례3, 26세 : 사무직)

이러한 이야기들은 남성이 생각하는 ‘남성다운 성’ 혹은 ‘이상적인 남성의 성’이 어떤 것인지를 잘 보여 준다. ‘압도’ ‘홍분’ ‘몇 탕’ ‘교성’이라는 노골적 표현에서 드러나듯이 이야기를 하는 남성이나 듣는 남성이나 성관계의 행위 자체나 그것에 관련된 기교 혹은 정력에 관심이 모아지고 있다. 그래서 그 이야기를 들은 상대 남성은 연구자에게 “대단하다. 나는 왜 그런 경험이 없었나” 하는 심리적 위축감을 솔직히 토로하기도 했다.

‘여성을 야성적으로 압도’하고 ‘몇 탕’을 뛸 수 있을 만큼 정력적인 남성을 이상화하는 남성의 성에 대한 인식은 더 근본적으로 ‘남성은 강한 성욕의 소유자이다’, 즉 남성의 성은 억제할 수 없을 만큼 강하고 또한 그것은 건강한 남성의 자연스러운 특성이라는 생각을 기초로 한다.

실제로 ‘남성의 억제할 수 없는 성욕’에 대한 통념은 우리 사회에 널리 퍼져 있는 믿음이기도 하다. 그런데 뜻밖에도 질문지 조사에서 77.5%의 남성이 성충동은 ‘자제할 수 있다’는 응답을 했다. 이러한 결과를 어떻게 해석해야 할까. 사회적 통념과 질문지 결과간의 괴리는 면접 사례를 통해 어느 정도 설명이 가능하다.

성충동은 자제가 가능하다. 그러나 남자가 손해볼 게 없으니까 자제 안하는 것일 뿐이다.

(사례10, 20세 : 대학생)

성적 충동이 생기면 쉽게 물러서지 않고 소위 '땡기면' 어떻게든 '싸버리는' 수단을 쓴다. 하지만 참으려면 얼마든지 참을 수 있다.(사례2, 26세 : 사무직)

성충동을 억제할 수 없다는 건 말도 안된다. 그런 말은 편의상 하는 말이다. 나도 떼쓰고 싶을 때는 '이거 참을 수 없는데 어떻게 하느냐' 그런 말 하지만, 괜히 하는 소리다.(사례 11, 40세 : 전문직)

사례에서 나타나듯이 "성욕은 얼마든지 자제할 수 있지만 남자가 손해볼 게 없으니까 자제 안하는 것"이라는 게 남성들의 솔직한 생각인 것 같다. 다만 이를 합리화하기 위해 "이거 참을 수 없는데 어떻게 하느냐"고 말하고 있을 뿐이라고 보는 것이 정확하다.

이와 같은 남성 자신의 성에 대한 허용적 태도는 강간에 대한 시각을 통해서도 확인이 된다. 조사 대상자의 40.4%가 자신도 '강간 충동'을 느껴본 적이 있다고 응답하고 있는데 이러한 결과는 남성들이 강간을 '어떤 상황'으로 생각하고 있는가를 살펴봄으로써 이해가 가능하다.

기본적으로 누구에게나 강간의 욕구가 내재되어 있다고 본다. 통제할 뿐이다. 어떤 여자가 있으면 한번 자고 싶다, 범하고 싶다, 그런 욕구를 말하는 거다.(사례12, 30세 : 사무직)

영화에서 그런 장면을 보고 나면 나도 강간하고 싶은 생각이 생긴다. 모든 남성이 그럴 것이다.(사례1, 29세 : 전문직)

강간 충동… 뭐 예쁜 여자를 본다든가 하면 자연스럽게 정복해 보고 싶다는 생각이 일어난다.(사례8, 31세 : 사무직)

즉 "예쁜 여자를 정복해 보고 싶은 생각", "어떤 여자와 한번 자고 싶은 생각"을

'강간 충동'이라고 생각하는데, 그것은 사실상 '성충동'과 거의 유사한 개념이다. 다만, 강간 충동은 성충동보다 조금 더 강한 욕구를 의미하는 정도이다. 결국 남성에게 강간과 성관계가 그다지 큰 차이가 없다는 것은 곧 남성이 생각하는 성 자체가 강간적인 특성을 내포하고 있다는 점을 지적해 준다. 이는 남성 스스로 공격적인 행위나 남성의 일방적인 접근, 통제할 수 없는 성욕 등을 남성 성의 자연적인 특성으로 받아들이고 있음을 의미한다.

남성의 성에 대한 인식과 비교해 여성의 성에 대해서는 어떤 인식을 갖고 있는지 살펴보기 위해 질문지에 성에 대한 남녀의 욕구나 관심에 대한 문항을 포함시켰다. 그 물음에는 '남녀가 비슷하다'고 생각하는 사람이 39.6%로 가장 많았다. 그 다음이 '개인에 따라 다르다'는 응답으로 22.3%, 이밖에 '남자가 더 강하다' 혹은 '여자가 더 강하다'고 응답한 경우가 각각 19.5%, 18.6%이다. 따라서 전반적으로 성욕구나 관심 정도를 성별에 따라 다르게 인식하기보다 오히려 비슷하다고 보거나 개인차를 인정하는 경향이 우세하다.([표 2])

[표 2] 성에 대한 욕구, 관심 정도에 대한 인식 단위 : 명(%)

인식	20대	30대	40대	계
남녀가 비슷함	63 (47.4)	45 (38.8)	30 (30.0)	138 (39.6)
개인 차이가 있음	19 (14.3)	24 (20.7)	35 (35.0)	78 (22.3)
남자가 더 강함	22 (16.5)	26 (22.4)	20 (20.0)	68 (19.5)
여자가 더 강함	29 (21.8)	21 (18.1)	15 (15.0)	65 (18.6)
계	133 (100.0)	116 (100.0)	100 (100.0)	349 (100.0)

χ^2=18.11263 D.F.=6 **P<0.01

한편 성별에 따른 성욕구나 관심에 대한 남성의 인식은 연령별로 유의미한 차이가 난다(** P<0.01). 연령이 낮을수록 남녀가 비슷하거나 여자가 더 강하다고 생각하고 반대로 연령이 높아질수록 개인차를 인정하거나 남자가 더 강하다고 응답하는

경향을 보인다. 특히 30대, 40대와 달리 20대의 경우 남자보다 여자가 더 성욕구나 관심이 강하다는 응답이 많은 점이 흥미롭다. 20대의 이러한 응답은 정확한 성지식이나 자신의 경험에 의한 것이기보다 그릇된 통념이나 대중 매체를 통해 왜곡 전달된 정보일 가능성이 매우 크다. 예를 들어 스포츠 신문이나 영화 등에서 여성은 흔히 호색적이거나 성을 탐닉해서 남성을 찾아다니는 성적 존재로 그려지고 있다. 여성의 성욕구를 과장해서 전달하는 주위 이야기나 영화의 메시지를 그대로 확신하고 있는 다음의 20대 남성의 이야기가 이를 뒷받침한다.

여자가 처음 강간을 당하고 나면 그 남자를 못잊어 찾아 나선다고 들었다. 처음 강간당했을 때의 쾌감이 크다고 한다. 주위의 얘기를 들어보면 확실하다. (사례6, 28세 : 사무직)

강간은 성립되지 않는다. 영화를 보더라도 처음에는 저항하다가 나중에는 여자도 즐기듯이 남자를 포용하지 않는가?(사례2, 26세 : 사무직)

남녀의 성욕구나 관심을 비슷하게 보거나 개인차를 인정하고 있음에도 불구하고 그것이 실제로 여성의 성행동에 관한 기대에 그대로 반영되고 있는 것은 아니었다. 질문지에서 미혼 남성을 대상으로 '만약 교제중인 여성이 먼저 육체적 접촉을 요구해 온다면 어떻겠는가'를 질문했더니 약 절반이 넘는 51.7%가 '당황하거나 상대방의 행실에 의심이 간다'고 응답했고 4.2%는 '혐오감이 들어 헤어지겠다'고 생각하고 있었다. 이러한 부정적 반응에 비해 '호감의 의사 표현으로 생각한다'가 28.7%, '그럴 수도 있는 일로 생각한다'는 경우가 15.4%였다.

이러한 결과들은 인식적인 측면에서 성별에 따른 성 자체에 대해서는 큰 차이를 두지 않으면서 실제 기대하는 행동 규범간에는 현격한 차이가 있음을 밝혀 주고 있다. 면접과 설문 조사 결과를 일반화하기는 어렵지만 다수의 의견과 태도를 기초로 볼 때 남성의 경우 자신의 성적 능력을 과장해서 자랑하거나 굳이 성충동을 억제할 필요가 없다고 여길 만큼 남성의 성은 허용적이다. 뿐만 아니라 성충동과 강간 충동이 유사한 개념으로 나타나고 있는 것은 공격적이고 일방적인 특성조차 남성 성의 자연적인 특성인 양 인정받고 있음을 보여 준다. 반면에 여성의 적극적인 성행동은 평소의 행실을 의심하게 할 만큼 정숙하지 못한 행동으로 평가된다. 이는 남성이 성을 주도하는 주체이고 여성은 그것을 받아들이거나 따르는 소극적 행동이 자연스럽다고 보는 이중 규범이기도 하다.

3) 여성의 이분화

남성의 성개념이 성관계와 성적 대상으로서 여성과 연관되는 것은 남성의 일반적인 여성관 역시 성에 대한 인식의 연장선에서 이루어지고 있음을 짐작케 한다.

일차적으로 남성에게 여성은 성의 대상으로서, 그리고 성과 동일시되는 존재로 여겨진다. 남성들은 이를 흔히 "성적 호기심은 곧 여성에 대한 호기심이다"(사례5, 34세 : 전문직), "여성에 대한 인식이 곧 성에 대한 인식이다"(사례1, 29세 : 전문직)라고 직설적으로 표현하곤 했다.

그러나 좀더 구체적으로 살펴보면 남성에게 여성은 '연애 대상'과 '결혼 대상'의 두 집단으로 이분화되고 있다.

여자는 보통 연애 상대와 결혼 상대로 나누는데 결혼 상대는 인간 대 인간의 관계로 본다.(사례5, 34세 : 전문직)

데리고 놀 여자와 그렇지 않은 여자, 대시할 수 있는 쉬운 여자와 그렇지 않은 결혼할 여자가 있다. 결혼해서는 인간 대 인간이어야 한다.(사례3, 25세 : 대학생)

'데리고 놀 쉬운 여자'라는 인식에서 여성은 성적으로 대상화되고 있을 뿐 아니라 함부로 해도 되는 상대라는 인식이 드러난다. 이에 비해 '지조를 지키는 결혼할' 여자와의 관계는 '인간 대 인간'이어야 한다고 생각한다. 그러나 '인간 대 인간'이라는 생각이 여성을 남성과 동등한 존재로 인식하고 있다는 의미는 분명 아니다.

기본적으로 여자는 남자보다 열등하다고 본다. 능력 면에서 나의 범주를 따라오지 못한다. 다만 나의 비어 있는 범주를 채워 줄 뿐이다. 감성 부분, 섬세한 부분, 여자는 하나의 부분이다. 전체가 100이라면 남자는 70, 여자는 30이다. 여자는 남자의 부분 집합이다.(사례12, 30세 : 사무직)

난 남자가 가장이 되고 여자가 내조자의 역할을 하는 것이 자연적인 질서라고 본다. 그러나 솔직히 남녀가 대등하게 느껴지지는 않는다. 보완적이라고 생각한다.(사례6, 28세 : 사무직)

여자란 건… 내가 갖지 못한 점을 보완해 주기만 하면 된다.(사례8, 31세 : 사무직)

여성은 '감성적이고 세세한 부분'이고 '남성의 비어 있는 범주를 채워줄 뿐'인 '내조자'로서 남성의 부분 집합이자 남자보다 열등한 존재이다. 여기서 '자연적인 질서'라고 설명되는 여성의 열등성에 대한 인식은 다시 성에 대한 남성의 인식에서 출발한다.

여자는 약하고 밑에 깔리는 존재다. 난 남성은 여성보다 우월하다고 생각하면서 산다. 성관계를 맺을 때 여러 가지 체위가 있지만 여자가 밑에 깔리는 것 그게 정상이다.(사례4, 37세 : 관리직)

즉 '여자는 약하고 밑에 깔리는 존재'라는 생각은 성관계 행위에서 여성의 수동적 위치를 상징하는 한편 그것이 '정상적'이고 자연적인 것으로 보는 성의 인식에서 비롯되고 있다. 물론 이 보수적인 중년 남성의 생각을 보편적인 인식으로 확대하기에는 무리가 있지만 남성의 여성관이 성관계에 대한 인식과 연관을 갖는 것은 확실하다.

남녀간의 우정에 관한 질문지 조사 결과는 남성의 여성관, 더 나아가 인간관의 기초에 성에 대한 인식이 깊이 자리하고 있음을 잘 보여 준다. 우선 조사 대상자의

66.5%가 '남녀간의 우정이 가능하다'고 응답을 했는데, 실제로 '비교적 자주 만나는 여성이 있는가?'라는 질문에 대해서는 72.1%가 '없다'고 대답했다. 이는 이상적으로는 (혹은 질문지상으로는) 남녀간의 우정이 가능하지만 현실적으로는 그렇지 못함을 말해 준다. 따라서 남녀간의 우정이 불가능하다고 대답한 33.5%의 남성이 더 솔직한 의견일 수 있다. 이들은 남녀간의 우정을 어렵게 하는 가장 큰 요인으로 '남녀간의 관계는 애정이나 성관계를 갖는 관계로 발전할 가능성이 있다'(72.9%)고 지적했다. 상대적으로 소수 의견에 속하는 '우리 사회의 관습이 그래왔으므로'(12.6%), '배우자에 대한 신의 때문에'(8.7%) 역시 이성 관계에 대한 경계 의식을 포함하고 있다는 측면에서 비슷한 의미로 해석할 수 있다. 이와는 조금 다른 수준에서 '남녀간의 의식, 가치관의 차이'(5.8%) 때문이라는 설명이 있는데, 구체적인 내용을 살펴보면 여성은 남성보다 상대적으로 열등하다는 생각과 다를 바 없다.

남녀는 동일 수준에서 사고할 수 없기 때문에 우정이 불가능하다.(32세 : 사무직)

남자는 여자보다 생리적, 신체적, 심리적 상태가 월등히 우월하기 때문에 어렵다.(32세 : 사무직)

결국 남녀간의 우정을 어렵게 하는 주요 요인으로는 남녀간의 관계가 잠재적으로 성관계의 가능성을 내포하고 있고, 또 여자는 남자보다 열등한 존재라는 두 가지 인식이 발견된다. 이는 곧 우정은 동등한 관계에서 혹은 성관계를 전제하지 않는 동성간에만 가능하며, 반면에 이성 관계는 필연적으로 성적인 관계와 우열 관계를 내포하는 인간 관계라는 남성의 가치관을 반영한다.

이처럼 남성이 성에 대한 인식을 근거로 이분화된 여성관을 갖고 있고, 여성과의 관계에서 성관계의 잠재성을 의식하며 그것을 남성끼리의 우정 관계와 구분하는 한 남녀 관계에서 진정한 동료 의식이나 평등한 인간 관계를 기대하기는 어렵다.

(2) 성경험

성경험에 관한 논의는 혼인 여부를 기준으로 미혼 남성과 기혼 남성으로 구분해서 살펴보았다.5) 성경험이라 할 때 넓은 의미에서 그것은 성 관련 지식에의 접근, 이성과의 만남, 가벼운 신체적 접촉, 성관계, 그로 인한 여러 가지 심리적 경험 등 많은 측면을 포함한다. 그러나 연구 대상자에게 질문을 하게 되는 경우 성경험에 대한 조작적 정의 혹은 제한이 필요하다고 여겨져 가장 대표적인 경험으로서 '성관계'를 중심으로 보았다. 물론 여기서의 '대표적'이란 연구 대상자들이 갖고 있는 성관계 중심의 성개념을 고려한 것이다.

1) 미혼 남성의 성

가. 혼전 성관계에 대한 태도

혼전의 성에 대한 인식을 가장 잘 보여줄 수 있는 주제로서 혼전 성관계에 대한 태도를 알아보았다. 조금 진부한 감이 있지만 남녀의 '혼전 순결'에 대한 의견을 물었는데, 역시 여성보다 남성 자신에 대해 훨씬 더 허용적인 태도를 갖고 있는 것으로 나타났다. 여성에 대해서는 '순결을 지켜야 한다'고 생각하는 경우가 67.5%나 되는 반면, 남성 자신에 대해서는 거꾸로 '혼전 순결을 지키지 않아도 된다'고 생각하는 사람이 64.9%이다.

남녀에 대한 이중적 태도와 더불어 짚어 보아야 할 것은 여성의 혼전 순결에 대해 허용적 태도를 보이는 나머지 32.5%도 실제로 얼마만큼 솔직한 의견인가 하는 점이다.

---

5) 일반적으로 쓰이고 있는 미혼, 기혼이라는 구분은 혼인을 전제로 한다. 때문에 이 연구에서는 '독신'과 '유배우'라는 개념의 사용을 고려했으나 조사 대상자의 일반적 용어 사용을 감안해서 기존의 '미혼' 혹은 '혼전', '기혼'이라는 개념을 그대로 사용한다.

고등학교 때부터 사회 운동에 관심을 갖고 그러다 보니 의외로 여자 담배 피우는 것도 자연스럽게 받아들인다. 순결도 중요하게 생각하지 않는다. 다만 내 부인만은 안 그랬으면 좋겠다.(사례10, 20세 : 대학생)

요즘 들어 생각이 많이 바뀌고 있다. 결혼 전 여성의 경험을 용납할 수 없었으나 이제는 할 수 없다는 생각이 든다.(사례5, 34세 : 전문직)

'중요하게 생각하지 않지만 내 부인만은 순결하기를 바란다'는 경우나 '대세가 그러니 이제는 할 수 없다'고 받아들이는 경우 모두 질문지 상으로는 여성의 혼전 순결을 허용하는 태도에 응답할 가능성이 크다. 그러나 이러한 사람이 자신이 경험하는 실제 상황에서도 같은 태도를 취할 것인가는 또 다른 문제일 수 있다.
　　반면에, 남성의 혼전 성관계에 대한 태도는 매우 허용적이다.

순결 개념 같은 건 없다. 오히려 "여자 친구랑 잤다" 그런 말 재미있게, 자랑스럽게 얘기한다.(사례10, 20세 : 대학생)

동정지키는 남자는 한 사람도 없다. 경험이 없는 사람은 바보 같은 사람이다. 유경험이 정상적이다.(사례9, 37세 : 관리직)

남성의 혼전 성경험은 '유경험이 정상적'인 상황에서 동정을 지키는 남자는 오히려 '바보' 취급을 받을 수도 있다. 남성과 여성에 대한 이러한 상반되는 태도를 남성 자신은 다음과 같이 설명하고 있다.

이율 배반적이지만 남자들은 자기가 때가 더 묻었으니까 여자는 순결하기를 바란다. 나도 그렇다.(사례7, 30세 : 사무직)

나는 다른 여자랑 자더라도 내 아내만은 깨끗했으면 좋겠다. 그런 생각이 그냥 박혀 있다.(사례10, 20세 : 대학생)

'남자가 때가 더 묻었으니 여자는 순결하길 바란다' 혹은 '나는 다른 여자와 자더라도 내 아내만은 순결하길 바란다'는 이중적 태도가 '이율 배반적'이란 걸 알면서도 '그런 생각이 그냥 박혔다'고 합리화하는 남성의 생각은 성별 이중 규범을 비판 없이 그대로 받아들이고 있음을 보여 준다.

나. 혼전의 성경험

이 연구에서 미혼 남성의 범주는 현재 미혼인 경우와 현재 기혼이지만 과거 미혼 시절에 성경험을 했던 두 범주 모두를 분석에 포함한다. 우리가 관심을 갖는 것은 결혼하기 전의 남성이 어떤 성경험을 하는가이기 때문이다.

남성의 혼전 순결에 대해서는 조사 대상자의 65%가 '지킬 필요가 없다'는 허용적인 태도를 보이는데 실제 기혼 남성의 혼전 성경험률은 86.5%로 나타나 태도보다 실제 경험률이 더욱 앞서고 있다. 또 혼전 성경험의 횟수를 보면 5회 이상 경험자가 전체의 48.8%, 2 - 4회 정도가 23.4%, 1회는 6.0%로 나타나, 미혼 시절 남성의 성경험이 일회적이기보다 어느 정도 일상화된 경험임을 알 수 있다([표 3]). 한편 기혼 남성의 혼전 성경험률을 연령별로 비교해 보면 유의미한 차이를 보이지 않는다(P=0.7225). 종교에 따른 차이 역시 통계적으로 무의미하다(P=0.1836).

[표 3] 혼전 성경험 유무 및 횟수 단위 : 명(%)

유무 / 횟수	미혼 남성*	기혼 남성**
없다	48 (33.6)	28 (13.5)
있다 1회	9 (6.3)	12 (5.8)
2 - 4회	28 (19.6)	54 (26.1)
5회 이상	58 (40.6)	113 (54.6)
계	134 (100.0)	117 (100.0)

* 현재 미혼인 남성의 성경험

** 현재 기혼인 남성의 혼전 성경험

[표 4] 기혼 남성의 연령별 혼전 성경험   단위 : 명(%)

	20대	30대	40대	계
없다	3 (20.2)	12 (12.4)	13 (13.7)	28 (13.5)
있다	12 (80.0)	85 (87.6)	82 (86.3)	179 (86.5)
계	15 (100.0)	97 (100.0)	95 (100.0)	207 (100.0)

χ^2=0.65012   D.F=2   P=0.7225

관심을 혼전 성경험을 갖지 않은 **14.5%**의 기혼 남성에게 돌려보자. 남성의 혼전 성경험이 거의 당연시되는 남성 문화에서 '동정'을 지켰다는 것은 특별한 이유가 있을 것으로 여겨진다. 그러나 실제로 이 경우에 해당되는 모두가 뚜렷한 순결 관념을 갖고 혼전 성경험을 거부한 것은 아닌 것으로 드러난다. '순결을 지키기 위해서'(**29.7%**)와 '종교적인 이유'(**13.5%**)라고 응답한 경우 자신의 의지에 의한 선택이라고 볼 수 있지만 나머지의 '그럴 기회가 없어서'(**27.6%**), '성에 대한 두려움이나 성병걱정 때문에'(**12.2%**) '별 이유 없이'(**17.6%**)는 단지 결과적인 상황일 뿐이다.

사실상 20대의 **80.0%**, 30대의 **87.6%**, 40대의 **86.3%**가 혼전에 성경험을 가졌다는 것은([표 4]) 남성들이 흔히 말하는 '열 명 중 여덟, 아홉은 혼전 성경험을 한다'는 속설과 거의 일치하는 것이기도 하다. 현재 미혼 남성들의 경우 성경험률은 **66.4%**로 기혼 남성의 혼전 성경험률보다 낮게 나타나지만([표 3]), 이들 역시 결혼하기까지의 시기를 감안한다면 그러한 차이는 잠정적일 뿐이다.

그러면 이제 현재 미혼인 남성과 기혼 남성 모두를 포함해서 미혼 시절 남성이 경험하는 성의 구체적인 내용을 살펴보자.

첫 혼전 성경험 시기는 역시 자유로운 남녀 교제와 어울림이 가능한 대학 시절이 대부분으로 **73.2%**가 이에 해당한다. 고등학교나 그 이전에 경험했다는 경우도 **19.6%** 정도 되고 **7.2%**는 직장에 들어와서라고 응답하고 있다. 첫 성경험의 상대 여성은 유흥업소 종업원이나 매춘 여성인 경우가 가장 많아 **44.7%**이고, 그 다음이 애인이나 친구로 **38.1%**를 차지한다. 그밖에 우연히 만난 사람(**10.0%**), 같은 직장이나 거래처에 근무하는 여성(3.7%), 친척이나 동거인(2.2%) 등의 순이다([표 5]).

미혼 시절 성경험을 가진 남성 중 **44.7%**가 매춘 여성이나 유흥업소 종사자와 첫 성관계를 하는 상황은 남녀의 혼전 순결에 대한 이중적 태도와 연관해서 이해할 수 있다. 여성의 혼전 성경험을 금기시한 채 남성의 성만 허용하는 구조에서, 남성이 쉽게 접할 수 있는 대상은 자연히 매매춘업이나 유흥업소에 종사하는 여성일 가능성이 높아진다.

[표 5] 첫 혼전 성경험의 상대 여성 신분　　단위 : 명(%)

상대 여성	빈도
유흥업소 종업원, 매춘 여성	122 (44.7)
애인, 친구	104 (38.1)
우연히 만난 사람	29 (10.6)
직장, 거래처 근무 여성	10 (3.7)
친척, 동거인	6 (2.2)
기타	2 (.7)
계	273 (100.0)

애인과는 키스밖에 하지 못한다. 책임질 수 있는지가 아직 확실하지 못하므로… 순결을 지켜 주고 싶다.(사례4, 37세 : 관리직)

여자랑 같이 잔 적도 있고 옷을 벗기고 모든 것을 다 보기도 했지만 잡아먹지는 않았다. 그 여자도 결혼하면 행복해야 할 것 아닌가… (사례4, 37세 : 관리직)

한편 여성의 혼전 순결에 대한 보수적인 태도에 비추어 볼 때, 매춘 여성보다는 상대적으로 적지만 애인이나 친구와 첫 성경험을 했다는 38.1% 역시 주목할 만하다. 이러한 수치는 역으로 여성의 혼전 성경험률을 짐작하게 해주기 때문이다. 또 미약하나마 겉으로 드러나는 엄격한 순결 이데올로기에 대한 수용과 실제 경험상의 간격을 암시하기도 한다. 다음의 사례는 애인과 성경험을 가졌으면서도 '여자는 혼전 순결을 지켜야 한다'고 생각하는 25세 대학생이 겪는 의식 갈등을 보여 준다.

> 혼전 순결에 대해 평소 지켜야 한다고 생각했다. 그런데 여자 친구가 "그럼 나도 너와 혼전 경험이 있는데 그건 뭐냐"고 했을 때 할 말이 막혀 버렸다.(사례2, 25세 : 대학생)

이 남학생은 혼전 순결을 중요시하면서도 상대 여성을 사랑하고 결혼을 계획하고 있기 때문에 자신의 혼전 성경험에 대해 별다른 문제 의식을 갖고 있지는 않다가 상대 여성의 반론에 당황하고 있다.

혼전의 성경험에 대해 남성들은 '죄의식'이나 '성병 걱정' 등을 이야기하고 있지만, 더 인상적으로 표현되는 감정은 성관계에 대해 막연히 갖고 있던 기대와 다른 데서 오는 '실망감'이다.

> 군대 휴가중에 친구와 처음 가보았다. 하나도 좋을 게 없었다. 즐거운 경험이 아니었다. 오히려 불쾌하고 어려웠다. 병에 대한 걱정이나 강박감도 있고… (사례6, 28세 : 사무직)

> 처음 창녀집에 갔었는데… 영화에서 본 것 같지는 않았다… (사례3, 25세 : 대학생)

> 처음으로 여자를 가질 수 있고, 만질 수 있고, 직접 볼 수 있고, 느낄 수 있었다는 것, 신비가 벗겨지는 것이었지만 느낌은 '별거 아니구나' 싶었다.(사례9, 37세 : 관리직)

첫 성경험이 '영화에서 본 것 같지 않아서' 실망했다는 남성의 이야기가 바로 그런 기분이다. 또 그것은 '직접 만지고 느낄 수 있는, 신비가 벗겨지는 느낌'이지만 '즐거운 경험이 아닌 불쾌하고 어려운' 경험으로 기억되고 있다. 물론 위의 세 사례는 매춘 여성과의 경험이기 때문에 이를 다른 모든 경우에 일반화하기는 어렵다. 그러나 고2 때 친구의 여동생과 처음 관계를 했다는 다음의 경우 역시 거의 비슷한 이야기를 하고 있다.

술을 먹고 그 집에 갔다가… 그애도 아프다고 했지만 나도 꽤 아팠다. 소설을 많이 보면서 유토피아처럼 묘사해서 너무 궁금했는데 '이건가' 싶어 실망했다.(사례11, 40세 : 전문직)

이러한 사례들은 청소년기 영화나 책을 통해 과장되게 알고 있었던 성에 대한 환상이나 신비가 실제 경험을 통해 '별거 아니구나' 하고 깨지는 과정으로 볼 수 있다.

2) 기혼 남성의 성

가. 부부 관계의 성

① 애정 확인과 갈등 해소의 기제

면접 과정에서 남성들은 혼전 성관계나 매매춘, 혼외 관계 등에 대해서는 주위의 이야기는 물론 자신의 경험까지 자유로이 말하고 심지어 '과장'해서 설명하기도 했지만, 부부간의 성에 대해서는 잘 이야기를 하지 않았다. 부부 관계는 '성스러운 관계'여서 남에게 이야기하고 싶지 않은 부분이거나 너무나 '당연한 것이어서 말할 것이 없다'는 것이 그 주요 이유이다.

부부 관계에 대해서는 이야기하고 싶지 않다. 성스러운 관계니까… (사례9, 37세 : 관리직)

너무 당연한 것이어서… 별로 말할 것이 없다.(사례7, 37세 : 관리직)

'성스러운 것'이라는 생각은 부부 관계가 매매춘이나 외도 등의 경험과 달리 남의 흥미를 충족시켜 줄 수 있는 관심거리가 아니라 부부간의 사생활이라는 인식이다. 또한 부부 관계는 흥미를 갖게 할 만한 특별한 경험이기보다 기혼 남성이라면 누구나 공통적으로 갖는 '당연한 경험'이라고 생각한다. 따라서 '성스러운 관계'와 '당연한 경험'은 표현은 상반되지만 실제 의미는 유사하다.

그러면 결혼 생활을 하는 남성에게 부부간의 성이 어떤 의미를 갖는가. 조사 대
상의 62.6%가 부부 관계에서 성은 '애정을 깊게 해준다'고 응답하고 있고 그 다음
이 '갈등 해소의 역할'로 27.7%이다. 반면에 '성적 욕구의 해소'와 '자녀 출산'이라
는 응답은 각각 5.8%, 2.9%의 낮은 비율을 차지한다([표 6]). 즉 혼인 내에서 성은
일차적으로 부부간의 애정이나 갈등 해소를 위한 의미를 갖는 것으로 볼 수 있다.
물론 성적 욕구의 해소나 자녀 출산의 비중을 낮게 본 것은 그것이 너무나 당연히
기대되는 결과여서 굳이 응답할 가치가 없다고 보았을 가능성도 배제할 수 없다.
여하튼, 부부간의 성을 굳이 이야기할 필요가 없는 혹은 하고 싶지 않은 부분으로
남겨 두고 또한 그 의미를 성적인 쾌락 자체보다 부부간의 인간 관계를 위한 정서
적 기제로 여기고 있음은 이제까지 살펴본 남성의 성에 대한 인식과 매우 대조된다.

[표 6] 부부 관계에서 성의 의미   단위 : 명(%)

성의 의미	빈도
애정을 깊게 해줌	129 (62.6)
갈등 해소의 역할	57 (27.7)
성적 욕구 해소	12 (5.8)
자녀 출산	7 (2.9)
기타	2 (1.0)
계	206 (100.0)

성에 대한 이와 같은 이분법적 사고는 남성이 갖고 있는 여성관과 밀접한 연관을
갖는다. 여성을 '결혼할 여자' 즉 정숙한 여자와 그렇지 않은 '성적인 대상'으로 이
분화해서 볼 때 아내는 당연히 정숙한 여자에 속한다. 따라서 남성들이 아내에게
기대하는 것은 성적 욕구의 만족이라는 노골적 인식보다는 가정의 정서적 안정을
준비하는 정숙한 여성의 역할이다.

나는 결혼할 때 딱 두 가지만 바랐다. 하나는 크리스찬일 것, 그리고 부모를 모실 것, 그거 였다.(사례4, 37세 : 관리직)

사실 유혹도 많고 별개의 문화도 많다. 하지만 아내를 그런 식으로 보지는 않는다. 처음에 는 호기심도 있고 성에 관심도 많지만 부부는 나이가 들면서 친구 관계로 간다. 잘 때 추 우면 이불 덮어 주고 따뜻한 등받이가 될 수 있으면 만족한다. (사례14, 47세 : 관리직)

위(사례4)의 37세 남성의 경우 '후궁'이라고 지칭하는 여성과 지속적인 혼외 관계 를 맺고 있었고, 사례14의 40대 남성은 '남들처럼 많지는 않지만 몇 번 정도'의 일 시적인 혼외 관계의 경험이 있는 경우이다. 하지만 아내와의 관계에서는 '부모를 잘 모시거나' '친구처럼 따뜻한 등받이'의 역할, 즉 일상 생활에 충실한 며느리나 정서적 안정을 주는 아내의 역할을 기대하고 있었다.

남성에게 있어 이러한 아내와의 관계는 자연히 비(非)성적인 성격을 띨 수밖에 없다. 우리 사회에서 유일하게 합법적으로 인정하는 성적 관계가 바로 부부 관계임 을 생각할 때 부부 관계가 오히려 비성적인 성격을 갖는다는 것은 새삼 주목할 만 하다.

② 남편 주도의 성관계

부부간의 성행동을 지배하는 규범을 살펴보고자 '아내가 먼저 성관계를 요구해 오는 경우를 어떻게 생각하는가'를 질문했다. 기혼의 응답자 중 73.1%가 '여자도 욕구 표현은 당연하다'고 자연스럽게 받아들이고 있었다. '성적 만족에 도움을 준다' 는 적극적 인식도 18.7%로 나타남으로써 긍정적으로 받아들이는 인식이 지배적이 다. '부담감을 느낀다'(5.7%), '정숙하지 않다고 생각한다'(1.0%), '혐오스럽다'(0.5%) 는 의견도 있지만 극히 소수에 불과하다. 이는 미혼 여성의 성적 적극성에 대한 미혼 남성의 부정적 반응과 대조되는 것으로 미혼 여성의 성적 표현은 거부되지만 기혼 여성의 성적 표현은 당연한 것으로 인식되고 있음을 의미한다.

그럼에도 불구하고 실제 성행동은 남편 주도로 이루어지고 있는 것으로 나타난다. 부부 중 주로 '남편이 먼저 성관계를 요구'한다는 사람이 72.2%이고, '서로 비슷하다'고 응답한 경우가 25.4%인 데 비해 '아내가 주도'한다는 응답은 2.4%뿐이다([표 7]).

[표 7] 부부간 성관계의 주도 　　　　　　　　단위 : 명(%)

성관계 주도	빈도
주로 남편이 요구	151 (72.2)
주로 아내가 요구	5 (2.4)
서로 비슷하다	54 (25.4)
계	206 (100.0)

　　비성적인 관계를 기본으로, 남편의 요구에 의해 주도되는 남성 중심의 성관계는 남편의 혼외 관계를 쉽게 허용하는 요인이 되기도 한다.

　　결혼해서 좀 지나면 싫증이 난다. 여자는 그런 거 잘 모르니까 남자가 옆으로 하자, 뒤에서 하자 그러면 싫다고 하는데, 그러면 남자는 어디 가서 충족하겠는가?(사례4, 37세 : 관리직)

　　며칠 전 부부 모임에서 친구가 날 보고 "이 친구가 바람 피웠다"고 이야기를 했는데 아내는 "모르게 피는 걸 어쩌겠느냐"며 지나갔다. 아내는 임신중에도 "당신 힘들 텐데 다른 데서 자고 오시오"라고 했었다. 아내는 내가 놀아봐야 자기 손바닥 안에서 노는 거라고 생각한다.(사례 14, 47세 : 관리직)

　　아내의 역할은 일차적으로 일상 생활에 충실한 아내나 어머니, 며느리이기 때문에 부부가 직면한 성관계의 문제, 가령 반복되는 성관계에 권태를 느끼거나 아내의 임신 등으로 성관계가 어려운 경우 이를 부부 관계 안에서 적극적으로 해결하려 하기보다 아내 이외의 관계를 통해 해소하는 것을 당연시하고 있다. 즉 남성의 적

극적인 성행동을 부추기는 우리 사회 문화에서 비성적인 부부 관계는 혼외 관계의
여지를 내포하고 있다고 보아도 과언이 아닐 것이다.

나. 혼외 관계의 성

① 혼외의 성에 대한 태도

혼외 성경험은 '바람', '외도', '혼외 정사', '혼외 성관계' 등 여러 가지 용어로
표현되면서 그 의미 또한 개인마다 조금씩 다르게 사용되고 있다. 예를 들어 30세
의 한 사무직 남성은 '외도는 장기적으로 바람 피우는 것'이라는 말을 했는데 이때
의 외도에는 일시적 혼외 관계나 매매춘은 포함되지 않는다. 반면에 어떤 남성은
아내 이외 다른 여성과의 교제도 외도라고 생각하고 있었다. 이에 질문지상의 구체
적인 질문에서는 '혼외 성관계'라는 제한적 개념을 사용했다.

우선 혼외 성경험에 대한 태도를 살펴보고자 '자신의 외도를 아내가 알게 되었을
때'와 '아내의 외도를 자신이 알게 된 경우' 각각의 예상되는 상황을 질문했다.

[표 8] 혼외 성경험에 대한 태도　　　　　　　　　　　　　　　　　　단위 : 명(%)

태도	(남편 외도에 대한) 아내 태도	(아내 외도에 대한) 남편 태도
이혼 요구	30 (9.0)	109 (32.5)
오랫동안 갈등 지속	163 (48.7)	127 (37.9)
괴롭지만 용서	125 (37.6)	80 (23.9)
이해, 모르는 척	16 (4.8)	19 (5.6)
계	335 (100.0)	335 (100.0)

조사 결과 남성 자신의 외도에 대해서 예상되는 아내의 태도로는 '오랫동안 갈등
이 지속될 것이다'가 48.7%로 가장 많고, 그 다음이 '괴롭지만 결국 용서해줄 것이
다'로 37.6%이다. 반면에 '아내가 외도하는 경우 자신의 태도'에 대해서 역시 '갈등

지속'이 37.8%로 가장 높지만 남성의 외도에 비해서는 상대적으로 낮고 그 다음이 남성의 외도와 달리 '이혼을 요구하겠다'로 32.5%나 된다. 실제 면접 과정에서 이러한 이중적 태도는 보다 확실하게 표현되고 있다.

> (본인의 경우) 기본적으로 안해야 한다고 생각하지만, 맘에 드는 여자가 생긴다면 장담할 수 없다… 아내의 외도는 생각 안해 보았다. 싫을 것이다.(사례7, 30세 : 사무직)

> 나 같은 경우 결혼하고 나면 외도 안한다고 장담할 수 없다… 아내가 외도한다면 끝장이다.(사례6, 28세 : 사무직)

아내의 외도에 대해서는 '끝장이다', '생각하기도 싫다'고 단호하게 거부감을 표시하면서 동시에 자신의 외도에 대해서는 '기본적으로 안해야 한다고 생각하지만' '안한다고 장담할 수는 없다'는 모호한 태도를 보인다. 사실상 이는 상황이 허락되면 외도할 수도 있다는 의사이다. 결국 혼전의 성에 대한 태도와 마찬가지로 혼외의 성에 있어서도 남성들의 성 이중 규범이 확인된다.

② 혼외의 성경험

혼외의 성에 대한 허용적 태도에서 예상되듯이 기혼 남성 209명을 대상으로 조사된 혼외 성관계 경험률은 63.6%로 집계되었다. 또 혼외 성경험의 횟수를 살펴보면 5회 이상 경험자가 27.3%, 2 - 4회 정도가 30.1%, 1회는 6.2%로 전체의 절반이 넘는 57.4%가 2회 이상 복수의 경험을 갖고 있는 것으로 나타난다([표 9]).

연령별로 혼외 성경험 유무에 상당히 유의미한 차이가 나는 점이 주목되는데 (***P<0.001) 20대의 경우 21.4%만이 유경험자인 반면 30대는 58.2%, 40대는 75.3%로 경험률이 급속히 높아진다([표 10]). 이러한 결과는 두 가지 측면에서 해석해 볼 수 있다. 첫째는 연령이 낮을수록 혼외 성경험률이 낮은 것을 기성 세대의 문화를 벗어난 젊은 세대의 변화라고 해석할 수 있다. 두번째 가능한 설명은 연령에 따른

[표 9] 혼외 성경험 유무 및 횟수　　　　단위 : 명(%)

유무 / 횟수	빈도
없다	76 (36.4)
있다　1회	13 (6.2)
2 - 4회	63 (30.1)
5회 이상	57 (27.3)
계	209 (100.0)

누적 효과로서 저연령층의 경우 연령에 의한 상대적인 기회의 부족으로 인해 경험률이 낮을 수 있다는 것이다. 이 경우 연령이 높아질수록 경험률 역시 높아질 것을 감안한다면 세대간의 변화로 보기 어렵다. 그런데 조사 대상자 중 미혼 남성들이 갖고 있는 외도에 대한 태도는 후자의 가능성이 더 많음을 시사한다. 즉 미혼 남성 144명 중 72.9%가 '자신도 결혼하게 되면 외도 안한다고 장담할 수 없다'는 응답을 했고 4.9%는 '아마 외도할 것'이라고 확신하고 있었으며 단지 22.2%만이 '절대 안 할 것'이라고 응답했다. 여기서 미혼 남성의 '장담할 수 없다'와 '외도할 것'이라는 대답을 합한 87.8%는 기혼 남성의 실제 혼외 관계율인 63.6%를 훨씬 웃돈다.

[표 10] 연령별 혼외 성경험 유무　　　　단위: 명(%)

경험 유무	20대	30대	40대	계
없다	11 (78.6)	41 (41.8)	24 (24.7)	76 (36.4)
있다	3 (21.4)	57 (58.2)	73 (75.3)	133 (63.6)
계	14 (100.0)	98 (100.0)	97 (100.0)	209 (100.0)

χ^2=17.70791　D.F.=2　***P<0.001

　　혼전 성경험과 마찬가지로 혼외 성경험률 역시 종교별로 유의미한 차이를 보이지 않고 있다(P=0.2633). 이러한 결과는 우리 사회의 경우 종교가 남성의 성행동에 특별한 영향력을 미치지 않음을 의미한다.

반면에 직업별로는 전문직, 사무직, 관리직간에 상당히 유의미한 차이를 보인다 (*** P<0.001). 관리직의 혼외 성경험률이 75.7%로 가장 높고, 사무직 57.9%, 전문직 35.7% 순으로 나타난다. 직업별 차이는 전문직이나 사무직의 경우 주로 2,30대의 젊은 연령층이 포함되는 반면 관리직은 주로 30대 후반, 40대가 해당된다는 점에서 연령별 차이와 무관하지 않다. 그러나 사무직보다 전문직 종사자의 혼외 성경험률 이 특히 낮은 것은, 전문직이 비교적 개별적인 활동을 보장하고 개인의 자율성을 지키기가 상대적으로 용이한 직종이기 때문일 것으로 추측된다.

이러한 추측은 혼외 성경험의 동기나 상대 여성의 신분을 통해서 어느 정도 뒷받 침된다. 혼외 성경험의 가장 주요한 동기로 74.4%가 '우연히 기회가 되어서'라고 응답했다. 우연한 기회의 구체적인 상황은 '술자리에 어울리다 보니' '분위기가 묘 하게 돌아가면 나만 빠질 수 없어' 혹은 '골프장에서 먼저 유혹해 오는 캐디의 말을 특별히 거절할 이유가 없어' 등으로 설명된다. 즉 개인적으로 특별한 동기를 갖기 보다 자기 주변의 문화나 성적 서비스를 제공받을 수 있는 분위기 속에서 주위 사 람과 어울려 경험을 하게 됨을 말한다. 이에 비해 일반적으로 외도의 동기로 여겨 지는 '성적 욕구의 만족'은 12.8%, '일상적인 생활에서 벗어나고 싶어서'는 9.0%에 불과하다. 이밖에 '상대와 사랑에 빠져서'(1.5%), '아내가 싫어져서'(1.5%), '자신의 매력을 확인해 보고 싶어서'(0.8%)라는 응답이 있지만 소수를 차지한다.

혼외 성경험의 주요 동기가 '우연한 기회'라는 사실은 그것이 주로 매매춘의 형 태라는 것을 시사하는데, 이는 상대 여성의 59.4%가 매춘이나 유흥업소 종사자라 는 신분을 통해 확인된다([표 11]).

첫 혼외 성경험의 시기는 결혼 후 1년 이내가 20.0%, 1 - 3년 사이가 31.8%, 3 - 5 년 사이가 25%, 5년에서 10년 사이가 20.5%로 나타나 비교적 고른 분포 속에 1 - 3 년 사이의 경험률이 가장 높다. 10년 이후에 경험했다고 응답한 경우도 2.3% 있다.

다른 한편, 혼외 성경험이 없는 36.4%의 남성들의 경우 그 이유로서 응답자 72명 중 87.7%가 '아내에 대한 신의, 사랑 때문'이라고 대답하고 있다. 그 외 '기회가 없

[표 11] 첫 혼외 성경험의 상대   단위 : 명(%)

상대	빈도
매춘이나 유흥업소 종사자	79 (59.4)
우연히 알게 된 여성	33 (24.8)
과거에 교제하던 여성	15 (11.3)
직장이나 거래처 근무 여성	6 (4.5)
계	133 (100.0)

어서'(5.6%) '경제적 여유가 없어서'(4.2%) '종교적 이유로'(4.2%) '뒷수습이 귀찮아
서'(1.4%)라는 소수 응답이 있었다. 여기서 '아내에 대한 신의, 사랑' 혹은 '종교적
이유'를 제외한 다른 응답자의 경우 앞으로도 여건만 주어진다면 혼외 성경험의
가능성은 남아 있다고 볼 수 있다.

 이상에서 살펴본 기혼 남성의 혼외의 성에 대한 태도나 경험은 혼전의 성과 마찬
가지로 남성에게 허용적인 성 이중 규범의 특성을 갖는 것으로 결론 내려진다.

3. 성문화 유지의 사회적 기제

2장에서 성관계 중심의 성개념, 성 이중 규범, 여성의 이분화 등을 특징으로 하는
성 인식이 실제의 혼전 성경험과 부부간의 성, 그리고 혼외 성경험을 통해 구체화
되고 있음을 살펴보았다. 그러면 이러한 성문화는 어떤 과정을 통해 형성, 유지되
고 있는가. 청소년기 성지식이나 정보의 습득이 1차적인 성의 사회화 과정이라면
성인이 된 후 접하게 되는 다양한 정보나 경험들은 좀더 실제적이고 2차적인 사회
화라 하겠다. 이러한 과정은 청소년기에 형성된 성문화의 직접적, 간접적 경험을
통한 유지, 강화, 재생산 과정이기도 하다. 여기서는 성문화 유지의 사회적 기제로

서 청소년기 성의 사회화 과정과 성인이 된 후 경험하는 남성 조직의 특성, 그리고 성의 상품화 현상을 살펴보고자 한다.

(1) 성의 사회화 과정 sexualization

성의 사회화는 넓은 의미에서 일반적인 사회화 과정에 포함된다. 사회마다 나름의 규범과 특성을 갖기 마련이고 그러한 사회의 기대는 각 개인이 처한 환경이나 개인의 특성에 의해 정도는 조금씩 다르지만 기본적인 공통점을 지니고 스며들기 마련이다. 따라서 사회는 교육 제도나 부모, 대중 매체를 통해 바람직하다고 생각하는 문화를 전달하게 된다. 그 중에서 특히 성 sexuality과 관련된 태도나 인식, 행동, 규범 등의 문화를 습득해 가는 과정을 성의 사회화라고 할 수 있다. 따라서 성의 사회화 역시 태어나서부터 일생 동안 지속되는 과정이지만, 여기서는 성에 대해 육체적, 심리적으로 적극적인 관심을 갖기 시작하는 청소년기의 중, 고등학교 과정을 중심으로 살펴보려 한다.

우선 청소년기에 해당하는 남성들이 어떤 경로를 통해 성에 관한 지식이나 정보를 습득하는가를 사회화 기제의 특성에 따라 '공식적 사회화'와 '비공식적 사회화' 과정으로 나누어서 분석했다. 공식적 사회화는 사회가 바람직하다고 생각하는 성 규범이나 행동, 태도 등을 가르치는 의식적 교육 과정의 일부로서 학교나 사회 단체가 주관하는 성교육 혹은 부모의 가정 교육 등을 통한 사회화를 말한다. 성에 관한 전문 서적, 예를 들면 성교육서나 백과 사전 혹은 의학 관련 서적 등을 통한 지식습득도 공식적 사회화에 포함시켰다. 이에 반해 비공식적 사회화는 공식적으로 통제되거나 의도되지 않은 매개체를 통한 성의 사회화를 말한다. 어떤 경우 사회에서 바람직하지 않다고 평가되거나 금지되고 있는 것까지도 포함한다. 또래나 선배의 이야기, 포르노물, 만화 등이 이에 해당된다. 소설이나 잡지 등을 통한 지식은 성교육이나 전문 지식을 전달하려는 의도보다는 다른 목적을 위해 성에 관한 내용을 포함한다는 점에서 비공식적 사회화에 포함시킨다.

성의 사회화가 어떤 과정을 거쳐 이루어지는가는 청소년기 남성들이 어떤 경로로 성에 관한 지식을 습득하게 되는가를 통해 확인할 수 있다. 주요한 성지식 습득 경로 두 가지에 응답하게 한 결과, 가장 영향력 있게 나타난 것은 비공식 사회화에 해당되는 '친구나 선배의 이야기'로 71.1%가 응답했고 다음은 소설이나 잡지순으로 37.5%가 해당된다. 공식적 사회화 기제의 경우 개인적 관심이나 호기심으로 읽게 되는 전문 서적이 36.4%로 가장 많은 반면 대표적인 공식 기제인 학교나 사회 단체의 성교육은 19.2% 정도에 그치고 있고, 부모에 의해 성교육을 받은 경우는 2.3%에 불과하다([표 12]). 그나마 성이 교과 과정에 포함된 것은 최근에 와서이므로 30대 후반이나 40대 남성의 경우 공식적 교육의 기회조차 거의 없었을 것으로 보인다.6)

[표 12] 성지식의 습득 경로 단위: 명(%)

	경로	빈도*
공식적	전문 서적	127 (36.4)
	학교, 사회 단체의 성교육	67 (19.2)
	부모의 교육	8 (2.3)
비공식적	친구나 선배의 이야기	248 (71.1)
	소설이나 잡지 등	131 (37.5)
	음란 서적, 만화, 포르노	56 (16.0)
	수업중 선생님의 여담	14 (4.0)

* 주요한 것 두 가지에 응답, 중복 포함.

271명(100.0)을 기준으로 함.

---

6) 서울특별시 교육 위원회는 1987학년도 학교 보건 관리 지침에 보건 교육을 주당 6시간 이상씩 실시할 것과 학교 당국이 이를 위해 예산을 확보할 것을 의무화하고 있다(간협신보, 1987년 3월 15일). 그러나 현재 보건 교육은 정규 교과 과정으로 독립되어 있지 않기 때문에 대부분 정기적인 실시보다는 공강 시간을 이용하는 예가 많은 것으로 나타난다(황은자, 1988, 「성교육 담당 교사의 성역할 고정 관념적 태도에 관한 연구」, 이대 석사학위 논문, 5쪽).

1) 공식적 성의 사회화

공식적인 성의 사회화 기제를 통한 경험이 미약하다는 것은 그만큼 체계적, 과학적으로 성지식을 습득하고 규범을 익힐 수 있는 기회가 없음을 의미한다. 그러나 성의 공식적 사회화는 양적인 측면에서의 미비뿐 아니라 실제 수행되고 있는 성교육의 질적 측면에서도 문제가 있는 것으로 드러난다.

공식적 사회화에 포함되는 전문 서적의 경우 성교육 책자가 가장 대표적인데, 내용이 미흡할 뿐만 아니라 남학생에게는 '성병 조심'을 여학생에게는 '순결'을 강조하는 성차별적 내용이 기존의 연구들에서 지적되고 있다.[7] 또한 질문지상으로 성교육을 받아본 적이 있다고 응답하는 경우조차 심층 면접을 통해서 그 교육 내용을 살펴보면 체계적인 접근이 이루어지고 있지 않다.

> 중학교 생물 시간에 아주 원론적인 것을 배운 기억이 난다. 시시한 거였다. 난자, 정자, 성기의 구조… 그런 거였다.(사례10, 20세 : 대학생)

> 고1 때 생물 선생님이 성교육이라고 아기 낳는 장면을 비디오로 보여 준 적이 있다. 그것을 보고 모두 충격을 받았다. 아기 낳는 것 자체보다는 신비스럽다고 생각하던 여자의 몸, 성기를 보았다는 것 때문이었다. 징그럽다는 반응도 있었다.(사례13, 20세 : 대학생)

주로 생물 교사에 의해 실시되고 있는 학교에서의 성교육은 1회적일 뿐 아니라 아무런 맥락 없이 '남학생들에게 아기 낳는 장면을 비디오로 보여 주는' 단편적 내용이다. 이는 성을 올바로 이해시키는 과정이기보다 '충격' 또는 '징그럽다'는 역효과를 가져오기도 한다.

전통적으로 성은 '저절로 알게 되는 것'이라는 인식이 지배적인 부모 세대로부터 성교육을 기대하기는 더욱 어렵다. "어머니와 성을 이야기해 본 적은 한 번도 없다. 다만 아버지로부터 '괜히 여자 건드리지 마라'는 말을 들은 적이 있다"(사례2, 26세

---

7) 황은자, 1988, 12-16쪽.

: 사무직)는 심층 면접 응답자의 얘기가 이를 잘 대변한다.

결국, 성의 사회화 과정에서 비교적 성지식을 체계적으로 전달하고 배울 수 있는 공식적 기제를 통한 사회화는 양적인 측면에서 미흡할 뿐 아니라 질적인 측면에서도 제대로 수행되고 있지 못하다고 하겠다.

2) 비공식적 성의 사회화

공식적 성의 사회화의 질적, 양적 미비는 한창 성에 호기심을 가질 나이인 청소년들에게 다른 통로, 즉 비공식적 통로를 통한 관심의 충족을 유도한다.

가장 큰 영향을 미치는 기제는 역시 또래 집단이다. 친구의 경험담, 정보의 전달, 소문 등은 실제든 과장이든 흥미진진한 이야깃거리이기 때문이다.

중학교 때 미국에서 전학 온 친구가 자기는 그림책으로도 보고 비디오도 보았다며 여자의 성기에 대해 이야기했다. 허리 밑 쪽에 남자는 구멍이 두 개인데 여자는 세 개라고 했다. (사례2, 26세 : 사무직)

중학교 때는 여체에 관한 관심이 많아서 여자 생리대라던가 그런 것에 대해 얘기를 많이 한다. 어떤 놈들은 거울을 여선생님 치마 밑에 놓고 보기도 한다. 옆의 여학교 화장실을 몰래 훔쳐 보거나 체육복 갈아입는 것을 보고 온 애는 승승장구한다.(사례3, 25세 : 대학생)

중학교 정도의 친구들간에 오고가는 이야기는 주로 자기 주변의 여성을 대상으로 여성의 몸이나 생리, 성기의 구조 등이 주요 관심사로 등장하지만, 실제 내용은 대부분 과장이나 자신의 상상을 덧붙인 다소 유치한 내용들이다. 그러나 고등학교로 갈수록 점차 구체적인 '성관계' 행위가 관심 대상으로 떠오른다.

고등학교 때는 노골적이었다. 자는 과정을 다 이야기하고 상상도 못할 진한 이야기도 많이 한다. '남자 10명이 여자 1명 놓고 돌렸는데 그 여학생이 더 없냐고 그러더라'는 둥.

또 여자가 어떻게 소리를 지르고, 뒤로 했느니 앞으로 했느니 그런 얘기까지 한다. 고1 때는 덜하다가 고2, 3이 될수록 더하다. 대화의 7 - 80%가 그런 얘기다. 하여간 공부 관계 이외에는 무조건 여자 얘기라고 보면 된다.(사례10, 20세 : 대학생)

그러나 구체적인 내용에서는 '남자 열 명이 여자 한 명을 돌렸는데(윤간했는데 여자가 남자) 더 없냐고 하더라'는 등의 과장되고 비현실적인 특성을 갖는 것에 별 차이가 없다. 이는 최초의 정보 제공처 자체가 소설이나 잡지, 포르노 등 비공식적 성의 사회화를 통해 습득한 '자료'이기 때문으로 여겨진다.

성에 대해서는 중2 때 방인근의 소설을 빌려다 보고 알게 되었다.(사례9, 37세 : 관리직)

아마도 중3 또는 고1 때쯤이었다. 굉장히 야한 그림, 예컨대 포르노의 야한 장면만 찍어 놓은 것 같은 그림으로 가득찬 거였다. 『플레이보이』 정도는 아주 점잖은 것에 속한다. (사례8, 31세 : 사무직)

포르노를 보는데 주로 사진이나 만화다. 한 명이 가져오면 몇 명이 달려들어 우르르 보고, 순진한 애들은 안보는 척하지만 결국 집에 가기 전쯤이면 반 전체 애들이 거의 다 돌려보게 된다. 주로 쉬는 시간이나 점심 시간에 보지만 공부 시간 중에도 본다.(사례13, 20세 : 학생)

질문지 조사에서도 98.0%의 남성이 포르노를 본 적이 있다고 응답하고 있고, 65.4%는 5회 이상 본 것으로 나타난다. 그런데도 포르노를 통해 성지식을 알게 되었다는 경우가 16.0%로 비교적 낮은 비율을 차지하는 것은([표 12]) 동료와의 이야기나 잡지 등을 통한 정보가 매우 일상적으로 접할 수 있는 비공식 기제인 반면 포르노물은 상대적으로 드물게 경험하는 것이기 때문인 것으로 추측된다.

수업 시간중 여담으로 들려 주는 선생님의 성에 관한 농담이나 '충고' 역시 또래 집단의 이야기 수준과 크게 다르지 않다. 다만 '선생님이 하신 말씀'이라는 점에서 권위가 포함된다. 때문에 그 내용이 비교적 덜 노골적이라 하더라도 친구들의 이야기보다 더 큰 영향을 줄 수도 있다.

많은 이야기를 들었는데… 생각이 잘 안나고… 한 선생님이 "남자는 육체적 사랑에서 정신적인 사랑으로 나아가고 여자는 정신적 사랑에서 육체적인 사랑으로 나아간다"고 한 말을 듣고 "아 여자는 호박씨 까는 존재구나"라고 생각했죠 선생님의 권위를 통해 확인되는 거죠.(사례1, 29세 : 전문직)

이와 같이 비공식적 사회화 과정을 통해 형성되는 성의 사회화의 내용은 2장에서 살펴본 성 인식의 특성과 매우 일치하고 있다. 즉 성은 성관계를 중심으로 개념화되고 여성은 주로 성적 대상, 혹은 여성의 성기로 사물화된다. 물론 이러한 내용 속에는 여성에 대한 비하 의식이 밑받침되어 있다. 또한 관심이 되는 여성은 성적으로 매우 적극적일 뿐 아니라 남성의 성적 자극을 유혹하는 '색녀'의 모습으로 나타나고 있는 점도 특징적이다. 이는 청소년기 남성에게 여성은 아직 결혼 상대로서보다는 성적 대상으로 부각되기 때문일 것이다.

3) '남성다움'과 성

성의 사회화는 일반적인 사회화 과정의 일부이자 상호 영향을 미치는 과정이기도 하다. 더 구체적으로 성 sex을 기반으로 하는 성의 사회화는 특히 성역할 sex-role 사회화와 밀접한 연관을 맺는다. 각 성에 부과되는 '남성다움'과 '여성다움'이라는 성역할은 성의 사회화 과정에서도 거의 그대로 적용된다.

비공식적 성의 사회화 과정에서 가장 영향을 미치는 대표적인 기제는 주위의 동료 집단임을 보았다. 그런데 이 과정은 '남성다움'을 배우고 표현하는 과정이기도 하다. 우선 남성 사회에서 남보다 성에 대해 많이 알거나 적극적인 행동을 보이는 동료는 어떤 의미에서든 눈에 띄는 존재로 평가를 받는다. 성에 관한 이야기나 정보를 전해 주는 친구들은 '노는 애' 혹은 '날라리'라는 평가를 받는데 이러한 칭호는 반드시 부정적인 의미를 갖지는 않는다. 여학교 화장실을 훔쳐보고 그것을 이야기 해준 친구가 '승승장구하게 된다'는 것은 그러한 친구들이 주변의 관심 대상으로 부각됨을 보여 준다.

> 책 읽고 그런 걸 자기가 한 양 떠벌린다. 그런 얘기 잘하면 "성격이 활발하다. 호탕하다"고 평가한다. 그런 친구가 인기가 좋다. 나도 포르노 본 얘기, 책 본 얘기 많이 해준다.(사례10, 20세 : 대학생)

> 고등학교로 가면 점점 더 적극적으로 되어서 동정을 뗀 아이들도 생긴다. 고2 정도면 약 20% 정도는 그런 것 같은데 머리에 무스도 바르고 말하자면 '날라리'들이다. 하지만 그런 애들 중에 인간 관계도 좋고 공부 잘하는 애들도 많다.(사례13, 20세 : 대학생)

이러한 평가는 우리 사회에서 남성이 성에 대해 적극적인 호기심과 행동을 보이는 것을 남성다움의 한 표현으로 받아들이고 있는 문화적 관습의 맥락에서 이해할 수 있다. 특히 청소년기 남성의 성의 사회화는 '남성다움'과 밀접히 연관되고 있는데 이는 성인이 된 후에 남성간의 '결속'이나 '사회 적응력'으로 확대된다. 이에 대해서는 뒤의 2, 3절에서 자세히 논의하겠다.

(2) 남성 조직의 특성

1) 군대 문화와 성

중, 고등학교의 억압적 교육 과정 속에서 사춘기를 거치는 남학생들에게 성은 지극히 중요한 관심거리이지만 다른 한편 성은 '죄의식'과 '두려움'의 대상이기도 하다. 그러나 대학에 들어오면서 성은 훨씬 '자연스러운' 주제가 된다.

> 고등학교 때는 잘 모르기도 하고 죄의식이나 두려움이 컸다. 그러다 대학에 들어가면서 점점 자연스럽게 받아들여졌다… 나이를 먹으니까… 그래도 되는 걸로 인정을 받으니까

그런 게 아닐까?(사례6, 28세 : 사무원)

대학에 들어오면 다른 관심이 많아지면서 최루탄, 데모, 여행… 성에 대한 관심이 상대적
으로 작아지고 관심의 일부분이 된다. 고등학교 때는 다른 돌파구를 찾을 수 없었으니까.
(사례1, 29세 : 전문직)

막연히 호기심의 대상이기만 하던 여성과 가까이 생활하게 되고 실제로 성을 경
험할 수 있는 기회가 생기면서 성을 보다 자연스러운 생활의 일부로 받아들이게
된다. 고등학교 때와는 달리 다양한 생활 경험이 가능하게 된 것도 성에 관한 관심
을 상대적으로 약화시킨다.

특히 대학에 들어와서 나타나는 두드러진 특징은 성의 직접적 체험이다. 혼전 성
경험을 가진 남성 중 73.2%가 대학에 들어와서 첫경험을 한다는 결과가 이를 입증
한다. 한편 조사 대상자의 63.7%가 매매춘의 경험이 있으며 그들 중 77.6%는 대학
시절 첫 매매춘 경험을 한 것으로 나타난다. 이에 대해서는 뒤의 3장에서 더 구체
적으로 논의하겠지만, 이러한 결과는 일반적으로 청소년기를 지나 좀더 자율적인
행동이 허용되는 대학 시절[8]에 와서 실제 성경험을 하게 되며, 그 형태는 주로 매
매춘일 가능성이 있음을 의미한다.

그런데 대학 시절의 이러한 성경험은 군대의 경험과 밀접한 연관을 갖는다. 특히
군대 경험 유무와 매매춘 경험률 간에는 통계적으로 상당히 유의미한 관계를 보인
다(** $P<0.01$). 현재 대학에 재학중인 남학생 80명을 대상으로 살펴보면, 군대에 갔
다 오지 않은 사람 중 매매춘 유경험자는 32.7% 정도인 반면 군대에 갔다 온 소위
'복학생'의 경우 72%가 유경험자인 것으로 밝혀졌다. 물론 이러한 차이는 복학생
의 연령과 학년이 더 높다 보니 경험의 기회도 많을 수밖에 없다고 볼 수도 있으나,

---

8) 물론 이는 대학 졸업자를 대상으로 하는 본 연구에 제한되는 주장이다. 그러나 중,고등
학교를 졸업하고 곧장 사회로 진출하는 남성들 역시 비슷한 시기에 이와 유사한 경험을 할
것으로 예측된다.

역시 그 '경험의 기회'를 제공하는 주요 계기는 '군대'이다.

우선 첫번째로 지적할 수 있는 것은 매매춘 경험의 동기이다. 질문지 조사 결과 매매춘 유경험자의 72%가 '친구들과 어울리다 보니' 첫 매매춘을 경험하게 되었다고 밝히고 있다([표 13]). '친구들과 어울리다 보니'라는 상황을 남성들은 '딱지 떼기'라는 은어로 표현하고 있다. 즉 대학에 들어와서 선배나 주위 친구들의 술자리에서 혹은 서로 부추기는 분위기에 용기를 얻어 처음 성경험을 하게 되는 일종의 '남성 성인'으로의 통과 의식을 말한다. 이때 '대학 입학'이나 '신입생 환영회' '써클 행사' '군 입대' 등은 '딱지 떼기'를 수행하는 중요한 계기가 된다. 특히 군대라는 특수 사회에 대한 불안과 두려움, 그리고 군대 가는 친구에게 무언가 해주어야 한다는 동료 집단의 '우정', 성에 대한 개인적 호기심 등의 결합은 어느 정도의 용기를 필요로 하는 '딱지 떼기'의 계기를 마련한다.

[표 13] 첫 매매춘 경험의 동기 단위 : 명(%)

동기	빈도
동료, 선후배와 어울리다 보니	167 (72.0)
호기심으로	34 (14.7)
남자라면 경험해 봐야 할 것 같아	17 (7.3)
성욕구를 해소하기 위해	14 (6.0)
계	232 (100.0)

군대라는 것이 사회와 분리된 곳이고, 특히 여자하고 분리된 것이니까 "가기 전에 맛보자" 그런 기분으로 몰려 간다.(사례6, 28세 : 사무직)

후배한테 해준 적이 있는데 학생이라 돈들이 없으니까 술 마시다가 친구들끼리 돈을 모아서 여자를 붙여 주는 게 일종의 '예의'다. (사례12, 30세 : 사무직)

대학에 들어가서 군대 갈 때 호기심에서 "야 종3 가자" 하고 군중 심리로 가봤다. 같이

가서 시계 잡히고 올가미 씌우고 그랬다.(사례14, 47세 : 전문직)

군대 내에 형성되어 있는 문화 자체도 성의 인식과 경험에 깊은 영향을 준다.

야간에 2시간 정도 보초를 서는데 고참이 사회에서의 경험을 얘기하라고 했다. 미팅이나 그런 것이 아니라 성경험을 이야기하라는 소리인데, 리얼하게 구체적인 성관계 묘사까지 다 해야 한다. 처음에는 멋모르고 "없는데요" 했다가 몇 대 맞고 그 후부터는 3류 소설을 써서 진짜처럼 이야기하곤 했다.(사례12, 30세 : 사무직)

군대 문화에서 성이 차지하는 비중을 이해하기 위해서는 젊은 남성만의 조직, 외부 세계와의 고립, 철저한 명령 체계, 전쟁 대비의 긴장감 등 군대라는 조직의 특수성을 생각해야 한다. 우선 성은 다양한 성장 배경을 지닌 개인을 균질화시키고, 상급자의 명령에 절대 복종시키는 하나의 훈련 도구로 사용된다. 가령 자신이 경험을 했든 안했든 상사가 성경험을 이야기해 보라고 하면 어떻게든 이야기해야 하고, 이 과정에서 명령－복종의 질서를 배우는 한편 개인의 경험이나 가치관은 철저히 무시된다.9) 또한 억눌린 심리적, 생리적 욕구를 언어적 표현을 통해 해소하기도 한다. "군대는 까라면 까야 하는 사회이다. 어떤 명령이나 요구도 해내야 한다는 걸 가르치는 것이기도 하고, 즐기는 부분도 분명히 있다"(사례12)는 이야기는 군대가 왜 '성에 젖어 있는지'를 단적으로 설명한다. 군대에서 성은 너무나 일상적인 경험으로 스며들어 있어 오히려 '성이라는 의식을 벗어나 자유롭게' 느껴지기까지 한다.

한번은 훈련을 끝내고 우물가에서 목욕을 하는데 상사가 사진 찍겠다고 해서 다들 중요한 부분만 바가지로 가리고 사진 찍었다. 군대는 어떻게 보면 성이라는 의식을 완전히 벗어

---

9) 연세대학교 복학생 협의회, 「나의 젊음, 우리의 군대」 참조, 오장교의 「아직도 군대에서 묻은 검댕이를 묻히고」(또 하나의 문화 제8호, 1991, 『새로 쓰는 성 이야기』)를 보면 이와 비슷한 자신의 경험이 자세히 묘사되고 있다.

나 자유롭기도 하고, 완전히 성에 젖어 있기도 하다.(사례12, 30세 : 사무직)

이런 상황에서 군대의 억압적 생활을 잠시 벗어난 휴가병이 매춘 여성을 찾는 것은 어쩌면 당연하다.

군대라는 게 억압된 생활이고 그러다 보니 휴가 나오면 자연스럽게 그런 일(매매춘)이 이루어진다.(사례14, 47세 : 관리직)

그래서 "군대에 갔다 오면 분위기가 완전히 체화되어 성에 대해 자연스러진다"(사례12, 30세 : 사무직)고 하면서 소위 '복학생' 문화를 형성한다. 복학생이란 군대에 갔다 온 대학생을 지칭하는 것으로 이들은 학교의 상급 학년이자 선배로서 후배들에게 영향력을 미치는 주요 집단이 된다.

시골에서 온 후배가 있었는데 처음에는 여자의 생리가 뭔지도 모르는 희귀종이었다. 고등학교 다닐 때 여자랑 버스에서 옆에 앉기만 해도 임신되는 줄 알 정도였다. 그러다 복학생과 함께 한 학기 지내더니 텍사스촌도 다니고 다른 애들 뺨치게 변했다.(사례5, 34세 : 전문직)

남성들이 모인 자리면 군대 얘기가 화제가 되곤 하는 것을 자주 볼 수 있다. 그만큼 군대는 남성에게 커다란 영향을 주는 집단적 경험일 것이다. 때문에 남성들의 공통적 집단 경험으로서 군대의 문화는 다른 남성 조직의 기본 틀로도 작용한다. 특히 군대 문화가 뿌리 깊게 자리잡고 있는 우리 사회에서 군대 문화의 영향력은 무시할 수 없을 정도이다. 그러한 군대 문화 속에서 성은 긴장과 억압감의 해소 기제로 혹은 명령과 복종 체계의 훈련 과정으로서 도구화되고 있다고 하겠다. 또한 이러한 과정은 청소년기에 형성된 왜곡된 성 인식을 강화시키는 경험의 사회화 과정이기도 하다.

2) 회사의 비공식 문화

군대가 위계 질서와 명령-복종 체계를 기반으로 하는 조직이라면, 회사는 위계 질서를 기초로 개인의 성취와 경쟁을 중요시한다. 그런데 우리 사회의 경우 전통적으로 순수한 개인의 능력보다는 인맥이나 학연, 지연 등 사적인 관계가 공적인 관계를 뒷받침하는 문화적 배경을 갖는다. 이러한 특성은 회사의 공식 업무를 효율적으로 수행하기 위해서 업무 후의 술자리나 비공식적인 모임에서의 관계 형성을 필요로 한다. 실제로 조사 대상자의 술자리 횟수를 살펴보면 일주일에 2-3회가 38.5%로 가장 높고 그 다음이 1회 정도로 27.4%이다. 4회 이상 갖는다는 경우도 9.0% 정도 되는데 결국 전체의 75.6%는 일주일에 1회 이상의 술자리에 참석하고 있음을 알 수 있다.

공식 업무 이외의 비공식 모임, 즉 여가 시간을 같이 하거나 사우나 등의 유흥업소 이용, 고스톱, 술자리 등의 경험 공유는 직장이라는 공적 관계를 사적인 관계로 대치시키는 매우 효율적인 역할을 한다.

남자들은 사우나 같은 데 가서 서로 몸을 보았다는 게 둘의 관계를 끈끈하게 맺어 준다. (사례12, 30세 : 사무직)

접대 때 룸살롱 가서 하면 후리하게 터 놓는 거니까 일도 더 잘된다.(사례4, 37세 : 관리직)

경쟁 관계인 사회 생활에서 '후리하게 터 놓음으로써' '끈끈한 인간 관계'를 맺을 수 있다는 것은 비공식적 인간 관계를 중시하는 우리 사회에서 곧 사회적 성취와도 직결되는 문제이다. 특히 개인적이고 은밀한 관계로 여겨지는 성경험의 공유는 사실상 사적인 관계를 맺는 데 가장 효과적인 기제이다. 이러한 상황은 직장 생활을 하면서 흔히 부딪치게 되는 일인데, 예를 들면 신입 사원의 '사회 훈련'이라는 명목으로 혹은 직장 내 유대 관계의 형성을 위해 직장 선배나 상사들에 의해 의도적으로 주선되는 '술자리'와 매매춘을 포함하기도 하는 '2차, 3차'가 그것이다.[10]

다음의 사례는 입사해서 직장 선배들과 룸살롱에 같이 가본 후 점차 술자리 문화에 적응해 가는 30세 사무직 남성의 이야기이다.

처음 입사했을 때 선배들이 룸살롱에 데려갔다. 신입 사원을 챙겨 준다는 의미도 있고 어떻게 행동하는가 살펴보는 것이기도 하다. 어떻게 잘 적응하는가를 보는 것이다. 술도 잘 하고 옆에 아가씨 손도 잘 잡고 그래야 한다. 술집에 갈 때마다 매번 그러는 것은 아니고 여자와 관계까지 갖게 되는 경우는 20 - 30%정도이다.(사례12, 30세 : 사무직)

이러한 경험을 한 신입 사원은 나중에 선배의 입장에서 다시 신입 사원을 훈련시킴으로써 같은 구조를 유지, 재생산하고 있다.

얼마 전 신입 사원이 들어왔는데, 술 마시고 나서 그런데 데려가서 한바퀴 빙 돌았다. 처음에 나도 그랬듯이 쭈빗쭈빗하며 따라왔는데… 사회 첫경험을 하는 사람을 강철같이 단련은 못 시키더라도 알아둘 필요는 있을 것 같아서였다.(사례7, 30세 : 사무직)

다른 한편 비공식 문화를 통한 인간 관계의 형성은 거래처간의 '접대'라는 명목으로 통상화되어 나타난다.[11]

---

10) 1989년 서울 **YMCA** 시민 자구 운동 본부의 향락업소의 이용 실태 조사 보고서를 보면 향락업소 수요의 가장 많은 부분을 직장인 남성들이 차지하고 있는데, 조사 대상자 직장인 734명 중 80.2%가 향락업소를 출입하는 것으로 나타났다. 또한 향락업소의 이용 동기는 인간 관계, 우의 도모가 48.6%로 가장 높은 응답률을 보였고, 그 다음이 스트레스 해소 29.8%, 사업상 접대 11.7% 등으로 나타난다(서울 **YMCA** 시민 자구 운동 본부, 1989, 『향락 문화 추방 시민 운동 보고서』, 38쪽).

11) 우리 나라의 기업체에서는 실제로 교제비, 기밀비, 사례금 등 업무와 관련하여 법인이 거래처에게 접대, 향응, 위안 등을 위한 지출 명목으로 접대비를 책정하고 있다. 한국은행의 조사 결과에 의하면 1988년 48,437개 신고 법인의 총접대비 지출은 7,785억원에 달하고, 제조업의 경우 총매출액의 0.3% 정도에 해당되는 접대비를 지출하고 있다. 그러나 실제의 접대비는 드러난 자료보다 더 많이 지출되고 있는 것으로 추산된다(서울 **YMCA** 시민 자구

영업 파트에서는 동료나 거래처간에 여자 있는 술집으로 2차 가는 것은 기본이다. 만약 가지 않으면 "대접 안했다" 혹은 "대접 안받았다"고 생각하게 된다… 내 경험에 의하면 술자리는 매우 중요하다. 한번은 내가 모시는 상관하고 거래처 관리자간에 트러블이 있었는데 내가 술 한잔 하자고 제의해서 결국 잘 해결된 적이 있다.(사례12, 30세 : 사무직)

때문에 비록 자신이 원치 않는다 하더라도 사회 생활에 잘 적응해 나가기 위해서는 그러한 술자리 접대 문화를 수용하게 된다. 그렇지 못한 경우 '사회 생활에 잘 적응하지 못한다'는 평가를 받게 될 수도 있기 때문이다.

직장 다니다 보면 2차 가자, 3차 가자 하게 되는데, 직장 생활을 하려면 뭉칠 수 있는 기회가 있어야 한다. 어울릴 수 없으면 도외시된다. 일반적으로 적응력이 없다고 평가된다. "쪼잔하다"고도 표현된다. 술집에 가서 술만 먹거나, 옆에 여자가 있는데 손도 안 잡고 그러면 분위기 망치는 사람이다.(사례12, 30세 : 사무직)

그런 거 싫어하는 남자는 "쪼다"다… 정말 남자라면 자기가 하고 싶든 안하고 싶든 남들 앞에서 주장할 필요가 없다. 그러면 남자 사회에서 제외된다.(사례4, 37세 : 관리직)

사회화 과정에서 적극적인 성행동이 '남성다움'의 표현이었듯이, 사회 생활에서 성에 대한 호방한 태도가 곧 사회 생활에의 적절한 적응으로 평가되고 있다. 이러한 문화에서 벗어나는 남성은 주위 사람들로부터 '쪼잔하다' 혹은 '쪼다'라는 평가를 받는데 사실상 이는 경쟁과 성취를 추구하는 직장 조직에서 치명적인 약점이 될 수도 있다. 그래서 어떤 경우 '거짓 적응'을 연출하는 상황도 생겨난다.

정 하기 싫으면 같이 가서 자지는 않고 그냥 앉아만 있다 나오든지… 여자가 못생겨서 싫다고 둘러대든지 하지 뭐하러 자기 의견을 내세우는가… (사례4, 37세 : 관리직)

운동 본부, 1990, 『향락 문화 추방 시민 운동 보고서』, 46쪽).

분위기가 묘하게 돌아가는데 나만 빠져 나오기 어렵다. 물론 "이래서는 안되겠다. 집에 가야지" 싶으면 같이 방에 들어 갔다가 (성관계를) 하지는 않고 그냥 나오는 경우도 있다. (사례14, 47세 : 관리직)

직장의 비공식 업무로 연장되고 있는 이러한 문화의 수용과 적응 과정은 마치 '처음에는 먹지 못하던 보신탕을 이제는 즐겨 먹게 되는 것'과 비유해서 '룸살롱 문화에 익숙해져 가는' 과정을 설명하는 다음의 사례를 통해 잘 묘사된다.

어느 날 거래처 사장이 점심 먹자고 해서 갔는데 보신탕집이었다. 먹을 수가 없어서 "속이 안 좋다"고 하고 된장찌게를 먹었는데 자꾸 가다 보니 안 먹을 수 없게 되고 이제는 잘 먹는다. 처음 입사해서 선배들이 룸살롱에 데려갔는데… 그런 경우를 자꾸 겪게 되면서 점차 익숙해진다.(사례12, 30세 : 사무직)

물론 회사의 인간 관계가 완전히 비공식 관계를 통해 형성되고 있는 것도 아니고, 또한 직장 부서의 성격이나 구성원의 개인적 특성에 따라 어느 정도의 문화적 차이가 있을 수 있으므로 '술자리' 문화를 전체적인 비공식 문화로 일반화시키기는 어렵다. 그러나 분명 '술자리'라는 문화가 공적인 상사와 부하 관계 혹은 동료간의 관계를 끈끈한 사적인 관계로 맺어 주고, 업무상의 갈등을 완화시키는 기제로 이용되고 있음은 분명하다. 물론 여기서 성은 가장 개인적인 경험의 공유, 그리고 얼마나 '남성답게' 호탕한 기질을 갖고 있는가를 보여 주는 하나의 척도가 될 수 있다.

(3) 성의 상품화

청소년기까지의 사회화가 1차적인 성의 사회화 과정이라면 성인이 된 후에 경험하는 대학 생활과 군대 문화, 직장 문화는 그것의 실제 경험이자 유지, 강화 역할을 하는 2차적인 사회화 과정이라 할 수 있다. 여기서 군대 문화나 직장 경험이 성의 2차 사회화의 대표적인 문화적 구조라 한다면 성의 상품화는 그것을 더욱 용이하게 하고 부추기는 경제적 구조라 할 수 있다.

70년대 이후 급속한 산업의 팽창과 함께 소위 향락 산업이라는 명목으로 성의 상품화 현상이 가속되어 왔다. 향락 산업이란 말 그대로 향락적 서비스를 판매하는 대인 서비스 산업을 일컫는 것으로 '성적 서비스 또는 그와 유사한 음란 행위 등을 상품으로 판매하는 산업'이라고 할 수 있다.[12] 자본주의의 발달과 함께 성의 상품화 현상은 광고, 매체, 상품 등을 통해 우리 사회의 전반에 걸쳐 넓게 퍼져 있지만 가장 직접적이고 대표적인 형태는 바로 매매춘 혹은 준매매춘의 형태이다. 형식적으로 매매춘은 불법화되어 있지만, 사창이 묵인되고 있고 더구나 룸살롱이나 스탠드 바, 카페, 안마 시술소, 이용업소 등 향락 업소들의 성적 서비스 제공이 공공연하게 인정되고 있는 것이 현실이다. 실제 1988년 YMCA의 조사에 의하면 향락 업소의 총 수는 최소한 30 - 40만 정도이며, 여기에 종사하면서 여러 형태로 성을 판매하는 여성의 수는 120만 명 정도로 추산된다.[13]

향락 산업의 번창은 그만큼 성의 상품화가 일반화되어 있음을 말한다. 이러한 상황은 이 연구에서 나타나는 매매춘에 대한 남성의 태도와 실제의 높은 경험률에서도 입증되고 있다.

[표 14] 매매춘에 대한 태도　　　　　　　단위 : 명(%)

태도	계
합법화해야 한다	89 (25.6)
묵인해 주어야 한다	193 (55.4)
근절해야 한다	56 (16.1)
기타	10 (2.9)
계	348 (100.0)

---

12) 『향락 문화 추방 시민 운동 보고서』, 29쪽.
13) 위의 책, 39쪽.

매매춘의 허용 여부에 대한 태도에서 조사 대상자의 55.4%가 '매춘[14])이 없어지면 강간 등 다른 사회 문제가 발생하므로 묵인할 수밖에 없다'는 의견을, 25.6%는 '매춘도 하나의 직업이므로 합법화해야 한다'고 응답함으로써 전체의 81%가 매매춘에 대해 허용적인 태도를 보인다.

매매춘에 대한 허용적 태도는 실제의 경험에서도 그대로 반영되고 있다. 조사 대상자의 63.7%가 매매춘 경험을 갖고 있는 것으로 나타났으며, 특히 경험 횟수가 2 - 4회인 경우가 33.4%, 5회 이상이 18.6%로 전체의 52%가 복수의 경험을 했음을 알 수 있다([표 15]).

[표 15] 매매춘 경험 유무 및 횟수　　　단위 : 명(%)

유무 / 횟수	빈도
없다	120 (34.3)
있다　1회	48 (13.7)
2 - 4회	117 (33.4)
5회 이상	29 (18.6)
계	350 (100.0)

[표 16] 연령별 매매춘 경험 유무　　　단위 : 명(%)

유무	20대	30대	40대	계
없다	54 (44.6)	32 (27.4)	24 (24.0)	116 (32.5)
있다	67 (55.4)	85 (72.6)	76 (76.0)	228 (67.5)
계	121 (100.0)	117 (100.0)	100 (100.0)	338 (100.0)

χ^2=12.81143　D.F.=2　**P<0.05

---

14) 이 연구에서는 '성을 사고 판다는 의미'의 매매춘 개념을 사용하고 있지만, 조사 과정 중에는 일반인들에게 매매춘이 아직 익숙하지 않은 용어임을 고려해 기존의 '매춘'이라는 개념을 이용해서 질문했다.

한편 연령별로 매매춘 경험 유무에 유의미한 차이를 보이는데(* P<0.05), 20대의 경우 55.4% 정도가 유경험자인 데 비해 30대는 72.6%, 40대는 76.0%가 유경험자로 연령이 높을수록 경험률도 높다. 이러한 차이는 연령별 누적 효과로 추측되며 특히 30, 40대의 유경험자율에 비해 20대의 유경험자율이 상대적으로 낮은 것은 아직 군대나 직장 경험이 없는 20대 초반의 대학생 집단 때문인 것으로 보인다. 혼인 상태에 따른 경험률에도 유의미한 차이가 나타나는데(* P<0.05), 미혼인 경우 54.6%, 기혼인 경우 73.1%가 유경험자로 기혼자의 매매춘 경험률이 훨씬 높다. 그러나 이는 혼인에 따른 차이라기보다 연령에 의한 누적 효과로 보는 것이 타당하다. 직업별(P=0.3378), 종교별(P=0.3697) 차이는 나타나지 않는다.

2회 이상의 복수 경험이 있는 사람을 대상으로 매매춘을 이용하게 되는 일반적인 동기를 질문했더니 두 가지 주요한 동기가 드러났다. 가장 주요한 동기는 역시 '술자리에 어울리다 보니'로 62.7%, 그 다음이 '성적 욕구의 해소'로 31.6%이다. 이 밖에 '스트레스의 해소'(2.3%) '이성에 대한 관심 혹은 성지식 습득을 위해'(1.7%) 등이 있지만 중요한 동기가 되지는 못하고 있다.

'술자리에 어울리다 보니'라는 매매춘의 주요 동기는 앞의 남성 조직의 특성에서 살펴본 술자리 문화를 통한 인간 관계의 형성과 맥을 같이한다. 즉 사적인 관계를 형성하거나 혹은 기존의 친밀한 사람들간의 친목이나 교제를 위해 술자리를 같이 하다 보면 소위 '2차, 3차'에 포함되는 매매춘의 경험까지도 같이 하게 될 수 있다. 이 경우 성은 비공식 문화에서 쉽게 이용할 수 있는 상품의 성격을 갖는다. 동시에 쉽게 이용이 가능한 상품화된 성은 남성들의 매매춘이나 술자리 문화를 부추기는 상호 작용을 하기도 한다. 또 하나의 주요 동기로 등장하는 '성적 욕구의 해소' 역시 화폐를 지불하고 쉽게 사용할 수 있는 성 혹은 성욕의 배설을 위한 '상품의 구매'이다. 특히 첫 매매춘 경험에서는 주요한 동기가 아니었던 '성적 욕구의 해소'가 복수 경험에서 주요 동기로 대두하는 것은 경험이 반복되면서 매매춘이 일종의 성욕 해소 기제로 자리 잡게 됨을 보여 준다.

하나의 상품으로서 돈을 지불하고 성을 취하는 매매춘의 경험에 대해 남성들은

‘죄책감’(38.1%), ‘성병에 대한 두려움’(27.1%), ‘성적으로 즐김’(16%), ‘기대와 다른 실망감’(14.4%) 등 여러 느낌을 표현하고 있다. 일반적으로 매매춘은 성욕구의 해소 혹은 성적 쾌락을 즐기기 위한 것으로 인식되는데, 이러한 결과를 보면 그보다는 죄책감이나 성병에 대한 두려움을 더 많이 느끼는 것 같다. 그러나 심층 면접의 조사 대상자들은 이와는 상반되는 결과를 보여 준다. 즉 ‘죄책감’을 느낀다고 말하기보다 오히려 ‘죄책감 같은 것은 없다’고 이야기하고 있다.

> 죄책감 같은 것은 전혀 없는 것 같다. 일을 치르고 뒤돌아 나서면 깨끗하게 잊는다. 그러니까 자꾸 할 수 있다.(사례2, 26세 : 사무직)

> 정신대 얘기도 들은 적이 있고… 나도 가해자가 되는구나 하는 생각도 들었지만 돈을 냈으니까 가해자는 아니다. 그래서 죄의식이 없었다.(사례3, 25세 : 대학생)

> 생각처럼 즐거운 경험은 아니다… 그러나 죄책감은 아니다.(사례6, 28세 : 사무직)

질문지와 심층 면접에서 나타나는 이러한 모순적인 결과를 어떻게 이해할 것인가. 가능한 대답은 우선 조사라는 공식적인 질문 형식(그것은 마치 시험 답안지를 연상시킬 수 있다)에 대한 대답과 연구자와의 사적인 만남을 통해 드러난 개인적인 의견과의 차이로 볼 수 있다. 즉 매매춘에 대한 도덕적 규범을 의식한 질문지 응답과 다른 한편 자신의 실제 경험이나 주변 사람들의 반응을 통해 인지하고 있는 허용성에 대한 인식과의 차이일 수 있다.

사례 3의 경우, ‘돈을 냈으니까 난 가해자는 아니다’라는 의식은 일반 상품의 구입과 성의 매매를 거의 동일시함으로써 죄책감에서 벗어나고 있음을 보여 준다. 즉 매매춘이 규범적으로는 악 惡이지만 상품화된 구조 안에서 개인적으로 응당한 대가를 지불했기 때문에 내가 잘못한 건 아니라는 생각이다. 그러나 ‘나도 가해자가 되는구나’ 혹은 ‘즐거운 경험은 아니다’는 표현에서 공식적으로 표방되는 사회 규범과 일상 생활을 지배하는 성문화 사이에서 느껴지는 어쩔 수 없는 이중 감정의

흔적을 찾아볼 수 있다.

무엇보다도 성의 상품화는 남성 자신이 경험하는 구체적인 매매춘의 과정을 통해 분명하게 드러난다.

룸살롱은 비싸서 자주 가기 어려우니까 대체 문화가 있다. 동료들하고 같이 갔는데 미아리 그런 곳이다. 처음에 들어가면 백열 조명등 아래 유리로 만들어진 방에 여자들이 죽 있다. 슈퍼마켓에 가면 생선들이 싱싱해 보이라고 환하게 조명 켜놓는 거나 마찬가지이다. 거기서 맘에 드는 여자를 찍고 그렇지 않으면 해주는 대로 한다. 짝이 맞춰지면 여럿이 둘러앉아 술도 먹고 노래도 하고 그런다. 욕도 섞어서 노래도 하고 쇼도 보여 준다… 옷도 벗고 여자 성기로 바나나도 자르고 난 풍선 터뜨리는 것도 보았다… 한 30분 그러고 나면 각자 두 명씩 조그만 방에 들어가서 하는데 그게 30분이다. 처음에 들어가 나올 때까지 총 1시간 정도 걸린다. 커피 자판기에서 커피 빼듯이 완전히 공장 자동화되어서 시간이 다 되면 그만 나오라고 주인이 벨까지 누른다.(사례12, 30세 : 사무직)

이러한 경험을 전체에 일반화하기는 어렵다. 특히 향락 산업의 발달로 성의 상품화 역시 다양한 형태를 띠고 나타난다. 그러나 대기업에 2년째 근무하고 있는 이 남성의 경우 '입사 후 5번 정도' 가보았다고 말하고 있는 것으로 보아 그리 예외적인 경험은 아닌 것 같다. 우선 매춘을 하는 여성이 상품화되어서 '싱싱한 생선'처럼 유리 진열장 안에 전시되고 있고, 남성은 상품을 고르듯 파트너를 지정한다. '노래하고 술 마시기' 혹은 '쇼'라는 형식의 노골적 행위로 남녀간의 교제가 대치되고 곧이어 '30분간의 성관계'라는 압축된 형식으로 진행된다. 더구나 '시간이 다 되면 주인이 나오라고 벨을 누른다'는 상황은 상품 생산 과정의 노동 통제를 연상시킨다. 이 경험은 남성 스스로도 '자판기에서 커피 빼듯이 자동화된' 것으로 느낄 만큼 획일적이고 철저히 상품화된 과정이다.

매매춘을 중심으로 살펴본 향락 산업의 번창과 성의 상품화 현상은 남성들이 형성한 성문화에 영향을 주는 동시에 남성 스스로 그 문화를 형성해 가는 상호 작용의 역할을 한다고 볼 수 있다. 구조적으로 팽창한 향락 산업은 상품화된 성을 쉽게 이용할 수 있는 계기를 제공해 주고 있지만 그 산업의 특성은 물성적인 것이기보다 사회화 과정을 통해 내면화된 남성의 성 인식과 태도, 행동 등 전반적인 문화를 수용하고 있기 때문이다.

4. 맺음말

이 장에서는 이제까지 살펴보았던 내용을 요약·정리하고, 그것이 의미하는 바를 종합적으로 논의하고자 한다.

늦은 감이 있으나 최근 성 연구는 중요한 학문적 탐구 영역의 하나로 조명받기 시작했다. 이는 여성의 억압적 경험에 관심을 기울이고 문제의 원인을 규명, 해결하기 위한 연구를 목표로 하는 여성학의 발전을 그 바탕으로 한다. 따라서 대부분의 연구나 논의가 피해자인 여성의 경험이나 일탈적인 측면에 국한되고 있음을 부인할 수 없다. 그러나 전통적으로 나타나는 한국 사회의 남녀 분리 문화는 남성과 여성의 경험이 거의 다르게 이루어지며, 그것은 남녀간 의사 소통의 왜곡과 단절을 가져옴을 시사한다.

이러한 문제 의식을 갖고 이 연구는 남성의 성을 이해하려는 목적에서 출발했다. 여성의 성과 다른 내용을 구성하면서 동시에 여성의 성에 직접적인 영향을 미칠 수밖에 없는 남성의 성에 대한 연구는 우리 사회 성문화의 더욱 총체적인 이해에 도움을 줄 것이라 생각했기 때문이다.

연구 방법으로는 우선 14명의 남성을 대상으로 심층 면접을 진행한 후, 이를 기초로 질문지를 작성해서 352명에 대한 양적 조사를 실시했다.

남성의 성문화에서 나타나는 특성은 크게 성에 대한 인식과 경험, 규범의 측면으로 나누어 살펴볼 수 있다. 먼저 성 인식에 나타나는 특징을 정리하면 다음과 같다. 첫째, 남성에게 성은 곧 성관계를 의미하는 것으로서 지극히 성관계 중심의 성개념을 갖고 있다. 여기서 성관계란 성기를 중심으로 하는 신체적 접촉만을 의미하는 협소하고 독립적이며 단절적인 개념이다. 즉 피임이나 임신, 출산 등의 측면은 성의 중요한 영역이자 성관계와 밀접한 문제인데도 '여성의 일' 혹은 '여자가 알아서 해야 할 일'로 제외시키고 있다. 둘째, 남성이 '성관계를 갖는다'는 것은 상호간의 의사 소통 혹은 정서적 교감, 친밀감의 확인, 즐김 등 인간 관계를 포함하기보다 상대 여성에 대한 소유 의식의 확인이라는 의미가 강하게 드러난다. 성관계에서 남성이 주체로 나타나고 여성의 몸이나 성기가 대상화되는 인식도 특징적이다. 셋째, 여성에 대한 남성의 인식은 전인적 인간으로서가 아닌 오직 성에 대한 인식의 연장선에서 이루어지고 있다고 볼 수 있다. 남성에게 여성은 성행동에 대한 기준을 근거로 결혼의 대상이 되는 '정숙한 여성'과 그렇지 않은 '정숙하지 않은 여성'으로 이분화된다. 또 잠재적인 성적 존재로서 여성은 남성보다 소극적이어야 하는, 열등한 존재로 인식되고 있다.

그러면 실제 남성의 구체적인 성경험은 어떠한가. 첫째, 가장 두드러지는 특징으로서 남성들이 우리 사회에서 공식적으로 소위 불법 혹은 일탈적 행위로 규정하고 있는 성경험을 실제로는 자연스러운 일상 행위로 경험하고 있다는 점이다. 가령 조사 대상자 중 기혼 남성의 86.5%가 혼전 성경험을 했고, 혼외 성경험률은 63.6%로 나타난다. 또 전체의 63.7%가 매매춘을 경험한 적이 있고 포르노의 경우 98%가 본 적이 있다고 응답했다. 이러한 남성의 비공식적인 성경험은 금기시되기보다 공공연히 드러내 놓고 이야기하고 당연시된다. 반면에 비공식적인 성경험과 비교해 합법적으로 인정되는 부부간의 성은 오히려 이야기하기를 꺼려 하거나 상대적으로 관심거리가 되지 못하는 점도 주목할 만하다. 두번째, 성행동에서 남성은 스스로를 여성을 주도해야 하는 존재로 인식하고 있다. 미혼 남성의 경우 여성의 적극적인 성행동에 거부감을 표현하거나, 부부간의 성이 대부분 남성에 의해 주도되고 있는 점이 이를 뒷받침한다. 또 강간을 대수롭지 않게 생각하고 강간 충동과 성충동을 유사한 개념으로 받아들이고 있음은 남성의 성적 주도성이 성적 공격성까지도 내포하고 있음을 보여 준다.

이러한 성에 대한 인식과 경험을 통해 남성 중심의 성 이중 규범이 거의 그대로 적용되고 있는 것이 드러난다. 즉 여성의 성에 대해서는 여전히 보수적인 인식을 갖고 있으면서 남성 자신의 성은 허용적이거나 심지어 적극적인 성행동을 '남성다움'의 표현인 양 받아들이기도 한다. 특히 혼전 순결이나 혼외의 성에 대한 남성의 태도는 성 이중 규범의 대표적인 특성을 보여 준다. 여성의 혼전 순결은 아직도 중요한 문제로 거론하면서 남성의 혼전 순결은 거의 문제시하지 않을 뿐더러 '동정' 개념조차 거의 없는 것처럼 보인다. 혼외의 성에 대한 태도 역시 마찬가지이다. 아내의 외도는 '용납할 수 없다'고 단언하는 남성들이 자신의 외도에 대해서는 지극히 허용적인 모습을 보여 준다.

이와 같은 남성의 성문화에 영향을 미치는 주요 요인이 무엇인지 연령, 직업, 종교별로 정리해 보면, 일단 가장 유의미한 변수는 연령으로 나타난다. 특히 매매춘 경험(* P<0.05)과 혼외 성경험(*** P<0.001)은 연령과 밀접한 상관 관계를 갖는다. 즉 둘 다 연령이 많아질수록 경험률과 경험 횟수도 많아지는데 이러한 결과는 두 가지로 해석된다. 하나는 연령에 의한 경험 기회의 누적 효과이고 다른 하나는 젊은 세대의 새로운 변화라는 측면이다. 그러나 대부분의 미혼 남성 역시 혼외 성경험에 대해 허용적 태도를 보이고 있는 조사 결과는 후자보다 전자의 해석이 유효할 가능성을 높게 한다. 매매춘이나 혼외 성경험과 달리 혼전 성경험률에서 연령별로 유의미한 차이가 발견되지 않는 결과 역시 이러한 추측을 뒷받침한다.

직업별로 보면 혼외 성경험률에서 전문직, 사무직, 관리직 간에 상당히 유의미한 차이가 있는 것이 특징적이다(***P<0.001). 전체적으로 기혼 남성의 평균 혼외 성관계율은 63.6%인데, 관리직이 가장 높고(75.7%) 그 다음이 사무직(57.9%), 전문직(35.7%) 순이다. 이러한 직업별 차이는 전문직이나 사무직의 경우 주로 20대와 30대 초반의 남성이 포함되는 반면 관리직은 30대 후반 40대의 남성을 포함하고 있는 연령별 특성과 연관이 있다. 또한 같은 직장인이라 하더라도 전문직의 경우 개인의 자율성이 상대적으로 보장된다는 직종별 특성과도 무관하지 않다. 여기서 일반적인 매매춘 경험률의 경우 직업별로 유의미한 차이가 나타나지 않는 점(P=0.3378)이

비교되는데 이는 매매춘 경험자 중 **85.8%**가 대학 시절이나 그 이전에 첫 경험을 한 것으로 대학 졸업 후 결정되는 직업과는 별 관계가 없기 때문인 것으로 볼 수 있다.

종교의 경우 남성의 성에 관한 인식이나 태도, 경험 어느 것에도 영향을 미치지 않은 것으로 나타나는 점이 흥미롭다. 이는 각 종교별로는 물론 종교 유무별로 분석해 보아도 마찬가지 결과였다. 대부분의 종교는 공식적으로 성에 대해 엄격한 규범을 제시하고 있지만 실제로 종교를 갖고 있는지 없는지 혹은 어떤 종교를 갖고 있는지는 남성 개인이 경험하는 성에 별다른 영향력을 갖고 있지 않다고 하겠다.

이처럼 연령에 의한 경험 기회의 누적이나 직업별 특성 등이 남성의 성경험에 어느 정도의 상관 관계를 가질 뿐 전체적으로 큰 유의미성이 발견되지 않고 있음은, 역으로 상당히 큰 의미를 시사한다. 즉 앞에서 살펴본 남성의 성경험과 인식은 최소한 중간층 집단 내에서 문화적으로 공통성을 유지하고 있다는 것을 의미하기 때문이다.

이상에서 논의된 남성의 성문화는 여러 가지 사회적, 법적 제도 그리고 경제 구조가 결합되어 형성, 유지된다. 여기서는 거시적으로 그 구조적 틀을 분석하는 것은 논외로 하고 연구 결과의 내용 분석을 통해 드러나는 구체적인 측면을 중심으로 우리 나라 남성들이 어떻게 해서 그러한 성문화를 습득하고 유지해 가는지를 살펴보겠다.

현재 남성 성문화의 형성에는 성 이중 규범이라는 이데올로기적 측면과 상품화된 성의 보급이라는 경제 구조가 밀접하게 맞물려 있다. 개인적 수준에서 우리 사회에 형성되어 있는 성문화의 습득은 성의 사회화 과정을 통해 설명할 수 있다. '남자'로 키워지는 과정 속에서 남성은 '남성다움'의 연장선상에서 주변 환경으로부터 성적인 관심과 행동에 대해 부추김을 받는다. 이러한 청소년기 성의 사회화는 부모나 학교 등 공식적인 사회화 기제보다는 동료 집단이나 소설, 잡지, 만화 등 주로 비공식적 사회화 기제를 통해 이루어진다. 그런데 비공식적 사회화 기제를 통한 사회화의 내용은 당연히 공식적 체계에 속한 성보다는 비공식적 체계에 속한 성 인식이나 태도, 행동, 규범을 담는다. 성을 금기시하는 관습으로 인해 부모나 사회의 규범도 드러내놓고 이를 장려하지는 않지만 엄격하게 통제하지는 않는다.

청소년기를 나름대로 기존의 성문화를 소화하고 내면화하는 과정이라 한다면 성인이 된 후의 경험은 성문화의 실체 확인이자 사회화의 유지, 강화 과정이라 할 수 있다. 그것은 또한 자기 스스로 성문화를 형성하고 재생산하는 참여자의 역할이기도 하다. 성인기 남성의 경험은 개인의 환경이나 인성에 따라 정도의 차이가 있을 수밖에 없으나, 대부분의 남성이 경험하는 군대와 직장 문화가 성에 있어서도 상당히 공통적인 영향력을 갖는 것으로 드러난다. 군대의 경험이 억압과 긴장, 두려움으로부터의 도피로서 성을 이용한다면, 직장의 비공식 문화에서 성은 상대적으로 즐김과 여흥의 성격을 갖는다. 업무의 연장으로서 혹은 업무의 긴장을 해소하고자 하는 회식이나 술자리 등 비공식 만남에서 성은 자연스런 쾌락의 방편으로 자리잡아 있다. 그러나 이면에는 개인적 경험 공유를 통한 상하, 동료 간의 경쟁심 완화, 결속감의 확인, 거래처 접대 등 계산된 의도도 간과할 수 없다. 이 과정에서 남성의 행동은 사회적으로는 성 규범에 의해 그리고 개인적으로는 남성다움의 연장이라는 이유로 정당화된다.

물론 이러한 과정에서 누구나 접할 수 있을 만큼(대부분 남성에게) 일상화된 성의 상품화 현상은 성적 호기심을 갖는 젊은 남성들에게 혹은 마땅한 여가 선용 방법이나 놀이 문화를 찾지 못한 성인 남성들에게 손쉽게 택할 수 있는 '놀이'나 쾌락의 방법이 될 수 있다. 면접 과정에서 혼자서 자취를 하며 직장 생활을 하는 한 미혼 남성은 그가 유흥업소를 자주 찾는 이유로서 퇴근 후 즐길 만한 적당한 오락 시설이나 스포츠 활동 기회는 거의 없는 반면에 유흥 업소는 언제 어디서나 다양한 형태로 존재한다는 것을 지적한다. 또한 사적인 인간 관계를 중시하는 사회 조직에서 성은 의도적인 사적 경험의 공유 수단으로 이용되기도 한다. 그러나 이는 단순히 성의 상품화가 이루어져 있기에 가능하다고 하기보다 그러한 성의 행태를 허용하는 성 규범과 맞물린 결과라고 보아야 할 것이다.

여성학자인 코베니 Coveney는 성차별적 사회에서 구성된 남성 성의 특성으로 성적인 주도권을 갖는 권력 power, 강간 환상이나 포르노의 탐닉에서 보이는 공격성 aggression, 매매춘 등을 정당화하는 데서 나타나는 성과 사랑의 분리, 성기 접촉에 초점을 두는 남성 성기 지향성 penis orientation, 여성을 존중하거나 감정이 있는 존재로 이해하지 않고 여성을 성적 대상으로 봄 objectification, 여성의 신체 일부나 옷 등을 여성 전체와 분리시켜 성적 만족을 추구 fetishism, 남성의 성은 통제할 수 없기에 자극을 받으면 반드시 성적 만족을 얻는 것을 당연시 함 uncontrollability[15]을 제시하고 있다. 그런데 이러한 남성 성의 특성은 2장, 3장의 내용 분석을 통해 그 구체적인 모습은 다르더라도 우리 사회에서도 대부분 나타나는 특성임을 알 수 있다. 성이 사회적인 구성물이라는 시각을 전제할 때 이는 간접적으로 우리 사회가 남성 중심의 성차별적 사회임을 보여 주는 중요한 단서가 될 것이다.

이 연구의 의의는 다음과 같다. 첫째, 이 연구는 성의 문제야말로 남녀간의 가장 뿌리 깊은 지배·종속을 보여 주는 정치적 관계라는 인식에서 출발하였다. 즉 가장 사적이라고 생각되는 부분, 가장 자연적이라고 생각되는 부분에서부터 남녀간의 권력 관계는 이미 시작되고 있는 것이다. 그러나 이러한 문제가 사적인 영역이라는 인식으로 인해 연구되지 않은 채 가십으로만 떠도는 한 그것을 토대로 건전한 비판과 대안 모색이 이루어지기는 어렵다. 그 동안 몇몇 논의를 통해 우리 사회 성문화의 성차별성이 지적되고 비판되었지만 구체적인 연구가 뒷받침되지 못해 주장의 힘이 많이 약화된 것을 부인할 수 없다. 그러한 점에서 이 연구는 제한적이나마 우리 사회 성문화를 남성의 성이라는 주제를 통해 경험적으로, 그리고 구체적으로 드러내 주고 있다는 의의를 갖는다.

둘째, 이 연구는 성의 사회화 과정에 관한 설명을 통해 성이 자연적·본능적 부분이기보다 인간이 태어나 성장하고 사회 생활을 경험해 가는 과정에서 체득해 가는 하나의 문화적 산물임을 보여 주고 있다. 예를 들면 남성이 개인적 경험에 의해

---

15) Coveney, 1984, "Introducion," *The Sexuality Papers: Male Sexuality and the Social Control of Women*, London: Hutchinson, pp. 9-21.

성충동의 자제 가능성을 인식하면서도 '남성의 성충동은 억제하기 어려운 본능이다'라는 통념을 받아들이고 실제 이러한 통념이 남성의 성적 공격성을 정당화하고 있다.

셋째, 성이 사회·문화적 구성물이라는 주장은 현재 형성되어 있는 성문화를 비판하는 근거가 되는 한편 앞으로 새로운 변화의 가능성까지를 포함한다. 즉 현재의 성차별적 성문화에 대한 비판을 통해 새로운 변화의 필요성을 제기할 수 있다. 뿐만 아니라 이 변화의 필요성은 남성 중심적인 성문화가 남성 자신에게도 결코 편안하거나 만족스러운 것이 아니라는 점에서 설득력을 갖는다. 겉으로 보기에 남성들은 거칠 것 없이 원하는 대로 경험하고 이야기하는 자유로운 존재로 나타난다. 그들은 혼전 성관계도 매매춘도 그리고 혼외 성관계까지도 자신이 원하기만 하면 별다른 사회적 저항을 받지 않고 경험할 수 있기 때문이다. 그러나 성에 관한 부정적 인식, 매매춘 경험을 통해 남성이 느끼는 좌절감과 실망, 원하지 않을 때조차 남성 집단에서 이탈되지 않기 위해 거짓 적응을 연출하는 억압감, 조직 내에서 살아남기 위해 성을 이용하거나 상품화된 성에서 느끼는 소외감 등 순간순간 드러나는 남성의 경험은 현재의 성문화에서 남성 역시 피해자임을 입증한다. 남성의 이런 경험은 상호적일 수밖에 없는 성 Sexuality에서 한 성 性이 다른 한 성 性을 억압하는 한 누구도 자유로울 수가 없음을 보여 준다. 따라서 현재의 남성 중심 성문화에서 가장 큰 피해자는 여성이겠으나 남성 역시 또 다른 피해자로서 새로운 변화를 모색할 책임을 갖는다고 볼 수 있다.

마지막으로 이 연구의 한계를 지적하며 글을 맺으려 한다. 이 연구는 현재의 남성 성문화를 이해하려는 의도에서 출발했기 때문에, 기본적으로 성의 성관계 중심성을 비판하면서도 연구의 내용이나 분석, 개념의 사용 역시 그 틀에서 크게 벗어나고 있지 못하는 제한점을 갖는다. 또 방법론적으로 질문지와 심층 면접법을 병행함으로써 양방법론의 부족한 점을 보완하려 했으나, 다른 한편 어느 쪽도 깊이 분석해 내지 못한 것이 아닌가 하는 우려를 숨기기가 어렵다. 이러한 제약점들은 연구의 범위와 제한된 조사 대상자의 특성에 따르는 궁핍한 변명이자 선행 연구의 부족에서 오는 어쩔 수 없는 한계이기도 하다.

이 연구를 기초로 성 연구에서의 적합한 방법론의 개발과 다양한 범주를 포함하는 보다 총체적 연구를 기대해 본다. 특히 남성 중심 사회에서 살아가는 여성이 경험하는 성, 즉 일상적인 의미에서 여성의 성에 관한 인식과 태도, 경험, 사회화 등에 관한 연구가 매우 필요하다. 그러한 연구가 이루어진 후 비로소 남녀의 성에 관한 종합적 이해가 가능할 것이다.(1991, 『여성학 논집』 제8집)

이제 우리가 남녀간의 조화와 더욱더 평등한 동반자 관계를 원한다면, 진정한 사랑 관계를 회복하길 원한다면, 그 변화는 어디에서부터 시작할 수 있을 것인가?

현재의 상황이 복잡할수록 해결의 실마리는 근본적인 데서부터 찾아야 한다. 우리가 사랑을 '동시적인 주권의 행사와 서로에게로의 융화'로 본다면 출발점은 바로 그곳이다. 여성은 자신의 삶을 결혼제도 안에서 한 남성에게 의존하고 자신의 모든 인식과 태도를 남성을 중심으로 굴절시키기보다 남성과 '동시적인 주권의 행사자'가 되기 위해 온 힘을 모아야 한다. 남성 또한 자신을 조각낸 눈앞의 편리와 쾌락 추구가 아닌 '서로에게로의 융화'를 위해 여성의 노력을 지지하고 자신의 변화를 시작해야 한다. 그럴 때에 성과 사랑과 결혼은 어느 한 성이 다른 한 성을 소유하고 이용하는 수단이 아니라 서로를 성장시키고 삶을 풍요롭게 하는 하나의 소통 방식으로 자리잡게 될 것이다.

3 성,사랑,결혼에서 주인되기

―통념과 규범의 비판

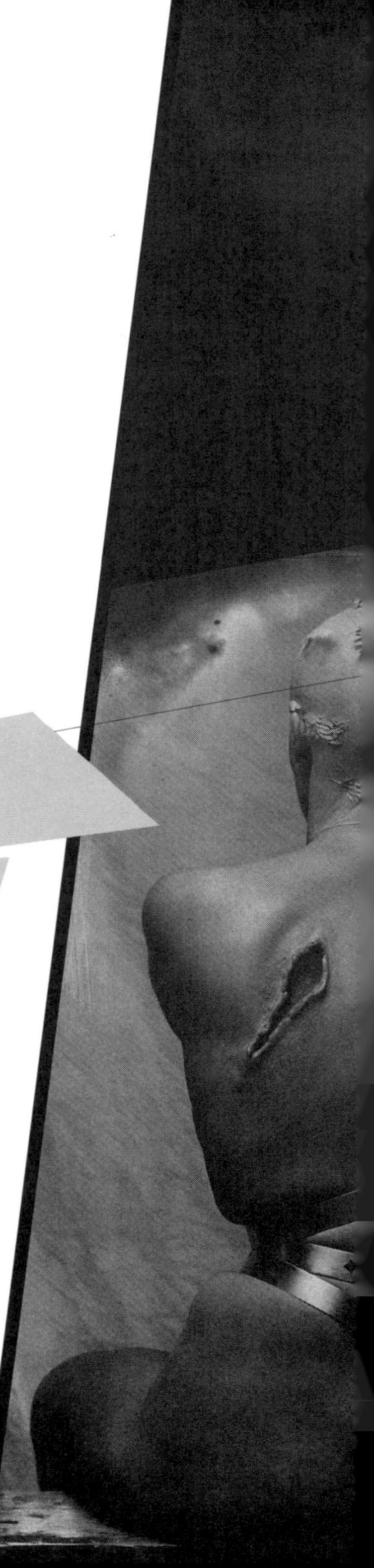

▶Joel-Peter Witkin, 「Women Once a Bird」, 1990
▶▶Koogi Adventure 광고 중에서

1. 여자와 남자는 다르다?

사례 1

남자 ㄱ과 같은 나이의 여자 ㄴ은 미팅을 통해 만나서 꽤 친해졌다. 한 6개월 정도를 사귀면서 ㄱ은 ㄴ에게 성관계를 요구하기 시작했고 처음 몇 번을 거절하다가 거듭되는 요구에 못 이겨 응하게 되었다. 그런데 ㄱ은 ㄴ에 대해 인격적인 호감보다는 성적 매력을 먼저 느낀 경우여서 그것을 성취하자 ㄴ에 대한 태도가 시들해져 버렸다. ㄱ은 ㄴ이 성적 매력은 있지만 남자에게 순종하고 뒷바라지할 착한 부인으로는 적합하지 않다고 생각했다. 그러나 ㄴ은 남자와 성관계까지 가진 단계에서 그와 헤어지는 것은 자기가 커다란 상처를 받게 되리라 생각했다. 결국 ㄱ은 이별을 선언했다. ㄴ은 실의에 빠져 고민의 나날을 보냈다. ㄴ은 그에 대한 애증과 이제 더 이상 순결하지 않은 내가 또 다른 남자를 만나 결혼할 수 있을 것인가 하는 생각으로 괴로워한다.

사례 2

남자 ㄷ은 학교 다닐 때 여자 친구를 사귄 경험이나 성관계의 경험도 많았지만 군대를 제대한 후 결혼은 중매를 통해서 했다. 부인 ㄹ은 엄한 기독교 집안에서 자란 순종적인 현모양처형이었다. 남편 뒷바라지를 잘하는 부인을 얻어야 편안히 직장일에 열중하고 출세도 할 수 있다고 생각해서 이 부인을 택했지만 성적 매력을 크게 느끼지 못한다는 것이 하나의 흠이다. 직장의 젊은 여사원의 생기발랄함이나 술집에서 만나는 여자들의 당돌한 매력이 더욱 자극적이어서 외도를 하게 된다. 그러나 부인과 이혼할 생각은 전혀 없다. 다른 데서 만난 여자들과 자유분방한 성관계를 갖고 부인의 자상한 내조를 받는 것은 꽤 만족스러운 생활이라는 생각이 든다. 다른 남자 동료들도 비슷한 생활을 할 뿐만 아니라 자신은 남편으로서 부양의 의무를 충실히 하기 때문에 죄의식을 가질 필요는 별로 없다고 본다. 부인 ㄹ은 남편의 귀가 시간이 너무 자주 늦어지면서 고민이 많다. 주위 사람들은 더 완벽한 아내가 되려는 노력을 하라고 여러 가지 세세한 충고를 한다. 또한 딸 하나만 낳은 것이 마음에 걸려서 아들을 낳겠다고 결심한다.

성, 사랑, 결혼을 생각하고, 말하고, 체험하는 데에서 여성과 남성 사이에는 두드러진 차이가 나타난다. 앞의 두 사례는 단순화된 형태로나마 이 점을 잘 드러내 보여 주고 있다.

남성과 여성의 차이를 일반화하는 데는 여러 가지 함정이 따르기 마련이다. 많은 사람들이 남녀는 태어날 때부터 차이가 나고 그것은 신체의 차이 때문이라고 믿고 있기 때문에 남녀 차이를 지적하면 곧 이러한 생물학적으로 결정된 차이로 받아들이는 경향이 있다. 그러나 남녀의 차이는 신체적 차이보다는 출생 순간에서부터 남녀가 분리된 문화에서 살기 때문에 만들어지는 것이 훨씬 더 강하다. 현재까지 사회, 문화, 정치, 경제적 구조는 성 분리를 전제로 해서 만들어져 있다. 특히, 공적인 영역에서 남성의 참여가 여성의 참여에 비해 비대칭적으로 확대되어 있다는 점, 경제적으로도 남성이 여성보다 주도권을 쥐고 있다는 점, 그리고 여성에게는 아직도 성적 행동에 대한 전통적 규제가 강하다는 점 등은 남녀의 성, 사랑, 결혼의 인식을 다르게 만드는 주요 원인이 된다.

다음에서 이야기될 남녀의 일반화된 비교는 한편으로는 이러한 인식에서, 다른 한편으로는 대화와 면접, 관찰을 통해 얻은 결과이다. 물론 개인차와 일생의 주기에 따라 차이가 있기도 하지만 이를 넘어서 성차 역시 분명하게 드러난다. 특히 설명을 돕기 위한 아래의 「인용 1, 2, 3」은 성에 대한 지식을 얻게 되는 과정에 대한 개인의 체험을 쓴 것이다. 성지식을 얻는 과정이 성별에 따라 (남자 「인용1」, 여자 「인용2, 3」) 아주 다르게 나타나기는 하지만, 같은 여자끼리 또는 같은 남자끼리는 별로 낯설지 않게 받아들일 수 있을 만큼 흔히 일어나는 일이다. 동성끼리는 새로울 것이 없는 이야기들도 이성에게는 놀랍게 느껴지는 그 차이들을 살펴보자.

2. 분열적인 남성의 경험

인용 1

여태까지 제대로 된 성교육을 받아보지 못했지만 성행위 방식 How to sex에 대해서 알

만큼은 안다고 생각한다. 그것은 비공식적인 성교육, 예를 들면 음란 서적, 포르노, 여성 잡지, 경험자들에게서 귀동냥으로 들은 정보 등을 나름대로 해석, 비판, 종합하여 정리한 지식인데 아직 경험이 없어서 그 타당성과 신뢰성에 대해서는 자신할 수 없다. 중학생 때 빨간 책이 범람해서 성애에 대한 환상에 사로잡혔고 옆짝이 굉장히 음담패설을 좋아해서 나중엔 지겨울 정도로 계속 듣게 되었었다. 성애에 대한 강렬한 동경과 두려움이 싹텄지만 두려움보다는 열망이 더 컸고, 그것을 자위 행위를 통해 환상 속의 여인들과 성행위하는 것으로 해소했다. '사랑하는 사람과 관계를 해야 한다'는 생각은 해본 적도 없고 다만 성경험이 있거나 많은 친구들 ─ '나 요번 방학에 6명이나 먹었다'고 자랑하는 종류의 친구들 ─ 이 선망의 대상이 되었다. 그러면서도 일말의 도덕 의식과, 임신이나 성병에 대한 두려움, 성행위 뒤의 내 자신의 변화에 대한 불안감 때문에 전면적인 행위에 나서지 못했다. '성관계 중심 이데올로기'를 대학 2학년까지 갖고 있었지만 그래도 창녀에게는 가기 싫었는데 이건 아마 불결하고 재미가 없을 것 같아서였다.[1]

남자들의 성과 사랑과 결혼에 대한 일반적인 생각과 태도는 다음의 몇 가지 경향으로 분석될 수 있다.

첫째, 남자들은 성과 사랑을 분리시킬 수 있다고 생각한다. 「인용1」의 저자는 성과 사랑이 일치되어야 한다는 생각을 전혀 하지 않았다. 다만 일말의 불안감이나 불결감 때문에 '전면적인 행위'에 나서고 있지 못할 뿐이다. 이런 생각 때문에 대다수의 남자가 매춘의 고객이 될 수 있고 극단적으로는 강간을 하는 가해자가 될 수 있게 된다. 성을 어떤 사람과의 '관계'로 보기보다는 그림이나 사진처럼 살아 움직이지 않는 대상에 대한 일방적인 행위로 이해하게 된다. 이와 같은 생각과 행동은 여성을 비인간화할 뿐만 아니라 한 인간을 대상화하는 과정에서 얻는 소외를 경험한다는 점에서 남성의 비인간화도 함께 따를 수밖에 없다.

둘째, 남자는 삶에서 성과 사랑이 차지하는 비중을 여자에 비해 낮게 둔다. 성과 사랑에 인생을 거는 것은 남성적이지 않을 뿐 아니라 사회적으로 성공하면 성과

---

1) '여성학' 과목의 과제물로 자신의 성 인식 과정에 대해 대학교 2학년 남학생이 쓴 글의 일부분이다.

사랑은 부수적으로 자연히 따라온다고 보기 때문이다. 남성에게는 사회적인 활동이 더 중요하기 때문에 순결은 큰 문제가 안 되고 외도도 허용될 수 있다. 성과 사랑의 분리가 가능한 만큼 이들과 결혼과의 분리도 가능하다. 즉 남자에게 성, 사랑, 결혼은 하나의 연장선상에서 이루어지는 것이 아니라 각각 분리된 영역이다. 여기서 남성은 자신의 인격과 정서, 몸과 마음이 상대와 하나로 융화되는 경험을 하기보다 각각의 상황에서 필요한 부분만을 도구적으로 사용하게 된다. 그것은 곧 남성 스스로의 분열적 경험이기도 하다.

셋째, 남자들은 공격적이고 주도적이어야 남자답다고 생각한다. 그래서 남성은 여성을 '정복'한다고 또는 '먹었다'고 여긴다. 이는 많은 여성과의 경험은 자랑할 만하다는 생각, 성적 능력 혹은 정력은 남성성의 기준이라는 생각과 통한다. 해외까지 정력제를 찾아 나서서 망신을 당하는 사례들이 보여 주듯이 남성다움을 과시할 성적 능력은 남자들의 강박 관념 내지 부담이 되기에 이른 것 같다. 남성들이 갖고 있는 정력이라는 부담은 여성을 정복할 남성다움의 함정에 빠지는 격이다.

넷째, 여자들에 대한 남자들의 생각에는 상당한 상호 모순이 있다. 한편으로 여자는 성적 욕구가 없다고 보면서, 또 한편으로는 여자는 무한한 성적 만족을 요구한다고 본다. 한편으로 여자는 신비로운 존재이면서 또 한편으로는 별볼일이 없는 존재로 여긴다. 이 상호 모순을 해결하는 방법은 여자를 '정숙한 여자'와 '야한 여자', 두 집단으로 나누는 것이다. '정숙한 여자'는 다양한 체험과 쾌락을 제공하지 못하기 때문에 매력이 없다. 이러한 여자들은 여자가 갖추어야 할 성적 매력을 갖지 못한다. 특히 '빨간 책', 음란물 등은 성적 매력을 완비한 '야한 여자'가 따로 있다는 환상을 남자들에게 지속적으로 갖게 한다.

다섯째, 결혼은 '정숙한 여자'와 한다. 결혼이란 남편이 원할 때 언제나 성관계를 요구할 수 있는 권리 획득을 의미하는 것이다. 그러나 아내의 성에 대한 독점을 보장하기 위해서, 그리고 결혼은 성만이 전부가 아니기 때문에 '야한 여자' 보다 '정숙한 여자'를 택한다. 남편은 돈을 벌어오고 아내는 아이 낳아 기르고, 남편의 활동 또는 출세를 위한 뒷바라지를 해야 하는데 그 일에는 정숙한 여자가 더 적합하다.

남편 뒷바라지를 위해 아내의 수입이 있으면 더 좋겠다. 그러나 그것은 가정 생활에 지장이 없는 (좀더 정확히 말하면 가사 노동에 지장이 없는) 조건을 갖추어야 하고 남편보다 직위가 높거나 수입이 많아서는 곤란하다.

여섯째, 성관계에서 피임이나 임신은 여성의 몸에 직접 관계되는 일이므로 여성이 책임져야 할 문제이다. 그러나 출산한 아이는 아버지의 소유이고, 자기 자식임을 확실히 하기 위해서 아내의 정절은 매우 중요하게 여긴다.

이상은, 세대나 개인에 따라서는 큰 차이가 있을 수 있지만, 일반적으로 남자들이 갖는 생각을 살펴본 것이다. 대체로 남자들이 생각하고 있는 성, 사랑, 결혼은 분절되고 조각나 있다. 이것은 아마도 현대의 남자들이 자신의 삶을 하나의 통합된 모습으로 보기보다는 기능인으로서 도구화하게 되는 여러 사회적 요인에서 비롯한 것으로 볼 수 있다. 공적 영역에서는 감정을 배제한 기능인으로서, 또는 업적 성취를 최대 목표로 세우고, 사적 영역에서는 조건 반사적인 성적 동물 같은 행위조차도 관용되는 분위기가 이러한 분절을 가져오는 것 같다. 남자가 보는 여성들은 사랑할 여자(낭만적 연인), 사랑 없이 성욕구만을 만족시킬 여자(성적 대상), 결혼할 여자(아내)들로 분류된다. 따라서 여성을 성별 구분 없이 인격체로, 동료로 보기가 쉽지 않다. 특히 주로 남성 중심의 조직, 예를 들면 남학교, 군대, 대기업, 정치권 등 대부분의 주요 조직은 특별히 경계하지 않는 한 이런 여성관을 사회화하고 재생산하는 온상이 되기 쉽다.

3. 주눅 들고 움츠린 여자

인용 2

내가 지금 알고 있는 성에 대한 지식은 주로 중고등학교 때 쉬는 시간이나 방과 후에 애들과 쑥덕거리며 배운 것과 소위 '하이틴 로맨스'에서 배운 것이 거의 전부가 아닐까 싶다. '하이틴 로맨스'는 수업 시간의 지루함을 이기기 위해서 보곤 했는데, 지금 생각하면 정말 저질의 성에 관한 책이 아니었나 싶다. 줄거리는 일률적으로 돈 많고, 잘 생기고, 키 크고, 나이가 좀 든, 때로는 이혼 경력이나 아이가 있는 매력적이고 섹시한 남자와 좀 가난하지만 정말 흠잡을 데 없는 젊은(때로는 어린) 여자가 첫눈에 반하거나, 혹은 좀 싸우다가 남자의 일방적인 '추적'에 여자가 행복하게 '굴복'하여 '처녀성'을 '바치고' 결혼한다는 것이다. 애들은 만화 가게에서 빌려다가 교실에서 돌려보곤 했는데, 인기 있는 것은 소위 '야한' 것이었다.2)

인용 3

나에게는 '성'을 부정적으로 생각하게 한 불쾌한 경험이 국민학교 5학년 때 있었고 그 기억은 아직까지도 나를 분개하게 한다. 5학년 때 학교에서 여학생들에게만 '순결 교육'이라는 이름으로 강의를 해주었는데, 그때 처음으로 '여자는 남자와 다르다'는 인식을 갖게 되었던 것 같다. '순결'이라는 말이 이상해서 그것이 뭐냐고 질문했지만 당시 남자 담임 선생님은 별로 뾰족한 대답을 해주지 않고 들으면 안다고 하셨다. 그런데 수업을 들은 후에도 나는 순결의 의미를 알 수 없었고 막연한 '금기 사항'이 있나 보다고 생각했다. 아마 그때부터 '정조 관념'이 내게 막연하나마 심겨지기 시작했던 것 같다. 은밀한 분위기에서 비밀로 금기시하여 다루어졌던 것이 내가 '성'을 긍정적으로 보지 못하게 만들었던 것 같다. 결정적으로 '성'에 대한 두려움과 공포를 갖게 한 사건은 5학년이 끝나가는 겨울에 생겼다. 학교 대청소날이라 물을 떠오기 위해 구내 이발소에 들어가 물통에 물을 채우고 있는데 혼자 있던 주인 아저씨가 점점 가까이 오더니 손을 뻗어 바지 지퍼 있는 부분을 더듬거렸다. 난 처음에는 이 아저씨가 왜 이럴까 하고 단순한 의문이 일었는데 더듬거리기를 멈추지 않아 곧 공포에 휩싸여 밖으로 재빨리 피해 나왔다. 이 사건이 있은 후 '성'은 두려운 것이 되어 버렸다.3)

남성 중심 사회에서 삶을 살아가는 여성들의 경우 대부분 남성들의 가치관을 내

---

2) 역시 '여성학' 과제물로 자신의 성 인식 과정을 쓴 대학교 2학년 여학생들의 글의 일부분이다.

3) 역시 '여성학' 과제물로 자신의 성 인식 과정을 쓴 대학교 2학년 여학생들의 글의 일부분이다.

면화하면서도 동시에 남성과는 전혀 다른 경험을 통해 다른 인식 체계를 갖는다. 남성과 대비하여 성과 사랑, 결혼에 관한 여자들의 태도와 인식을 살펴보자.

첫째, 여성에게 성과 사랑과 결혼은 분리되기 어렵다. 성, 사랑, 결혼이 통합되어야 가장 이상적이다. 구태여 서열을 매기자면 성보다는 사랑이 중요하고 사랑보다는 결혼이 더 중요하다. '여성의 일차적인 행복은 가정에 있다'는 통념은 가정이 여성의 삶에서 차지하는 비중을 크게 만드는 사회적 구조 때문이다. 그러므로 자신의 인생을 걸 한 남자와의 관계는 일생일대의 중요한 것이다. 그래서 사랑이 없는 성은 생각할 수 없고 이상적인 사랑의 대상은 결혼의 대상이어야 하는 것이다.

둘째, 남성은 어떤 면이든 존경할 만한 점이 있어야 한다. 나이나 경험도 많고 힘도 세고, 능력도 있고 체격도 크고 인격적인 면에서도 이끌어 주는 남성이 매력 있다. 최소한 어느 하나라도 여자보다 나아서 존경할 만한 점이 있어야 한다. 그렇지 않은 경우 여자는 남자의 매력을 느낄 수 없다.

셋째, 여자는 사랑하는 사람과의 성관계에서 친밀함과 접속이 더 중요하며 성적 쾌감은 부차적이다. 또한 혼전 성관계는 여자에게 손해이다. 임신의 위험도 문제이지만 그 상대가 결혼을 확실히 약속한 사람이 아닌 경우는 불안하다. 그렇지만 사랑하는 남자의 성적 욕구를 거절해서 그를 잃기보다는 붙잡는 게 낫다고 생각한다. 비록 여자 자신은 성적 욕구가 없을지라도 자신을 통해 만족을 느끼는 상대방을 통해 대리 만족을 느끼는 것도 사랑의 행위라고 생각한다.

넷째, 여자가 성적 호기심, 관심을 갖거나 성적 욕구를 느끼는 것은 정숙하지 못하고 부끄럽다. 특히 여자는 암시적이고 반어적 방법으로 성적 욕구를 표현해야 한다. 그러나 거절하는 것은 더 매력 있다고 여긴다.

다섯째, 여자는 성관계를 두려워한다. 미혼 여성은 성관계가 고통스럽다고 두려워한다. 또한 임신에 대한 걱정도 성관계를 두렵게 만든다. 피임은 여자가 해야 하고 그렇지 않을 때 피해는 여자에게 돌아간다. 이런 저런 이유 때문에 여자가 성관계를 기피하는 것은 당연하다.

여섯째, 결혼한 여자의 경우 남편과 성관계를 하고 아이를 낳아 주는 것은 당연한 임무이다. 남편의 성적 욕구를 만족시켜 주지 못하면 외도의 구실을 만드는 것 같아 원하지 않아도 응하게 되고 남편 위주로 성관계를 한다. 그러나 남편에게 자신의 욕구를 표현하거나 요구하는 것은 어려운 일일뿐 아니라 자존심이 상하는 일이다. 여자들은 결국 성에 대한 피해 의식과 상처받기 쉬운 위치에서 부정적이거나 수동적 태도를 갖는 동시에, 하이틴 로맨스가 보여 주는 것과 같은(「인용2」) 낭만적 사랑의 환상에 젖어 있기 쉽다. 자기자신의 느낌이나 판단보다는 상대 남성의 판단을 우선적으로 받아들이는 경향을 갖게 된다.

이러한 여성들의 생각과 경험은 확실히 남성과는 많은 차이를 갖는다. 여성에게 성과 사랑, 결혼은 하나로 결합될 때 가장 이상적이다. 또 남성들이 '정력'을 남성다움의 상징으로 여기는 반면 여성들은 '정숙'을 여성다움의 표상으로 받아들인다. 그런데 얼핏 '남자들의 규범'보다는 '여자들의 규범'이 우리 사회의 이상적이고 공식적인 규범에 보다 가깝다는 인상을 준다. 그러나 문제는 여성들의 그러한 규범이 스스로 원하거나 선택해서 갖추어진 것이 아니라 그 규범에서 벗어날 경우 남성과의 게임에서 손해를 보거나 상처받게 된다는 계산을 깔고 있다는 데 있다. 즉 남성 중심 사회에서 주눅 들고 움츠러진 약자의 규범일 뿐이다. 남성의 분열적 경험과 여성의 주눅든 모습은 남성 중심의 성문화라는 기형의 뿌리를 가진 한 나무에 달린 다른 모양의 열매라 하겠다.

4. 엇나가는 이중 규범

앞에서 살펴보았듯이 성, 사랑, 결혼에 대한 남녀의 태도는 매우 다르다. 남녀간의 기대와 행동 방식과 의사 소통의 차이가 이렇게 큼에도 불구하고 남녀가 공존할 수밖에 없는 기제는 무엇인가? 이는 한편으로, 성 인식과 행동을 둘러싼 이중 규범을 통해서, 또 다른 한편으로는 남녀가 함께 벌이는 게임의 규칙을 통해서 설명이 될 수 있다.

앞의 내용을 자세히 살펴보면 여자들의 인식과 행동이 우리 사회가 공식적으로 채택하고 있는 규범에 보다 가깝다고 할 수 있다. 우리 사회에서는 공식적으로 성 욕구를 은폐하고 큰 비중을 두고 있지 않을 뿐 아니라 성과 사랑과 결혼이 일치하는 것을 바람직한 규범으로 여긴다. 남자들도 이런 공식적 규범을 완전히 거부하지는 못하고 더욱이 그 규범에서 벗어난 생각과 행동을 때와 장소에 따라 삼가하게 된다.

이러한 현상은 성에 관한 우리 사회의 규범 자체가 이중 구조임을 보여 준다. 규범의 이중 구조는 다시 두 가지로 나누어 볼 수 있다. 하나는 남자와 여자의 '본질적' 차이에 대한 믿음을 바탕으로 한 규범이다. 다른 하나는 여자를 두 부류로 나누고 이러한 두 집단의 여성들이 존재한다는 믿음이다.

① 남녀의 '본질적' 차이는 생리적인 차이로 간주, 해석한다. 남자는 선천적으로 강한 성욕을 갖고, 이는 억제하기 힘들 뿐만 아니라 억제하는 것은 건강하지 않다는 설명이다. 그렇기 때문에 남자의 성적 방종, 일부 다처적 행동, 성폭력 등을 생리학적 결정론으로 설명하고 정당화하면서 윤리적 책임을 회피할 수 있는 근거로 사용한다. 이와 반대로 여자들은 생물학적으로 남자보다 성적 욕구가 약하고 자제력이 강하다고 본다. 따라서 여성이 남성과 같은 행동을 취할 때 비난의 대상이 될 수 있다. 즉 남녀의 차이를 생물학적으로 설명하면서 '생물학적으로 성적 욕구가 약한' 여성에게는 윤리적 규제가 더 강하다는 것이다.

② 이러한 믿음은 곧 두번째 이중 구조인 여자들 간의 이중 범주화로 이어진다. 모든 여성은 정숙한 여성과 정숙하지 않은 여성의 두 집단으로 나뉜다. 아내나 어머니는 정숙한 여성의 표상이다. 현재에는 정숙한 여성의 성 규범도 많이 변화해서 결혼을 언약한 사이에서는 성관계에 응할 수 있다고 생각하는 여자들도 많아진 것 같다. 그렇다 하더라도 정숙한 여성만의 존재로는 남성의 성행동을 충족할 수 없기 때문에 남성들은 자신이 갖고 있는 환상을 만족시킬 수 있는 정숙하지 않은 여성의 존재가 필요하다고 믿는다. 이러한 이분화를 통해 두 집단의 여성은 서로 넘나들

수 없는 분리된 영역에 속하게 되고 상호 반목한다. 그러나 이 두 집단의 여성은 서로의 존재로부터 영향을 받는다.

여자들을 이렇게 두 집단으로 나누는 것은 우선 여자들에게 매우 불리하다. 이 두 집단은 남자를 사이에 두고 서로 경계하고 경쟁하고 다투면서도 정작 문제를 일으키는 남자는 비난의 대상에서 벗어난다. 아내는 자신의 생존 문제에서 남편이 필수적이라고 생각하는 한 남편을 유혹하는 다른 여자들이 있다는 것은 필사적으로 경계해야 할 문제로 본다. 따라서 여자들은 다른 여자의 행실에 대한 냉혹한 비판을 계속하게 되고 '정숙한 여성상'을 받들어 유지함으로써 결국은 자신들에게 족쇄를 채우는 격이 된다. 남편의 외도 때문에 괴로워하는 부인들에게 주는 주위의 충고는 이런 통념을 바탕으로 한다. 우선 남편이 외도하는 대상에게 비난의 초점을 맞추고 그 다음으로는 아내가 더욱 노력하도록 충고한다. 따라서 정숙한 여성들도 점점 더 성적 매력이 있어야 한다는 강박 관념을 갖게 되고 있다. 「사례2」의 부인 ㄹ과 같은 경우에서도 이런 부추김을 당할 가능성이 많다. 대중 매체가 조장한 성의 상품화의 홍수를 타고 헬스 클럽, 주름살 제거 수술, 성형 수술 등등 무수한 가공품의 유행은 '정숙한 여성'의 성적 매력 추구와 서로 상호 작용을 한다. 결국 정숙한 여성이란 '내숭 떠는 조강지처'로 나타나고 이들은 남편에게 정력제를 먹이는 여성들이 된다. 반면 정숙하지 않은 집단에 속하는 여성 역시 자신의 생존을 위해 '정숙한 여성의 남편'을 유혹해야 한다. 하지만 이들은 '정숙한 여성상'의 규범 앞에서 떳떳하지 못하고 사회적 인정을 받지 못하는 억압을 경험하는 한편 성의 노예가 되는 남자들과 그들의 노예인 '정숙한 여성'들에 대해 고소를 금치 못하기도 한다. 여기서 남성은 정숙한 여성의 남편 역할과 매춘 여성의 고객이 된다. 동시에 여성을 이분화하는 만큼 자기 자신도 분열적 삶을 살게 된다.

현재의 이중적 규범과 통념은 이와 같이 여성들에게는 억압을 남성들에게는 분열과 소외를 경험하게 한다. 이를 극복하기 위한 과제는 크게 두 가지로 압축된다. 첫째로 여성과 남성은 각기 다른 규범을 갖는 것이 아니라 같은 규범의 기준을 갖도록 하는 일이다. 둘째, 여성에게만 적용되는 '정숙' 또는 '순결'의 기준이 여성들을 분리하여 불리하게 만든다는 점을 두 집단의 여성들 모두가 인식하는 일이다. 그 인식을 바탕으로 해서만이 분리를 극복하는 자매애가 키워질 것이다.

그런데 여성과 남성이 같은 규범의 기준을 가져야 한다는 것은 무엇을 의미하는가? 이러한 물음에 대해 사람들은 흔히 "그 동안 여성에게만 부과되어온 '순결'의 규범을 남성도 지켜야 한다" 아니면 "여성도 남성처럼 '순결'의 규범에서 벗어나야 한다"는 양극단의 대답 내에서 갈등하게 된다. 그러한 접근은 현재의 성 규범을 '순결' 혹은 '정숙'의 문제로 단순화시키는 제한점을 갖지만, 사람들이 가장 중요하게 생각하는 문제가 바로 '순결'이나 '정숙'이라는 개념임을 알려 주기도 한다.

사람들은 흔히 성관계의 경험이 없는 미혼의 여성을 대상으로 '순결하다'는 표현을 사용한다. 또 결혼해서 일생을 남편에게만 충실한 여성을 '정숙한 아내'라고 말한다. 최근에는 혼전 성관계가 어느 정도 자유로워지면서 사랑하는 사이라면 성관계를 가져도 괜찮다는 생각이 나타나고 있다. 이 경우에도 '결혼 관계로 들어가는 것'을 전제로 제한적이나마 '순결'의 기준이 적용되고 있는 것 같다. 그렇다면 '순결' 혹은 '정숙'의 핵심은 바로 '배타적인 관계'의 유지를 의미한다. 그 배타성은 '사랑하는 한' 혹은 '결혼 관계 내에서'라는 조건과 결부되는 배타성이기도 하다.

5. 사랑은 배타적인가?

성적 사랑과 비성적 사랑은 모두 다 서로에게 융화를 추구하는 힘이다. 융화를 친밀감으로 대체해 본다면, 성적 사랑에서는 성적인 접촉이 친밀감을 형성하는 데 높은 비중을 갖는다. 비성적 사랑의 관계를 친구 간의 관계로, 성적인 사랑의 관계를 애인 간의 관계로 단순화해서 비교해 보면 가장 두드러진 차이는 배타성을 허용하는지의 여부에 있다. 더 많은 친구를 갖는 것은 바람직한 일이고, 여러 친구들이 한데 어울려 우정을 나누는 것은 아름다운 일이다. 반면에 여러 애인을 갖거나, 몇

쌍의 애인들이 한데 모여 성적인 사랑을 나누는 것은 대다수의 사람들에게 용납되기 어렵다. 따라서 배타성을 사랑의 특징이라고 할 때는 대체로 성적 사랑에 국한되는 것으로 볼 수 있다.

그렇다면 성적인 접촉을 매개로 하는 사랑이 배타적이라고 보는 이유는 무엇인가? 성적인 접촉은 보다 친밀하기 때문일까? 혹은 성적 사랑을 배타적인 결혼 제도와 같게 보는 지배 규범 때문일까? 아니면 인간은 본능적으로 질투심을 가지기 때문일까? 이 세 가지는 서로 연관된 통념들로서, 사랑을 배타적이라고 믿게 하는 것들이다. 이제 이들을 하나씩 분석해 보자.

첫째로 성적인 접촉, 친밀함, 프라이버시와의 관계에 대한 통념 혹은 믿음에 대해서 보자. "성적인 접촉으로 해서 사이가 훨씬 가까워진다"는 말은 몇 가지 조건이 전제로 돼야 진리일 수 있다. 우선 당사자들 간에 정서적 유대가 있고 또한 성적인 접촉을 하고 싶은 마음이 두 사람 모두에게 있어야 한다. 그 과정에서 심리적 강요나, 육체적 강제가 없어야 한다는 것은 매우 중요한 조건이다. 이러한 조건을 벗어난 성적인 접촉은 일종의 강간 행위가 되며 이것은 친밀도를 높이기보다는 오히려 정반대의 결과를 가져올 수 있다.

또한 정서적 유대와 성적인 욕구가 공존하고 동시에 당사자들에게 공유되는 조건 즉 사랑과 성이 합일되는 조건이 어느 경우에나 성립하는 것은 아니다. 그러한 조건이 사회적으로 얼마나 엄격하게 지켜지는가 하는 것은 별개의 문제이다. 사람들은 자기가 살고 있는 사회의 역사와 현실이 만든 도덕 규범의 영향을 크게 벗어나지 못하는 사회적 산물이다. 정서나 성 또한 사회적 구성물이다. 성적 접촉, 친밀함, 프라이버시의 관계는 필연적이거나 생물학적으로 결정된 것이기보다는 사회적인 조건과 규범이 만들어낸 관계이다. 따라서 이 성적 접촉과 친밀함에 대한 위의 통념 또한 보편적으로 그리고 독립적으로 성립될 수는 없는 것이고 다른 조건들에 의존해야만 유지될 수 있다.

둘째로 성적 사랑을 결혼 제도와 같게 보는 그리하여 결혼 안에서만 성적 사랑을 허용하는 규범이 있다. 일부 일처 결혼 제도를 채택하는 한 그 이외의 성적 사랑은 허용되지 않으므로 사실상 더 이상의 논의가 불필요하다. 이러한 규범은 현대 한국 사회에서 공식적인 규범이면서 다른 한편 존재하는 비공식적 규범과 경합한다. 그 공식적인 규범은 실제로는 주로 여성에게 적용되는 규범이기도 하며 보수적인 성격을 띤다. 똑같은 규범이 공식적으로 남성에게 예외일 수는 없다. 그러나 남성들에게는 사랑이 개입되지 않은 성으로서의 논리 관계를 허용하는 비공식적 규범이 실재한다. 그 결과 앞서 보았듯이 여성들 간의 분리가 일어난다. 이러한 이중적 규범이 결혼 밖의 영역에서 처벌받는 여성들에게 생활을(생계를) 보장해 준다는 것을 빌미로 여성들에게 적용되는 보수성은 더욱 강화된다. 일부일처제는 사회적인 위치와 독자적인 존재 기반이 약한 여성들에게 생존의 문제가 걸린 훨씬 더 중요한 문제이다. 이렇게 볼 때, 질투가 왜 여성의 전형적 정서로 인식되고 있는지 이해할 수 있다. 세번째 믿음 역시 같은 줄기에서 찾을 수 있다.

세번째 믿음은 성적 사랑의 배타성은 질투라는 인간의 본능적인 감정 때문에 유지된다는 것이다. 질투 감정은 물론 성적 사랑에만 한정된 것은 아니다. 비성적 사랑 관계에서도 흔히 나타나고, 사랑의 관계가 아닌 타자와의 비교에서도 일어날 수 있다. 형제 자매 관계에서의 질투, 친구 간의 질투도 있고 능력, 성취, 소유를 비교할 때에도 많이 찾아볼 수 있다. 이들의 공통점은 독점적 소유욕의 좌절이다. 질투를 독점적 소유욕의 좌절에서 생기는 감정이라고 본다면 그 소유욕의 실현 가능성과 견주어 질투라는 감정이 본능인지 혹은 사회화 과정에서 학습된 감정인지를 살펴볼 수 있는 실마리가 된다. 다시 말하면 욕구의 실현 가능성에 대한 기대치가 높으면 높을수록 좌절 즉 질투가 클 수 있다는 것이다. 성적 사랑의 대상을 독점적으로 소유할 수 있다는 기대가 사회적으로, 일부 일처제 결혼으로 충분한 지지를 받고 있는 상황에서 그 기대가 어그러질 때 질투가 생김은 너무나 당연하다. 따라서 질투가 있는 것은 확실하다 해도 그것이 성적 사랑의 배타성에 대한 인간의 본능적인 감정이라고 할 근거는 찾기 힘들다.

이상에서 사랑이 배타적이라는 것은 성적 사랑을 여러 대상과 공유할 수 없다는 말이며, 이것은 성적 접촉이 친밀감을 상승시킨다는 통념, 일부 일처제론, 여성의 본능적 질투 감정에 대한 통념들에 의해 유지되고 있음을 보았다. 동시에 이들 통념과 규범이 얼마나 실제와 거리가 있는 것인가를 살펴보았다. 결국, 이들 외의 어떤 다른 근거가 발견되지 않는다면 사랑의 배타성이란 한갓 환상적 통념에 불과하다 하겠다.

6. 성, 사랑, 결혼에서 주인 되기

사랑이란 단어는 이제 닳고 닳아 생명력을 잃은 듯싶을 때가 많다. 사랑은 상품 광고 문구들이 훔쳐 쓰고 억압자들이 억압을 숨기기 위해 빌려 쓰고 약자를 속이기 위해 쓰여지며 어떤 사람을 소유하기 위해 미화해서 쓰는, 그래서 경계해야 할 어휘가 되지 않았는가? 그럼에도 불구하고 우리가 그것을 버리지 못하고 있다는 사실은 사랑이 갖고 있는 힘을 웅변하는 것인지도 모른다. 현재 우리가 당면하고 있는 총체적 위기의 극복책을 이성과 지식과 과학에서 찾으려 한다 하더라도 그것들을 움직이게 하는 가장 기본적인 것에 인간에 대한 사랑이 배제되어 있다면 그 위기는 더 악화될 것이다.

따라서 지배와 피지배, 가해자와 피해자, 착취자와 피착취자들 사이의 관계가 점점 더 교묘해지는 상황 속에서 우리가 회복하려는 것은 사랑의 관계이다. 사랑이란 '동시적인 주권의 행사와 서로를 향한 융화'라는 이상을 가능케 하는 힘이라고 정의할 수 있다. 그 힘은 바로 인간이 인간이기 위해서 본질적으로 주권을 가지려는 욕구와 동시에 서로 융화하려는 강력한 욕구를 갖고 있기 때문에 나타나는 힘이다.

이렇게 추상적으로 정의한 사랑은 여러 형태를 띠지만, 사랑이 성과 연결되어 쓰일 때는 성적 사랑, 즉 성애라는 의미를 띠면서 다른 형태의 사랑과 구별된다. 이성애의 일상적 의미는 한 사회의 특정한 시대에서 역사적, 사회적 산물로서 공유된다. 그런데, 같은 시대에서도 여러 가지 규범이 공존하고, 또한 집단에 따라 매우 다른 규범이 적용되고 결과적으로 다른 의미를 가지게 되는 모순이 심각한 문제임을 지적하였다. 그럼에도 불구하고 공적인 언술 행위는 성과 사랑과 같이 사적이라고 여겨지는 문제에 대해서는 회피하고 은폐하며 그런 문제를 다룬다 하더라도 매우 제한적이다. 그래서 많은 사실들이 숨겨진 채 많은 이들의 삶을 속박하거나 풀어 놓는다. 이런 이유로 이제까지 금기시되어 온 문제들을 깊이 검토하는 일은 매우 중요하다.

미흡하나마 이 글에서 시도한 성, 사랑, 결혼에 대한 검토는 우리에게 중요한 사실을 알려 준다. 여성과 남성은 같은 사회에서, 같은 지붕 밑에서, 한 이불 속에서 같이 살아가면서도 사실은 전혀 다른 세계에서 서로 다른 삶을 경험하며 살아간다. 문제는 그 다른 삶이 따로 따로 있는 것이 아니라 끊임없이 섞이고 갈등하면서 공존한다는 데 있다.

성, 사랑, 결혼은 어우러짐을 특징으로 하기 때문에 서로 다른 규범과 체계를 가진 남녀의 만남은 갈등과 모순을 겪는다. 특히 그것이 남성 위주의 규범과 체계이기에 여성이 경험하는 갈등과 모순은 더욱 클 수밖에 없다. 여성은 자기자신이 아닌 타자, 남성을 중심으로 자신의 삶을 맞추고 굴절시키며, 결국은 스스로에게서 소외된다. 남성 역시 여성의 억압적 경험으로부터 완전히 자유로울 수 없다. 여성이 소외를 경험하는 한 남성 또한 상대와의 융화를 경험할 수 없기 때문이다. 남성은 상대 여성에 따라 혹은 상황에 따라 서로 모순되는 규범을 끄집어 내고 자신을 합리화하는 과정을 반복하면서 스스로를 조각 내는 분열적 경험을 한다. 다만 너무나 오랫동안 익숙해져 인식하지 못할 뿐이다.

이제 우리가 남녀간의 조화와 더욱더 평등한 동반자 관계를 원한다면, 진정한 사랑 관계를 회복하길 원한다면, 그 변화는 어디에서부터 시작할 수 있을 것인가? 현재의 상황이 복잡할수록 해결의 실마리는 근본적인 데서부터 찾아야 한다. 우리가 사랑을 '동시적인 주권의 행사와 서로에게로의 융화'로 본다면 출발점은 바로 그곳이다. 여성은 자신의 삶을 결혼 제도 안에서 한 남성에게 의존하고 자신의 모든 인식과 태도를 남성을 중심으로 굴절시키기보다 남성과 '동시적인 주권의 행사자'가

되기 위해 온 힘을 모아야 한다. 남성 또한 자신을 조각낸 눈앞의 편리와 쾌락 추구
가 아닌 '서로에게로의 융화'를 위해 여성의 노력을 지지하고 자신의 변화를 시작
해야 한다. 그럴 때에 성과 사랑과 결혼은 어느 한 성이 다른 한 성을 소유하고 이
용하는 수단이 아니라 서로를 성장시키고 삶을 풍요롭게 하는 하나의 소통 방식으
로 자리잡게 될 것이다.(1991, 또 하나의 문화 제8호『새로 쓰는 성 이야기』)

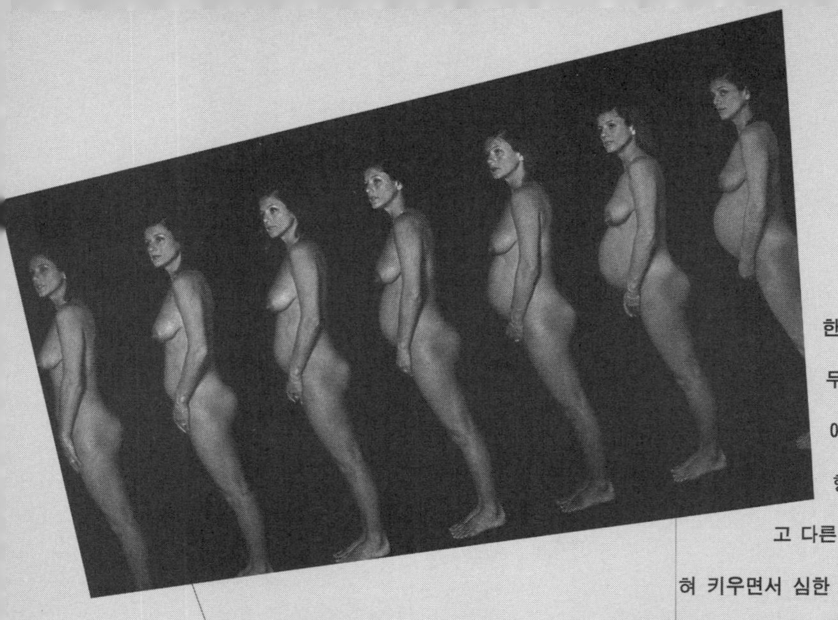

4 여성과 몸

한 사회가 어린아이들을 무작위로 뽑아 한 집단에게는 치마를 입히고 행동을 조심시켜 키우고 다른 집단에게는 바지를 입혀 키우면서 심한 활동을 권장한다고 가정해 보자. 그 집단이 청소년기가 되면 치마 입힌 집단에게는 체중과 음식 조절을 시키는 대신 바지 입은 집단에게는 발육이 왕성한 시기에 마음껏 음식을 섭취하는 것을 권장한다. 또한 치마 집단은 높은 뾰족구두를 신게 하고 바지 집단은 편한 운동화를 신게 한다. 이러한 경우에 두 집단은 분명한 신체적 변화를 보일 것이다. 근육 발달에만 차이가 있는 것이 아니라 반사 작용, 발, 다리, 팔 등의 골격의 변화가 생긴다. 이러한 변화는 공간 지각 능력, 언어 능력 등의 차이도 가져올 것이다. 다른 환경이 신체적 변화를 만드는 것이다. 이와 같은 변형론은 성차별이 신체적으로 결정되었는가 아니면 사회 환경적으로 결정되었는가 하는 이분법적인 질문의 악순환적 논쟁을 매듭짓는 데에 매우 타당성 있는 착목점을 제공한다.

▲ COLORS 13 중에서, 1995
▶ Judi Chicago,
「Sheet Closet」, 1972

1. 머리말

'여성과 몸'이라는 주제는 주제 설정 자체가 이제까지의 학술 연구의 전통에서 볼 때 혁신적이라고 할 수 있다. '몸'의 의미는 다양하게 쓰일 뿐만 아니라 '몸'과 관련된 주제 영역도 매우 다양하다.1) 일반적으로 '몸'은 자연 과학의 대상으로 인식되어 왔다. 이는 '몸'을 신체, 생리 구조와 동일시하여 다루는 생리학, 생물학이나 이러한 기초 과학적 지식을 전제로 하는 의학의 영역으로 간주하기 때문이기도 하지만, 사회 과학에서는 '몸'을 분석의 대상으로 설정하지 않아 왔거나 또는 간과해 왔다는 사실 때문이기도 하다.2)

이러한 배경에서 볼 때 여성학에서 몸에 대한 관심을 갖는다는 것은 이제까지 사회 과학이나 자연 과학이 암묵적으로 지녀온 정신과 육체에 대한 이분법을 비판하고, 또한 몸이라는 중요한 실체를 간과해 온 점에 대해 반성해 볼 수 있는 계기를 만들 수 있다는 점에서 중요한 의미를 지닌다고 볼 수 있다. 그러나 이제까지 여성학의 논의에서도 '몸'에 대한 입장은 양가적이었던 것이 사실이다. 기존 학문의 방법론에 대한 비판적 수용에 있어서 자연 과학과 사회 과학의 분리를 극복하는 것은

---

1) 여성학회 심포지엄 준비를 위해 한국 여의사회에 자청하여 「여성과 몸에 대한 여성학적 접근」이라는 주제로 강의를 한 적이 있다. 발표와 토론이 다 끝난 후, 한 의사가 '여성과 몸'이라는 제목이 무엇을 뜻하는지 도저히 이해할 수가 없었다고 고백했다. 나는 사실 의사들이 여성의 '몸'에 대해 제일 잘 알 것이라는 기대와 이 발표를 통해 이 글의 준비에 많은 도움을 받을 수 있을 뿐 아니라 의학 분야에서 논문 발표를 하겠다는 사람들이 나올 가능성도 있으리라는 기대를 가졌기 때문에 한편으로는 당황하기도 하고 실망스럽기도 했다. 물론, 제목이 '여성 홀몬과 폐경기' 등 좀더 전문적인 것이었다면 그 제목을 이해하지 못하는 분은 거의 없었으리라 짐작한다.

2) 실제로 여성학회가 이 주제를 설정하고, 필자가 이 글을 쓰면서 여성학에 자연 과학자의 참여가 적다는 점과 글쓴이가 자연 과학자가 아니라는 점을 하나의 커다란 한계로 느껴 왔다. 자연 과학자의 참여 확대는 앞으로 매우 중요한 과제로 남아 있지만, 동시에 자연 과학 이외의 영역에서 몸을 다룰 수 없는 것은 아니라는 확신이 자리잡아 가는 것도 사실이다.

132

상상하기도 힘든 여러 과제를 포함하고 있다. 이 커다란 미완의 과제를 남겨둔 상황이기 때문에 상식의 차원에서 지배적인 위치를 차지하고 있는 여성과 몸에 대한 통념과 오류에 대해 적절한 연구 방법론을 모색할 만한 기반은 튼튼하지 못하다. '여자는 신체적 특성 때문에 어쩔 수 없이 사회적으로 열등할 수밖에 없다'는 생각에 대해 학문적으로 어떻게 대응할 것인가? 적어도 상식의 차원에서는 여성의 사회적 위치를 결정하는 데 신체가 가장 궁극적인 문제라고 믿어 왔고 이에 대한 자연 과학의 전문적 지식이 없이는 권위 있는 대응이 어려운, 어쩐지 자신 없는 부분으로 남아 있게 된다. 상식과 통념의 차원에서 제기되는 궁금증을 푼다는 것이 학자가 맡아야 할 책임의 하나라고 할 때 이제까지의 여성학의 문제 의식이 편협했다면 이를 당연히 시정할 필요가 있다.

여성과 몸에 대한 통념은 이제까지 여성에게 억압적이었다. 여성의 신체적 기능에 대한 통념은 여성의 전인적 기능에 대한 평가로 연결되어 여성의 사회적 열등성을 주장하는 근거가 되어 왔다. 또한 남성이 주체가 되어 여성을 객체로, 또 성적인 존재로 대상화하는 것이 당연시되어 왔다. 이로 인해 여성에게 외모란 가장 중요한 평가 기준이 되기도 하는데 이것은 여성을 비인간화하는 한 실례라고 할 수 있다.

남성과 다른 여성만의 생리적 특징, 즉 임신, 출산 등은 '인간'의 문제이기보다는 '여성'의 문제로 간주되고 또 쉽게 '동물적' 문제로 개념화된다. 따라서 '인간적'인 활동을 추구하는 여성에게는 여성의 생리적 특징이 방해 요소 내지는 역기능적인 것으로 작용한다는 고정 관념이 남녀 모두에게 존재하는 것도 어느 정도 사실인 것 같다.

이러한 고정 관념을 형성하는 요인으로 두 가지를 들 수 있다. 그 한 가지는 일반적으로 '몸'은 '정신'과 대비할 때 상대적으로 낮게 평가된다는 점이다. 인간을 인간답게 하는 것은 정신적인 것이지 육체적인 것이 아니라는 일반적 인식이 존재한다. 다른 한 가지는 이제까지 인간을 대표하는 성은 남성이라는 점이다. 이 두 가지 기존의 사고 방식이 결합되어 남성과 다른 여성의 몸이 여성을 열등하게 만든다는 고정 관념을 형성한다고 할 수 있다.

사실 '몸'이라는 단어는 너무나 많은 것을 함축하기 때문에 그것이 무엇을 뜻하는지 전달하는 것은 쉽지 않다. 그런 점에서 이 글의 제목을 오히려 '여성의 몸과 마음'이라고 불러야 더 정확하게 표현하는 것이다. 그럼에도 불구하고 '여성과 몸'으로 압축시킨 이유는 이제까지와는 다른 접근 방식을 시도함으로써 새로운 이해에 도달해 보고자 하는 데 있다.

이렇게 엄청난 과제를 한꺼번에 모두 다루는 것은 불가능하며, 어떤 시도도 극히 선별적인 개관에 그칠 수밖에 없을 것이나 그나마라도 시작하는 데 의의가 있다는 생각으로 감히 이 글을 시도한다. 2장에서는 우선 몸과 관련한 여성학적 문제들을 검토할 것이다. 모든 여성들이 갖고 있는 최소한의 공통 요소로서 몸이 갖는 의미를 논의한다. 3장에서는 통념의 수준에서 '신체 결정론'이 어떠한 논리로 나타나는지를 분석하고 이를 자연 과학, 특히 생물학의 연구와 관련하여 비판적으로 검토하고자 한다. 이는 여성의 공통된 억압에 대한 체계적인 연구를 목표로 하는 여성학이 이 주제에 대해 갖고 있는 관심은 우선 여성은 여성의 몸 때문에 차별과 억압을 당할 수밖에 없다는 사상을 담고 있는 '신체 결정론'3)에 대한 분석에서부터 시작한다고 보기 때문이다. 4장에서는 성차에 대한 과학적 이해가 어떤 방법론으로 이루어졌는지를 환원주의적 방법론에 대한 비판을 중심으로 논의하면서 앞으로의 연구 과제를 제시하고자 한다.

---

3) 영어에서는 이를 biological determinism으로 사용하고 있는데 우리는 이를 생물학적 결정론이라고 번역해서 사용해 왔다. 영어에서 biology는 생물학이라는 학문의 명칭이기도 하지만 몸, 신체, 생리 구조를 동시에 뜻하고 있다. 따라서 우리의 생물학이라는 용어는 영어의 biology에 비하면 학문 분과를 지칭하는 제한적인 의미로 사용되고 있다. biological determinism은 생물학적 결정론이기보다는 신체 구조 결정론으로 이해하는 것이 더 정확하다. 무엇보다도 이러한 결정론적인 생각은 생물학의 연구와는 관계 없이 상식이나 고정 관념에 의한 부분이 많이 있으므로 이제부터는 생물학적 결정론보다는 신체 결정론이라는 용어를 사용하기를 제의한다.

2. 여성학 연구 과제로서 여성의 몸

몸이란 주제가 매우 낯설은 이유 중 하나는 학문의 대상으로서의 몸은 어떤 총체적인 실체이기보다는 세분하여 분석하는 대상으로서 우리에게 익숙하기 때문이다. 따라서 몸과 관련한 주제나 영역의 설정은 너무나 다양하고 무한하다. 그러므로 우선 이 주제와 관련된 여성학적 연구 문제가 어떻게 설정되는가를 밝혀 보겠다.

여성의 몸이라는 주제가 여성학의 연구 과제와 어떤 관련을 갖는가를 검토하기 위해서 여성과 억압이라는 범주와 접맥시켜 보면 다음과 같은 두 가지 연구 문제를 설정할 수 있다.

(1) 여성의 몸과 여성의 억압과의 관계는 무엇인가?

(2) 여성의 동질성 문제에 있어서 여성의 몸은 어떤 위치를 차지하는가?

이러한 문제는 여성학의 전반적 연구 목표와 여성과 몸이라는 주제가 어떤 관련을 갖는가를 밝혀 이를 여성학의 문제로 구체화하는 것이다. 이는 우선 여성학의 연구 과제가 무엇인가를 재확인하는 데서 출발한다. 여성학은 여성 억압의 구조를 체계적으로 밝히는 것을 목표로 한다.4) 이러한 목표를 설정하는 동기는 궁극적으로 여성 억압을 야기시키는 구조를 변혁하는 데 있다. 여성과 남성의 관계를 변형시켜 모든 사람들이 그들의 총체적인 인간적 잠재력을 실현할 수 있는 세계를 만들어 가려는 것이 변화의 지향이며 궁극적인 목적이다.5) 여성학은 이러한 목표를 위해서 여러 가지 과제에 대한 연구를 여러 가지 방법론적 접근을 통해 시도한다. 여기에는 지식의 역사 속에 들어 있는 남성 중심적 편견을 찾아 내는 것과 여성의

---

4) 정대현, 1986, 「사회 과학의 철학적 기초」, 『여성학 방법론』, 한국 여성 연구소.

5) 어떠한 구체적인 상황에서, 어떠한 변화를, 어떻게 이루어갈 것인가 하는 것은 여성 해방론의 핵심적인 문제 영역이며 여성 해방론은 여성학의 이념적 기반을 이루고 있다고 할 수 있다. Ramazanogu는 다양한 종류의 여성 해방론이 여러 차이를 가지고 있지만 이와 같은 추상적인 수준에서는 관심을 공유한다고 할 수 있다. C. Ramazanogu, 1989, *Feminism and the Contradictions of Oppression*, Routledge.

경험에 대한 긍정적인 연구를 통하여 새로운 지식을 창출해 내는 것이 포함되어 있다.6)

지식은 권력과 연합하여 사회 구조를 보수적으로 유지시키는 데 중요한 기능을 수행함과 동시에 사회 구조를 변화시키는 실마리를 마련한다는 역설적 성격을 갖는다. 지식은 개인의 자의식, 자신의 가치와 권리에 대한 의식, 그리고 한 사회의 구성원으로서의 존재에 대한 의식을 결정한다. 여성의 정체감, 여성의 가치 등은 모두 한 사회가 지식을 통하여 규정하는 것이며 따라서 이를 규명하는 것은 모든 여성학 연구의 가장 기본이 된다. 그 규명을 위해 우선적으로 '여성'이라는 개념을 정의할 필요가 있다.

'여성'의 개념을 새삼스레 규정한다는 것이 엉뚱하게 느껴질 것이다. 그러나 여성 집단이 어떤 동질성을 갖고 있느냐가 합의되어야 '여성'이라는 용어가 개개인이 아닌 집단을 전제하고 있다는 것이 확실해질 수 있다. 즉 '여성'이라고 불리는 개개인들이 어떤 특성을 갖고 어떤 범위 안에서 동질성을 공유하는지에 따라 '여성'을 동질 집단으로 범주화할 수 있고 따라서 각각의 여자를 어떤 동질 집단의 구성원으로 지칭할 수 있다. 이럴 때에만 '여성'은 집단으로서의 의미를 갖게 된다. 사실 개개인 여자들은 계층과 인종이 다를 뿐만 아니라 무한히 다양한 개인적 특성을 갖고 있다. 그러나 '여성 차별', '남녀 평등' 등의 논의를 펴나갈 때 '여성'이라고 하는 의미는 어떤 추상 수준에서든 동질성을 갖는다는 것을 전제하고 있다. 여자 개개인의 다양성과 여성이라는 집단의 동질성의 문제가 제대로 규명되지 않은 채 '여성'이라는 말이 모호하게 사용되거나 경우에 따라 다르게 사용될 때 전체적 논의가 약해지는 경우는 참으로 많다.

여성의 '억압'을 규정하는 것은 이념적 차이에 따라 다르게 나타난다. 여기에서 다양한 이념적 차이를 갖고 있는 여성 해방론이 '억압'을 어떻게 규정하는가를 논하기보다는 그 차이가 여성 집단의 동질성의 규정과 깊이 연결되어 있다는 것을

---

6) Sheila Ruth, 1980, *Issues in Feminism*, Houghton Mifflin.

지적하는 것이 필요하다. 어떤 특정한 계급의 여자들만을 분석의 대상으로 제한해야 한다든가 하는 것은 궁극적으로 '여성'의 동질성을 인정하지 않는 것이라고 할수 있다. '여성'의 동질성을 인정하지 않는다면 어떤 동질성을 전제로 하고 있는 '여성'이라는 개념을 사용한다는 것 그 자체가 모순이다. 그러므로 '여성'이라는 범주 안에서 묶일 수 있는 최소한의 동질성을 설정하는 것이 여성학의 성립을 위한 기본적인 대전제라 할 수 있다.

여성 해방론에서 제시하는 여성 억압과 여성의 몸에 대한 분석은 다양하게 변화해 왔다. 이를 단순화하여 대비해 보면 다음과 같다. 첫째, 여성 억압은 여성의 몸이 근본적으로 남성에 비해 열등하다는 통념에 그 원인이 크게 있기 때문에 여성과 남성의 차이를 극소화하고 여성 몸의 특수성을 최소화하는 이론을 발전시켜 남녀가 평등하다는 주장의 기반을 삼는 입장이 있다. 둘째, 여성의 몸이 실제로 여성 억압을 가져온다는 분석을 토대로 여성 몸의 억압적 요소를 제거하는 것을 주장하는 입장이 있다. 셋째로는 여성의 몸보다는 남성의 몸이, 예를 들면, 남성의 공격성 등이 여성을 억압한다는 분석과 여성의 몸이 갖고 있는 여성의 우월성을 토대로 이를 통한 가치관의 전환을 통하여 해방을 모색하려는 입장이 있다. 넷째로는 '몸은 사회적으로 구성되었다'는 입장에서 여성의 억압은 몸 그 자체에 있는 것이 아니라 몸에 대한 사회적 평가와 사회적 조건에 있다는 입장이다. 이러한 다양한 입장은 강조점의 차이는 있지만 여성은 몸을 통해 동질성을 갖고 있다는 것을 모두 전제하고 있다는 점과 여성의 몸은 여성 억압과 어떤 관계가 있다는 점을 인정하는 공통점을 지닌다.

우리가 여성의 동질성에 대한 의견을 달리할 때 당연히 여성 억압, 여성 차별, 남녀 비대칭 등에 대한 문제 의식을 달리 할 수밖에 없다. 여성의 동질성을 극단적으로 부인하고 다른 특성들을 강조하는 사람들은 여자는 여자로 불리운다는 것 이외의 공통점을 갖지 않는다고 주장하기도 한다(이런 주장을 하는 사람들의 대부분은 여성 억압의 개념이나 실제를 부정한다). 따라서 '여자라고 불리운다'는 공통점은 여성들이 공유하는 최소한의 공통점이다. 이를 논의의 출발점으로 한다면 더 포괄적인 논의를 할 수 있다. 한 개인을 여자라고 부르는 것은 몸의 생김새, 구체적으로 말해서, 태어난 순간의 성기의 모양에서부터 시작된다. 따라서 몸은 여성 공통성의 최소 단위로서의 의미를 갖는다고 할 수 있다. 요컨대, 몸은 여성 동질성의 최소 요소로 규명될 수 있다.[7]

몸과 마음, 육체와 정신을 따로 분리되어 있는 전혀 다른 것으로 보는 데 익숙해 있는 우리들에게 몸을 최소 요소로 하는 여성 동질성은 단순히 생리적인 차원으로 국한되어 이해되기 쉽다. 여성이라고 불리는 사람들이 몸을 통한 경험을 같이 한다는 것은 생리적인 체험에 국한되는가 아니면 그것에 부여하는 사회적, 전통적 평가를 같이 받는 대상으로서 공통된 경험일까? 이 문제에 접근하는 다양한 방법 중 하나인 프로이트의 인간 발달에 대한 연구조차 이에 대한 비판과 해석을 둘러싸고 많은 논란이 되고 있다. 현대의 발달 심리학은 유아기 어린이의 성별 인식이 성기 차이에 대한 인식에서 시작하기보다는 주위에서 관찰할 수 있는 성인들의 외모, 옷차림, 역할과 행동의 구별에서 시작된다는 것을 입증하고 있다.

사람은 누구나 몸의 한 부분 때문에 여자 혹은 남자라고 불리우지만 동시에 여자 혹은 남자로서 각기의 성역할을 수행하기 때문에 공통 체험을 하게 되는 경우가 많은 것을 생각할 때 성별의 사회적 기원을 무시할 수 없다.[8] 그런데도 우리 통념

---

7) 몸이 여성 동질성의 최소 요소라고 하는 것은 모든 여성은 신체 구조가 같기 때문에 보편적으로 동일한 경험을 한다는 것을 의미하는 것은 아니다. 역사적으로 다른 시기와 사회, 경제, 문화의 차이에 따라 여성의 몸에 대한 평가와 여성 자신의 자기 몸에 대한 이해와 평가가 다르다. 또한 사회 계층, 연령 집단, 혼인 상태별 등을 세분화할 때 차이는 있을 수밖에 없다.

8) 우리말에서 성 性이 sex(생리적 성), gender(문화적 성, 여성다움 혹은 남성다움의 규정), sexuality(색色) 등을 동시에 의미한다는 것은 어떤 통찰력을 갖는 것일까? 이들은 서로 분리되기 어려우며 각기 일생을 통해 끊임없이 재구성된다는 것을 우리 문화는 이미 그 어휘에서 규정한 것인가 아니면 그 반대로 여성의 삶을 여성이 가진 신체에 의해 결정된 것으로 규정해 버리고 그 분화의 가능성을 모색하지 않은 것을 의미하는 것인가는 더 연구가 필요한 과제이지만 아마도 후자 쪽이 더 유력하지 않은가 생각된다.

의 수준에서 가장 지배적인 것은 성별의 신체 결정론이라 할 수 있다. 그러므로 우리는 신체 결정론이 어떠한 논리를 가지고 여성 억압을 정당화하는지를 비판적으로 검토해야 한다.

3. 신체 결정론

한 집단이나 개인의 신체적 구조가 그 집단이나 개인의 사회적 지위를 결정하며, 이는 '자연'의 질서이고, '자연'에 의해 결정된 것은 인위적으로 변화될 수 없다는 일련의 생각이 신체 결정론이다. 신체 결정론은 개인간에 또는 집단간에 존재하는 차이가 그들이 속해 있는 환경의 사회적, 역사적 맥락보다는 신체 구조의 차이에 의해 결정된다는 이론이다. 남존 여비를 남녀의 신체적 차이에 근거를 둔 자연의 질서로 보고 성별 분업도 생리적 차이에서 오는 것이며 따라서 어느 문화권에서나 보편적으로 나타나는 필연적 결과라고 보는 것이 여성 종속의 신체 결정론적 이론의 핵심이 되는 논리이다.

(1) 사례 분석

이러한 생각을 잘 나타내고 있는 사례를 들어 우선 논리적인 분석을 하고 이어서 신체 결정론이 여성에게 억압적으로 작용하는 영역에 대해 개괄적으로 살펴보겠다. 다음의 글은 여성학을 수강하는 한 학생이 자신의 부모를 어렵사리 면접해서 적은 글 중에서 아버지와의 대화만을 발췌한 것이다.

(중략)

나 : 그럼 여자는 아이들 키우는 것이 제일 우선이라고요?

아빠 : 뭐 그렇다기보다는 가정 형편상 그럴 수밖에 없다는 거지.

나 : 그러면 아이들 키우는 것은 전적으로 여자들 일이라고 생각하세요?

아빠 : 그럴 수밖에 없지. 남자가 기저귀 갈고 젖병 들고 뛰어다니면 얼마나 무능하고 우습겠어? 반면에 여자가 살림하고 아이들 도닥거리는 건 자연스럽게 보이고. 남자는 돈 벌어다 주고, 또 관심 가져주고. 역할이란 선천적인 거야. 난 왜 여자들이 집에서 살림하는 것을 희생이라고 보는지 모르겠어. 그게 왜 집에서 썩는 거야? 다같이 맡은 바 역할을 하는 거지.

나 : 전 여자들이 살림하는 것을 불평등하다고 하는 것이 아니라 남자들이 살림하는 부인들을 '여편네'다 뭐다 하면서 무시하는 것을 지적하고 있는 거예요. 그러면 '남자는 하늘, 여자는 땅'이라는 말에 대해 어떻게 생각하세요?

아빠 : 하늘이 상위에 있고 땅은 아래고 하는 게 어디 있어? 다 역할의 분담일 뿐이지. 같이 공존하는 것 아냐?

나 : 그런데 왜 남자들은 여자들에게 존댓말을 당연히 요구하고 마구 부리고 하지요? 동갑이나 연하의 남자의 경우에도 말이에요.

아빠 : 선천적으로 그런 것을 어떻게 하니? 막 태어난 아기들을 봐라. 남자애들은 씩씩하고 우렁찬데 여자애들은 얌전하잖아. 자라면서 순종적이고 그런 거야. 선천적으로, 자연적으로 남자가 우월한 걸 어떻게 인위적으로 바꾸려 하니?

나 : 왜 꼭 힘만을 우월의 기준으로 삼으려고 하세요?

아빠 : 무슨 문제가 있어서 두 쪽이 대립한다고 하자. 급박한 상황에서는 힘센 자가 이기기 나름이야. 아무리 반대 의견을 편다고 하더라도 힘으로 누르면 잠잠해지기 마련이거든. 여자가 남자를 이길 수 없다는 게 이 세상의 냉혹한 현실이다. 남성 우월이니 하는 것은 사회 구조가 잘못되어 있어서 일어난 결과라고 생각하는 것 같은데 그건 사회 구조의 문제가 아니라 생리 구조의 문제일 뿐이야. 조물주가 여자와 남자를 생리적으로 다르게 만드셨기 때문이지. 사회 구조는 생리 구조의 결과일 뿐이야. (중략)

엄마, 아빠와 대화를 나누면서 나는 분노를 느꼈다… 아빠와의 인터뷰에서 나는 더욱 화가 났다. 남성 상위를 주장하며 자신은 남성 우월주의자가 아닌 자연주의자일 뿐이라고 하시는 아빠에게 나는 반박하고 싶었으나 그러기에는 내 지식과 생각의 폭이 너무나도 좁다는 것을 깨닫고 내 자신에 대해 실망했다. 아빠의 말씀에 "그게 아닌데"라는 것을 느끼면서도 반박할 만한 근거를 찾지 못했다.[9]

이 학생과 아버지의 이야기는 우리가 아주 흔히 부딪히는 신체 결정론적 고정 관념을 잘 드러내 주는 사례라고 할 수 있다. 이 짧은 대화 속에서 논리적 비일관성과 근거 없는 주장들이 많이 나타난다. 앞 부분에서 남자는 하늘, 여자는 땅이라는 것이 상하, 우열의 개념이 아니고 역할의 분담에 불과한 상호 보완적인 관계라고 하는 아버지의 주장은 바로 그 다음 질문을 답변하는 과정에서 번복된다. 즉 남자는 '선천적으로, 자연적으로 우월'하다는 것이다. 이렇게 논리의 모순과 비일관성이 쉽게 드러나는데도 불구하고 이러한 주장이 왜 상식 수준에서 별 무리없이 지속, 반복되는 것일까? 이 질문에 답할 수 있는 열쇠는 '힘'과 '조물주의 섭리'라는 두 가지 주요 개념에 놓여 있는 것 같다. 즉 남자의 우월성은 '힘'을 기준으로 하고 있고 이 우월성은 인위적으로 바꿀 수 없는 것으로서 이 세상의 '냉혹한 현실'로 이해되고 있다. 힘이란 고정 불변한 선천적인 것이며 따라서 변화가 불가능한 현실로서 완결된 구조를 갖고 있는 것처럼 보인다. 그렇다면 '힘'이란 무엇인가? 그리고 선천적인 것은 자명하게 인위적으로 바꿀 수 없는 것인가?라는 물음이 제기된다.

'힘'이 무엇을 의미하는지는 분명하지 않지만 이 맥락에서 보면 '반대 의견을 눌러 잠잠하게 만드는 어떤 것'을 뜻하고 있다. 이것은 선천적인 완력, 근력일 수도 있다. 그러나 오늘날 일상적으로 현실의 관찰을 통해서 볼 때 훨씬 더 두드러지게 '반대 의견을 누를 수 있는' 힘으로 나타나는 것은 정치적 힘, 경제적 힘, 이념의 힘 등이라고 할 수 있다. 실제로 이러한 힘들은 따로따로 존재하기보다는 서로 얽혀 있다. 정치 권력과 경제적 세력이 제휴하고 지식은 권력을 유지하는 데 중요한 역할을 담당한다. 이러한 종류의 힘이란 분명히 사회 구조적 차원의 문제이지 '선천적'인 것이 아니다. 그럼에도 아버지는 여자와 남자의 힘의 차이는 '여자와 남자를 생리적으로 다르게 만드신' 조물주의 뜻이며 따라서 생리 구조의 문제이며, 사회 구조는 생리 구조의 결과라고 말하고 있다. 아버지가 말하는 조물주인 하느님

---

9) 이화여대 92년도 1학기 교양 과목 「여성학」의 수강생 장혜원의 과제물 「여성학 단상」 중에서 발췌.

아버지는 아버지의 하느님, 즉 아버지가 만든 하느님이 아닌가? 가부장제의 종교와 학문은 아버지들이 만든 것이 아닌가? 딸은 아버지와의 대화에서 화가 났으면서도 이를 반박하지 못하고 있다. 그 대신, '내 지식과 생각의 폭이 좁다는 것을 느끼고 나 자신에 대해 실망'하고 있다. 딸은 그 분노를 표출하기보다는 자신에 대해 실망한다. 과연 가부장제의 문화에 속해 있는 딸이 아버지에게 분노를 어느 정도 표현할 수 있을까? 딸은 아버지를 반박할 수 있는 지식과 생각의 폭을 과연 얼마나 넓힐 수 있을까?

(2) 신체 결정론의 영역별 내용

가부장제 문화 속에서 권력과 지식과 위계적인 인간 관계는 상식의 세계에서 특정한 고정 관념을 하나의 '진리'로 창출, 재생산해 내고 있다. 신체 결정론도 이러한 '진리' 창출과 재생산의 한 예에 불과하다. 여성 집단에 대하여 흔히 만연되어 있는 신체 결정론의 생각은 여성의 자의식, 자기 이미지, 자신감에 부정적인 영향을 미칠 뿐 아니라 다양한 영역에서 여성에게 불이익을 가져온다.

신체 결정론은 여성에게 가해지는 부당한 대우를 정당화하는 이론적 뒷받침의 역할을 한다. 이를 성, 가족, 그리고 일의 영역에서 개관하면 다음과 같다.[10]

1) 성 sexuality

여성과 남성은 각기 성 인식과 행동에 차이를 보이고, 성 규범에 있어서는 여성과 남성에게 이중적인 기준을 적용하는 것이 가부장제의 성문화이다.[11] 신체 결정론은 이러한 성문화의 제반 현상을 신체적인 차이에 기인하는 것으로 설명한다. 남성과 여성의 성에 관련한 여러 가지의 통념은 바로 신체 결정론에 그 기반을 두고

---

10) Lynda Birke, 1986, *Women, Feminism, and Biology,* Harvester Press, pp.15-35.

11) 장필화, 1989, 「성에 관련한 여성 해방론의 이해와 문제」, 『한국 여성학』 제5집.

있다.[12]

성에 관한 신체 결정론은 크게 두 가지로 분류할 수 있다. 첫째는 성이란 신체에 국한한 생물학적 영역에 속한 것이라는 믿음이다. 둘째는 여성과 남성은 성적 본능(성욕, 성충동 등)이나 행동이 매우 다르며 이 차이는 신체적인 차이에 의해 결정된 것이라는 믿음이다. 이러한 믿음은 흔히 남성은 억제할 수 없는 성충동을 갖고 있으며 이것이 남성 특유의 공격적 성행동을 유발한다는 믿음과 통한다. 이러한 믿음의 진위를 생물학적으로 밝히는 것은 성이 갖고 있는 특성 때문에 거의 불가능하다고 할 수 있다. 왜냐하면 성은 표현되는 영역에서만 관찰하고 이해할 수 있다는 특징을 갖고 있기 때문이다. 그런데 성의 표현과 행동은 각 사회마다 다르게 나타나며, 이것은 한 사회가 어떠한 성의 표현과 행동을 어느 정도로 허용하는가에 따라 각기 다르게 나타난다.

남녀의 성적 특징의 대비 또한 어떤 확실한 근거에 바탕을 둔 것일 수 없다. '여성의 수동성/남성의 공격성', '남성의 강한 충동/여성의 약한, 또는 없는 충동'들이 신체적으로 결정되었다는 믿음은 남성에게는 성적인 자유 분방성을 관용하는 한편 여성을 이분화하는 이론적 기초의 역할을 한다. 여성은 본래 성욕이 없게 만들어졌으므로 정상적인, 정숙한 (좋은) 여자는 성적 충동이 없는 것이 당연하고, 성적 충동이 많은 여자는 타락한 (나쁜) 여자가 된다. 여성이 성적인 표현이나 행동으로 이분화되는 것은 신체적으로 결정된 것이라는 논리이다. 이는 강간이나 매매춘에 대한 고정 관념에서 더 확실하게 나타난다. 남성들의 성충동은 어떠한 방법으로든지 해소되어야 하는 것이며 이를 타락한 여자들이 해결하는 것이다. 여기서 도덕적 비난의 화살이 매춘 여성에게 향하게 되는 근거는 바로 남녀의 신체적 차이에서 결정되는 성욕의 차이에 대한 '믿음'이다.

---

12) 강간 통념이 가장 좋은 예가 된다.

2) 가족

여성과 가족 관계에 대한 신체 결정론은 여성이 임신과 출산을 함으로써 그 생계를 남성에게 의존할 수밖에 없기 때문에 가족 안에서 여성의 2차적 위치가 비롯되는 것으로 이해한다.

여성은 그 신체적인 특성 때문에 가족에 의존하고 그 가족 관계는 여성의 생존에 일차적인 중요성을 갖는다. 가족을 여성의 일차적 세계로 상정하는 또 하나의 신체적 요인은 여성에게 내재한다고 생각하는 모성 본능 때문으로 이것이 어린이의 양육을 여성이 전담하게 하는 것이다. 위와 같은 이유로 가족 밖의 세계에서 여성은 이차적인 위치를 점한다는 것은 궁극적으로는 여성의 위치가 그 신체적 특성에 의해 결정된 것이라는 생각과 이어지며, 흔히 여성에 대한 차별을 정당화하는 데 사용된다.

최근에 와서는 일상적으로 일어나는 가정 폭력의 문제를 신체적인 요인으로 설명하려고 하는 경향이 있다. 예를 들어 때리는 남자의 경우도 호르몬의 영향을 받아 때리는 것이며 매맞는 여자 또한 '스트레스 호르몬 stress hormone'이 생성됨으로써 매를 맞을 때 아편을 맞을 때와 같은 절정감을 느끼기 때문에 폭력을 자초하게 되는 것이라고 설명한다. 이는 폭력의 피해자가 폭력을 자초한다는 사회적 편견을 신체 결정론으로 설명하는 극단적인 예를 보여 주고 있다.

여성의 임신과 출산 능력을 여성들이 가족 관계에 필연적으로 의존할 수밖에 없는 신체적 요인으로 보는 것은 이미 여러 측면에서 비판받고 있다. 여성학적 문제의식을 가진 인류학적 연구들은, 원시 사회에서 여성이 식량 확보를 남성에게 의존했다는 기존의 인류학적 이론이 확실한 근거를 갖지 못하다는 점을 거듭 보여 주고 있다. 위와 같은 통념은 역사적이고 사회적인 맥락을 떠난 몰역사적인 추측이나 연구자들이 속한 사회의 관습을 그대로 다른 사회에 적용하는 다분히 '비객관적'인 연구에 기초하고 있다.

특히 현대 산업화된 사회에서 살고 있는 여성의 임신과 출산 행위는 원시 사회와는 양적으로나 질적으로 매우 다르며 또한 생계 유지의 방식도 매우 다르다. 이러한 차이는 신체적인 차이라고 할 수 없다. 더욱이 임신과 출산 등의 신체적인 요인이 여성의 삶에서 차지하는 비중이 약화되는 현대 사회에서도 여전히 '어머니'로서의 여성관이 여성관을 대표하고 있다는 것은 많은 경우 여성에게 불이익을 가져온다. 이 점을 성별 분업에 대한 신체 결정론을 통해 살펴보겠다.

3) 일과 성별 분업

남자와 여자가 하는 일이 구별되는 것이 신체적인 요인에 의한 것이라는 생각은 매우 깊이 자리잡고 있다. 우선 앞에서 본 바와 마찬가지로 가장 근본적인 여성의 임신, 출산 기능이 가정을 여성의 일차적 영역으로 만들고 이것이 결국은 노동 시장 내의 성별 분업을 가져온다는 것이다. 다시 말하면 '남성 / 가족 부양자,' '여성 / 가사 종사자'라는 광의의 성별 분업은 협의의 성별 분업인 직종이나 직무에서의 남녀 분리를 가져오고 이것은 그 근원이 여성의 임신과 출산이라는 신체 기능에 있기 때문에 성별 분업은 신체적으로 결정된다는 것이다.

그러나 여성이 수행하고 있는 일이 여성의 몸에 의해서 결정된다는 것을 밝히는 것은 쉽지 않다. 19세기 서구에서 고등 교육에 대한 여성들의 요구가 높아지자 과학자들은 왜 여성의 몸이 고등 교육을 받기에 적합하지 않은지를 과학적으로 증명하려는 시도를 한다. 예를 들면, 이러한 시도는 '월경은 여성의 몸에 긴장을 갖고 오므로 공부를 하는 데 필요한 뇌의 운동은 여성 몸에 부담을 가중시키게 되어 건강을 해치게 된다'는 식의 논의에서 나타난다. 그러나 이러한 주장들은 대부분 건강이 나쁜 여성들만을 대상으로 한 사례 연구를 기초로 함으로써 충분한 근거 자료를 제시하고 있지 못한 것으로 평가된다.

최근에 와서 이같은 수준의 주장은 나오지 않지만 여전히 여성 노동에 대한 신체적 결정론은 지속되고 있다. 이는 두 가지 형태를 띠고 있다. 첫째는 여성은 그 신체적 요인 때문에 특정한 업무가 더 적절하다는 논리, 둘째는 남성이 지배하고 있는 업무 영역에 여성의 진입을 반대하기 위한 논리의 전개이다. 최근 관심을 모으고 있는 뇌의 조직에 대한 연구는 여성이 과학자로서의 자질이 부족함을 입증하려고 시도한다. 또한 여성이 단순 반복적이고 섬세한 일에 적합한 대신 복잡하고 재구성을 요하는 작업에는 적합하지 못한 이유가 호르몬의 차이에 있다고 주장하는 이론도 있다(Birke, 1986). 이같은 논의는 여성이 과학자를 하나의 직업으로 선택하고 그 안에서 성공할 수 있기까지 필요한 모든 다른 요인들을 배제하고 신체적 요소만을 들어 그것이 결정적 요소인 것처럼 보이게 하는 오류를 범하고 있다.

흔히 여성을 배제하는 이유로서 유해한 작업장이 태아에 미칠 수 있는 영향이 주요 요건이 된다. 미국의 한 회사의 경우 가임 기간의 모든 여성에게 작업을 금하고 있어 여성 노동자는 직장을 잃느냐, 불임 시술을 받느냐는 선택 아닌 선택을 하지 않으면 안되는 극단적인 상황에 놓이게 된 사례가 있다. 작업 환경이 유해하여 태아에게 나쁜 영향을 미친다면 이는 여성뿐 아니라 남성의 정자에도 악영향을 주는 것은 마찬가지인데 여성에게만 작업을 금한다는 것은 여성을 배제하는 것을 정당화하기 위한 수단으로서 여성의 신체적 특성을 사용하는 것이다.

이상에서 개관한 바대로 신체 결정론은 삶의 주요 영역에서 여성에게 주어지는 불이익을 정당화하는 이론적 도구가 되고 있다.

(3) 신체 결정론은 과연 과학적 근거를 갖고 있는가

우리의 상식 세계는 대체로 자연 과학에 가까운 연구가 더 객관적이고 사실에 가깝다고 생각하도록 길들여져 왔다. 그렇기 때문에 일반적으로 '과학적'이라는 포장을 씌운 것들이 더 신빙성이 있는 것으로 여겨진다. 자연 과학은 전문가들끼리만 알아 듣는 전문 용어를 가지고 일반 대중과는 유리된 연구를 진행시킴으로써 비전문가들이 그 연구의 목적, 실용성, 그리고 연구 결과가 갖는 사회적 함의에 대해 지적으로 참여할 수 있는 방법이 없다. 그런데 대체로 신체 결정론은 '과학'의 이름으로 한 집단과 그 구성원의 선천적 우월성이나 열등성을 생물학적으로 '증명'할 수 있다는 환상을 갖고 있다.

신체 결정론을 유포하는 주요 대리자로 최근 등장한 것은 과학을 비전문적 대중에게 전파하는 역할을 담당하는 사회 생물학 Sociobiology이다. 루스 블레이어 Ruth Bleier는 사회 생물학자들은 과학적이지도, 지적이지도 않고, 분명한 증거도 없는 지식들을 대대적으로 유포하고 있다고 비난하고 있다. 이들은『뉴스위크』,『리더스 다이제스트』등의 국제적 대중 잡지를 통해 전세계의 16개 언어로 3천만이 넘는 독자들에게 신체 결정론적 메시지를 내보내고 있다는 것이다. 이들이 다루는 주제는 남성 공격성과 여성 종속의 필연성과, 영토 점령과 장악, 인종 차별주의 등 다양하지만 이러한 문제들이 모두 선천적 인간 본성에 기인하는 것이라고 주장하고 있다. 이러한 주장은 이러한 사회적 문제들이 사회적인 것보다는 신체적인 것이라고 하지만 이를 지지할 수 있는 새로운 증거가 제시되는 것은 아니다. 오류로 이끌 수밖에 없는 비유의 방법과 추측, 주관적 믿음, 비논리적 사고 과정 등으로부터 유추해 낸 주장들을 그들은 하고 있다. 한마디로 말해 이는 과학적 주장이라고 할 수 없다.

신체 결정론자들은 특정한 정치적 성향을 갖는다. 극우파들, 파시스트들은 그들의 인종 차별주의, 여성 차별주의 등을 지지할 과학적 근거로서 사회 생물학의 주장들을 이용하고 있다. "인종간의 차이는 유전적인 두뇌의 물리적 구조의 차이로 설명된다"고 주장하고 있다. 많은 경우에 사회적으로 지배적인 집단은 사회적으로 억압된 집단을 비하하는 한 수단으로 신체 결정론을 사용한다. 비하되는 집단은 성, 인종, 사회적 계급, 성적 선호 집단 등 다양한 범주의 집단이 될 수 있다. 지배 집단은 신체적 결정론을 통하여 현재의 권력 관계를 유지, 강화, 정당화하고 피지배 집단을 무기력하게 만든다. 따라서 신체적 결정론은 현상 유지를 위한 보수적인 논리라고 할 수 있다. 이는 변화의 가능성을 부정하기 때문에 보수적이며, 인간 삶의 사회적, 역사적 환경과 맥락은 서로 다르고 그 다양한 환경이 신체적 변화를 가져 올 수 있다는 것을 부정하기 때문에 보수적이다. 또한 신체 결정론은 대규모로 일반화의 오류를 범한다.

과학자들은 이런 주장을 앞장서서 하지는 않는다. 그러나 한편 나치의 유대인 학살이라는 끔찍한 역사의 배경에는 과학자들의 지대한 역할이 있었던 것 또한 기억

해야 할 사실이다. 과학자들이 자신들의 과학 연구 결과와 출판물들이 오용되거나 왜곡되는 것에 모두 책임을 질 수는 없다. 그러나 그들은 연구의 질적인 수준에 대해서는 책임을 지지 않으면 안된다. 즉 질문의 정직성, 타당성, 사용하는 전제나 가정, 그리고 자료의 신빙성, 방법론, 결론에 이르는 과정에서의 논리적 일관성, 자신들의 해석이나 결론에 대한 사고의 깊이와 개방성 등에 책임이 있는 것은 사실이다. 다음에서는 성차 연구를 중심으로 이를 점검할 것이다.

4. 성차에 대한 과학적 연구 : 자연 과학의 환원주의적 방법론

성차 연구는 그 접근 방법에 따라 생물학적 연구, 심리학적 연구, 인류학적 연구로 크게 나눌 수 있다. 사실 나누어지기보다는 서로 보완적인 관계에서 학제적 연구로 진행되어야 성차에 대한 포괄적인 접근이 가능하다(Kaplan, 1986).

성차에 대한 구체적인 내용에 들어가기 앞서 인식해야 할 것은 남성과 여성은 차이점보다는 공통점을 훨씬 더 많이 공유하고 있다는 점이다. 인간 생리를 총체적으로 볼 때, 성차는 극히 일부분에 지나지 않는다. 그럼에도 불구하고 성차는 남녀를 구분하는 가장 중요한 차이이다. 그렇다면 성차라는 것에 초점을 맞추는 것은 어느 한 부분에 초점을 맞추어 그것이 속해 있는 전체와의 균형 감각 없이 실제보다 더 큰 비중을 두는 것이다. 다시 말하면 우리는 극히 적은 차이에다가 매우 큰 의미를 부여하는 것이라고 할 수 있다.

그렇다면 왜 극히 일부분인 성차에 관심을 갖는 것일까? 차이가 흥미있는 주제가 되는 것은 집단간의 힘의 관계가 병행될 때이다. 예를 들어 키가 큰 집단/작은 집단간의 비교는 하지 않는다. 성차별적인 사회는 성차에 관심을 갖는다. 또한 집단과 집단을 서로 비교하려면 '평균' '중간치' 등의 개념을 사용하게 된다. 이것은 같은 집단에 속한 개인간의 차이를 간과하게 만든다. 이러한 과정이 결과적으로 집단간에 존재하는 유사성보다는 차이만을 밝히게 된다. 따라서 차이에 대한 비중은 확대된다. 성차에 대한 관심은 결국 성차가 성차별의 원인인가에 대한 관심이고, 이것은 더 나아가서 성차의 원인이 선천적인 생물학적 요인인가 아니면 사회 환경적 요인인가에 대한 관심이다. 다시 말하면 성차별의 원인이 생리 구조이냐 사회 구조이냐의 문제가 성차에 대한 관심을 갖게 한다.

허바드는 출산과 관련된 명백한 차이를 빼고는 성차를 분명히 알 수 없다고 한다. 사회(환경)와 생물학이 상호 의존적이고 분리될 수 없기 때문이다. 남녀가 구별되고 분리된 문화를 갖고 있는 사회에서 생물학적으로 남자와 여자로 태어난다는 것은 환경이 다르다는 것을 의미한다. 그러므로 남녀는 다른 삶을 살도록 되어 있기 때문에 '환경을 같게 만든다'는 것이 현재의 사회 구조에서는 불가능하다. 우리 신체와 우리가 어떻게 자라는가는 변증법적으로 연관되어 있고 서로에게 의존하고 있기 때문에 "남성과 여성을 똑같은 환경에서"라는 것이 불가능하다는 것이다. 그러므로 성차에 대한 신체적 요인과 사회적 요인을 구별하여 인과 관계를 규명하려는 과학적 방법론에는 오류가 있을 수밖에 없다. 패트릭 그림 Patrik Grim도 성차의 근본적 원인을 밝히는 것은 불가능하다고 설명한다. 그 대신 사회적 정의를 확대하기 위해서 성차의 사회적 기원을 찾는 것이 더 중요하다고 지적하고 있다.

생물학자 루스 허바드 Ruth Hubbard(1990), 린다 버크 Lynda Birke(1986), 도나 하라웨이 Donna Haraway(1991)등은 모두 생물학이라는 '과학'의 비객관성을 지적하고 있다. 이들은 공통적으로 전통적 생물학이 빠지기 쉬운 환원주의적 이론과 제한된 발견으로부터 너무나 많은 것을 유추해 내려고 하는 오류, 그리고 사회 과학과 다른 학문 분야와 마찬가지로 자연 과학도 남성 중심주의적 편견에서 자유롭지 못한 점에 대해 비판하고 있다.

생물학에서의 성차 연구는 진화론적 연구, 분자 생물학, 유전학, 내분비학 등 여러 세분된 영역으로 나뉘어 생물학적 성차의 요인으로 꼽히는 성 염색체, 성 호르몬의 연구가 수행되는 한편 진화론적 발달에 대한 연구가 있다. 이들은 공통적으로 환원주의적 해석을 할 여지를 갖고 어떤 미세한 요인이 성차를 만든다는 주장을 할 가능성을 열어 놓고 있다(Longino & Doell, 1987).

대부분의 생물학자, 화학자, 물리학자들은 원자, 분자 등 가장 미세한 단계가 더 기초적이고 내재적으로 더 큰 설명력을 갖고 있다고 믿는다. 유기체들이 갖고 있는 생명의 비밀 또는 청사진의 열쇠는 분자인 유전 인자에 있다고 설명한다. 유전 인자가 사람의 개성과 특징 traits을 유발한다는 믿음은 박테리아가 병을 유발한다는 믿음과 같은 오류를 갖고 있다. 양쪽 모두 입자들 particles의 위력이 과장되는 반면에 이들이 작용하는 체계는 과소 평가되거나 무시되고 있다. 한 체계 내의 최소한의 요소에 더 큰 설명력이 있는 것으로 믿는 것이 환원주의이다.

환원주의가 빠질 수 있는 오류를 다소 과장해서 풍자한 예는 다음과 같다. 어린 아이가 TV의 스위치를 켜면 화면이 나오는 것을 경험하고 나서, 스위치가 화면의 프로그램을 만든다고 생각한다. 이 어린이 같은 사고 방식을 좀더 정교하게 발전시켜 화면과 프로그램을 분석하기 위하여 스위치를 연구 대상으로 설정하고 그 스위치에 대한 물리학적, 화학적 연구를 하는 것이다.

환원주의적 방법론은 모든 영역에서 사용되어 어떤 결론에 이르는 도구가 되고 있다. 환원주의자들은 개인을 연구함으로써 사회가 어떻게 움직이는지 이해할 수 있다고 믿고, 유기체가 어떻게 움직이는지는 분자와 조직, 기관을 이해함으로써 알 수 있다고 믿는다. 따라서 이러한 이론은 범죄는 범죄형 성격 personality을 가진 사람들 때문에 일어나고 범죄자들은 어떤 질병이나 호르몬의 과다 혹은 과소, 또는 유전 인자가 갖고 있는 결함 때문에 생긴다고 믿는다. 이는 미세한 단계가 더 중요하다는 상향적 위계 질서를 채택하는 이론이라고 할 수 있다.

앞서 다룬 신체적 결정론은 환원주의의 한 형태이다. 뇌의 크기를 갖고 우월성을 따지던 19세기의 경우 언제나 백인 남성이 다른 인종의 남성보다, 모든 여성보다 우월하다는 결론을 내렸다.

이러한 환원주의에 대한 대안으로는 전체론 holism과 상호 작용론을 들 수 있다.

전체론은 상향적 위계 질서를 가진 환원주의와 반대로 하향적 위계 질서를 채택한다. 환경 생태와 유기체의 전체를 그들에 속한 부분의 미립자보다 더 중요시 한다. 동양 의학이 바탕으로 하는 이론이 이를 대표한다고 할 수 있다. 전체론은 전체와 부분간에 역동적이고 복합적인 상호 작용을 포괄할 수 없다는 한계를 갖고 있다.

상호 작용론은 그와 같은 위계적 분석을 기본적으로 비판하며 유전 인자와 환경이 분리될 수 없다는 점을 중시한다. 그러나 상호 작용론은 양자가 서로 독자적인 실체로서 분리된 채 상호 작용하는 것으로 본다는 점에서 기계론적이며 정태적인 이분법의 한계를 벗어나지 못한다. 허바드는 유전 인자와 환경이 변증법적으로 상호 작용하여 양자가 그 작용으로 인하여 변형된다고 보는 변형론 transformationism 을 대안으로 제시하고 있다. 변형론은 생물학적인 요인과 환경적인 요인들이 유기체를 변화시킴으로써 양자가 동시에 또는 연차적으로 각각 다른 요인에게 다르게 반응하여 그 변화가 없었으면 일어나지 않았을 생물학적, 혹은 환경적 변화를 가져온다는 이론이다. 동시에 그 유기체는 환경을 변형시키고, 따라서 당연히 그 환경에 속해 있는 다른 유기체를 변화시킨다.

이 변형론을 성차에 적용시켜 다음과 같은 가상을 통해 설명할 수 있다.

한 사회가 어린아이들을 무작위로 뽑아 한 집단에게는 치마를 입히고 행동을 조심시켜 키우고 다른 집단에게는 바지를 입혀 키우면서 심한 활동을 권장한다고 가정해 보자. 그 집단이 청소년기가 되면 치마 입힌 집단에게는 체중과 음식 조절을 시키는 대신 바지 입은 집단에게는 발육이 왕성한 시기에 마음껏 음식을 섭취하는 것을 권장한다. 또한 치마 집단은 높은 뾰족구두를 신게 하고 바지 집단은 편한 운동화를 신게 한다. 이러한 경우에 두 집단은 분명한 신체적 변화를 보일 것이다. 근육 발달에만 차이가 있는 것이 아니라 반사 작용, 발, 다리, 팔 등의 골격의 변화가 생긴다. 이러한 변화는 공간 지각 능력, 언어 능력 등의 차이도 가져올 것이다. 다른 환경이 신체적 변화를 만드는 것이다.

이와 같은 변형론은 성차별이 신체적으로 결정되었는가 아니면 사회 환경적으로 결정되었는가 하는 이분법적인 질문의 악순환적 논쟁을 매듭짓는 데에 매우 타당성 있는 착목점을 제공한다.

5. 맺음말

여성의 몸에 대한 주제에 어떠한 방법으로 접근하는가 하는 문제는 현존하는 학문 분과의 틀 속에서 따져 보자면, 이 주제가 생리학이나 생물학과 같은 자연 과학적 주제인가 아니면 사회 과학적 주제인가 하는 것이 먼저 밝혀져야 할 것이다. 여기 에서는 '여자의 신체 구조는 여자의 사회적 활동을 제약한다'는 명제를 예로 하여 이것이 생물학적 명제이기보다는 사회 과학적 명제에 더 가깝다는 점을 보이고자 한다. 예를 들어 '여자는 임신, 출산 때문에 억압을 경험한다'는 명제를 살펴보자. 여자의 임신이 가져오는 육체적 고통이나 산고는 출산 당시의 일회적인 고통이다. 임신이나 산고의 육체적 고통 때문에 여성이 억압당한다고 말하기는 어렵다. 그러 나 '여성이 임신, 출산 때문에 취업의 기회가 박탈된다'는 상황은 임신, 출산이라는 생리적 사실보다는 '취업의 기회를 박탈'하는 사회적 상황에 분석의 초점을 맞추어 야 하는 문제이다. 어떠한 특정한 사회 조직이, 어떠한 특정한 사회적 가치 또는 이념을 동원하여, 여성의 취업 기회를 박탈함으로써 여성을 억압하는가를, 즉 여자 의 생리적 기능이 여자의 사회적 기능을 저해하고 여자를 열등한 존재로 만드는가 를 밝히는 것이 임신, 출산에 대한 생리적 연구에 비교할 수 없으리만큼 복잡한 연구 과제가 된다. 예를 들어 말하자면, 효율성을 지고의 가치로 하는 업적 위주의 경쟁 사회에 속한 사회 조직은 임신, 출산의 잠재력을 갖는 여성을 공적 영역에서 '정당하게' 배제할 이유를 갖는다. 또한 단기적이고 기계적인 사고 방식이 지배하 는 사회 조직은 물질적 자원에 더 큰 가치를 둔다. 따라서 이러한 사회는 임신의 가능성을 갖고 있는 여성을 효율적이지 못하고 경쟁력이 낮은 집단으로 규정하고 기회를 박탈하게 되는 것이다.

　요약하자면, 임신, 출산이라는 구체적 생리적 사실보다는 사회 제도적인 문제와 그러한 사회 제도를 정당화하고 존속시키는 데에 기여하는 가치와 이데올로기의 문제가 '여성의 신체 구조는 여자의 사회적 활동을 제약한다'는 명제를 검토하는 데 핵심적인 위치를 차지한다.

　이러한 관점에서 볼 때 여성의 몸과 여성의 억압 간의 상호 관계를 규명하려는 여성학 연구는 여성의 몸에 대한 생리학적 인식과 지식을 위한 생리학적 연구의 방법론, 그리고 그러한 생리학적 조건들과 긴밀한 관련 속에 있는 사회 제도의 문제에 대한 사회 과학적 연구 방법론을 필요로 한다. 이와 병행하여, 이러한 생리학적 조건과 사회적 조건으로부터 발생되는 문제들의 근저에 놓여 있는 여성의 몸에 대한 가치 규범을 분석, 비판해 내는 이데올로기 비판으로서의 철학적 접근 방법이 또한 요구된다고 할 수 있다.

　이러한 다양한 접근 방법의 필요성은 여성의 몸에 대한 여성학적 연구가 새로운 패러다임의 형성을 절실히 요구한다는 결론에 이르게 한다. 즉 여성의 몸에 대한 자연 과학적 이해와 지식, 그리고 사회적 차별과 억압에 대한 사회 과학적 분석, 기존의 과학주의와 남성 지배 이데올로기에 대한 철학적 비판을 상호 유기적으로 수행할 수 있는 학제적인 연구 프로그램을 위한 새로운 패러다임이 요구된다는 것이다. 이러한 새로운 패러다임의 형성은 여성 해방적 의식과 여성 해방적 관점을 가진, 여성 해방에 대한 실천적 관심에 의해 주도되는 인식을 추구하는, 연구자 공동체에 의해서만 가능할 수 있을 것이다.(1992, 『한국 여성학』 제8집)

5

국회 속기록에 나타난 여성 정책 시각

— 매매춘에 대하여

매매춘 정책에 대한 정책 담당자들의 보수적 시각의 저변에는 성차별적 이중 윤리를 전제로 하고 있다. 매매춘의 수요자로서 남성의 행위는 '유흥을 원하는 인간의 본성'으로 정당화하고 매매춘의 존재는 '필요악'으로 인정하고 있는 반면 매춘 여성은 매매춘을 발생시키는 문제 집단으로서 단속과 처벌의 대상으로 파악하고 있다.

국내 매매춘의 경우 강력한 단속을 강조하고 폐지를 주장하는 데 비해 외국인을 대상으로 하는 매매춘은 오히려 정책적으로 장려하는 이분화 정책이 일견 상호 모순되어 보이면서도 자연스럽게 공존할 수 있는 이유는 무엇일까? 이러한 문제는 매매춘에 대한 정확한 이해가 선행되지 않는 한 해결로서 제시되는 정책 역시 왜곡될 수밖에 없음을 시사해 준다는 점에서 매우 중요하다.

▲ 장정예 그림

◀ 강덕경, 「빼앗긴 순정」

1. 매매춘 정책에의 접근

이 글에서는 국회 속기록에 나타난 정책 결정 과정을 통해 매매춘 賣買春[1] 문제에 대한 입법부와 행정부의 기본 시각 및 그 변화 과정을 살펴보고자 한다.

우리 나라에서 매매춘은 1961년에 제정된 「윤락 행위 등 방지법」에 의해 규제되고 있지만 실제로 이러한 법적 제재가 가해지는 경우는 극소수[2]이고 오히려 퇴폐적인 접객업소를 매개로 한 준매매춘[3] 행위가 번창하고 있는 것이 현실이다. 서울 YMCA 시민 자구 운동 본부가 추정한 최근 향락 산업의 물적 용량을 살펴보면, 향락 산업의 연간 총 매출액은 GNP의 5%에 해당하는 4조 원 이상이며 성을 판매하는 여성의 수가 겸업 매춘부를 포함하여 120 - 150만 명 정도라고 한다. 이는 15 - 29세 사이의 여성 전체 인구 620만 명 중 약 1/5에 해당하는 놀라운 수치이다(『향락 문화 추방 시민 운동 보고서』, 1989 : 7-10). 또한 심각한 사회 문제로 대두되고 있는 인신 매매

---

* 이 글은 1988 - 89년도 한국의회발전연구소 연구비 지원에 의해 이루어졌으며 이화여대 사회학과 조형 교수와 공동으로 수행한 연구이다. 이후 1996년 1월부터 「윤락 행위 등 방지법」이 개정, 발효되었다. 관련 법안은 '붙임'을 참고할 것.

1) 매매춘 賣買春을 지칭하는 의미로 함께 사용되고 있는 개념으로는 매음, 매매음, 윤락 행위 등이 있다. 그런데 현재 널리 통용되고 있는 매음 賣淫이나 매춘 賣春의 개념은 성을 판매하는 행위에만 중점을 두고 있기 때문에 부적절하고 성차별적인 개념으로 지적되고 있다. 또한 '윤락 행위 등 방지법'이라는 법적 개념에서 나타나는 윤락 淪落이라는 의미도 주로 매춘 賣春 여성의 도덕적 타락 행위를 지칭하는 것으로 남녀의 윤리 규범을 다르게 인식하는 이중적 성윤리의 반영으로 비판받고 있다(손덕수, 1988: 115; 강영수, 1989: 11-13). 본 연구에서는 수요와 공급의 노동 시장에 비추어 파는 여성과 사는 남성이 있을 때 정확한 개념이 성립된다고 주장하는 최근의 여성학계 의견을 받아들여 매매춘이라는 개념을 사용하기로 한다.

2) 전체 성범죄의 4.8%에 불과하다(현대 사회 연구소, 1984: 60)

3) 준매매춘이란 매매춘과 유사한 행위로 매매춘을 전업으로 하는 것이 아니라 여타의 직종에 속해 있으면서 매매춘까지 겸업하는 것을 말한다.

역시 매매춘 혹은 향락 산업의 번창과 밀접한 관련이 있음을 쉽게 추측할 수 있다.

매매춘은 단순한 현상적 차원에서의 심각성뿐만 아니라 자연스러운 인간성 발현으로서의 성적 욕구를 왜곡시켜 성을 상품화하고 인간을 도구화한다는 점에서 여러 가지 사회 문제를 야기한다. 또한 금전을 매개로 이루어지는 매매춘 관계에서 당사자 간의 인격적 교류를 기대하기는 어려울 것이다. 즉 매매춘 관계를 통해 매춘 賣春 여성뿐 아니라 그 상대인 매춘 買春 남성 역시 인간의 존엄성을 상실하게 되고 결과적으로 인간 소외라는 사회적 병폐를 초래한다. 이는 분명 우리가 지향하는 민주 사회, 평등 사회, 조화로운 사회와는 거리가 먼 일이다. 따라서 매매춘 문제는 여성과 관련된 정책으로서뿐만 아니라 사회 전체의 발전을 위해서도 반드시 중요하게 고려되어야 하고 이의 해결을 위한 다각적 노력이 필요하다.

이와 같이 심각한 사회 현실에도 불구하고 현행법은 문제의 본질에 대한 인식과 현실성을 결여한 채 방치되어 있다 해도 과언이 아니다. 그렇기에 시민 운동의 차원에서 퇴폐 향락 문화 추방 운동이 전개되고 있고 매매춘의 원인과 대책에 대한 논의가 활성화 되는 한편, 1989년 한국 여성 개발원에서는 현행법의 개정 시안 작업을 통해 '매매음 방지법' 제정을 주창하게 되었다(한국 여성 개발원, 1989: 2).

이러한 시점에서 법의 제정 및 시행에 있어 핵심적 주체라 할 수 있는 입법부와 행정부의 매매춘 정책에 대한 시각을 살펴보는 작업은 그 동안 매매춘 문제가 정책적으로 어떻게 다루어져 왔으며 그 문제점은 무엇인지를 구체적으로 보여 주고 아울러 앞으로의 법 개정에서 고려되어야 할 점을 시사해 줄 것이다.

(1) 연구 방법

이 글은 국회 속기록 자료를 분석한 것으로, 구체적인 분석 대상 자료는 제헌 의회로부터 13대 국회 144회 2차까지의 국회 속기록 중 매매춘 정책과 관련된 상임 위원회 발언 내용을 연구 대상으로 한다.

국회 속기록은 교섭 단체 대표 연설과 본회의 기록(대정부 질문), 그리고 각 상임 위원회 기록으로 구성된다. 본 연구에서는 자료 수집의 일차 작업으로 이 세 부분을 모두 검토하였으나 교섭 단체 대표 연설에서는 매매춘에 관한 발언이 나타나지 않았고 본회의 기록 중 매매춘 관련 발언은 총 15건4)에 불과했다. 따라서 교섭 단체 대표 연설과 본회의 기록은 연구 대상에서 제외시키고 상임 위원회에서 기록된 발언만을 자료화했다. 상임위 기록을 중심으로 발췌된 자료는 입법부 질의와 행정부 답변 그리고 소주제별로 분류해서 본 연구진이 준비한 코딩 용지에 기록되었다. 소주제는 각 발언 내용의 주제에 따라 사창, 고급 요정, 윤락 여성, 인신 매매, 미군 매춘, 기생 관광, 성병, 퇴폐 풍조로 분류되었다. 이 과정에서 한 사람이 여러 소주제에 대해 발언했을 경우에는 각 문제별 발언을 한 개의 분석 단위로 간주하여 분류하였다. 연구에 사용된 자료 수는 총 83건으로 집계되었다.

한편 매매춘 정책에 관련된 발언의 대부분은 보건 사회 위원회 기록에 집중되고 있었다. 일반적으로 각 상임 위원회가 구체적인 안건을 다루는 반면 교섭 단체 대표 연설이나 대정부 질문에서는 사회적으로 비중이 큰 문제를 다루고 있음을 고려할 때 이러한 현상은 매매춘 정책이 중요한 쟁점으로 취급되지 못했음을 의미한다. 또한 매매춘 관련 발언이 보사위에 집중되는 현상은 여성 전담 관련 행정 부서가 없었던 상황에서 보사부가 여성 정책의 전담 행정 부서로 정돈되는 것과 밀접한 관련을 맺는 것으로 보인다. 그러나 실제 매매춘은 내무부와 교통부 등 여러 부서가 관련되어 있는 문제이며 보사부는 업주에 대한 영업 정지 처분 정도의 권한만을 가질 뿐 사법적 권한이 없는 부서이기 때문에 이 역시 여성 문제가 방치되어온 우리 나라 국정의 일면을 드러내는 예라고 해석할 수 있다.

(2) 분석 시각 및 틀

20세기 초반부터 시작된 매매춘에 관한 논의는 사회 과학의 발전과 함께 연구가

---

4) 15건의 대정부 질문을 소주제별로 살펴보면 사창 3건, 윤락 행위 3건, 고급 요정 1건, 기생 관광 3건, 퇴폐 풍조 5건이다.

심화되었고 이는 당시를 살아가는 사회 구성원들의 인식을 어느 정도 반영하는 동시에 역으로 매매춘에 대한 변화된 인식을 사회 구성원들에게 전달해 주는 상호 작용을 계속해 왔다.

매매춘에 관한 접근 방법은 크게 두 가지 흐름으로 대별된다.

첫째는 개인적 접근 방법이다. 이는 여성 일탈의 발생 원인을 여성 자신의 생리적, 심리학적 기질에 근거하여 설명하는 것으로, 여성 개인의 내재적 특성을 강조한다. 이러한 이론적 접근들은 초기 연구의 주류를 이루는데 매매춘의 동기를 여성 개인의 유전적·생리적 문제 혹은 가족 생활과의 상호 작용에서 오는 문제로 보고 그 해결책으로 매춘 여성의 교정, 선도의 강화와 법 체계의 강력한 실행을 제시한다. 그러나 이러한 접근 방법은 매매춘의 발생 원인을 여성 개인의 일탈적 상황으로 전제하여 모든 행위의 근원을 매춘 여성에게 돌린다는 점에서 '피해자 비난 논리'라 할 수 있다. 또한 성을 구매하여 쾌락을 누리는 남성보다 그렇게 팔 수밖에 없는 행위로 인해 육체적·정신적 파괴를 경험해야 하는 매춘 여성에게만 책임을 묻는 것은 분명 문제의 본질을 왜곡·은폐시키는 남성 중심적 이론이라는 비판을 받는다(강영수, 1989: 15-17; 이미경, 1987: 59-63).

두번째는 매매춘을 사회 구조적 파생물로 보는 입장이다. 이 입장은 다시 둘로 나뉘는데 그 하나가 고전적 마르크시스트 접근이다. 여기서는 매매춘의 기원을 사유 재산제를 지탱해 주는 일부 일처제 가족의 발생으로 보고 있으며 계급 문제의 시각에서 통일적으로 파악한다. 즉 매매춘은 자본주의가 무산 계급에게 요구하는 경제적·성적 억압의 한 형태이다. 따라서 자본주의 사회에서 제한적이고 한정적인 여성의 생산 노동 참여를 전면화하고, 가사 노동을 사회화시키는 것이 매매춘을 없애기 위한 물적 기초라고 본다. 이러한 접근은 매매춘의 원인을 사회 구조적 차원에서 파악했다는 점에서 중요한 의미를 갖지만 왜 매매춘의 수요자는 남성이고 공급자는 여성이여야만 하는가, 그리고 왜 매춘 여성만이 비난의 대상이자 타락한 자로 낙인 찍히고 수요자인 남성에게는 면죄부가 주어지는가 하는 물음에는 아무런 설명을 제시하지 못한다. 더욱 중요한 것은 마르크시스트 이론 내에 포함되어 있는 가족 제도에 대한 성차별적 전제이다. 즉 사적 소유의 유지를 위한 적자 適子 생산의 측면으로서 정숙한 아내와 거기서 얻지 못하는 성욕 충족을 위한 매춘 여성의 존재를 필연적 현상으로 부각시키고 있다. 이러한 인식은 남성과 여성의 성적 욕구에는 차이가 있고 남성의 강한 성충동은 이성적 통제가 불가능하다는 전제에서만 가능하다. 인간의 성적 욕구가 순수하게 생물학적인 것이기보다 사회적·문화적·역사적으로 구성된 결과물임(Weeks, 1981: 15-316)을 고려할 때 이는 성차별적인 고정 관념을 그대로 수용하는 것으로 평가된다(강영수, 1989: 17-20).

사회 구조적 접근의 두번째 입장으로, 여성 해방론자들은 기존의 개인적 혹은 성차별적 접근 방법을 비판하며 '여성 억압'이라는 새로운 시각의 출발점을 제공한다. 그러나 매매춘을 어떻게 이해할 것인가에 대해서는 여성 해방론자들 내에서도 논쟁이 계속중이며 단일한 입장으로 정리되지 않고 있다. 다만 매매춘이 여성 개인의 일탈적 요인에 의해서 발생하는 것이 아니라 남성 중심의 성차별적 사회 관계의 부산물임을 강조한다는 점에서는 의견의 일치를 보이고 있다. 즉 매매춘은 경제적·정치적 불평등을 포함한 가부장제 사회의 남녀 관계 및 남성 중심의 왜곡된 성문화가 상호 작용하면서 확대 재생산된다고 본다. 따라서 매매춘 문제를 해결하기 위해서 매춘 여성 개인의 도덕적 타락을 비난하거나 단속을 강조하기보다 본질적으로 불평등한 남녀 관계를 개선해야 하며, 이를 위해서 매매춘으로 인해 착취·억압당하고 있는 모든 여성들의 인권을 회복할 수 있는 사회 정책적 대안이 단계적으로 제시되어야 한다고 주장한다(김병서, 1989: 233-264).

본 연구는 이러한 여성 해방론적 시각을 연구의 분석 시각으로 전제하고 속기록 자료를 통해 나타나는 매매춘에 대한 접근 태도가 얼마나 여성 중심적 시각 혹은 여성 해방론적 시각을 갖는가에 따라 모호형, 보수형, 도구형, 진보형의 네 가지 발언 유형으로 분류했다.

이를 구체적으로 설명하면 다음과 같다.

첫째, 모호형 발언은 매매춘 자체에 대한 분석이나 대안의 제시 없이 단순한 정보 전달형 질의나 답변 혹은 에피소드형 발언으로 매매춘에 대한 시각이 뚜렷하게 나타나지 않는 발언이다.

둘째, 보수형 발언은 매매춘의 발생 원인을 주로 매춘 여성 개인의 책임으로 보고 매매춘 문제의 대책으로 단속 및 계도, 강력한 법의 집행을 강조한다. 따라서 여기에는 매춘 여성에 대한 도덕적 비난이나 남녀에게 적용되는 이중적 성윤리 의식이 나타나는 발언도 포함된다.

셋째, 도구형 발언은 매매춘의 존재를 인정하고 더 나아가 매매춘을 다른 목적을 위한 도구로 인식하고 있는 발언이 포함된다.

넷째, 진보형 발언은 매매춘 발생의 원인을 사회 구조적 모순으로 파악하고 매매춘 문제의 근본적 해결에 관심을 보이며 그 해결을 위해 사회 정책적 대안을 제시하는 발언이다. 여기에는 매춘 여성에 대한 인간적 애정 혹은 인권 회복을 강조하는 발언도 포함된다.

이러한 유형별 기준은 자료의 조작적 분류를 위해 설정되었지만, 발언 당시의 전후 맥락을 충분히 알지 못한 채 속기록만으로 보수, 모호, 도구, 진보를 분류한다는 것은 정확성 및 신뢰도의 면에서 한계를 갖는다. 그러나 분류의 신뢰도를 높이기 위해서 연구자들은 토론과 상호 검토의 과정을 거쳐 합의에 도달함으로써 가능한 한 신뢰도를 높이는 방법을 취했다.

2. 매매춘에 대한 정책적 시각 분석

우리 나라의 매매춘 정책은 크게 두 계기에 의해 골격을 이루어 왔다. 하나는 1948년 미군정하에서 취해진 공창 폐지령으로 공창이 사창으로 변화되는 과정이며 다른 하나는 5.16 이후 61년에 제정된 '윤락 행위 등 방지법'에 의해 매춘 여성에 대한 강력한 단속과 부분적인 선도 대책이 취해지는 과정이었다. 매매춘 정책에 관한 이러한 변화는 또한 자유당과 공화당, 그리고 민정당으로 이어지는 정권의 부침과도

[표 1] 소주제별 분류***　　　　　　　　　　　　　　　　단위 : 건(%)

주제＼시기	4대	6대	7대	8대	9대	11대	13대	계 (%)
사창	8	-	-	-	-	-	-	8 (10%)
윤락 행위	5	13	5	5	8	3	6	45 (55%)
고급 요정	7	2	-	2	-	-	-	11 (13%)
미군 매춘*	4	-	-	-	1	-	-	5 (6%)
기생 관광**	-	-	-	-	3	1	-	4 (5%)
인신 매매	1	-	-	-	1	-	-	2 (2%)
성병	1	3	2	-	-	-	1	7 (8%)
퇴폐 풍조	-	-	-	-	1	-	-	1 (1%)
계	26	18	7	7	14	4	7	83 (100%)

 * 미군 매춘은 주한 미군이 소비자인 매매춘을 통칭한다.

 ** 기생 관광은 외국인이 소비자인 매매춘을 통칭한다.

 *** 1대, 2대, 3대, 5대, 10대의 국회 상임위 속기록에는 매매춘 관련 발언이 나타나지 않는다.

밀접한 연관을 갖는다. 이 장에서는 정치사적 변화에 따른 매매춘 정책의 변화 과정을 염두에 두고 논의의 편의상 제헌 국회에서부터 4대까지의 1,2공화국, 그리고 5대에서 10대까지의 3,4공화국, 11대 이후 현재까지의 5,6공화국으로 시기를 나누어 각각의 상황 배경 및 발언 내용의 변화를 살펴보고자 한다.

　우선 전체적인 특성을 개괄하면, 매매춘 문제에 대한 상임위 발언은 소주제를 단위로 총 83건이다. 각 소주제에는 해당 주제에 관련된 행정 정책 및 예산, 법 개정 문제 등이 포함되어 있다. 소주제별로 볼 때 가장 많은 비중을 차지하는 것은 윤락 행위에 관한 것으로 전체 발언 건수의 55%를 차지한다. 특히 윤락 행위에 관한 발언은 윤락 여성 즉 매춘 여성에 대한 내용이 압도적으로 나타나는데, 매매춘 문제가 곧 매춘 여성에서 비롯된다고 보는 정책 담당자들의 보수적 인식을 반영한다.

　[표 1]에서 보는 바와 같이 각 소주제의 분포는 시기별로 약간의 차이를 보인다.

이는 사회적·정치적인 변화와 함께 매매춘 정책 역시 변화를 겪어 왔음을 의미하는 한편 당시 매매춘 정책의 주요 이슈가 무엇이었는가를 추측하게 해준다.

1948년 공창 제도가 폐지되고 나서 그에 따른 부작용으로 사창과 고급 요정들이 밀창의 형태로 창궐하고 있던 4대까지의 시기에는 사창과 고급 요정 문제가 주 논의점이 되고 있다. 또한 미군 매춘 역시 주요 쟁점으로 나타나는데 이는 1953년 10월 '한미 상호 방위조약'이 체결되고 미군의 주둔이 영속화하게 됨에 따라 미군 주둔지를 중심으로 소위 '기지촌'이 형성된 사회상을 반영하는 것이기도 하다. 1961년 윤락 행위 등 방지법 시행 이후에는 매춘 여성에 대한 호칭이 접대부 혹은 접객부에서 윤락 여성으로 바뀌는 것과 함께 윤락 여성을 포함한 윤락 행위 문제가 빈번한 논제로 등장한다. 경제 성장과 외화 획득을 위한 자원으로서 관광 산업이 중요시되던 70년대를 대표하는 9대 국회에서는 기생 관광 문제가 표면화된다. 한편 전반적인 민주화의 흐름과 함께 여소야대 與小野大라는 새로운 정치권이 형성된 13대 국회에서는 기존에 사용되던 '매춘'의 성차별적 의미를 비판하며 그 대안 개념으로서 '매매춘'의 당위성을 주장하고, '윤락 행위 등 방지법' 자체의 개정 문제가 거론되는 등 질적 변화가 나타난다.

[표 2] 입법부/행정부 발언 유형별 비교(전체) 단위 : 건(%)

발언 유형	입법부	행정부	계
모호형	20 (40%)	19 (58%)	39 (47%)
보수형	10 (20%)	9 (27%)	19 (23%)
도구형	4 (8%)	2 (6%)	6 (7%)
진보형	16 (32%)	3 (9%)	19 (23%)
계	50 (100%)	33 (100%)	83 (100%)

상임위 발언 전체를 발언 유형별로 살펴보면 모호형 발언이 47%로 가장 높고 보수형과 진보형이 각각 23%로 같은 비율을 차지하며 도구형 발언은 7%이다.

모호형이 가장 높은 비율을 차지하는 것은 입법부나 행정부 모두 동일한 현상이지만 특히 행정부의 경우 모호형 발언이 58%나 되어 입법부의 40%보다 훨씬 높은 비율을 나타낸다. 이는 문제의 핵심을 회피하고 당장에만이라도 책임을 모면해 보려는 행정부의 국회 답변 풍토를 고려해 볼 때 당연할 결과이기도 하다. 또한 입법부에서는 보수형보다 진보형이 우세한 반면 행정부는 진보형보다 보수형이 더 높은 비율로 나타남으로써 입법부 질의가 행정부 답변보다 상대적으로 진보적인 경향을 보인다. 비율상에 나타나는 이러한 특성은 행정부가 담당 업무에 책임을 지고 방어적 자세를 취해야 하는 반면 입법부는 책임에 무관하게 비판할 수 있는 입장에 서 있기 때문일 것이다.

(1) 제1,2 공화국(제헌 — 4대 국회)

해방 이후 우리 나라에서 실시된 최초의 매매춘 정책은 일제 시대에 만들어진 공창 폐지 법령이었다. 미군정하에서 통과된 공창 폐지법은 1947년 11월 14일 공포되어 1948년 2월 14일자로 시행되었으며 부녀국 설치령 제2조 7항 "매소부의 취제와 적정 방법" 규정에 의해 공창 폐지 업무를 담당하게 되었다. 그러나 빈약한 국가 재정 때문에 부녀국이 공창 종사자를 위한 적절한 사전 사후 대책을 마련하지 못하자 생계 대책이 막막해진 포주 및 창녀들은 완강한 반대 운동을 전개했다(『부녀 행정 40년사』, 1987: 60). 이에 맞서는 공창 폐지론의 성과로 공창 폐지법이 제정, 시행되었으나 대안을 찾지 못한 공창 종사자들은 사창으로 운영 방법을 바꾸면서 당국의 단속망을 피해가는 생존 전략을 택하게 된다.

공창 폐지령 이후 당국에서 마련한 매매춘 정책은 공창 폐지의 후유증을 감당하기에는 지극히 빈약한 것이었다. 『부녀 행정 40년사』의 기록에 따르면 부녀국은 공창 폐지가 논의될 때부터 대책 마련에 부심하였으나 국가 재정의 부족으로 공창 폐지 대책의 후생비를 국고로 부담하기 어렵고 공창이 전국 각지에 산재하고 있으므로 중앙 부서에서 그 업무를 관장하기 힘들다는 결론을 내리고 각 지방에서 자치적으로 해결하도록 하는 방법을 취하게 되었다. 이때 조직된 것이 각 도의 도지사를 위원장으로 하는 공창 폐지 대책 위원회다. 당시 부녀국이 공창 폐지 대책의 지침으로 강조한 것은 성병 치료, 교화 선도, 직업 알선이었다(『부녀 행정 40년사』, 1987: 61). 그러나 충분한 재정 확보나 국가 차원의 정책적인 뒷받침 없이 '위원회' 차원에서 대책을 마련한다는 것은 실현 가능성이 거의 없는 일이었다.

한편 해방 후의 혼란이 수습되기도 전에 6.25 전란을 맞게 되자 생활고로 인한 매춘 여성의 숫자는 또다시 급증한다. 이에 대한 대책으로 보사부 부녀국은 53년 서울 자매원과 부산 자매원, 54년 국립 자매원 등을 설치하고 "윤락한 자 중 개준의 정이 있는 자, 또는 윤락할 우려가 있는 자"를 수용해 이발, 양재, 미용, 타자 등의 직업 보도를 윤락 여성 선도책으로 실시하였으며 그외 민간 자매원 4개소를 지도 육성했다고 한다(『부녀 행정 40년사』, 1987: 86). 그러나 윤락 여성 수용 기관의 수가 1953년 520개소에서 56년에는 368개로, 58년에는 230개로 해가 갈수록 감소한 것으로 보아 이 역시 별다른 성과를 거두지 못한 것으로 보인다(『보건 사회 행정 개관』, 1958: 303).

이와 같이 해방 이후 1,2공화국까지의 시기는 공창 폐지법의 단행에도 불구하고 실제적인 행정 정책의 부재 속에 과도 정부 기간의 혼란, 6.25 전란, 자유당 치하의 생활고로 사창이 창궐하고 매춘 여성의 숫자는 급증해 가는 시기로 평가된다.

[표 3] 입법부/행정부 발언 유형별 비교(제1,2공화국) 단위 : 건(%)

발언 유형	입법부	행정부	계
모호형	9 (52%)	3 (33%)	12 (46%)
보수형	3 (18%)	4 (45%)	7 (27%)
도구형	2 (12%)	1 (11%)	3 (12%)
진보형	3 (18%)	1 (11%)	4 (15%)
계	17 (100%)	9 (100%)	26 (100%)

이 시기에 국회에서 논의된 매매춘 관련 발언은 총 26건이다. 유형별로는 모호형

12건(46%), 보수형 7건(27%), 도구형 3건(12%), 진보형 4건(15%)으로 역시 모호형 비율이 가장 높고 그 다음이 보수형, 진보형, 도구형 순이다. 입법부와 행정부별로 비교해 보면 입법부에서는 보수형이 18%인 반면 행정부는 45%나 되어 행정부의 보수적 성향이 두드러진다. 또한 진보형에서는 입법부와 행정부가 각각 18%, 11%로 입법부가 약간 더 진보적임을 알 수 있다.

1) 입법부 질의

사창 문제가 심각해지자 입법부 의원들의 질의는 사창이 번창하는 실태와 이의 단속을 강조하면서 다른 한편 고급 요정과 미군 매춘의 문제도 주요 쟁점으로 논의하고 있다.

당시 심각한 사회 문제로 인식되고 있던 사창 문제는 보수형과 진보형 모두에서 대조를 이루어 활발히 논의된다. 보수형 발언의 경우 매매춘 문제에 대한 근본적 인식이나 현실성이 결여된 채 공권력을 이용한 강력한 단속만을 강조하는 발언이 특징적이다.

> 짚차라도 사가지고 밤이나 낮이나 5개 도시만으로도 단속을 하면 윤락 여성이 근절될 것이다.(4대 29회 11,12차, 예결위 P의원)

> 우리 나라에 사창 제도가 이미 없는데 사창 제도 있을 때 이상으로 사창이 있으나 이것을 왜 경찰이 단속 못하느냐 말이야. 민주당도 탄압하고 반공 특위도 탄압하면서 사창은 왜 경찰이 단속 못하는 것이에요?… 나에게 경찰을 맡기면 24시간 안에 대한민국의 사창은 그림자조차 없도록 만들겠어요.(4대 30회 12차, 내무위 C의원)

의원들은 행정 단속의 부재를 강한 어조로 비판하고 있지만 "짚차라도 사가지고 밤이나 낮이나 단속을 하면" 혹은 "나에게 경찰을 맡기면 24시간 안에 그림자조차 없도록 만들겠다"는 발언은 매매춘 문제의 해결을 위한 진지한 노력이기보다는 단지 국회의원으로서 행정부의 무능을 질책하고자 하는 정치적 발언 정도로 평가된다. 이러한 해석은 사창의 단속을 '민주당 탄압' '반공 특위 탄압' 문제와 결부시키고 있음을 통해 뒷받침된다.

이와 대조적으로 진보형 발언에서는 매매춘 문제를 전후의 사회적 혼란이나 빈곤 문제와 연결시켜 이해하고 있다.

그 사창을 하는 사람들 중에서 자기 남편이 군인으로 있다가 전사를 한 분도 많고 또 자기 남편이 경찰관으로 있다가 전사를 해서 생활 방도가 없으니까 그런데 몸을 던진 사람도 있다고 합니다… 사창 이것은 정말 살기 위해서 또는 죽지 못해서 자기의 피를 팔고 자기의 살을 깎아서 팔아가면서 연명하고 또 자기의 노동력이 없는 부모라든지 혹은 동생들을 교육시킨다고 하는 이러한 실정을…(4대 29회 11,12차, 예결위 K의원)

사창이 사회 전반에 만연되어 있는 문제로 논의되고 있다면 고급 요정은 특권층이 주 소비자가 되고 있고 또 그것이 정권과 사회적 부패의 상징이 되고 있다는 점에서 비판의 초점이 모아진다.

지금 어른 깡패가 생긴다. 백장이 생긴다. 사회 풍기가 문란해진다. 이것은 어디에서 유래되느냐 고급 요정에서 역사가 이루어지는 것입니다.(4대 30회 10차, 내무위 P의원)

사실 고급 요정 매담은 자유당 고급 간부의 배경을 가지고 하고 있으니 시경 국장이 감히 그 문전을 엿볼 수 없고 이런 사정인데…(4대 30회 12차, 내무위 C의원)

그러나 그 해결 방안에 대해서는 모호한 태도로 일관한다.

그렇게 행정력을 강화해 가지고 열심히 할려는 분이 어찌해서 고급 요정은 세금을 인하하려고 하는지 그 까닭을 모르겠습니다.(4대 33회 2차, 예결위 C의원)

지금 서울만 하더라도 대부분이 사람들이 가정 생활을 하고 있는 그 집이 전부 요정이 되고 말았습니다. 그렇다면 이 고급 요정은 안면 방해가 되지 않고 또 교육에 지장이 없는

장소로 나가서 할 수 있는 문제가 아닌가…(4대 30회 5차, 내무위 P의원)

'세금 인하' 같은 지엽적인 문제를 질의하며 대책으로는 고작 "안면 방해가 되지 않고" "교육에 지장이 없는 장소로 나가서" 영업을 하는 매우 소극적인 방법만이 제안되고 있다. 사창에 관한 질의가 강력하든 점진적이든 간에 단속을 통한 폐지를 요구하고 있는 것과 비교해 고급 요정에 대해서는 상당히 허용적임을 알 수 있다.

또 이 시기에 주목해야 할 부분은 미군 매춘에 대한 발언을 통해 극명하게 표현되는 매매춘의 도구화 발상이다. 소위 '동두천 미군 부대 한국 여인 삭발 사건'5) 이후 미군 상대 위안부에 대한 논의가 집중적으로 일어났으나 해결 방안은 오히려 미군 매춘에 대한 허용적 태도를 넘어서 정책적인 장려로까지 전개된다.

우방 국가로 미국이 계속 있는 한에 있어서는 군대는 독신자가 태반이고 또 그네들이 어떤 유흥을 원하고 있는 것이 인간 원래의 본성으로 나타나는 현상이라고 할진데… 특별 조치를 해주는 방향으로 나가는 것이 낫지 매춘부 자체에 대해서만 이 문제를 '픽 업'해 가지고 논의한다는 것 자체가 우습지 않을까 생각합니다… 예를 들면 미군이 일본에 가지 않아도 좋을 정도의 서울 교외에 미군이 있는 근방에다가 그와 같은 특수 시설을 가진 업체를 허가한다든지… 그러므로 공적 매춘을 장려할 수는 없지만 그다지 그 자체를 취제 할 것 없이도… 일반 사회에서는 사회 풍기상 취제는 해야 되지만…(4대 33회 12차, 내무 위 L의원)

외국 군인들을 상대로 하는 매춘부라고 하는 것은 불가피하다고 보아요… 우리 국내 사람 을 상대로 하는 매춘부와 미군만을 상대로 하는 매춘부를 구별을 해서 외국 사람을 상대 하는 그 사람에 대해서는 그 민속이라든가 시설 관계라든가 혹 심지어는 언어라든가 교양 을 시켜 가지고… 질의 향상을 기하도록 노력해 줄 수는 없는가…(4대 33회 12차, 내무위 J의원)

---

5) 1960년 1월 3일 발생한 사건으로 미군이 기지촌 위안부를 부대로 불러들여 머리를 삭 발시킨 일을 말한다.

더 나아가 당시 미군들 사이에서는 주말에 일본으로 가 매춘을 하는 주말 매춘이 유행이었는데 이 일본행 주말 매춘을 국내로 흡수하기 위한 방법으로 미군 위안부에 대한 신분 보장, 미군 위안부의 교양 향상, 성병 예방 등이 거론되기까지 한다. 이러한 발언은 의원들이 자국 여성의(비록 매춘 여성이라 할지라도) 인권 보호를 우선시하기보다 주한 미군에 대한 정치적 고려를 중시하는 대외 종속적 태도를 보여 준다. 물론 여기에는 6.25 전란 이후 우방 국가로서 자리 매김된 미국에 대한 우호적 분위기와 매춘 여성에 대한 부정적 인식이 복합적으로 작용하고 있음이 분명하다. 결과적으로 질적인 향상을 모색해야 할 문제로 받아들이고 이와 관련해 발생되는 책임은 '교양이 부족한' 한국 여성들에게 전가된다.

> 그 행위를 한 사람은 물론 나쁘지만 그러한 것을 당하도록 우리 한국 여성들이 하지 않았느냐 앞으로 이런 일이 발생 안하도록 우리 한국 여성을 교양시킬 수 있겠는가…(4대 33회 12차, 내무위 Y의원)

그런데 미군 매춘의 허용 이유로 미군 주둔의 필요성 이외에, "독신자가 유흥을 원하는 것은 인간 원래의 본성이고" 따라서 "외국 군인들을 상대로 하는 매춘부라고 하는 것은 불가피한 현상"이라고 설명하고 있다. 이러한 도구형 발언의 저변에는 독신 남성의 성욕구 해소를 위해서는 매매춘이 필요하다는 고정 관념과 '필요악'으로서 매매춘의 존재가 인정되고 있음을 의미한다.

이상의 입법부 질의를 정리해 보면, 국내 사창에 대해서는 대부분 강력한 단속이나 금지를 촉구하는 보수형 발언이 주를 이루는 반면 고급 요정이나 미군 매춘 등 특수층에 국한된 매매춘 문제에 대해서는 일관된 도구형 발언을 통해 허용적이거나 조장함으로써 이분화된 정책을 제시하고 있는 특징이 나타난다.

2) 행정부 답변

단속의 책임을 지고 있는 행정부는 사창 문제에 대한 인식에서 입법부보다 보수적인 경향을 보인다.

이 사람들(윤락 여성)이 살 수 없어서 사창을 한다는 문제만이 아니라는 것을… 서울에 여러 가지 사창굴이 있어 두통을 앓고 있습니다. 쫓으면 파리떼처럼 도로 오는 현상으로서 보건 사회부로서는 잡을 만한 법적 근거를 가지고 있지 않습니다만은…(4대 29회 11,12차, 예결위 S보사장관)

'두통'을 앓고 있다는 표현을 통해 사창 문제가 행정부의 입장을 몹시 난처하게 하고 있음이 엿보인다. 그러나 매춘이 단지 "살 수 없어서" 즉 빈곤해서 생기는 것이 아니고 "쫓으면 파리떼처럼 도로 오는 현상" 정도로 이해하고 있는 보사부 장관의 태도에서 적절히 매매춘 대책을 이끌어 내기는 어려워 보인다. "나에게 경찰을 맡기면 24시간 안에 대한민국의 사창은 그림자도 없도록 만들겠다"고 호언 장담하는 C의원의 질의에 대해 "방법을 가르쳐 주시면 시행하겠다"는 서울 시장의 답변은 행정부가 강조하는 단속이나 선도의 방법에서조차 사실상 거의 속수무책인 형편임이 드러난다.

사창굴 정리 문제는 저도 생각해 보았습니다마는 힘만 가지고 하기 어렵다고 해서 감히 못했던 것입니다. 이것은 장의원을 찾아뵈고 방법을 가르쳐 주시면 그대로 시행하는데 정성을 다하겠습니다.(4대 30회 12차, 내무위 L서울시장)

보사 당국은 공창 폐지령의 주무 당국이었으나 당시 국가 재정의 빈약한 사정으로 전국 각지의 사창을 단속하기에는 역부족이었다. 이러한 약점을 잡아 공격하는 의원들의 질의에 궁지로 몰릴 수밖에 없었던 보건 국장, 내무 장관을 비롯한 행정부 책임자들은 예산 부족, 사창에 대한 형벌이 구류나 과료 처분 정도로 경미한 점 등의 이유를 들어 실무자로서의 애로 사항을 호소하고 있을 뿐이다.

사창과 달리 고급 요정에 대해서 허용적이기는 행정부도 마찬가지이다. 고급 요정을 "폐지할 수 있느냐 없느냐"는 P의원의 질의에 대한 K 내무 장관의 모호한 답변은 행정부의 입장을 잘 대변해 주고 있다.

우리 나라의 모토가 자유주의 경제이니만큼 장소나 설치나… 그 시설에 대해서는 그 조건
이 맞으면 허가를 해주는 그러한 전례가 있기 때문에… 그러면 우리 나라에 있어서 고급
요정을 없앨 수 있느냐 이런 문제는 좀 생각해 보아야 할 것으로 압니다.(4대 30회 10차,
내무위 K내무 장관)

또한 미군 매춘에 대해서도 입법부와 행정부는 도구형 발언이라는 점에서 우호
적인 태도를 같이한다. 미군을 위한 유흥 시설 마련과 미군 위안부의 자질 향상을
촉구하는 의원들의 질의에 대한 L내무 장관의 답변은 다음과 같다.

충분하지는 못하고 지금 지적하신 그런 점을 갖추고 있지는 못합니다마는 과거에 비교해
서는 매춘부의 보급 문제라든지 또는 자치적 교양 문제라든지 또는 주둔 미군에 대한 '레
크리에이션 시스템' 문제 이런 것이 다각도로 과거보다는… 달라지고 있다는 것을 말씀드
릴 수가 있는 것입니다.(4대 33회 12차, 내무위 L내무장관)

즉 이 시기의 행정부는 사창 문제에 대해서는 입법부보다 보수적인 시각을 보이
면서, 고급 요정과 미군 매춘에 대한 허용적 태도에서는 공통점을 보이고 있다.

3) 소결

제1, 2공화국의 매매춘 정책은 공창 폐지 이후 매춘 여성에 대한 단속 조치와 함
께 약간의 수용 시설 설치 등의 선도책을 병행하는 것이었다. 그러나 국가 재정의
부족, 단속 행정의 미비, 처벌 규정의 미비 등으로 정책의 효과를 거두지 못하고
있는 가운데 사창, 고급 요정이 번창해 갔다.

이러한 현상에 대해 책임을 추궁하는 입법부가 방어적인 행정부보다 상대적으로
진보적인 입장을 보이고 있지만 기본적으로 강력한 행정 단속과 매춘 여성의 계몽
이나 선도를 통해 문제를 해결해야 한다는 데는 인식을 같이하는 것으로 나타난다.
이처럼 매매춘 대책이 현상적 임시 방편에 머물고 있음은 입법부의 문제 인식이
매춘 여성에 대한 철저한 이해에서 비롯되었다기보다는 행정 당국의 취약점을 질

책하기 위한 의도적 발언이었을 가능성을 시사한다.

고급 요정에 대해서는 입법부와 행정부가 허용적인 태도에 있어서 부분적으로 일치한다. 부분적이라 함은 고급 요정이 사회 기풍 혼란의 온상이라는 점에서 입법부가 행정부보다는 비판적인 태도를 보이는 측면이 있기 때문이다. 그러나 이러한 허용적 태도는 고급 요정의 고객으로서 입법부와 행정부의 입장이 정책 발언에 그대로 반영된 것이 아닌가 하는 의문을 제기하게 한다.

그러나 미군 매춘에 있어서는 입법부가 행정부를 능가해 적극적인 태도를 취한다. 입법부가 미군을 위한 유흥 대책 마련으로 여러 측면에서 미군을 대상으로 하는 매매춘 장려 정책을 적극적으로 제시하고 있는 것과 비교해 행정부는 "과거보다 개선되고 있다"는 정도의 허용성을 보이고 있다.

사창이 기층 민중의 삶에 관련된 문제이고 고급 요정이 특수층과 관련된 문제, 미군 매춘이 외세와 관련된 문제라고 보면 이 시기의 입법부는 계급 이해와 관련될수록 행정부와 입장이 일치하며 외세와 관련될수록 비판적인 입장을 희석시켜 행정부를 능가하는 보수적 적극성을 보이고 있는 것으로 평가된다. 이는 국가 정책 내에서 매매춘 정책의 입지를 설명해 주는 하나의 중요한 단서이다. 즉 '여성 억압'이라는 시각에서 여성의 성을 상품화하고 인간을 물화·대상화시키는 매매춘의 본질적 측면을 파악하고 그 대책을 논의하기보다, 단지 피상적인 수준에서 눈에 보이는 '사회 풍기 문란' 혹은 당장의 국가 이익에 좌우되어 매매춘 정책을 다루고 있음을 의미한다.

(2) 제3,4 공화국(5^대 — 10^대 국회)

5.16 이후 당국은 사회 전반에 걸쳐 사회 개혁을 단행하게 되었는데 그 중의 일환으로 마련된 것이 현재까지 매매춘 정책의 골격을 이루는 '윤락 행위 등 방지법'이다. 1961년 11월 9일 법률 771호로 제정 공포된 이 법은 윤락 행위에 대한 단속과 교화 및 자력 갱생을 원칙으로 한다.

윤락 행위 등 방지법어 1, 2 공화국의 혼란기에 만연했던 사창을 근절하기 위해 강력한 단속을 천명했으나 이미 전국 각지에 산재되어 있고 특히 미군 기지 주변의 사창가를 처리할 수 없던 당시 상황에서 절충안으로 나온 것이 특정 지역의 설치였다. 특정 지역은 윤락 행위의 단속을 면제해 주는 적선 지구로서 사창이 일반 국민에서 미치는 영향을 줄이기 위한 것이었다. 보사부 통계에 따르면 62년 전국의 특정 지역은 104개소, 64년에 145개소에 이르게 되는데 이 중 60%가 경기도 내 주한 미군을 상대로 하는 기지촌이었다. 이 특정 지역은 사창의 범위를 최소화한다는 목적과 달리 국가에서 사창을 인정해 주는 결과를 낳았고 이에 대한 비판이 높아가자 1970년에 폐지되었다(『부녀 행정 40년사』, 1987: 111).

1,2공화국에 비해 이 시기에는 매춘 여성에 대한 본격적인 실태 조사가 행해진다. 1968년 요보호 여성 선도를 위한 실태 조사, 1977년 윤락 여성 실태 조사 등 객관적인 자료 수집을 통해 보사 당국은 매춘 여성의 매춘 동기와 원인, 선도 대책 등을 파악하려는 노력을 보였다. 실태 조사를 통해 생활고가 매춘의 주원인임을 확인하고 '건전한 생활로 자력 갱생토록' 기술을 가르치기 위한 부녀 직업 보도 시설을 확충했다. 윤락 여성 직업 보도 시설은 1962년 17개소에서 1973년 34개소로 증가하고 있다(『부녀 행정 40년사』, 1987: 112-115). 경제적 지원과 함께 매춘 여성의 미연방지책으로써 부녀 상담 제도가 마련된 것도 이 시기였다. 전국의 역, 여성 회관, 특정 지역 등에 배치되어 가출 여성, 문제 가정 등의 요보호 여성들이 윤락 생활에 빠지지 않도록 하기 위해 각종 조치를 취했는데 조치 대상 여성을 보호 시설에 의뢰하는 조치가 가장 많아서 1970년에는 약 반 가량, 1979년에는 3/4을 차지한다. 반면에 직업 알선이나 직업 보도소 입소 조치 등은 극히 소수에 불과하다(『부녀 행정 40년사』, 1987: 116-117).

윤락 행위 등 방지법은 설치 후 8년만에 폐지된 특정 지역 문제에서 나타나는 바와 같이 그 실효를 거두지 못했다고 볼 수 있다. 또한 강력한 단속의 와중에서도 조절되지 않는 매춘 여성의 문제를 선도적 차원에서 해결하려는 노력은 각종 실태 조사, 직업 훈련소 설치, 부녀 상담소 설치 등으로 나타났으나 결과적으로는 미봉

책에 지나지 못했던 것으로 평가된다.

이 시기에 상임위에서 논의된 매매춘 관련 발언은 총 46건이다. 유형별로 나누어 보면 모호형 23건(49%), 보수형 11건(24%), 도구형 3건(7%), 진보형 9건(20%)이다. 모호형이 주를 이루는 현상은 여전하지만 이전 시기의 행정부가 보수형이나마 소신껏 답변하던 것에 비해 이 시기에 와서는 행정부의 모호형 발언 증가가 특징적이다. 1,2 공화국과 비교해 볼 때 나타나는 또 다른 차이는 입법부의 경우 진보형 발언이 18%에서 30%로 증가한 반면 행정부는 11%에서 5%로 감소했다는 점이다. 보수형이나 도구형의 경우는 입법부나 행정부 모두 비슷한 비율을 나타낸다.

[표 4] 입법부/행정부 발언 유형별 비교(3,4 공화국) 단위 :건(%)

	입법부	행정부	계
모호형	10 (37%)	13 (69%)	23 (49%)
보수형	7 (26%)	4 (21%)	11 (24%)
도구형	2 (7%)	1 (5%)	3 (7%)
진보형	8 (30%)	1 (5%)	9 (20%)
계	27 (100%)	19 (100%)	46 (100%)

1) 입법부 질의

윤락 행위 등 방지법이 제정되면서 윤락 여성 혹은 윤락 행위에 대한 질의 및 대책 촉구가 질의 내용의 주종을 이루게 되고 또한 왜곡된 경제 성장을 반영하는 소위 '기생 관광' 문제가 언급되기 시작한다. 특히 이 시기의 입법부 질의에서는 행정부가 마련한 매매춘 정책들이 실효성을 거두고 있지 못한 점을 비판하면서 공무원들의 단속 비리가 지적된다.

우선 윤락 행위 등 방지법이 사문화되고 있으며 윤락 여성 선도책도 유명 무실하게 되어가고 있음을 공격하는 발언을 살펴보자.

요새 길에 다녀볼 것 같으면 말이에요. 어느 부인이 유부녀인지 어떤 여자가 처녀인지 도 대체 분간을 할 수 없이 윤락 여성이 많아! 그러니 윤락 여성 선도책이 뭐예요?… 소위 부녀 지도소라고 할 것 같으면 역시 부녀 지도자들의 무엇인가 기술인가 가르쳐서 그대로 나가서 일을 하도록 어떻게 만들어 주어야 할 터인데 이것 차라리 그만 두십시오. 없애 버려요.(6대 45회 12차, 예결위 K의원)

백주에 그 사람이 법관인지 여하한 분인지 모르고 윤락 여성들이 가자고 팔을 끄는 거예 요… 예산 없는 타령만 하지 마시고 좀 예산이 없이 창의를 내보실 용의는 없으세요? 세 계에서 가장 저소득 국가에서 예산 타령만 해가지고 돈이 없어 못하겠다 그런 얘기는 누 구든지 할 수 있는 것이에요.(6대 45회 14차, 예결위 P의원)

그러나 의원들은 윤락 여성 문제를 추궁하면서도 현실적이고 구체적인 대안을 제시하고 있지는 못하다. 의원들이 주장하고 있는 "차라리 그만두거나 없애 버려 서" 혹은 "예산 없이 창의를 내서" 해결될 수 있는 문제가 아니기 때문이다. 위의 두 발언에서 부수적으로 의원들의 여성관이나 계층 의식이 드러나는 점도 지적할 수 있다. 일반 '유부녀'와 '처녀', '윤락 여성'에 대한 줄긋기와 아울러 길에 다니는 모든 여성들에 대한 비하적 태도 그리고 손님의 신분을 고려하지 않는 호객 행위에 대한 분노(?) 등이 그것이다. 이전 시기와 마찬가지로 여전히 매춘 여성의 단속 미 비를 질책하는 이러한 발언은 대부분 매매춘 문제의 원인을 매춘 여성 개인에게서 찾는 보수적 인식을 토대로 한다.

우리 한국에서도 거기에 아주 취미를 붙인 여자는 별짓을 다해 보아도 안 듣습니다. 단지 우리가 보사부나 경찰이나 내무부가 노력해서 농촌에서 올라오는 사람을 서울역에서 보 아가지고 전부 조사해서 도망해서 왔는가 어쩐가 알아가지고 그런데 못 빠지도록 사전에 방지해야지 어느 정도 거기에서 돈맛을 알아버리면 절대로 취직처를 구해 주어 보았자 안됩니다.(6대 45회 14차, 예결위 J의원)

즉 "거기(매춘)에 취미를 붙인" 여자들이 매춘을 하게 된다고 인식하고 있기 때문에 해결책은 자연히 "거기에 취미를 붙이기 전에 서울역에서 전부 조사"하면 미연에 방지될 것이라는 비현실적인 해결책을 제시하게 된다.

한편 특정 지역의 설치에서 알 수 있듯이 공식적인 단속과 병행해 매매춘의 존재가 비공식적으로 제도화되면서 단속을 둘러싼 공무원의 비리가 행정부에 대한 정치적 질책의 대상이 된다.

지금 이 시간에도 여자가 몸을 파는 것을 용서하고 그 추잡한 몸을 파는 데서 붙어서 먹고 사는 놈이 있고 그 중에 보호해 주는 공무원이 있다는 것은 지극히 슬픈 일입니다.(7대 62회 11차, 보사위 P의원)

부산 실태를 조사해 보니 윤락 여성을 상대로 몸 판 돈을 갈취해 먹고 있는 공무원들이 많다. 윤락 여성을 상대로 한 조합을 운영한다는 명목으로 포주 한 사람당 월 3천 원이나 5천 원을 갖다가 조합비로 거둬서 보건소 직원 단속 경찰관에게 상납해서 8개에 달하는 보사부 장관 상장, 재무부 장관 상장, 관할 경찰서장의 상장이 붙어 있다.(8대 78회 12차, 보사위 K의원)

여기서 의원들이 주장하는 "여자가 몸을 파는 것을 보호해 주고" "몸 판 돈을 갈취해 먹고 있는" 공무원들의 존재는 단속 위주의 행정 조치가 이미 한계에 도달했음을 보여 주는 동시에 매매춘이 하나의 사회적 제도로 자리잡아 가고 있는 현실을 반영한다.

전반적인 보수형 발언 추세에도 불구하고 이 시기에 와서 매매춘 자체에 대해 이전의 시각과는 다른 질적인 변화가 나타나는데 이는 '윤락'의 개념에 대한 재고, 그리고 매춘 여성에 대한 인간적 애정을 보이는 태도로 표현된다.

윤락 여성 얘기가 여러 번 나왔습니다마는 나는 그 떨어진 락 落자를 붙이고 싶지 않습니다. 그 명칭이 뭐라고 바꾸었으면 좋을는지 모르겠습니다. 윤락 여성이라고 하면 세상도

천대시하고 백안시하고 있는 것입니다. 윤락 여성만 나쁜 것이 아니에요. 윤락 여성과 동반하는 남성도 윤락 남성이라고 생각하는 것입니다.(6대 45회 14차, 예결위 K의원)

윤리적 타락이라는 의미를 담은 '락 落'자가 부적당하다고 지적한 K의원의 발언은 윤락 여성 일방에게만 가해지는 도덕적 평가 절하에 부당함을 제기하고 매매춘 산업의 고객인 남성에게도 비판의 눈을 돌리기 시작했다는 점에서 주목해 볼 만하다. 그러나 이 역시 "뭐라고 바꾸었으면 좋을는지 모르겠다"고 한 말에서 드러난 대로 적절한 대안 개념을 제시하고 있지는 못하다는 점에서 아직은 '상대적인 진보'일 뿐이다. 매춘 여성을 '나쁘다고' 일방적으로 비판하기보다 '측은하게' 여기는 발언 또한 비슷한 맥락에서 평가된다.

과거에는 이 여성들이 골목에 다니면서 사업을 했어요. 법이 두려워서 그랬는지 골목으로 다녔는데 요즘에는 대담하게 큰 길가로 나와서 지금 사업을 하게 된다는 것을… 저는 여자로서 참 측은한 생각밖에 없어요. 나쁘다고 생각이 안 들어요. 그 사람들도 역시 생활에 골몰하기 때문에 제일 쉬운 방법으로 그 사업을 하게 되는데 우리로서는 그 사람들을 구출하려고 하는데 무슨 예산이 있어야 하지 않겠어요?(7대 63회 1차, 보사위 L의원)

〈작년도 15만 명 이상을 사설 직원 안내소로 안내했는데 그 중 80%가 17,18세 미만의 여성들이다. 이들이 대개 유흥업소나 좋지 않은 곳으로 소개됐다.〉 … 그 여성들이 바로 우리 딸이라고 생각한다면 전율이 되는 것이에요.(9대 96회 12차, 보사위 K의원)

매춘 여성을 '같은 여성'의 입장에서 '딸'이라는 가족의 개념을 적용해 동정적이고 일치감을 표시하는 발언은 여성 의원들에게서 나타난다. 이러한 발언은 매춘 여성의 도덕성을 비난하는 발언보다 한 걸음 진보된 여성 중심적 인식임에 틀림없지만 단지 같은 여성으로서의 인간적 측은함을 느끼는 수준에 머물 뿐 더 이상 나아가지는 못하고 있다.

매춘 여성의 삶에 대해 말초적인 수준에서나마 관심을 쏟게 되는 것도 이 시기다.

내가 사는 지역에서 나는 여태까지 가보지 못했습니다마는 한 3백여 명의 윤락 여성이 있는데 여성들이 사는 가운데 변소가 없으니까 아침 나절에 보면 대변이 쭉 길에 깔렸어요… 이렇게 대변이 많아 가지고는 문명한 도시라고 할 수 없다고 저희들이 강력히 얘기했더니 뭐 땅이 없어서 못한다고 합니다만 이것만은 서울시하고 합의해서 해결해 주시기 바랍니다.(9대 40회 11차, 보사위 L의원)

그러나 이 역시 기본적으로 매춘 여성의 생활 환경에 관심이 있기보다 "대변이 많아 가지고는 문명한 도시라 할 수 없다"는 차원에서 제기되고 있음을 볼 때 매춘 여성의 인간적 삶에 대한 진지한 관심이라고 평가하기에는 미흡하다.

6.25 동란 후 50년대 미군 주둔이라는 정치적 상황을 상징하는 문제가 미군 매춘이었다면 6, 70년대 경제 성장의 그늘진 단면을 상징적으로 보여 주는 것이 기생 관광일 것이다. 당시 국가적 과업으로 경제 성장이 강조되면서 정책적인 차원에서 외화 획득의 일환으로서 관광 산업이 장려되고 있었다. 그러나 관광 산업을 빌미로 외화 획득을 가져다 준 것은 다름 아닌 소위 '기생 관광'이었다(『사랑의 품앗이 그 왜곡된 성』, 1988: 105). 1,2 공화국 시기에 입법부는 일반 매매춘 문제에 대해서는 비판적이고 단속 위주의 강경책을 취하다가 미군 매춘에 대해서는 허용적인 태도를 취했던 것을 살펴본 바 있다. 그런데 입법부는 미군 매춘과 마찬가지로 기생 관광 문제에 대해서도 일관되게 허용적인 태도를 취한다.

요새 말하자면 관광꺼리란 것이 있어요. 내가 돌아다니면서 보니까 한국 여성이 세계에서 제일 미인이야. 그런데 가장 미인인 한국 여성의 값이 세계에서 제일 싸다. 우선 그 여성 지위 향상보다는 여성의 그 몸값을 올려 주는 것이 결국 지위 향상이 아니겠어요! 이런 점은 우리 내부 얘기니까 보사부 장관은 유의해서 이왕에 불우하게 태어나서 불우한 생업에 종사한다면은 보다 많은 수익을 올리도록 하는 정책을 수립해야 되지 않느냐…(9대 88회 2차, 보사위 A의원)

이 발언에서 A의원은 매춘 여성의 '지위 향상'을 거론하고 있지만 실제로는 외국인을 상대로 하는 매춘 여성이 국가적인 수입이 된다는 것을 이야기하고 있다고 볼 수 있다. 즉 매춘 여성이 '관광꺼리'로서 상품적 가치를 지니며 A의원이 칭찬하고 있는 한국 여성의 '미인'이라는 자질은 매매춘 시장에서 상품적 가치를 높이는 유인가에 지나지 않는 것으로 드러난다. 또 "불우하게 태어나서 불우한 생업에 종사한다"고 현실 인식을 했음에도 불구하고 그 해결책을 "보다 많은 수입을 올리도록 하는 정책 수립"이라는 미온책을 제시하고 있는 것은 매매춘이 국가 수입과 연결될 경우 장려해도 좋다는 태도를 보여 주고 있는 것이다. 더욱이 P의원은 일본의 예까지 들어가며 기생 관광 사업을 원활하게 하기 위해서 '윤락 여성을 보는 의식 변화'를 주장하는 그 내용은 "일본이 명치 유신 이래 해외로 진출한 창녀나 미군 상대 창녀를 애국자로 미화했던 것처럼 우리 나라도 윤락 여성을 미화해 여성 전사처럼 부각시키자"(9대 97회 3차)는 것이다. 언뜻 보면 매춘 여성의 인간화를 주장하는 것도 같으나 발언의 진의는 매매춘을 통해 국가 수입을 얻는 데 장애물이 되고 있는 보수적 관념들을 제거하자는 도구형 발언에 불과하다.

그러나 여성 의원의 경우는 조금 다른 태도를 보인다.

돈을 들이지 않고 다시 말해서 밑천 들이지 않고 외화를 획득하는 길은 이 길밖에 없다고 생각이 되고 그런 데에서 이런 정책을 하고 있는 당국의 애로는 십분 이해합니다. 그러나 우리 민족의 주체성을 해치고 긍지를 손상시킨다고 하는 데서 많은 우려를 하고 있습니다 … 가급적이면 이름과 같이 명실공히 우리 여성들이 관광 안내에만 그치는 그러한 관광 사업이 될 수 없느냐 하는 그런 질문을 드립니다.(9대 88회 6차, 보사위 K의원)

기생 관광을 정책적 차원에서 적극 지원하고 있는 다른 의원들의 발언에 비해 '민족의 주체성'과 '긍지'를 들어 반대를 하고 있어 진보형 발언으로 평가되고는 있지만 '우려'와 '가급적이면'이라는 표현에서도 시사되듯이 강한 반대를 하는 것으로 보기는 어렵다. 이는 국내의 매매춘 문제에 대해서는 '같은 여성'의 입장에서 접근했던 여성 의원들이 기생 관광 문제에 부딪혀서는 '여성'보다는 '국가' 쪽으로 기울고 있음을 의미한다. 즉 여성 국회 의원들 역시 이 시기 외화 획득에 대한 경제적 압박으로 인해 "돈을 들이지 않고 다시 말해서 밑천 들이지 않고 외화를 획득하는 길"인 관광 사업에 대해 허용적인 태도를 취하는 입법부의 전반적인 분위기에서 크게 벗어나지 못하고 있다.

2) 행정부 답변

입법부가 보사 행정을 신랄하게 비판하는 데 대해 행정부는 현실적으로 근절이 불가능할 만큼 매매춘이 퍼져 있으며, 이를 감당하기에는 행정 당국의 예산과 인력이 미치지 못한다는 답변으로 일관한다. 이 점에 있어서는 1,2공화국 시기와 별 차이가 없다. 윤락 행위 등 방지법이 사문화된 법이 되어 버렸으니 이를 타개할 방안을 연구해야 한다고 촉구하는 C의원의 질의에 대한 K 보사부 차관의 답변은 행정부의 입장을 잘 반영하고 있다.

> 윤락 행위 단속법에 의해서 단속을 해야 되지만 현실적으로 어렵지 않느냐… 윤락 여성을 없앤다든지 이 문제를 그 동안에도 여러 가지 논의를 했습니다만 당장에 수용하는 길도 없고 특수한 명안이 나온 것이 없습니다.(6대 39회 6차)

윤락 행위 근절이 "현실적으로 어렵고 특수한 명안이 나온 것도 없다"는 현실에서 행정부가 마련하고 있는 매매춘 정책은 "그 행위 자체가 일정한 지역에 제한을 시키고 기타 지역에서는 단속을 철저히 하는 방향으로 해야 되지 않을까"(6대 40회 6차, K보사부 차관)라는 답변으로 집약된다. 이는 곧 이미 널리 만연된 매매춘을 비공식적으로 인정하되 공식적으로는 철저히 단속하겠다는 모순된 정책으로 실제 시행상에서의 실효성을 의심케 하고 있다. 심지어 6대 45회 14차 보사위에서 "적은 돈으로 큰일 카바할려니 사회 사업가나 자선 사업 단체의 도움을 빌린다"고 예산 부족 실태를 꼬집어 말한 O 보사 장관의 답변은 정책적인 차원에서 행정부는 거의 무기력한 상태임을 보여 준다. 그러나 64년 당시 윤락 여성 대책 예산이 1천50만 8천4백 원이었던 상황을 고려하면 이러한 행정부의 답변을 무책임하다고 비난할 수만은 없을 것이다.

이후에도 상황은 별로 나아지지 않아 8대 78회 12차에서 L 보사 장관도 단속 공무원들이 매춘 여성의 몸 판 돈을 갈취하고 있는 사실과 선도 대책의 실효성 없음을 비판하는 K의원에 대한 답변에서 "윤락 여성 문제는 일조 일석에 근절이 못되는" 문제라고 전제하고 그 대책으로 "단속의 철저라든지 단속 요원의 부정 방지 또는 그 사람들에 대한 정신적인 지도, 직업 보도 이런 것을 활용해서 장기적으로 근절하는 철저한 노력"을 하겠다고 답변하고 있을 뿐이다.

1, 2공화국의 당국자들과 같이 매춘 여성의 도덕적 타락상을 강조했던 식의 답변은 나타나지 않아 행정부의 인식이 일보 전진한 측면을 보이기도 한다. 사회 개발에 앞서 윤락 여성 구제책을 강구하라는 L의원 질문에 대한 답변에서 J 보사 장관은 매매춘 문제를 여성의 취업 기회 확대와 연결시키는 진보형 발언을 하고 있다.

첫째로 이들에 대한 고용의 증대 면에 힘쓰고 있습니다… 최근에는 전자 공업 부분이 15% 이상이 여성에 의해 이루어지기 때문에 그러한 전자 공업이 앞으로 대대적으로 전개되게끔 정부 계획에 반영하고 있습니다… 식당이라든지 음식점 이런 데에서 고용이 잘되어 있습니다만 앞으로는 폭을 넓혀서 적당한 직장을 가지고 자립할 수 있게끔 양면으로 고용의 증대를 꾀하고 있습니다… 이농을 막기 위해서 가내 수공업 혹은 여러 가지 편물이라든지 수공업을 장려를 해서… 상당한 성과를 올리고 있습니다.(7대 63회 1차, 보사위)

이러한 답변은 그 현실적 타당성과 사후 효과를 따지기에 앞서 매춘 여성 문제를 경제 구조의 문제 즉 노동 기회의 확대를 통해 해결하려는 접근이었다는 데 그 의미를 찾을 수 있다. 이는 3, 4 공화국 들어서 일련의 실태 조사를 통해 매춘의 동기가 무엇보다 경제적 빈곤에 있음을 부인할 수 없는 분위기가 마련되었으며 또한 여성 저임금 노동력에 기반한 경제 발전 계획이 한창 진행되는 상황에 있었던 사회적 배경이 큰 요인으로 작용했기 때문인 것으로 보인다.

한편 기생 관광에 대한 답변에서는 외국인을 상대로 한 매매춘이 국가 정책으로 합의되고 있었던 당시의 상황이 잘 드러난다. 관광 기생들의 몸값을 올려 "이왕에 불우하게 태어나 불우한 생업에 종사하는 윤락 여성들의 몸값을 올려 지위 향상을 시켜 주자"는 H의원 질의에, 답변에 나선 L 보사 장관의 발언은 이러하다.

일본 관광객이 많이 밀려오는 것은 한국 여성의 매력 때문에 온다는 애기를 많이 들어오
고 있습니다. 그러나 한국 여성들은 관광의 하나의 말하자면 '어트랙션'이라고 할까 그
관광객을 유치하는 것은 교통부 소관입니다… 보사부로서 매음 방지하는 것이 업무이기
때문에 관광객이 너무 난잡한 행위를 해가지고 한국 여성이 마치 매음을 하는 것이 강한
특징이라 하는 인상을 안 주도록 단속을 철저히 하도록 하겠습니다.(9대 88회 6차)

이 답변에서는 매음 방지 업무를 맡고 있는 보사부가 기생 관광을 장려하고 있는
것인지 단속하겠다는 것인지 입장이 불분명하다. 이는 외화 획득을 위해서는 기생
관광이 필요하다는 것에 동의하면서도 드러내 놓고 매매춘을 장려할 수 없는 보사
부의 모호한 입지를 잘 설명해 준다.
전반적인 보수화 경향 속에서도 매매춘에 대한 입법부의 태도가 이전 시기에 비
해 좀더 진보적으로 변화하고 있는 것과 비교해 이 시기의 행정부는 과거의 보수적
태도에서 거의 벗어나고 있지 못하다.

3) 소결

윤락 행위 등 방지법에 의한 단속 강화와 부녀 상담원 배치 등 선도 정책, 실태
조사를 동시에 병행해간 3, 4공화국 시기의 매매춘 정책에 대한 입법부 질의는 1,
2 공화국 시기에 공창 폐지령의 유명 무실을 비판하던 것과 같은 맥락에서 윤락
행위 등 방지법 시행으로 대표되는 국가 정책에 대한 비판이 기조를 이룬다. 그러
나 비록 구체적인 대안의 제시는 없더라도 '윤락' 용어에 대해 문제가 제기되고 수
요자로서 남성의 책임을 고려하는 진보적 발언이 나타나며, 여성 의원을 중심으로
매춘 여성에 대한 태도의 변화를 통해 여성 중심적 인식이 대두되기 시작한 점은
이전 시기와 차이를 보이는 부분이다. 행정부 답변은 1, 2 공화국 때와 같이 매매춘
의 근절이 현실적으로 어렵다는 전제 하에 예산 부족, 관할 부서 산재 등의 이유로
방어적인 태도를 취하는 것이 주종을 이루나 매춘 여성의 도덕적 타락을 강조하는

발언이 사라지고 처음으로 매춘 여성 대책을 여성 고용 증대 대책과 연관시키는 답변이 나왔다는 점이 주목된다.

행정부에 비판적인 입장을 견지하던 입법부가 외국인을 상대로 한 매매춘에 대해서는 허용적인 태도를 보임으로써 행정부와 의견을 같이하는 현상은 이 시기에도 마찬가지이다. 즉 미군 매춘에 대해 적극적 허용성을 보이던 1, 2 공화국의 행정부와 입법부는 3, 4 공화국에 들어서서도 주로 일본인을 대상으로 한 기생 관광 정책에서 일관되게 허용적인 태도를 취한다.

이전 시기에 비해 매춘 여성에 대한 진보적 인식이 증가하고 있음에도 불구하고 기생 관광에 대해 허용적 태도를 견지하고 있는 사실은 여성의 성이 국가 정책상 보호되기보다 착취되고 있는 현실을 반영하며, 매매춘 문제가 여전히 여성 인권의 차원에서 다루어지지 못하고 있음을 보여 준다.

(3) 제5,6 공화국(11대 — 13대 국회)

이 시기는 한국 여성 개발원의 설립, UN 여성 차별 철폐 협약 등 가장 적극적인 여성 정책이 나타난 시기이나 매매춘 정책에 관한 한 별다른 진전이 보이지 않는다. 우리 나라 매매춘 정책의 중요 부분인 부녀 상담과 부녀 직업 보도는 3, 4공화국 시기의 규모를 유지하고 있다. 다른 한편 부녀 상담은 계속 증가 추세를 보여 1986년 현재 267명으로 기록되고 있다(『부녀 행정 40년사』, 1987: 149). 이는 매춘 여성의 90% 이상이 무단 가출 후 매매춘에 유입되었다는 1970년도 윤락 여성 실태 조사 결과를 토대로 가출한 여성을 상담해 미리 선도하는 것이 중요하다고 여겨졌기 때문으로 이해된다.

그런데 1986년 당시 매춘 여성 문제를 직접 담당하고 있던 보사부 부녀 복지 과장 김명숙의 연구(1986: IV-9)에서 밝혀진 바에 의하면 매춘 여성들이 당국에 희망하고 있는 것은 첫째로 당국이 간섭하지 않을 것을 가장 원하며, 그것이 안된다면 공창을 인정할 것, 포주 처벌, 자치제를 원하고 있다([표 5]).

[표 5] 윤락 여성의 요구 사항

구분	희망			당국의 조치 희망			
	결혼	돈	기타	공창	불간섭	포주 처벌	자치제
비율(%)	30.3	40.6	23.7	28.7	31.8	23.3	16.2

출처 : 김명숙(1986), 「여성문제(I)」, 『현대 사회와 여성』, 아산 사회복지산업재단, 4-9쪽.

매춘 여성 당사자들은 당국이 매춘을 하나의 직업으로 인정해 주거나 최소한 방관해 주기를 바라고 있는데 이를 무시한 무조건적인 단속이나 제도가 매매춘 근절을 위한 근본적인 대책이 될 수는 없을 것이다. 따라서 이러한 연구 결과는 단속과 상담, 직업 훈련 등에 치중해온 그간 당국의 노력이 매매춘 대책으로서 실효성을 갖지 못했음을 밝혀 주고, 이제는 좀더 현실적이고 구체적인 수준에서 새로운 매매춘 정책이 수립되어야 함을 시사한다.

[표 6] 입법부/행정부 발언 유형별 비교(5,6공화국)   단위 : 건(%)

발언 유형	입법부	행정부	계
모호형	2 (29%)	2 (50%)	4 (36%)
보수형	-	1 (25%)	1 (9%)
도구형	-	-	-
진보형	5 (71%)	1 (25%)	6 (55%)
계	7 (100%)	4 (100%)	11 (100%)

5, 6공화국에서의 매매춘 관련 발언은 11건으로 다른 시기에 비해 발언 빈도가 훨씬 줄어든다. 유형별로는 진보형이 6건(55%)으로 과반수를 차지하고 있어 처음으로 보수형 발언보다 높은 비율로 나타난다. 또한 이 시기에는 도구형 발언이 전혀 나타나지 않는데 이러한 변화들은 매매춘 문제에 대한 인식상의 질적 변화를 의미한다. 그러나 빈도수의 감소를 통해 보사위의 관심 분야로서 매매춘 문제의 중요성

은 상대적으로 감소됐음을 추측할 수 있다.

1) 입법부 질의

5, 6공화국에 와서 매매춘에 관한 입법부 질의는 과거의 전반적인 보수적 경향에서 진보적 성향으로 변화해 가는 특징을 보인다. 이는 사회 전반적인 민주화 흐름과 함께 성숙된 시민 의식 향상과 여소야대라는 13대 국회의 정치적 변화에 영향받은 것으로 평가된다.

우선 11대 K의원의 질의 내용을 살펴보자.

윤락 행위는 금전으로 인신 매매를 하는 것으로서 이는 기본적으로 인권에 대한 유린이며 특히 힘없고 약한 여성을 착취하는 행위입니다… 지금까지는 연례적으로 한 기관에서 일제 단속 혹은 선도 캠페인 정도로만 하고 있는 것 같은데 보다 강력한 단속과 처벌을 하도록 관계 당국에 더 좀 강력하게 건의할 용의는 없겠는지 묻고 싶습니다(11대 119회 5차, 보사위)

여기서 K의원은 매매춘 문제를 단순히 '같은 여성'의 입장에서 한발 더 나아가 '인권'과 '여성 착취'라는 진보적 시각에서 접근하고 있음이 주목된다. 그러나 대책에 있어서는 여전히 "보다 강력한 단속과 처벌"만을 강조함으로써 자신의 진보적 입장을 뒷받침하지 못한다.

13대에 와서 비판적 성향이 강한 야당 의원들의 대거 진출은 국회 전반의 성격을 변화시켰으며 매매춘 정책에서도 근본적인 시각 전환의 조짐이 나타난다. 이미 6대에서 윤락 여성이라는 호칭에 '떨어질 락 落'자를 쓰는 게 부당하다고 문제 제기는 있었으나 적절한 대안 개념이 제시되지는 못했던 것에 비해 13대에 와서는 매매춘 賣買春이라는 새로운 개념이 제시되고 있다.

이제는 이것을 매춘으로 볼 것이 아니라 사는 남자가 있으니까 파는 여자가 있듯이 이것을 매매춘의 관계로 봐야 됩니다.(13대 143회 2차, 보사위 L의원)

윤락, 매춘의 모든 책임을 매춘 여성 쪽에 전가시키고 매춘 여성만을 단속의 대상으로 생각해 왔던 지금까지의 대다수 의원들의 태도와 달리 매춘의 고객인 남성에게도 책임을 물어야 한다는 인식은 매매춘에 대한 기본 시각의 변화를 의미하는 것이다. 이어서 L의원은 윤락 여성을 위한 복지 시설로 알려져 있던 시립 여자 기술원을 방문한 결과를 토대로 현행법의 문제점을 신랄하게 추궁하고 있다.

매매춘의 개념으로 보았을 때 어떻게 기둥서방과 인신 매매꾼과 그것을 묵인해 주는 경찰과 모든 지도 감독하는 사람들은 한 명도 수용된 시설이 없고 오히려 정말 이 사회에서 소외되고 그늘지고 마지못해 몸뚱아리라도 팔아서 먹고 살겠다고 하는 이 여자들은 어떤 법적 근거로 1년씩 수용한다는 말입니까? 또 거기서 벌칙 규정을 보면 도망가다 잡히면 한달이 추가된다고 합니다. 또 싸우다가 걸리면 20일이 추가되고 또 만약에 거기서 기타 사항이라고 그래 가지고 잡담하다가 걸린다거나 여타 이런 일이 있으면 열흘이 추가된다고 합니다… 총 수요 시설 180명인데 한국 여성 연합회 통계만 보더라도 30만인데 30만 중에 107명만 재수 없어서 잡혀 왔다고 하는 이 얘기에 대해서는 장관께서는…(13대 143회 2차, 보사위 L의원)

대정부 질문은 본 연구의 사례에서 제외되고 있지만 참고로 여성 의원이자 야당의 부총재의 P의원의 대정부 질문 내용을 살펴보면, 윤락 행위 등 방지법의 근본적인 문제점을 개정의 필요성과 연관시켜 논리적으로 질의함으로써 13대 입법부의 변모한 모습을 대변하고 있다.

여성이 당하는 가장 극심한 억압과 착취의 형태로 알려진 성을 팔고 사는 매매춘은 1961년 윤락 행위 방지법을 제정하여 불법화… 같은 해 관광 사업 진흥법을 만들고 1962년 국제 관광 공사를 설비해서 그 해부터 실질적으로 특정 지역에서는 묵인된 것만이 아니라 합법성을 부여하는 허가증까지 발급… 문제는 빈곤 여성의 취업 문제를 해결하지 않은 채 법의 제정만으로 단속하는 것은 매매춘을 융성화시키고 매춘 여성에 대한 인권과 재산권은 가중시키는 촉진제가 된 것입니다… 따라서 매춘 여성을 범죄자 취급하는 현행법을 현실에 맞게 개정해야…(13대 142회 19차, 대정부 질문)

2) 행정부 답변

이전 시기의 행정부가 매매춘 정책의 취약점을 비판하는 입법부 질의에 예산 부족 등의 이유로 방어적 태도를 취하거나 매춘 여성에 대한 편견을 극명하게 내비치던 것에 반해 이 시기의 행정부 답변은 질의에 대한 사무적인 답변을 짤막하게 하는 경향이 두드러진다. 예를 들어 서울 시립 기술원 수용 제도의 부당함을 지적하면서 법적 근거를 묻는 L의원의 질의에 대해 K보사부 장관은 "부당하게 입소한 자에 대해서는 서울시에 조치하겠으며 법적 근거는 윤락 행위 등 방지법의 4조, 8조, 9조, 13조"라고 답변할 뿐이다. 그 이유는 답변이 불분명하다고 호통치듯 보충 질의를 하는 L의원에 대한 보사 장관의 답변을 통해 짐작할 수 있다.

> 그 문제에 대해서도 저는 착실히 공부를 더해야 되겠습니다. 그리고 말씀하신 수용소 거기에도 여태까지 가보지 못했습니다. 죄송합니다. 거기에도 한번 가서 실정을 알아보기로 하겠고, 이렇게 해서 그것은 확실하게 결론을 내도록 한다고 하는 것을 말씀 올리겠습니다.(13대 143회 2차, 보사위 K보사 장관)

단속만을 질책하던 과거와 달리 진보적인 성향으로 빠르게 변화하고 있는 입법부 의원들에 비해 행정 책임자는 그러한 문제 의식을 따라가기는커녕 자신의 행정 영역조차 제대로 파악하지 못하고 있다. 그러나 동시에 현행법을 현실에 맞게 개정하겠다는 의사를 보이고 있는 K 보사부 장관의 태도에서 드러나는 것처럼 매매춘 정책에 있어 변화가 생겨날 가능성도 나타난다.

3) 소결

이 시기에는 매매춘에 관한 전반적인 추세가 보수보다 진보적 성향으로 변화하는 것을 특징으로 한다. 특히 이제껏 매매춘의 책임이 여성에게만 전가되어 왔던 일방적 시각에서 매춘 여성과 그를 사는 매춘 남성 모두를 포함하는 책임 균형의 시각으로 변화한 것은 13대 국회가 만들어낸 성과라 할 것이다. '윤락 행위 등 방지법'의 문제점이 지적되고 본격적으로 법 개정 문제가 거론되었다는 점도 새로운 변화로 주목된다. 그러나 실제 정책 업무를 담당하고 있는 행정부의 경우 입법부 의원들의 진보적 인식 변화를 따라가지 못한 채 여전히 모호형이나 보수형 발언에 머물고 있는 것으로 평가된다.

3. 맺음말

현재 우리 사회에서 매매춘이 심각한 사회 문제 중의 하나라는 사실은 재론의 여지가 없다. 특히 매매춘이 법적인 규제를 받고 있음에도 불구하고 실제 매춘에 종사하는 여성의 수가 백만을 헤아린다는 것은 현행법의 시행 및 정책 자체에 근본적인 한계가 있음을 드러내 준다.

이러한 문제 의식을 토대로 본 연구는 정책 결정의 차원에서 매매춘 문제가 어떻게 인식되고 어떤 대책이 제시되어 왔는가 하는 측면을 중심으로 매매춘에 대한 입법부와 행정부의 기본 시각 및 변화 과정을 살펴보았다. 이를 위해 제헌 의회부터 13대 국회에 이르기까지 국회 속기록 중 상임 위원회에서 논의된 매매춘 관련 발언을 분석했다. 총 83건으로 집계된 발언 내용은 사창, 윤락 행위, 고급 요정, 인신 매매, 미군 매춘, 기생 관광, 성병, 퇴폐 풍조의 소주제를 단위로 분류되었다.

분석 시각에서는 기존의 개인적 혹은 성차별적 접근 방법을 비판하며 매매춘을 불평등한 사회의 성차별적 남녀 관계의 부산물로 보는 여성 중심적 시각 혹은 여성 해방론적 시각을 전제로, 발언 내용이 얼마나 여성 해방론적 시각을 갖는가에 따라 각각 모호형, 보수형, 도구형, 진보형의 네 유형을 분석틀로 제시했다. 모호형은 매매춘 문제에 관한 시각이 드러나지 않는 발언이고, 보수형은 매매춘의 근본 원인을 매춘 여성의 개인적 일탈로 보는 시각을 말한다. 또한 도구형은 다른 목적을 위해 매매춘을 이용하자는 주장이고, 진보형은 여성 중심적 혹은 여성 해방적 시각에서 매매춘에 접근해 가는 태도를 의미한다.

188

이러한 분석틀을 기초로 우리 사회의 정치사적 변동에 따른 매매춘 정책의 변화를 염두에 두고 1, 2공화국(1 - 4대 국회), 3, 4공화국(5 - 10대 국회) 그리고 5, 6공화국(11 - 13대 국회)으로 시기를 나누어 살펴보았다.

1, 2공화국 시기에 상임위에서 논의된 매매춘 관련 발언은 총 25건이다. 유형별로는 모호형 발언이 46%로 가장 많고 그 다음이 보수형 발언으로 27%이다. 진보형 발언은 15%에 불과한데 정치적 발언을 포함하는 입법부가 행정부보다 약간 더 진보적인 것으로 나타난다. 내용상으로는 사창 문제와 고급 요정 그리고 미군 매춘이 주요 쟁점으로 등장한다. 사창 문제에서는 공창 폐지로 인한 사창의 창궐을 비판하고 매춘 여성의 계몽이나 선도 그리고 강력한 단속을 강조하는 보수형 발언이 주를 이룬다. 또한 사회 기풍의 혼란을 야기한다는 점에서 고급 요정을 비판하고 있지만 실제 단속에 있어서는 사창보다 훨씬 허용적인 태도를 취한다. 미군 주둔이라는 정치적 상황을 반영하는 미군 매춘에 대해서는 허용적인 태도를 넘어서 오히려 정책적인 장려를 제안하는 도구형 발언으로 일괄된다. 행정부 답변 역시 기본적으로 입법부 질의와 맥을 같이 하고 있다.

3, 4공화국에서의 발언 수는 총 46건이다. 전반적인 추세에는 큰 변동이 없으나 행정부의 경우 모호형 답변이 69%나 되어 이전 시기보다 증가한 반면 진보형은 단지 5%로 감소된 특징을 보인다. 그러나 입법부에서는 진보형 발언이 증가해 30%에 달한다. 이는 입법부가 조금씩 진보적으로 변화되어 가고 있는 데 반해 행정부는 더 모호해지거나 보수적인 입장으로 후퇴해 가고 있음을 의미한다. 내용상으로는 1961년 윤락 행위 등 방지법이 시행되면서 보수형 발언을 중심으로 윤락 여성에 대한 단속 문제가 주로 논의되고, 70년대 경제 성장의 왜곡된 단면으로서 기생 관광 문제가 표면화되지만 이 문제 역시 미군 매춘과 마찬가지로 정책적인 장려 즉 도구형 발언으로 나타난다. 다른 한편 '윤락'의 개념에 대한 비판이 제기되고 여성 국회 의원들을 중심으로 매춘 여성들에 대한 인간적 애정이 표현되고 있어 기존의 보수적 인식에 변화의 조짐이 생겨난다.

5, 6공화국 시기의 매매춘 관련 발언은 총 11건으로 다른 시기에 비해 양적으로

는 적지만 그 중 진보형이 6건이나 되어 질적인 변화가 있음을 보여 준다. 실제 내용상으로도 도구형 발언이 사라지고 '윤락'의 대안 개념으로 '매매춘'이 제시되면서 현행법의 개정 문제가 논의되기도 한다. 그러나 행정부의 경우 입법부 의원들의 문제 의식을 따라가지 못하고 있고 여전히 보수나 모호형 발언에 머무르고 있는 사실 역시 간과할 수 없다.

이상의 내용 분석 결과를 토대로 전체적으로 나타나는 특징과 그 정책적 의미를 분석해 보면 다음과 같다.

첫째, 발언 유형별 분석을 통해 매매춘 정책에 관한 정책 담당자들의 적극적 정책 의도나 일관된 정책 시각이 결여되어 있음을 알 수 있다. 즉 전체 발언 건수 중 모호형 발언이 47%로 가장 높은 비중을 차지하고 보수형과 진보형이 각각 23%, 도구형 발언은 7%이다. 여기서 모호형이 비율이 가장 높다는 점은 정책 결정 과정에서 매매춘 문제가 심도 있게 고려되고 있지 않음을 단적으로 드러내 준다. 또한 구체적인 내용도 매매춘 예방이나 근절을 위한 적극적 방안을 모색하기보다 그때그때 문제가 되는 쟁점을 무마하기 위한 임시 방편들이 주를 이룬다. 특히 기생 관광이나 미군 매춘에 관한 허용적 태도는 매매춘 근절에 대한 정책 의지를 의심케 할 뿐 아니라 필요한 경우 국가가 여성의 성을 도구화하고 있다는 비판을 면하기 어렵다.

둘째, 모호형이나 도구형 발언이 보수형 발언과 그 뿌리를 같이 하는 것으로 본다면, 정책 담당자들의 전반적 시각은 보수적 경향으로 평가된다. 매매춘 문제를 파악함에 있어 성을 상품화시키는 비인간적이고 여성 억압적인 문제로 인식하기보다 매춘 여성 개인의 일탈적 문제로 간주한다. 소주제별 분석에서 윤락 행위가 55%로 가장 높은 비율을 차지하는데 이 경우 대부분이 윤락 여성에 관한 내용이라는 사실은 매매춘 문제의 근원을 매춘 여성 문제로 동일시하는 시각을 반영한다. 입법부와 행정부를 비교해 보면 보수형은 각각 20%, 27%이고 도구형은 각각 8%, 6%로 입법부와 행정부가 비슷한 비율을 보이지만 진보형에서는 입법부 32%, 행정부 9%로 행정부가 입법부보다 훨씬 보수적이다. 따라서 전반적인 보수적 경향 속에서 행정부가 입법부보다 더욱 보수적 시각을 갖고 있다는 평가가 가능하다. 이러한 맥락에서 그 동안의 매매춘 정책이 주로 매춘 여성의 단속과 계도에만 초점을 맞춰 오고 좀더 적극적인 대안이나 해결책을 제시하지 못해온 측면이 설명된다.

셋째, 매매춘 정책에 대한 정책 담당자들의 보수적 시각의 저변에는 성차별적 이중 윤리를 전제로 하고 있다. 매매춘의 수요자로서 남성의 행위는 '유흥을 원하는 인간의 본성'으로 정당화하고 매매춘의 존재는 '필요악'으로 인정하고 있는 반면 매춘 여성은 매매춘을 발생시키는 문제 집단으로서 단속과 처벌의 대상으로 파악하고 있다.

국내 매매춘의 경우 강력한 단속을 강조하고 폐지를 주장하는 데 비해 외국인을 대상으로 하는 매매춘은 오히려 정책적으로 장려하는 이분화 정책이 일견 상호 모순되어 보이면서도 자연스럽게 공존할 수 있는 이유는 앞에서 설명한 문제들이 복합적으로 작용해서 빚어진 결과로 해석할 수 있다. 이러한 결과는 매매춘 문제에 대한 정확한 이해가 선행되지 않는 한 해결로서 제시되는 정책 역시 왜곡될 수밖에 없음을 시사해 준다는 점에서 매우 중요하다.

물론 전반적인 보수적 분위기 속에서도 진보형 발언이 조금씩 증가해 왔고 특히 5, 6공화국에 와서는 진보형 발언이 우세를 나타내고 있다는 사실은 변화의 가능성으로서 매우 고무적인 현상이다. 그러나 5, 6공화국의 매매춘 관련 발언 11건 중 진보형 발언이 6건이라는 제한된 수적 우세만으로 낙관하기에는 '한 마리의 제비를 보고 봄을 기대하는 것'과 같은 오류를 범하는 것이 될 수도 있다. 행정부의 경우 여전히 과거의 구태 의연하고 보수적인 태도에서 벗어나고 있지 못하고 있을 뿐만 아니라 1989년 한국 여성 개발원에서 발표된 '매매음 방지법' 시안이 아직 국회에 상정도 되지 못한 사실 역시 이를 뒷받침한다. 매매춘 문제가 심각한 사회적 병폐로 제기되고 있고 이에 대한 사회적 여론 역시 과거의 어느 때보다 조성되어 가고 있는 현 시점에서 매매춘에 대한 정책 결정자들의 보다 적극적이고 여성 중심적인 인식의 전환이 요구된다.

마지막으로 본 연구는 다른 정책 결정 과정과의 상호 비교가 검토되지 못한 채 매매춘 정책만을 대상으로 분석이 이루어져 실제의 국정 운영에서 매매춘 정책의 비중이 어느 정도인지, 그리고 정책 시각의 차이는 무엇인지 검토할 수 없다는 한계를 갖는다. 따라서 여타의 정책들과 매매춘 정책간의 발언 비중 혹은 발언 유형별 비교 등에 관한 후속 연구가 이루어지면 매매춘 정책의 입상을 좀더 정확히 파악할 수 있을 것으로 기대한다.(1990, 『여성학 논집』 제7집)

붙임. 「윤락 행위 등 방지법」 주요 내용

제2조 윤락 행위의 정의

1. '윤락 행위'라 함은 불특정인을 상대로 하여 금품 기타 재산상의 이익을 받거나 받을 것을 약속하고 성행위를 하는 것을 말한다.

2. "요보호자"라 함은 윤락 행위의 상습이 있는 자와 환경 또는 성 性으로 보아 윤락 행위를 하게 될 현저한 우려가 있는 자를 말한다.

제4조 금지 행위

누구든지 다음 각호의 1에 해당하는 행위를 하여서는 아니된다.

1. 윤락 행위

2. 윤락 행위의 상대자가 되는 행위

3. 윤락 행위를 하도록 권유, 유인, 알선 또는 강요하거나 그 상대자가 되도록 권유, 유인, 알선 또는 강요하는 행위

4. 윤락 행위의 장소를 제공하는 행위

5. 윤락 행위를 한 자 또는 윤락 행위의 상대자에게 금품 기타 재산상의 이익을 요구하거나 받거나 또는 받을 것을 약속하는 행위

제6조 비밀 보장

이 법 기타 다른 법령의 규정에 의하여 허용되는 경우를 제외하고는 제11조의 규정에 의한 요보호자를 위한 복지 시설 또는 제14조의 규정에 의한 여성 복지 상담소에 종사하는 자는 그 업무 처리중 알게 된 윤락 행위를 한 자 또는 그 상대자에 관한 사실을 누설하여서는 아니된다.

제8조 보호 처분

① 소년부 판사는 소년법 제32조 제1항의 규정에 의하여 윤락 행위를 한 20세 미만의 자에 대하여 보호 처분을 할 필요가 있다고 인정할 때에는 동항 각호의 규정에 불구하고 제11조 제2호의 규정에 의한 선도 보호 시설에 선도 보호를 위탁하는 처분을 할 수 있다.

② 제1항의 규정에 의한 위탁의 기간은 6월로 하되, 소년부 판사는 결정으로써 6월의 범위

안에서 1차에 한하여 그 기간을 연장할 수 있다. 다만, 소년부 판사는 필요한 경우 언제든지 결정으로써 그 위탁을 종료할 수 있다.

③ 제1항의 규정에 의한 처분의 경우에는 소년법 중 보호 사건에 관한 규정을 준용한다.

제10조 선도 보호의 내용

제8조 제1항 및 제9조 제1항의 규정에 의한 선도 보호의 내용은 다음과 같다.

1. 상담 및 치료

2. 개인의 정서 안정과 인격 향상을 위한 교육

3. 사회 적응에 필요한 기술 교육 및 취업 안내

4. 의료 보호, 건강 관리 및 생활 지도

5. 기타 선도 목적을 달성하기 위하여 필요하다고 보건 복지부령이 정하는 사항

제24조 벌칙

① 다음 각호의 1에 해당하는 자는 5년 이하의 징역 또는 1천500만원 이하의 벌금에 처한다.

1. 폭행 또는 협박으로 윤락 행위를 하게 한 자

2. 위계로써 또는 남을 곤경에 빠뜨려 윤락 행위를 하게 한 자

3. 업무, 고용 기타의 관계로 인하여 자기의 보호 또는 감독을 받는 것을 이용하여 윤락 행위를 하게 한 자

② 제1항의 죄를 범한 자가 그 대가의 전부 또는 일부를 받거나 이를 요구 또는 약속한 때에는 7년 이하의 징역 또는 2천만원 이하의 벌금에 처한다.

③ 20세 미만의 자에 대하여 제1항 및 제2항의 죄를 범한 때에는 10년 이하의 징역에 처한다.

제25조 벌칙

① 다음 각 호의 1에 해당하는 자는 5년 이하의 징역 또는 1천500만원 이하의 벌금에 처한다.

1. 영업으로 윤락 행위의 장소를 제공한 자

2. 영업으로 윤락 행위를 알선한 자

3. 제1호 또는 제2호의 범죄에 사용되는 사실을 알고 자금, 토지 또는 건물을 제공한 자

② 다음 각 호의 1에 해당하는 자는 3년 이하의 징역 또는 1천만원 이하의 벌금에 처한다.
1. 영업으로 윤락 행위를 유인 또는 권유하거나 윤락 행위의 상대자가 되도록 유인, 권유 또는 강요한 자
2. 윤락 행위의 장소를 제공한 자
3. 윤락 행위를 알선한 자
4. 영업으로 윤락 행위의 장소를 제공하거나 윤락 행위를 알선하기로 약속한 자
③ 윤락 행위를 하도록 유인 또는 권유하거나 윤락 행위의 상대자가 되도록 유인, 권유 또는 강요한 자는 2년 이하의 징역 또는 500만원 이하의 벌금에 처한다.

제26조 벌칙
① 다음 각호의 1에 해당하는 자는 2년 이하의 징역 또는 500만원 이하의 벌금에 처한다.
1. 제12조 제2항의 규정에 의한 허가를 받지 아니하고 시설을 설치, 운영한 자
2. 제6조의 규정에 위반한 시설 또는 상담소의 종사자
② 다음 각 호의 1에 해당하는 자는 1년 이하의 징역 또는 300만원 이하의 벌금에 처한다.
1. 제14조 제2항의 규정에 의한 허가를 받지 아니하고 상담소를 설치, 운영한 자
2. 제18조 제1항의 규정에 의한 사업의 정지 명령에 위반한 자
3. 제21조 제1항 또는 제2항의 규정에 의한 관계 공무원의 출입, 검사를 거부, 방해 또는 기피한 자
③ 윤락 행위를 한 자 또는 윤락 행위의 상대자가 된 자는 1년 이하의 징역이나 300만원 이하의 벌금, 구류, 또는 과태료에 처한다.

제27조 양벌 규정
법인의 대표자, 법인 또는 개인의 대리인, 사용인 기타 종사원이 그 법인 또는 개인의 업무에 관하여 제24조 내지 제26조의 위반 행위를 한 때에는 행위자를 벌하는 외에 그 법인 또는 개인에 대하여도 각 해당 조의 벌금형을 과한다.

6

직장내 '성희롱'에 대한 이해와 대처 방안의 모색

성희롱은 건전한 직장 문화의 형성을 저해하는 중요한 요소이다. 흔히 남성들은 성희롱을 분위기 좋게 하는 농담이나 '장난 또는 유우머'나 '친밀감의 표현', 심지어는 '직장 생활의 활력소'라고까지 생각한다. 그러나 서로를 인격체로 존중하고 따뜻하게 배려하며 친절하게 대우하는 행위와, 상대를 비하하고 농담의 대상으로 격하시키고 불쾌하게 하는 행위는 분명히 다르다.

전자는 바람직한 직장 문화를 형성하는 필수 요소지만, 후자는 명백히 성희롱으로 오히려 바람직한 직장 문화를 저해한다.

또한 경제적인 측면에서도 성희롱은 상당한 손실을 초래하는 것으로 보고되고 있다. 외국의 많은 연구들은 직장내 성희롱의 방치가 생산성 및 효율성의 저하, 높은 이직률 등으로 인한 다양한 형태의 비용을 치르게 한다는 것을 주장한다.

장정예 그림

1. 머리말

「서울대 조교 성희롱 사건」을 계기로 직장에서의 '성희롱'이 중요한 사회 문제로 부각되었다. 그럼에도 불구하고, 성희롱은 여전히 남녀 관계에서 '흔히 있을 수 있는 일'로 받아들여지거나, 기껏해 '지나친 농담' 혹은 '추근거림' 정도로 여겨지는 것이 현실이다.

서구의 경우 성희롱은 1970년대 중반 이후부터 이미 여성 운동의 주요 이슈로 등장했고, 성희롱에 대한 많은 연구가 축적되어 왔다. 이러한 실천과 연구들을 통해 여성학자들은 성희롱이 남녀간의 혹은 개인간의 사소한 언행이 아니라 사회적인 불평등 구조에서 발생하는 성차별의 문제임을 주장한다.

성희롱은 삶의 장 어디서나 발생할 수 있지만, 가장 빈번히 그리고 가장 전형적인 형태로 드러나는 곳은 직장이다. 직장내 성희롱은 단지 성적 자율권에 대한 침해일 뿐 아니라 노동권 침해라는 특성을 띠게 된다. 이렇게 본다면 성희롱은 사소한 개인간의 문제라기보다 여성의 성적 자율권과 노동권을 침해하는 행위이며, 결국 인권 침해의 문제로서 접근해야 할 것이다.

우리 나라의 경우, 최근 보고된 몇몇 조사들이나, 여성 단체의 상담 사례들을 근거로 미루어 볼 때, 성희롱의 발생 정도나 그것이 여성들에게 주는 정신적, 육체적, 경제적 피해가 이미 심각한 수준임을 알 수 있다. 그러나, 아직도 성희롱 개념이 명확하게 자리잡지 못한 상태이며, 현실적으로 어떻게 대처하고 해결해 나가야 할 것인가가 분명히 정리되지 못하고 있다.

이러한 견지에서, 본 연구는 직장내 성희롱의 개념과 실태를 살펴보고, 이를 기

---

* 이 글은 1994년 김정희, 안연선, 이명선, 이미경과 공동으로 수행한 연구임을 밝힌다. 이후 1999년에 「남녀 고용 평등법」이 개정되어 '직장내 성희롱'에 관한 조항이 첨가되었으며, 「남녀 차별 금지 및 구제에 관한 법률」도 1999년 7월부터 시행되어 직장내 성희롱 예방 교육이 의무화되었다. 관련 법안은 붙임을 참조할 것.

초로 개인, 직장, 국가 차원에서 성희롱 예방 및 대처를 위해 적용할 수 있는 지침서를 계발하는 것을 목적으로 이루어졌다. 구체적인 연구 주제는 다음과 같다.

(1) 성희롱의 개념(범위, 기준 등)을 어떻게 규정할 수 있는가?

(2) 성희롱의 구체적인 실태, 그리고 성희롱의 피해와 영향은 어떠하며, 성희롱의 발생과 유지 구조는 무엇인가?

(3) 개인 근로자, 노동 조합, 사용주, 국가 차원에서의 대책과 법률적, 정책적인 대처 방안은 무엇인가?

이 연구는 성희롱에 관한 국내외의 조사, 연구 결과의 검토, 그리고 일반 직장인 남녀를 대상으로 한 심층 면접, 성희롱 정책 관련 전문가의 조언과 자문을 통해 이루어졌다.

우선, 국내외의 성희롱 관련 조사·연구와, 성희롱 관련 정책이나 법적 적용 사례들을 살펴보는 작업은 성희롱에 관한 선행 연구의 검토 작업으로서의 의미를 갖는다. 성희롱의 실태를 파악하기 위한 심층 면접은 서울에 거주하는 대기업 중심의 사무직, 생산직, 기술/전문직에 종사하는 여성 18명과 남성 12명, 총 30명을 대상으로 이루어졌다. 한편, 성희롱 예방 대처 방안과 구체적인 지침서 계발을 위해 성, 노동, 정책, 법률, 행정 관련 전문가들의 조언과 자문을 참고로 했다.

성희롱에 대한 접근은 성 sexuality의 맥락 안에서 주관적 경험을 이해해야 하는 특수성 때문에, 문제를 이해하고 분석하는 과정에서 여러 모순과 판단상의 갈등을 내포한다. 이러한 문제를 극복하기 위해, 본 연구는 공동 연구로 진행되었으며, 특히 공동 연구자간의 지속적인 토론과 합의를 중요하게 고려했다.

2. '성희롱'의 개념

현재의 '성희롱'이라는 용어는 영어의 '섹슈얼 허래스먼트 sexual harassment'에 해당한다. 섹슈얼 허래스먼트를 직역하면, '성적인 괴롭힘, 위협의 부과'인데, 실제 내용은 그 이상의 '정치적' 의미를 함축한다.

섹슈얼 허래스먼트는 1970년대 중반경부터, '성적 강제'를 반대하는 미국의 여성 운동 단체나 여성학자가 중심이 되어 채택·발전시켜 온 개념으로, 현대 여성 운동의 과정에서 의도적이고 집단적으로 만들어진 조어이다(Kramarae and Treichier, 1985: 413). 섹슈얼 허래스먼트라는 개념의 역사적, 정치적 함의를 고려할 때, 우리 사회에서 그것에 해당하는 개념으로 사용되고 있는 '성희롱'은 적절한 용어라고 보기 어렵다는 비판이 제기되기도 한다. 성희롱은 말 그대로 '성적으로 실없이 놀리는 것'을 의미함으로써, 섹슈얼 허래스먼트라는 용어에서 가장 핵심적인 '권력'의 개념을 담아내지 못한다고 보기 때문이다. 그러나 이미 널리 사용되고 있는 '성희롱'이라는 개념에 권력의 의미를 포함시킴으로써 정치성을 부여해야 할 것인지, 아니면 전혀 다른 용어로 대치해야 할지는 좀더 고려해 보아야 할 과제이다.

이 글에서는 기존의 '성희롱'으로 통념화된 문제를 다룬다는 의미에서, 잠정적으로 '성희롱'이라는 개념을 사용한다. 또한 성희롱 문제를 다루되, 가장 전형적인 형태인 '직장내 성희롱'을 중심으로 논의한다.

구체적으로 성희롱의 의미와 내용, 범위를 어떻게 볼 것인가는 그 동안 성희롱 문제를 다루어 온 학자나 단체들마다 조금씩 차이를 갖는데, 공통적으로 합의되고 있는 논의들을 정리하면 다음과 같다.

(1) 성희롱은 일반적으로 '직장에서 일어나는 원하지 않는 성적 행위의 부과'로 규정된다(Stanko, 1988: 60 ; Russell, 1984: 270). 그러나 성희롱의 범위는 점차 '성적 행위'뿐 아니라 '성별 gender에 기반한 행위'까지 확대되어 규정되고 있다(Commission of The European Communities, 1990: 21). 이러한 범위의 확대는 성희롱이 직장내의 성차별과 밀접히 연관되는 문제임을 시사한다.

(2) 성희롱의 형태는 편의상 '고용 조건형'과 '노동 환경형' 두 가지로 구분된다. 고용 조건형이란 성적 행위에 대한 수용 여부가 명시적으로 또는 암묵적으로 한 개인의 고용에 대한 대가나 조건인 경우, 또는 이러한 행위에 대한 개인의 수용 또는 거부 여하가 당사자에게 영향을 주는 고용 결정의 기초로 사용되는 경우이다.

노동 환경형 성희롱이란 그러한 성적 행위가 개인의 업무 능률을 저해하거나, 위협적, 적대적, 공격적인 업무 환경을 형성할 의도를 띠었거나, 아니면 그 행위로 인하여 이와 같은 결과가 발생하는 경우를 말한다(프리드만 외, 1994: 184). 물론 이러한 구분은 이론적인 것이며, 실제로 두 형태의 성희롱은 동시에 혹은 복합되어 나타날 수 있다.

(3) 성희롱의 범위는 다음과 같은 행위로 유형화할 수 있다.

1) '성적 행위'와 관련된 성희롱 유형은 단지 응시하는 행위에서부터 강간까지의 행위를 모두 포괄한다. 구체적으로는 시각적(불쾌한 응시나 음란한 시선, 성적인 제스츄어 등), 언어적(외설적인 언급, 암시, 농담 등), 육체적(건드리기, 접촉, 애무, 포옹, 추행, 강간 등), 음란물의 전시나 낙서, 성적 봉사 요구(과도한 서비스나 애교의 요구, 술자리에서의 서비스 요구 등)으로 유형화할 수 있다. 시각적, 언어적, 육체적, 음란물의 전시나 낙서가 가해자 일방의 성적 행위라면, 성적 봉사 요구는 피해자의 자발성과 참여까지 요구한다는 특성을 갖는다.

2) '성별에 기반한 행위'란 성별로 그 사람의 평판을 떨어뜨리거나 비웃는 행위 혹은 위협적이거나 육체적으로 학대하는 행위를 의미한다. 가령 외모나 옷에 대한 평가는 직접적으로 성적 행위는 아니지만, 성별에 기반해서 이루어지고, 그러한 행위가 불쾌한 느낌을 주거나 업무에 영향을 준다면, 성희롱으로 볼 수 있다. 또는 명백히 성차별적인 발언("여자가 하는 일은…", "여자 주제에…" 등)이나 여성 비하적인 발언(욕설이나 반말 등), 고정 관념적인 성별 분담(차 대접이나 청소의 요구, 임신이나 출산으로 인한 부당한 대우나 처리 등)의 강요 등도 성에 기반한 성희롱이다.

(4) 성희롱에 피해자의 전형은 없다. 성희롱에 관한 많은 연구들은 피해자의 연령이나 결혼 여부, 직종에 관계없이 누구나 성희롱의 대상이 될 수 있음을 보여 준다. 여성뿐만 아니라 남성도 성희롱의 피해자가 될 수 있으며, 반드시 이성간의 관계만을 전제하지도 않는다(프리드만 외, 1994: 185). 그러나 대부분의 경우 피해자는 여성이며, 같은 피해를 경험한다 해도 남성보다는 여성이 더 취약한 상황에 처할 가능성이 높다.

(5) 성희롱은 일상 생활의 장 어디서나 일어날 수 있지만, 일반적으로 성희롱이 가장 문제가 되는 장은 '직장내'이다. '직장내'라는 개념은 직장이라는 공간적 의미와 직장을 매개로 한 인간 관계(상사나 동료, 부하 등), 그리고 직무를 수행하는 과정을 모두 포함한다. 공간적으로, 성희롱은 보통 직장내에서 일어나지만, 그렇지 않을 수도 있다. 가령, 성희롱이 퇴근 후의 회식이나 야유회 등 업무 이외의 회사 모임 혹은 개인적인 만남의 자리에서 발생했다 해도, 그것이 직장을 매개로 한 인간 관계이거나 직무를 수행하는 과정이라면 직장내 성희롱이다.

(6) 성희롱을 일상적인 남녀 관계 혹은 인간 관계에서 나타나는 친밀함의 표현과 구분시켜 주는 기준은, 그것이 '원하지 않는 행위의 부과'라는 것이다. 원하지 않는 행위란 피해자에게 바람직하지 않거나 불쾌한 것, 혹은 위협적인 것으로 간주되는 행위로, 스스로 자청하거나 부탁하지 않은 행위를 말한다. 일반적으로 원하지 않는다는 것은 피해자의 직접적인 거부 의사로 증명되지만, 암시적인 말이나 거부를 시사하는 행동, 몸짓, 혹은 침묵이나 자리의 이탈 등 간접의 방식으로도 나타난다.

(7) 성희롱의 판단은 피해자 관점을 기초로 한다. 즉 어떤 행동을 받아들일 수 있고 어떤 것을 불쾌한 것으로 간주하는가를 결정하는 것은 피해자의 관점에서 결정되어야 한다.

(8) 피해자 관점의 '주관성'은 여성의 독특한 경험을 고려한 '합리적' 판단이 될 수 있다. 피해자 관점을 존중한다는 주관성의 문제를 해결하기 위해, 미국 법정의 경우, 가상의 '합리적 인간'이라는 기준을 설정했다. 즉 합리적 인간이 그 피해자의 위치에서 그러한 문제의 행위에 대해 어떻게 행동하였을까를 판별한다는 것이다. 더 나아가 미국을 비롯한 유럽 각국에서는 '합리적 여성'이란 기준을 채택하기도 하는데, 이는 남성보다 여성이 더 흔히 성희롱의 피해자가 되는 여성만의 독특한 경험을 고려한다는 의미를 갖는다(프리드만 외, 1994: 190-191).

(9) 성희롱은 성차별의 한 형태이다. 성희롱은 여성의 '성적 자율권' 침해이자, '노동권 침해'라는 이중의 피해를 초래한다. 성희롱은 개인의 성적 행위를 통해 나타나지만, 그것은 사회 구조적인 성별 불평등이라는 권력의 문제를 반영한다.

3. 직장내 성차별로서 '성희롱'의 문제

(1) 성희롱의 실태와 피해

1) 성희롱의 실태

성희롱이 점점 심각한 사회 문제로 대두되고 있음은 누구도 부인하기 어렵다. 그러나 성희롱이 얼마나 빈번하게, 어느 정도 심각한 상황으로 일어나고 있는지는 쉽게 단언하기 어렵다. 그 가장 주요한 이유는 성희롱이 언제, 어디서나 그리고 누구에게나 동일하게 인지될 수 있는 문제가 아니라는 점 때문이다(Commission of The European Communities, 1990; Russell, 1984; Stanko, 1988)

우리 사회에서 성희롱의 실태는 어떠한가? 1991년 「한국 여성단체 협의회」가 직장 여성 696명을 대상으로 실시한 「직장내의 폭행에 관한 조사」 결과에 의하면, 전체 응답자의 83.6%가 언어 폭행을 경험했다고 응답했고, 물리적 폭행을 경험한 사람은 24.4%, 성적 폭행을 경험한 사람은 15.4%로 나타났다. 다른 한편, 「한국 성폭력 상담소」 상담 사례의 분석 결과는 성희롱의 피해가 어느 정도 심각한가를 잘 보여 준다. 1991년 4월부터 92년 7월까지 접수된 성폭력 상담 사례 총 1,024건 중 직장내 성폭력은 117건으로 11%를 차지하는데, 이 중 강간이 97건(83%)이고 성추행이 20건(17%)으로 나타난다.

일반 직장인을 대상으로 한 조사가 성희롱 피해의 광범위함을 보여 준다면, 상담 사례들은 피해의 심각성을 보여 준다. 또한 이들은 우리 사회에서 성희롱의 발생 상황이나 피해의 정도가 상당히 심각한 수준임을 시사한다.

그럼에도 본 연구에서는, 여성들이 성희롱을 경험하고도 그것을 성희롱으로 인식하지 못한 채 막연히 불쾌함을 호소하거나, 남성의 경우 자신이 성희롱을 하고도 전혀 성희롱으로 생각하지 않는 경우를 흔히 발견할 수 있었다. 이는 물론 성희롱에 대한 정확한 이해의 부족에서 기인하는 것으로 판단된다. 이러한 점을 감안해서, 다음 장에서는 더 구체적으로 성희롱의 유형별 사례를 제시하고자 한다.

2) 성희롱의 유형별 사례

성희롱은 '원하지 않는 성적 행위와 성별에 기반한 행위의 부과'이다. 따라서 성희롱의 유형은 크게 '성적 행위'와 '성별에 기반한 행위'로 나누어 살펴볼 수 있다.

가. '성적 행위'의 유형별 사례

'성적 행위'와 관련된 성희롱 유형은 시각적, 언어적, 육체적, 음란물의 전시나 낙서, 성적 봉사의 요구, 다섯 가지로 유형화할 수 있다.

① 시각적 성희롱(불쾌한 응시, 음란한 시선, 성적인 제스츄어 등)

시각적인 것이란 불쾌한 응시나 음란한 시선 등 가해자의 직접적인 시각적 행위와, 가해자의 성적인 제스츄어 등에 의해 야기된 피해자의 불쾌한 시각적 경험 둘 다를 포함한다.

a. 불쾌한 응시나 음란한 시선과 같은 행위가 무엇을 의미하는지 '객관적'으로 설명하기는 쉽지 않다. 그러나 개인의 경험에서, 일상적 행위로서의 응시나 시선 혹은 상대를 긍정적으로 인정하는 의미를 담은 응시나 시선과, 상대를 불쾌하게 할 의도를 갖거나 무시하는 응시, 혹은 음란한 시선을 구분하는 것은 어렵지 않다.

b. 성적인 제스츄어는 성행위를 상징하거나 암시하는 행위(손가락을 든다든가 몸을 흔드는 등)를 말한다. 그러나 명백히 성적인 제스츄어라 할 수는 없어도 옷을 벗는다거나 특정 부위를 노출하는 행위도 성희롱이 될 수 있다. 다음과 같은 사례의 경우, 자신의 행위가 다른 사람들에게 성적인 불쾌감을 주는 행위라는 것을 인식한 후에도 반복된다면 성희롱이 될 수 있다.

남자 직원들이 오후쯤 되면 바지를 추켜세운다고 뒤돌아서 혁대를 풀어서 옷을 추스리는데 그때 팬티가 보이기도 한다. 그럴 때면 굉장히 불쾌하다. 여직원들이 소리 지르거나

204

뭐라고 하면, 남자들은 오히려 "내 팬티 봤어?"하고 말한다.

② 언어적 성희롱(성적인 언급, 암시, 농담 등)
a. 언어적 성희롱의 가장 흔한 것은 성을 암시하거나 빗대는 '우스개 소리' 혹은 농담의 형태나 농담을 가장한 성희롱이다.

작업중에 일이 있으면, 여성의 신체에 비교해서 은근히 말한다. 불량 나면 "잘 빠져야 하는데" 그러고, "팽팽해야 하는데 이렇게 느슨해서"라든가, 아줌마들은 잘 받아치지만, 미혼들은 불쾌해도 대꾸는 못한다.

b. 언어적 성희롱의 또 다른 형태는 언어를 통한 직접적인 성관계 의사의 표현이다. 대부분의 경우 특정 개인을 대상으로 한 성관계 의사로 나타나지만, 역시 농담의 형태를 띠거나 가장하기 때문에 직접적인 대응이 어렵다.

야유회를 갔는데, 한 차장이 여직원에게 "ㅇㅇㅇ씨 끝나고 우리 여관이나 가지"라고 말했다. 다른 사람들은 웃고 넘어갔지만, 그 여직원은 상당히 화가 나서 분개하는 걸 보았다.

③ 육체적 성희롱(건드리기, 접촉, 포옹, 애무, 추행, 강간 등)
a. 육체적 성희롱의 형태는 손을 잡거나, 엉덩이를 툭 치는 행위, 무릎에 앉히는 행위, 포옹이나 뒤에서 안는 행위 등이다.

사무실에서 여직원 엉덩이를 툭 치거나, 엘리베이터 앞에 서 있는 여직원을 뒤에서 껴안는 등의 일이 다반사이다.

신입 사원 시절에 2차로 노래방에 갔는데, 조금 늦게 들어가니 여직원 몇몇이 앉을 자리가 없어 서 있었다. 우리 부장은 술도 취했겠다 또 내가 신입사원이고 여자라 만만하고 하니까 "이리와 이리와" 하더니 갑자기 번쩍 들어안아 자기 무릎에 앉히는 것이었다.

b. 또 다른 형태는, 업무 수행을 빙자해서 혹은 업무 수행을 가장한 육체적 접촉이나 추행 행위이다. 이 경우 가해자의 행위는 은밀하게 이루어지기 **때**문에 피해자는 거부하거나 저항하기가 더욱 어렵다.

한번은 내가 책을 보고 있는데 한 대리가 뒤에서 내 어깨 너머로 양팔을 펴 내 책상을 손바닥으로 짚고 이야기하는 것이다. 완전히 연인과 같은 포즈다. 그러면 어떻게 뒤로 돌아볼 수도 없고, 할수없이 묻는 말에 쌀쌀맞게 대답할 수밖에…

미싱부의 기사는 뒤에서 기계 봐줄 **때** 거의 의도적으로 안고, 어깨에 손을 얹고 농담을 한다. 당하는 쪽은 대꾸하기 어렵다.

c. 가해자의 행위에 대한 수용 여부가 고용 조건이나 불이익을 전제하거나 초래하는 육체적 성희롱의 경우, 고용 조건형에 해당된다.

외국인 기업에 정규직으로 알고 입사했으나, 채용 후 3개월간을 임시직으로 일하라는 말에 수습 기간으로 알고 받아들였다. 그런데 60세인 지사장이 "너를 좋아한다"는 등의 말로 수차례 치근거리기 시작했다… 어느 날, 지사장이 불러 "고참 비서가 나가면 너를 비서로 해주겠다… 너를 좋아한다"고 하며 강제로 키스를 하였다. 뿌리치고 방을 나와버린 오후 지사장으로부터 회사를 그만두라는 통지를 받았다. 이유는 '능력이 부족하다'는 것이었다(「직장내 성희롱 예방과 대책을 위한 공청회」 자료 사례).

④ 음란물의 전시나 낙서

a. 가해자가 고의적으로 음란물을 보여줌으로써 피해자에게 당혹감을 주는 경우, 음란물의 전시나 낙서에 의한 성희롱 형태에 해당된다.

한번은 우리 부장이 일본 여배우의 누드 사진집을 사무실에 가져와 직원들에게 돌렸다. 특히 여직원들을 자기 책상으로 불러 나체 사진들을 펼치며 보라고 했다.

b. 그러나 비의도적인 음란물의 전시나 낙서(가령 벽에 전시된 외설적인 사진이나 달력 등)도 보는 사람이 불쾌감을 느낀다면 성희롱 행위로 판단될 수 있다.

c. 또한 공공 장소에서 외설적인 컴퓨터 게임 등을 함으로써 타인에게 불쾌감을 주거나 작업 환경에 부정적인 영향을 미치는 것도 성희롱이다.

⑤ 성적 봉사 요구(과잉 서비스나 애교, 술자리에서의 서비스 요구 등)

a. 성적 봉사 요구란 업무 수행상 필요한 친절 이상의 과잉 서비스나 애교의 요구를 말한다. 성적 봉사 요구는 사무실 안에서 과도한 서비스나 애교 등을 요구하는 형태로 나타난다.

여자가 좀 다소곳해야 한다든가, 여자가 술자리에서 분위기를 맞출 줄 알아야 한다는 등의 이야기는 사무실에서도 귀에 못이 박히게 듣는다. 예를 들어 부장이 심기가 불편하다 하면 대리나 과장은 여직원에게 부장 기분을 풀어 주라고 한다… 완전히 애교란 애교는 다 나와야 한다.

b. 특히, 성적 봉사 요구의 가장 전형적인 형태는 회의나 회식, 야유회 같은 공식, 비공식적 모임에서 여직원을 상사 옆에 앉도록 강요하거나, 몸을 만지는 행위, 술을 따르게 하는 등의 행위이다.

회식 자리에서는 모든 여직원의 호스티스화가 이루어진다. 우선 회식이 있으면 여직원들은 사복을 갈아 입느라고 늦게 도착하는데, 가보면 부장, 과장의 양 옆자리는 비워 두고 여직원을 앉게 한다. 그렇게 앉아 있으면 마치 기생을 옆에 끼고 술 마시는 것 같은 분위기다… 다른 남자 직원들은 한술 더 떠 "미스 ㅇ, 뭐해, 부장님 술잔 비었잖아"라든가 술자리 분위기 맞추기 위해 여직원들이 술병 들고 다니며 모든 남자들에게 술을 따라주도록 시킨다.

c. 이밖에, 업무 수행 과정에서 상사나 관리자가 여직원에게 고객이 요구하는 필

요 이상의 과도한 서비스에 응하도록 강요하거나, 응하지 않았다고 부당한 처리를 하는 경우도 성희롱이다.

3) 성별에 기반한 행위

a. 직접적으로 성적 행위는 아니지만, 명백히 성별에 기반해서 이루어지고, 그러한 행위가 여직원에게 불쾌한 느낌을 주거나 업무에 영향을 준다면, 성희롱으로 볼 수 있다. 가령, 옷이나 외모, 화장에 대한 평가나 언급이 '여성'이라는 성별에 기반해서 이루어지는 경우, 직접적으로 성적 행위는 아니지만, 성희롱에 포함된다.

외모에 대해 말이 많다. 예를 들어 우리 부서에 뚱뚱한 여직원이 있었는데, 회의 도중에 과장이 그 여직원에게 "뚱뚱해서 배가 접히지?" 하며 낄낄거리고 웃자 그 여직원은 매우 무안해 했다… 그 외에도 머리가 왜 그렇게 빨갛냐? 얼굴에 뭐가 그리 났냐? 피부병이냐 등 남자 직원들의 여직원 외모에 대한 코멘트는 너무나 많다.

b. 또는 명백히 성차별적인 발언이나("여자가 하는 일은…", "여자 주제에…" 등) 여성 비하적 발언(욕이나 반말 등), 고정 관념적 성별 분담(차 대접이나 청소의 요구, 임신이나 출산 등에 의한 부당한 대우나 처리 등)의 강요 등도 성별에 기반한 성희롱이다.

4) 성희롱의 피해와 영향

성희롱은 피해 당사자의 개인적 피해는 물론, 직장 전체에도 부정적인 영향을 미친다. 더 나아가 성희롱은 사회, 국가적인 측면에서 바람직하지 않은 문화적, 경제적 손실을 가져올 수 있다.

가. 개인이 받는 피해와 영향

① 정신적, 육체적 후유증

성희롱의 피해에 대한 서구의 연구들은, 성희롱의 피해자들이 개인적 차이는 있지만, 특정한 종류의 정신적·육체적 후유증을 겪을 수 있음을 지적한다. 정신적 후유증은 분노, 공포, 우울증, 걱정, 불안, 자존심의 손상, 모욕감, 당혹감, 수치심 및 소외감, 무력감, 불안정감 등을 포함한다. 또한 육체적으로 두통이나 식욕 상실, 위장 관계의 병변, 불면증, 체중 감소, 울기 등을 경험한다(프리드만 외, 1994: 183; Commission of The European Communities, 1990: 17; Russell, 1984; Stanko, 1988).

실제로 심층 면접 과정에서 여성들은 성희롱의 경험을 '불쾌하다' '슬펐다' '비참하다' '놀랐다' '기가 막혔다' '울었다' 등의 부정적인 경험으로 호소했다. 뿐만 아니라 그러한 심리적, 육체적 스트레스의 누적은 '울화병'이나 '위장병' 등 더욱 심각한 육체적 후유증으로 나타나기도 한다. 다음의 사례는 데이트의 요구나 용모에 대한 언급, 술자리 참석 강요 등 일상적인 성희롱을 반복해서 경험한 한 여성의 이야기이다.

일의 많고 적음을 떠나 정신적인 스트레스를 극복하는 것이 정말 힘들다. 7 - 8년 다닌 어떤 언니는 울화병에 걸려서… 하도 참아서 가슴이 뜨끔뜨끔하다고 한다… 여기서 오래 근무한 여직원들은 거의 다 그렇다. 나도 머리가 아프고 위장병이 생길 지경이다.

② 자존감의 상실과 자기 비하
성희롱으로 인한 정신적, 육체적 스트레스는 여성의 자존감을 상실시키고 자기 비하를 내면화시킨다. 특히 여성다움을 깊이 내면화한 여성일수록, 성희롱의 경험으로 인한 분노나 불쾌감을 상대에게 표현하기보다, 그 자체를 자신의 탓으로 자책하거나 안으로 삭이려고 노력하게 된다. 다음 사례의 여성은 성희롱의 경험이 어떻게 자기 혐오 감정이나 자신이 하찮은 존재라는 자격지심으로 빠지게 되는가 하는 과정을 잘 보여 준다.

처음 입사해서는 누구나 일에 대한 희망과 흥분이 생기기 마련이다. 나도 아침에 일어나면 오늘 할 일을 생각하고 자기 암시도 하고 그랬다. 하지만 '그런 일(성희롱)'을 자주 겪다 보면 자기 혐오나 자격지심에 빠지게 된다. 내가 아주 하찮은 존재라는 생각이 든다.

사회에 나와 보니 내가 인격으로 대우받는 게 아니라는 것을 알게 되니까…

③ 업무 능력의 저하, 자진 퇴사 등
성희롱으로 인한 정신적, 육체적 스트레스와 그로 인한 자존감 상실이나 자기 비하 등은 노동자로서 여성의 업무 수행의 의욕 저하나 능력의 저하를 가져온다. 위의 사례의 여성은 성희롱으로 인한 심리적 영향이 '무관심하게 일을 처리하게 하고 빠져 나가려고 눈치만 보게 되는' 업무 의욕 저하를 가져온다고 이야기한다.

그런 일을 자주 겪다 보면, 당연히 업무에 방해가 많이 된다. 처음에는 어떻게 해야 유능한 타이피스트가 될 수 있을까 노력하지만 조금만 지나면 모두 달라진다. 우선 무관심하게 일을 처리하게 되었다. 점차 수동적으로 일을 하게 되고 가능하면 피해를 당하지 않겠다는 피해 의식이 생기니까 기회만 있으면 빠져 나가려고 하게 되고, 눈치만 보게 되고…

성희롱으로 인한 업무 의욕의 상실과 능력의 저하는 직장 자체에 의미를 잃게 해서 직장을 그만두게 하는 극단적 결과까지 초래한다. 이 사례의 여성도 결국 직장을 그만두었는데, "그런 직장에 다시 돌아가고 싶지 않다"고 말한다.

④ 업무상 불이익과 부당 대우, 해고 등
정신적, 육체적 피해나 자존감의 손상, 업무 수행 능력의 저하나 자진 퇴사 등이 소위 환경형 성희롱의 피해라면, 특정 개인을 대상으로 성희롱과 관련해 일어나는 업무상 불이익이나 부당 대우, 해고 등은 고용 조건형 성희롱의 유형이다. 이러한 유형은 일반적으로 피해 여성이 성희롱에 대해 거부 의사를 표시하거나 항의를 하는 경우 표면화된다.

만약 회식에 참여하지 않고 내 볼일을 보는 경우, 다음날 회사에 가면 꼭 얼굴 붉힐 일이 생긴다. 아무것도 아닌 것 갖고 트집 잡고 서류도 새로 작성하라고 소리를 지르고…

물론, 심한 경우 성희롱에 대한 항의나 거부로 인해 부서 이동이나 전직, 심지어 해고 등의 조처를 당할 수도 있다. 특히 개인 기업이나 소규모의 사업장에서 근무하는 여성의 경우 성희롱으로 인한 직접적인 불이익을 받을 가능성이 더욱 높을 것으로 추정된다.

나. 기업이 받는 피해와 영향

성희롱은 건전한 직장 문화의 형성을 저해하는 중요한 요소이다. 흔히 남성들은 성희롱을 분위기 좋게 하는 농담이나 '장난 또는 유우머'나 '친밀감의 표현', 심지어는 '직장 생활의 활력소'라고까지 생각한다. 그러나 서로를 인격체로 존중하고 따뜻하게 배려하며 친절하게 대우하는 행위와, 상대를 비하하고 농담의 대상으로 격하시키고 불쾌하게 하는 행위는 분명히 다르다. 전자는 바람직한 직장 문화를 형성하는 필수 요소지만, 후자는 명백히 성희롱으로 오히려 바람직한 직장 문화를 저해한다.

또한 경제적인 측면에서도 성희롱은 상당한 손실을 초래하는 것으로 보고되고 있다. 외국의 많은 연구들은 직장내 성희롱의 방치가 생산성 및 효율성의 저하, 높은 이직률 등으로 인한 다양한 형태의 비용을 치르게 한다는 것을 주장한다(조순경, 1994: 183).

다. 사회적·국가적 손실

성희롱으로 인한 사회적, 국가적 손실을 양적으로 혹은 객관적으로 평가하기는 쉽지 않다. 그러나 성희롱이 여성 개인이나 직장에 미치는 영향을 고려해 보면, 사회적, 국가적 손실 역시 피할 수 없는 결과일 것이다. 성희롱은 인권과 평등을 침해하는 문제이자, 여성 인력의 활용을 저해한다는 점에서 실질적인 손실을 초래할 수 있다.

(2) 성희롱의 발생과 유지 구조

그러면, 성희롱은 어떤 구조에서 발생, 유지되는 것인가? 직장내 성희롱의 문제는 특히 권력 관계를 핵심으로 한다. 여기서 권력 관계란 직장내의 지위와 위계에서 오는 불평등과, 성별을 통해 문화적으로 부과되는 남성과 여성간의 불평등 둘 다를 포함한다. 전자의 경우 직장내의 성차별 구조를 통해, 후자는 우리 사회의 전반적인 성문화를 통해 설명할 수 있을 것이다.

1) 직장내 성차별 구조 : 불평등한 지위와 성적 역할의 기대

우리 사회에서 직장내의 지위나 임금, 승진 등에서의 성불평등 구조는 이미 많은 연구들을 통해 수없이 지적되어 왔다. 임금, 지위상의 불평등한 관계는 모집, 채용에서의 성차별과 고용 후의 교육이나 훈련, 승진 상의 여성 배제와 성차별 관행을 통해 구조화되고 유지, 강화된다. 이와 같은 직장내 불평등한 지위와 권력 관계를 기초로, 대부분 여성을 감독하고 통제하는 지위에 있는 남성은 여직원이나 부하에게 성희롱을 하거나 성적 요구를 할 수 있게 되고, 반면 여성의 취약한 직장내 위치는 성희롱의 피해자가 되거나, 피해를 당하고도 드러내지 못하게 만든다.

직장내 성차별과 관련해서 성희롱을 발생시키는 또 다른 요소는 '여성의 일'에 기대되는 성적인 역할이다. 남성 중심의 사회에서 여성이 노동 시장에 취업한다는 것은 곧 여성의 성 sexuality이 업무의 한 부분을 구성하게 됨을 의미한다(Stanko, 1988: 93). 여성 노동자에게 업무상의 능력 발휘보다 보조 업무나 '직장의 꽃'으로서의 정서적 역할을 기대하는 한, 여성은 성적 대상으로 존재하게 되고 이러한 인식은 곧 여직원에 대한 일상의 성희롱으로 나타나게 된다.

직장내 성차별이 성희롱과 밀접한 연관을 갖는다는 점은, 본 연구의 사례를 통해서도 확인할 수 있었다. 가령, 직장의 성차별 위계 구조와 불평등한 권력 관계를 전형적으로 보여 주는 A기업의 경우, 여직원은 보조 업무자나 직장의 꽃 정도로 인식되는데, 이 회사에서 직장내 성희롱은 거의 일상적으로 빈번하게 나타나고 있었다. 반면, A기업에 비해 여직원의 업무 능력을 인정하고, 가능성은 적지만 승진의 기회를 열어 두고 있는 B기업의 경우, 여직원들의 직업 의식도 투철하고 성희롱도 상대적으로 미약하게 나타났다. 또한 성희롱이 발생하는 경우에도 A기업에 비해 여직원들의 반발이나 거부 의사가 분명했으며, 이러한 여직원들의 태도는 성희롱의 발생을 예방하는 것으로 여겨진다.

2) 성차별 문화: 성의 사회화와 의사 소통의 왜곡

성희롱은 또한 더 일반적인 의미에서 우리 사회의 성차별 문화를 배경으로 발생, 유지된다. 그 중에서도 가장 두드러지는 문화는 성의 사회화와 관련된 문제이다. 성역할 사회화를 기초로 하는 성의 사회화를 통해, 남성은 성적으로 적극적으로 행동하는 반면 여성은 소극적으로 행동하게 된다. 이러한 문화 속에서 남성의 성희롱은 오히려 '남성다운' 행위인 양 받아들여지고, 여성은 성희롱을 당해도 자신의 불쾌함을 명확히 표현하지 못하게 된다. 많은 여성들이 성희롱을 당해도 "혼자 삭히거나, 화장실에 가서 울거나, 불쾌해도 반드시 미소를 띠고 이야기하거나 오히려 상대에게 더 잘해 주는" 반응을 보이는 이유도 여성다움에 대한 고정 관념의 기대를 반영한다. 이러한 여성들의 태도는 남성들로 하여금 여성 역시 남성의 농담이나 신체 접촉(성희롱)을 즐긴다고 오해하게 할 수도 있다. 결국 성희롱이 일어나는 상황에서 남녀간의 의사 소통 왜곡은, 성희롱을 성희롱으로 인식하지 못하게 만들며, 나아가 또 다른 성희롱이나 더 심각한 상황을 초래하게 된다.

이와 같이 볼 때, 성희롱은 우리 사회 전반의 성차별 문화와 직장내에 구조화되어 있는 성차별을 기반으로 발생, 유지된다. 따라서 성희롱의 예방 및 대처 방안은 장기적으로 남녀간의 불평등과 성차별 구조의 변화를 염두에 두어야 할 것이다.

(3) 변화의 가능성

현재 우리 사회에서 직장내 성희롱은 상당히 심각한 문제이다. 그렇다면, 변화는 어떻게 가능한가? 여기서는 변화를 보여 주는 몇 가지 측면을 중심으로 그 실마리를 제시해 보고자 한다.

첫째, 앞장에서 살펴본 기업A와 기업B의 사례 비교는 성희롱의 발생이 직장내 성차별 구조와 밀접히 연관되며, 여성 노동력이 노동력 자체로 정당하게 평가받고 대우받는 것이 성희롱 문제의 해결을 위해 필수적임을 시사한다.

둘째, 대부분의 사람들이 성희롱을 제대로 인식하고 있지 못함에도 불구하고, 소수나마 성희롱의 문제를 정확히 인식하고 성희롱이 일어나는 경우 명확히 자신의 의사를 표명하거나 거부 의사를 밝히는 사례들이 발견된다. 이러한 개인적 변화가 모아질 때 구조의 변화를 가져올 수 있을 것으로 기대되나, 그러한 전환은 의도적이고 집단적인 노력이 개입될 때 가능할 것이다.

셋째, 성희롱 문제의 해결을 위해서는 집단적인 대처가 중요하며, 현실적으로 이를 가능하게 하는 가장 강력한 통로는 노조이다. 그러나 노조 역시 성차별성을 탈피하고 있지 못한 상황에서(안혜성, 1993), 노조가 성희롱 문제를 진지하게 다룰 수 있기 위해서는 노조 자체의 성차별성 극복이 선행되어야 할 것이다.

마지막으로, 이러한 변화들을 뒷받침해 준 주요 원동력이 여성 운동이었음을 지적해야 할 것이다. 지난 몇 년간 여성 운동 단체들을 중심으로 성폭력을 추방하기 위한 연대 활동이 활발히 전개되었으며, 이는 사회 전반에 상당한 영향을 미쳤던 것으로 평가된다. 그러나 개인의 인식이나 행동 양식에 깊게 내재된 성차별을 변화시키기 위해서는 더욱 구체적인 수준에서의 노력, 가령 문화 운동의 전개나 교육 프로그램 등이 적극적으로 활용되어야 할 것으로 여겨진다.

4. 성희롱의 예방과 대처 방안 : 지침서 계발을 중심으로

직장내 성희롱을 예방하고 대처하는 데는 다각적인 접근과 노력이 요구된다. 이 장에서는 (1) 개인 근로자의 대처 방안, (2) 노동 조합, 직원회의 역할, (3) 사용자의 역할, (4) 국가의 역할 — 법적, 제도적 개선점들에 관해 논의하려고 한다. 이를 바탕으로 하여 개인과 노조, 국가가 해야 할 일에 대한 구체적인 지침을 제시하겠다.

(1) 개인 근로자의 대처 방안

근로자 개인은 성희롱을 예방하고 해결하는 기본 단위이다. 성희롱이 없는 근무 환경을 만들기 위하여 근로자가 알아야 할 대처 방안을 다음과 같이 소개한다.

1) 직장내 성희롱 예방을 위한 지침
[표 1]과 [표 2]를 참고할 것.

2) 성희롱 피해를 당했을 때의 대처 방안

가. 명확한 거부 의사를 표시한다.

피해를 당하면 일단 가해자에게 그 행동을 '중지'할 것을 요구한다. 대부분 성희롱 가해자들은 그러한 행위가 친밀감의 표시였다고 이야기한다. 이렇게 생각하는 사람들에게 피해자가 아무런 거부 표시를 안하는 것은 동의하거나 함께 즐긴다고 생각하는 의사 소통의 왜곡을 일어나게 한다. 무엇보다도 처음부터 거부하지 않으면 점점 갈수록 거부하기가 어려워지고 따라서 이러한 성희롱은 지속될 것이다.

거부는 상대의 특성이나 당시의 상황에 따라 다양한 방법을 쓸 수가 있다. 때로는 그 자리에서 벌떡 일어난다거나 자리를 피하는 소극적인 저항을 하거나, 또는 재치 있게 모면을 할 수도 있다. 즉 상대방에게 화를 내지 않으면서도 거부의 뜻을 표시할 수 있는 기술적인 방법을 쓸 수 있다. 하지만 어떤 경우엔 단호하게 거부해야만 통하기도 한다. 문제는 명확하게 거부 의사를 전달해야 하는 점이다.

[표 1] 피해자가 되지 않기 위한 지침

평소 의사 표현을 분명히 하며, 자신 있는 태도를 갖는다.	- 싫고 좋은 것에 대한 의사 표현을 분명히 한다. - 약해 보이고 겁먹기 쉬워 보이면 피해자가 되기 쉬우며, 고분고분하고 자신의 권리를 위해서 싸울 것 같지 않은 사람 역시 피해자가 되기 쉽다.
'성희롱에 대한 사규' Sexual Harassment Policy 가 있는지 확인한다.	- 전임자에게 전에 성희롱이 있었는지를 알아본다. - 소규모 사무실에서 자주 여직원이 바뀌었다면 일단 경계한다.
회사 내에 성희롱이 받아들여질 수 없는 분위기를 조성한다.	- 음담패설에 함께 끼어들어 동조하지 않는다. - 음란한 사진이나 물건을 공공연히 부착하는 등의 행위를 하여 업무를 방해하는 사람에게 이를 중단할 것을 요구한다. - 회사에 성희롱 예방 대책을 요구한다. - 성희롱을 당한 동료를 비난하지 않고, 문제 해결을 위해 공동으로 대처한다. - 자신의 옷차림이나 태도에도 주의를 한다.
공·사를 분명히 하는 태도를 보여 준다.	- 업무상이 아니고 본인이 원하지 않는 경우, 남녀 둘이서 식사나 술을 마시는 자리를 피한다. - 업무 시간 이외에 일을 핑계로 회사에 나오라고 할 때는 동료에게 확인하고, 혼자 가지 않는다. - 상습적으로 부인과의 불화나 고독을 토로하며 접근하는 상사나 동료를 경계한다.
평소 호신술을 배워둔다.	- "내 몸은 내가 지킨다"는 생각을 한다. - 규칙적인 운동으로 체력을 단련한다. 이는 정신적으로도 큰 힘이 된다. - 위급시 소리를 지르거나 상대의 취약 부분 공격, 주위 물건(사무집기 등)을 이용해 위기 상황을 모면한다(사전에 적절한 상황 판단이 중요함).

[표 2] 가해자가 되지 않기 위한 지침

성희롱을 하지 않는다.	- 음담패설을 삼간다. - 직장에서 음란 사진이나 그림을 붙이거나 보지 않는다. - 음란한 컴퓨터 게임 등을 하지 않는다. - 여직원의 외모나 사생활에 참견을 하지 않는다. - 타인과 불필요한 신체 접촉을 하지 않는다.
자신의 행위가 성희롱인지 잘 구별할 수 없을 때…	- 지금 이 행동을 내 가족들이 보는 앞에서도 떳떳하게 할 수 있을지 반문한다. - 내 가족(부인이나 동생, 딸)이 똑같은 경우를 당했을 때를 생각해 본다. - 무심코 한 나의 행동이 성희롱이 아니었나 생각한다(예: 귀엽다고 껴안기, 바지 추스리기, 선정적인 옷차림 등).
여성이 "싫다"고 하면 정말 싫은 것으로 받아들인다.	- 상대가 거부 의사를 보였을 때는 즉각 행동을 중단한다. - 비록 거부가 없었다고 해도 그것을 곧 동의한 것으로 받아들이지 않는다. 불쾌한 표정이나 자리를 피하는 등의 행동을 보일 때는 거부의 표시로 안다. 또한 여성의 거부할 수 없는 상황, 의사 표시를 하기에 어려움을 고려한다.
'남성다움'이 성희롱을 정당화하지 않음을 안다.	- 성적 표현을 자유자재로 하는 것이 남성다움이 아니다. - 여성을 함부로 대해도 되는 존재나, 성적인 대상으로서가 아니라 대등한 동료, 한 인격체로서 대한다.
공사를 분명히 한다.	- 자신의 직위를 이용해 사적인 만남을 요구하지 않는다. - 여직원의 업무상 친절을 사적 호감으로 오해하지 않는다. - 회식이나 야유회에서 여직원에게 술을 따르게 하거나 서비스를 강요하지 않는다. - 식사 대접이나 업무상의 특혜 등 그 어떤 것도 당신에게 성적인 행위를 할 권리를 부여하지는 못함을 안다.
성희롱 없는 회사 분위기를 위해 노력한다.	- 다른 동료가 음담패설이나, 기타 성희롱을 하는 것을 보면 이의를 제기한다. - 성폭력 예방 프로그램에 참여하여 성희롱을 바로 안다.

나. 비공식적, 공식적 항의를 한다.

대부분의 성희롱 피해자가 원하는 것은 가해자를 벌하는 것보다는 성희롱을 중단하게 하는 일이다. 그러므로 첫 단계에서는 가능하다면 문제를 비공식적으로 해결하도록 시도해 볼 수 있다. 거부의 의사를 표시했음에도 불구하고 피해가 계속될 경우, 피해자가 가해자에게 문제의 행동이 본인을 얼마나 불편하게 하고, 일에 방해가 되는지, 그리고 자신이 원하는 것이 무엇인지를 분명하게 밝혀 가해자의 사과를 받아낸다. 이를 위해 직접 가해자를 만나서 항의를 하는 방법과 편지 등을 보내는 방법이 있다.

비공식적으로 항의를 했음에도 피해가 지속되거나, 성희롱 사실을 부인하고 오히려 피해자를 비난하거나 불이익을 줄 경우에는 직장내의 여러 통로를 이용하여 공식적인 항의를 한다. 필요하다고 생각되면 직장내의 다른 여직원에게 이를 알리고, 가해자의 상사, 또는 사용자에게 이를 알리고 시정을 요구한다. 이때 위원회가 요구하는 사건 진술과 증거 자료를 제출한다. 같은 피해를 당한 사람이 있다면 공동으로 대처한다.

다. 법적 소송을 제기한다.

성희롱을 당했거나, '거부' 의사를 표명했음에도 불구하고 지속되는 경우, 또는 성희롱에 항의, 거부하였다는 이유로 고용, 승진, 전직, 해임 등의 불이익을 당한 경우에는 법원에 소송을 제기할 수 있다. 우리 나라에서는 「서울대 조교 성희롱 사건」이 최초의 사건이다.

법률적으로 성희롱의 성립 요건은 외국의 경우 피해자에게 가해진 성적 행위의 강도에 따라 성희롱에 요구되는 행위는 지속성의 정도를 달리한다. 즉 상대방의 신체에 접촉하는 등 직접 행동을 수반하거나 고용 조건부 성관계를 강요하는 정도에 달하는 언행을 했을 경우에는 1회의 행위도 성희롱으로 성립될 수 있다. 그러나 기타 성적 언동에 따른 행위, 특히 언어에 의한 성희롱 등은 원칙적으로 반복, 계속성을 요한다(이종걸, 1994: 73). 한편 현재로선 법적 제재를 할 수 있는 성희롱의 유형은 수인 한도를 넘어서고 신체 접촉을 수반하는 경우에만 국한된다는 견해도 있다(이은영, 1994).

재판 과정에서 요구되는 것은 첫째, 성희롱 사실을 입증하는 것이다. 둘째는 성희롱이 자신의 업무 수행을 방해하거나, 그로 인하여 정신적 건강에 심각한 정도의 악영향을 받고 있었다는 것을 입증하는 점이다. 이를 위해 증거 자료들을 확보하는 일이 매우 중요하다.

현행법 안에서 직장내 성희롱에 관하여서는 첫째, 민사 소송을 할 수 있다. 민사 소송은 성희롱으로 인한 유형적(해고, 불이익한 처우 등), 무형적(정신적 피해) 손해에 대해 손해 배상 책임을 요구할 수 있다. 민사 소송은 변호사를 선임해서 대응한다. 둘째, 형사 소송은 형법이나 성폭력 특별법에 성희롱에 관한 명시가 안되어 있어서 현재로서는 법의 적용이 어려운 상태이다. 단, 추행이나 강간 등 형법에서 인정하는 성폭력 행위에 대해서는 형사 소송을 할 수 있다.

라. 사건에 대한 증거 자료를 확보한다.

공식적, 비공식적인 항의나 법적 소송을 위해서는 증거 자료의 확보가 매우 중요하다. 증거가 될 수 있는 자료와 확보 방법은 다음과 같다.

① 주변에 이 사실을 이야기한다. 회사 내에 공식적인 항의를 하거나 법적인 고소를 할 경우, 피해자가 이들에게 상의했는지의 여부가 판단에 중요한 자료가 될 수 있다.

② 사건 기록을 정확하고 자세하게 정리한다. 언제, 어디에서, 어떤 일이 누구에 의해서 어떻게 일어났는가, 그때의 나의 느낌은 어떠했는가, 가해자에게 '중지'를 요구했을 때 가해자는 어떻게 반응했는가 등. 이러한 기록들은 일기 형식으로 해도 좋으며, 사무실보다 집 등 안전한 장소에 보관하는 것이 좋다.

③ 가능하면 주변의 목격자들의 증언을 모아 둔다(기록, 녹음 등).

마. 여성 단체나 상담 기관에 상담한다.

상담 기관은 위의 어느 단계에서든 이용하여 피해자들이 정신적, 신체적, 법률적 도움을 받을 수 있다. 상담을 하는 것은 먼저 심리적 안정을 얻을 수 있고, 성희롱이 위법 행위이며 자신의 잘못이 아니라는 것을 인식할 수 있는 좋은 계기가 될 것이다.

각 상담 단체마다 약간의 차이는 있지만 전화 상담, 면접 상담, 편지 상담, 집단 상담을 받을 수 있다. 그리고 필요할 경우 피해자를 위한 일시적 보호처인 쉼터를 이용할 수도 있다. 무엇보다 피해 여성들은 이러한 상담 과정을 통해 자신의 문제를 객관화시켜 보고, 자기 자신이 처리해야 할 문제들을 파악하고 대처할 수 있는 힘을 기르는 데 도움을 받을 수 있다. 또한 필요시 고소의 전 과정에 대한 상세한 안내와 기타 법정 지원을 받을 수 있다.

(2) 노동 조합과 근로자 조직

성희롱은 노조와 사용자 모두가 관심을 가져야 하는 사안이다. 성희롱의 발생은 직장내 성차별과 밀접한 관계를 갖는다. 따라서 노조는 직접적인 성희롱 방지책 마련은 물론 직장내 성차별 폐지를 위한 노력을 기울여야 한다. 그러기 위해서 노조는 남성 노조원뿐만 아니라 여성 노조원의 이해를 반영하고자 하는 노력을 게을리해서는 안된다. 또한 노조는 성희롱을 노조 사업의 중요 안건으로 삼고 단체 협약 체결 과정에서 성희롱 문제를 제기해야 한다.

1) 성희롱 예방 지침

① 방침 채택의 건의

성희롱 근절의 의지를 보여주는 방침 채택 자체가 상당한 예방 효과를 갖는다. 따라서 성희롱을 근절시키는 데 기여할 성희롱 방침을 회사가 채택할 것을 촉구한다. 이 정책에는 '고충 처리 통로'와 성희롱 가해자에 대한 처벌 기준이 포함되어야 한다.

② 노조 조직 또는 노동자 조직

첫째, 노조나 노동자 조직이 있어야 한다. 노동자들의 견해를 사용자에게 효과적으로 전달하기 위해서 노동자 조직은 필수적이다. 따라서 노조 활동이 현실적으로 어려운 소규모 회사에서도 어떤 형태로든지 노동자 모임을 운영하는 것이 중요하다.

둘째, 노조나 근로자 조직에 여성 조직과 여성 노조 간부를 두는 것이 일차적으로 필요하다. 노조나 여타의 근로자 조직은 이러한 조직이나 모임의 의견을 종합하여 단체 협약 체결 등에서 적극 반영하여야 한다. 이는 노조가 남성 중심 조직으로 운영될 경우, 여성의 이해나 성차별 등의 문제를 간과할 가능성이 크기 때문이다.

③ 홍보와 교육

모든 노조원들에게 성희롱에 관련된 정보를 제공한다. 정보 제공의 방법으로는 성희롱에 관한 소책자의 발간이나 노조에서 발행하는 자료에 성희롱 관련 정보를 싣는 것, 성희롱에 대한 노조원 교육 등이 있다. 이와 더불어 성차별과 성에 대한 교육을 실시한다.

④ 실태 조사

사내의 성희롱 관련 정보와 전반적 사항을 알아보기 위한 조사를 실시한다. 또한 이 결과를 회사의 소식지나 게시판에 공개하여 사내에서 일어나는 성희롱의 실태나 효과적인 대처 방안 등을 널리 알리는 것이 중요하다.

2) 성희롱 문제의 해결을 위한 지침

성희롱 문제가 제기되면 진지하고 심각하게 다루어야 하며 사안의 성격을 감안한 세심한 배려의 기밀 유지가 필요하다.

① 근로자들의 불만 또는 고충을 처리하는 부서로 「고충 처리 위원회」를 구성하여 이 위원회에 성차별 문제 또는 성희롱 문제를 전담하는 담당자나 하위 부서를 둘 것을 회사에 요구한다. 소규모 사업체와 같이 별도의 담당자 또는 담당 부서를 둘 수 없는 곳에서는 외부 상담소와의 공조 체제를 고려할 수 있다.

② 성희롱 문제가 발생했을 때, 노조는 가능한 한 빨리 성희롱을 중단시키기 위해서 양편을 중재하는 역할을 해야 한다. 원칙적으로 노조는 피해자와 가해자 양측 모두를 별도로 지원하고 대변하는 것이 바람직하다. 그러나 어떤 경우에도 동일한 노조 간부가 동시에 양편을 대변해서는 안된다.

③ 노조는 피해자가 공식적 해결을 원할 경우, 그렇게 할 수 있는 권리를 보장해야 하며 사용자에게 즉각적이고 적절한 대처를 취할 것을 요구한다. 사용자가 적절히 대응하지 않는 경우, 노조는 다른 공식적 해결 방식을 지원해야 한다. 노조는 사건 처리의 결과뿐만 아니라 피해자가 동료나 사용자에게 불이익을 당하지 않도록 보호해야 한다.

④ 성희롱 피해자의 진술서를 보존한다. 담당 부서가 있을 경우는 이를 위임할 수 있다.

(3) 사용자의 역할

성희롱은 개인의 노동권에 대한 침해일 뿐 아니라, 건전한 직장 문화의 저해, 생산성과 업무의 효율성 약화를 초래해 결과적으로 기업 전체의 경제적 피해를 초래하게 된다. 나아가 이러한 피해는 곧 사회적, 국가적 손실이기도 하다. 따라서 사용자는 성희롱이 개인 근로자의 노동권의 보호라는 측면에서는 물론 건실한 기업 운영이라는 측면에서도 중요하고 진지하게 다루어져야 할 사안임을 인식해야 한다. 이러한 점에서 고용주는 성희롱의 피해를 받은 직원이 있으면 그가 누구든 책임을 지고 그를 후원해야만 한다. 경영진과 노조가 협동적으로 개발하고 수행하는 정책이야말로 가장 성공적일 수 있다는 점에서 성희롱의 예방과 해결을 위한 회사의 노력은 노조와 함께 협동적으로 수행되는 것이 바람직하다.

1) 성희롱 예방을 위한 지침

① 방침안의 채택

성희롱에 관한 방침을 입안, 채택한다. 방침에는 성희롱의 정의, 예방 대책, 해결 방안, 각 부서에서 성희롱과 관련해 맡아야 하는 임무와 「고충 처리 위원회」의 신설 등이 명시되어야 한다.

② 방침의 전달

노동자에게 다음의 여러 방식으로 성희롱에 대한 정보를 갖게 한다. 무엇이 가장 적합한 방법인가는 회사마다 다를 것이다. 가능한 한, 관습적인 정보 제공의 방법을 많이 이용하는 것이 바람직하다.

- 회사 규칙, 사규, 단체 협약 등에 성희롱 방지와 해결을 위한 정책을 명시한다.
- 회사의 성희롱 관련 정책을 교육, 홍보한다.
- 노동자에게 정책의 도입을 소개하는 소책자를 제작, 보급한다. 이 소책자는 직원들이 손쉽게 볼 수 있는 곳에 비치하는 것이 바람직하다.
- 전반적인 성교육을 실시한다.

2) 성희롱 문제의 해결을 위한 지침

① 해결 절차의 안내

접수 절차에는 담당자와 담당 부서를 지명하고, 각 부서에서 맡은 성희롱 관련 업무를 명기하며 구체적인 내용을 정한다.

② 「고충 처리 위원회」의 구성

위 위원회를 구성하여 위 위원회 사업의 하나로 성희롱 문제를 다루게 한다. 이 위원회의 성희롱 담당 부서는 인사과 직원, 동료들에게 신뢰받는 특정인, 노조나 여직원회의 회원, 회사의 고문 변호사 등으로 구성하며 전문 상담가가 포함되면 더욱 바람직하다. 성희롱 담당 부서의 구성원은 노조나 노동자의 동의를 얻는 것이 바람직하다.

소규모 사업체로 고충 처리 위원회나 성희롱 담당자나 담당 부서를 둘 형편이 되지 않을 때는 외부 삼담소를 회사 자문 상담소로 지정하는 것이 바람직하다. 그럴 경우, 회사는 자문 상담소를 후원하는 의무를 지며, 회원이 되거나 기타 다른 방식의 지원을 한다.

③ 담당자 교육

성희롱 문제의 처리를 맡는 담당자는 그들의 역할을 효율적으로 수행할 수 있도록 상담 교육은 물론 문제 해결의 가장 바람직한 수단과 회사의 정책과 조처의 세부 사항에 관해 적절한 훈련을 받아야 한다. 상담 교육은 이 분야의 전문 사회 단체의 교육 프로그램을 활용한다.

④ 「고충 처리 위원회」의 성희롱 관련 활동 후원

위원회의 업무가 올바로 수행되기 위해서는 활용할 수 있는 시간, 돈, 공간이 전제 조건으로 요구된다. 예를 들면 담당자는 그들의 일상 업무를 중단할 수 있어야 하며 전용 전화, 사무실 등을 확보하여 일정한 시간에 일정한 자리를 지키고 있는 것 또한 중요하다. 대부분의 성희롱 피해는 여성들이 제기하므로 여성 피해자는 여성 담당자와 문제를 상의할 수 있는 것이 바람직하다.

3) 처리 절차

① 신고

피해 신고는 「고충 처리 위원회」의 성희롱 관련 담당자에게 한다. 피해 신고와 그 처리 절차는 정규 노동자 외에 임시직 노동자, 훈련중인 노동자와 대기 발령중의 노동자에게도 열려 있어야 한다.

② 조사

내부 조사는 피해자와 가해자 양쪽의 권리를 존중하여 세심하게 다루는 것이 중요하다. 신고 후, 처음 몇 주는 관련 당사자 모두에게 힘든 기간이다. 신고자와 추정되는 가해자가 함께 하는 상황이라면 임시적으로 업무를 재배치할 수 있다.

③ 증거

주어진 증거는 보고서로 작성되어야 하며 쌍방은 자신의 증거를 보고하고 그 정확성을 확인해야 한다. 성희롱에 대한 목격자가 없다고 신고가 기각되지는 않는다. 이 경우 사건의 개연성을 평가할 수 있는 자료들, 예를 들면 신고자가 그녀의 의사,

가족, 동료나 친구에게 성희롱을 상의했는지의 여부, 또는 그녀의 행동이나 태도가 추정되는 사건 이후 변화되었는가의 여부 등을 참고하여 조사가 추진되어야 한다.

④ 외부의 협조

절차상의 객관성에 대한 신뢰도를 높이기 위해 「고충 처리 위원회」는 변호사나 외부 상담소의 상담원과 같은 외부 전문가를 사건 해결 과정에 참여시킬 수 있다.

⑤ 증인

신고자와 가해자로 추정되는 양자 모두, 노조 대표나 친구 또는 동료들을 증인으로 세우거나 자신의 대표로 세울 권리가 있다. 추정되는 가해자는 신고 내용에 대해 자세한 설명을 들어야만 하며 이에 답변할 기회를 가져야만 한다. 조사 과정중 엄격히 비밀을 유지하며 증인과의 면담도 비공개로 한다.

⑥ 철회의 가능성

성희롱의 경험을 반복해서 말한다는 것은 피해자에게는 어려운 일임을 인식하고 불필요하게 사건의 반복 진술을 요구해서는 안된다. 원칙적으로 고충 처리 절차는 피해자가 철회를 원하는 시점에서 중단되어야 한다. 그러나 절차를 지속시키는 것이 피해자의 소망을 존중하는 것보다 더 중요한, 예외적인 경우가 있을 수 있다. 예를 들면 일련의 조처가 행해지지 않으면 새로운 피해자가 나오리라는 분명한 증거가 있는 경우 절차를 지속시키는 것이 필요하다.

⑦ 기록 보관

「고충 처리 위원회」는 모든 회의와 조사에 대한 완전한 기록을 보관해야 한다.

⑧ 처벌과 사후 조처

사용자는 「고충 처리 위원회」의 조사 결과에 따라 다음과 같은 제재 조치를 취할 수 있다. 공개 사과, 인사 기록 카드에 기재, 각서 쓰기, 인사 고과 반영, 대기 발령, 해고 등. 결정된 제재 조치는 인사부와의 공조 체제를 통해 실행되어야 한다. 이를 위해 인사부는 인사 관리 규정에 성차별과 성희롱을 금지하는 내용을 포함해야 한다. 예를 들면 근무 평점 표에 성별에 의한 이중 기준을 갖고 평가하지 않을 것, 성희롱, 성폭력의 가해자에게 벌점을 줄 것과 같은 원칙을 포함시킨다. 한편, 「고충 처리 위원회」는 성희롱이 입증된 경우 한 쪽을 재배치하거나 이전시키는 것이 필요한가를 결정하여야 한다. 이때 피해자가 원래 위치에 있고 싶어하는지 옮기고 싶어 하는지를 선택할 수 있어야 한다. 증거 불충분으로 피해가 입증되지 않은 경우도 한 쪽이 원하면, 부서를 이전시키거나 업무를 재조정하는 조처가 취해져야 한다. 단, 이때 신고자가 불이익을 받아서는 안된다.

(4) 국가의 역할 — 법적, 제도적 개선점

국가는 국민 기본권의 수호자로서 국민의 평등권과 노동권, 행복 추구권을 보장해야 한다. 직장내 성희롱 문제가 단순히 개인의 문제가 아니라, 사회 구조에 기인하는 성차별 현상이자 중요한 노동 문제라는 점에서 이의 해결을 위한 국가의 역할이 요구된다. 1993년 제 48차 UN총회에서는 「여성에 대한 폭력 철폐 선언」을 채택하였다. 이 선언은 「여성에 대한 폭력」을 공·사 영역에서 발생할 수 있는 여성에 대한 육체적, 성적, 정신적 침해나 고통, 그러한 행동에 의한 위협, 강제적인 자유의 억압 등이 결과되는 또는 결과가 예상되는 성에 근거한 모든 폭력 행위로 정의한다. 그리고 여성에 대한 폭력을 처벌하고 피해 여성을 구제할 국내법적인 조치를 취할 것 등 다양한 국가의 의무를 규정하고 있다. ILO도 1992년에 성희롱에 대한 보고서를 발간하여 각국의 다양한 법적 규제와 기타 조치들을 제시하고 있다.

우리 나라는 UN 가입국으로서 또한 UN의 차별 철폐 협약의 비준국으로서 그 정신에 입각하여 국내법을 정비해야 할 의무를 지고 있다. 현 정부가 정부 정책으로 확정한 「제1차 근로 여성 복지 기본 계획」(1994년 2월 3일)은 이러한 의무 수행의 일환으로 볼 수 있다. 이 기본 계획은 고용 차별 제도의 개선과 차별 금지를 주요한 내용으로 담고 있다. 여기에는 남녀 고용 평등법의 개정(1994), 시행령·시행 규칙의 제정(1995)을 계획하고 나아가서 「고용 평등 및 여성 근로자의 근로 조건에 대한 법률」을 통합하는 방안이 포함되어 있다. 이 기본 계획에 직장내 성희롱을 예방하고 대처하기 위한 법적, 정책적 차원의 대처 방안이 비중 있게 다뤄져야 할 것이다.

이 장에서는 성희롱 관련법과 정부 관련 부처의 개선 방안을 제시하고자 한다.

1) 관련법의 개정

현행법 체계에서 직장내 성희롱 행위에 대해 그 개념을 설정하거나 이에 대한 법적 규제책을 두고 있는 명문화된 규정은 없다.

외국의 경우 성희롱을 일반적인 성에 대한 자기 결정권을 침해하는 행위로만 이해되다가 최근에는 고용상의 성차별 문제로 보고 있다. 직장내 성희롱에 관련하여 구체적인 법안이 마련되어 있고, 전담 위원회가 활동하고 있는 외국에 비하면 우리 나라는 직장내 성희롱을 방지할 수 있는 제도적 장치들을 시급히 마련하여야 한다.

가. 남녀 고용 평등법의 개정

① 현행 남녀 고용 평등법의 문제

성희롱을 고용상의 성차별로 새롭게 인식하며 이를 방지하지 못한 사용자의 법적 책임을 묻고, 나아가 법적 규제를 위한 움직임이 세계 각국에서 확산되고 있다. 우리 나라 남녀 고용 평등법(이하 '고평법')에는 이러한 성희롱 문제에 대한 명시적 규정이 없다. 더욱이 이 법의 대부분이 그 자체가 실효를 거두기 힘든 노력, 의무 규정으로 이루어져 있으며, 벌칙 있는 금지 규정도 현행 근로 기준법의 벌칙 조항과 상충되거나 오히려 낮은 벌금을 부가하고 있어 그 실효성이 의심스럽다(문소정, 1994: 387).

또한 현행 남녀 고용 평등법에 의한 행정적 분쟁 처리 제도는 지방 노동 관서의 조언, 지도, 권고와 지방 노동청의 직속 기관인 「고용 문제 조정 위원회」에 의한 조정 의뢰 그리고 위원회의 조정으로 되어 있다. 이는 고평법이 제정되면서 성차별 규정과 모성 보호 규정에 관하여 근로자와 사용자 간에 분쟁이 발생한 경우에 사건을 조사하고 조정에 의하여 분쟁을 처리하기 위해 특별히 설치된 행정 기관이다.

그런데 현행의 분쟁 해결 방식인 조정은, 근로자의 정당한 권리 실현이 아니라 일정한 선에서 양보와 타협을 도모하는 절차이며, 국가 기관으로서 적극적으로 분쟁의 시비를 가리고 위법 사실에 대한 시정과 제재를 할 수 있는 권한이 없다. 이러한 「고용 문제 조정 위원회」도 서울시와 직할시에만 설치되어 있다.

더욱이 현행 근로 기준법이나 남녀 고용 평등법의 적용을 받는 사업, 또는 사장은 종업원수가 5인 이상 사업장에만 적용되는 점을 감안하면 실제로 소규모 사업체에서의 성희롱 문제를 규제할 구체적인 대책이 절실히 필요하다.

② 개정해야 할 내용

남녀 고용 평등법에 직장내 성희롱의 금지 규정이 추가되어야 한다. 그 구체적인 내용은 다음과 같다.

첫째, 성희롱의 개념과 범위를 명시한다.

둘째, 성희롱에 대한 보호 대상은 남녀로 한다.

셋째, 성희롱 금지의 의무 주체는 사업주, 기업의 모든 종사자, 그 기업과 관련 있는 거래 회사, 고객, 제3자, 국가와 지방 자치 단체, 노동 조합, 직업 훈련 기관, 직업 안정 기관 등이다.

넷째, 성희롱 행위자의 규제 방법은 벌칙과 함께 손해 배상, 사업주에 의한 문책 인사, 공식 사과 등으로 제재한다.

다섯째, 사용자의 의무를 규정한다. 사용자는 근로 계약 내용이나 독립된 성희롱에 대한 사규 Sexual Harassment Policy 제정의 의무가 있음을 명시한다. 미국의 경우 각 기업 단위와 대학별로 이러한 규약을 갖고 있다. 규약의 주 내용은 성희롱을 예방하기 위한 교육 실시와 주의 조치, 사건 발생시 여성을 포함한 노조 대표와 신속하고 공정한 조사 실시, 피해 근로자를 위한 보호와 원상 회복을 위한 구제, 재발 방지 대책 수립, 이러한 의무 불이행시 행위자와 공동 책임 부과 등이다(김엘림, 1994: 251-252).

나. 형법, 성폭력 특별법의 개정

① 현행 형법, 성폭력 특별법의 문제점

형법에는 성희롱에 해당하는 행위 유형에 관해 처벌 규정이 없다. 관련이 있는 형법 조항은 298조의 강제 추행죄, 303조의 업무상 위력 등에 의한 간음죄, 123조의 직권 남용에 의한 타인의 권리 행사 방해죄, 경범죄 처벌법상 경범죄가 있다.

형법 제298조의 강제 추행에 해당하려면, 강간죄와 같이 추행을 목적으로 협박이나, 폭행이 행사되어 상대방의 의사를 억압할 정도가 되어야 한다. 해고의 위협과 불이익한 처우를 배경으로 한 성희롱에 대해, 가시적 폭력 요소가 발견되지 않는다고 하여 형법은 개입할 수 없게 되어 있는 실정이다.

또한 규제 대상을 간음과 추행으로 규정하고 있어, 가벼운 성희롱의 경우엔 더욱 범죄 행위로 입증하기가 어렵다. 만약 경범죄 등에 의해 성희롱이 범죄 행위로 입증된다 하여도 매우 가벼운 처벌 정도에 그칠 수 있다.

현행 형법뿐만 아니라 현재 정부안으로 제안되어 있는 형법 개정안에도 성폭력에 대해서는 벌금형의 액을 현실화시키는 것과, 흉기를 사용하거나 2인 이상의 합동에 의한 강간(특수 강간)죄 등 일부조항의 신설에 그치고 있을 뿐 성희롱을 적용할 법규정은 없다. 또한 친고죄의 규정으로 피해자의 고소 없이는 상습적인 범죄자라 할지라도 처벌하지 못할 뿐만 아니라, 고소 기간도 1년으로 한정되어 있다.

1994년 4월부터 효력을 발생하고 있는 「성폭력 행위의 처벌과 피해자 보호 등에 관한 법률」에서는 업무, 고용 기타 관계로 인하여 자기의 보호 또는 감독을 받는 부녀에 대하여 위계 또는 위력에 의한 간음의 규정(제11조), 공중 밀집 장소에서의 추행이나 통신 매체 이용 음란죄가 신설되어 있기는 하지만 역시 성희롱 문제가 명시되어 있지는 않다. 따라서 신체 접촉을 동반하는 추행 이외의 성적 농담 같은 언어 희롱을 비롯한 각종 유형의 성희롱을 전반적으로 규제하고 처벌하기가 쉽지 않다. 또한 가해자가 상사가 아닌 동료나 거래처 등의 사람인 경우에는 해당이 안 된다.

② 개정해야 할 내용

현행 형법과 성폭력 특별법을 통한 성희롱 규제의 가능성은 매우 희박하다. 따라서 성희롱 규제의 명문화가 요구된다. 개정 방향에 대한 의견을 다음과 같다.

첫째, 피해자의 대응보다 가해자의 행위의 관점에서 보아야 한다.

둘째, 정조권 침해가 아닌 성적 자기 결정권의 침해 차원에서 접근해야 한다.

셋째, 피해자 보호의 실효성으로 사생활과 비밀 보장의 규정, 피해자권으로 피해자 대리인 제도와 진술서만으로도 증거 인정이 되게 하는 것, 그리고 전담 여성 경찰 설치와 안정된 심문 장소 마련 등이 고려되어야 한다.

넷째, 친고죄를 반의사 불법죄, 또는 비친고죄로 바꾸거나, 친고죄를 존치시킨다고 하더라도 고소 기간이 연장되어야 한다. 직장내의 성희롱 등은 그 행위 직후에 바로 문제가 제기되는 것이 아니라, 피해자가 심리적인 안정을 회복한 후나 또는 직장에서의 불이익이나 퇴직 등의 적극적인 계기가 있는 경우에 비로소 문제가 되는 특수함이 있기 때문이다.

그리고 형사 재판을 하는 중에 피해자의 재산적, 정신적 피해에 대해서 불법 행위로 인한 손해 배상 소송을 하려면 다시 민사 소송에 참여해야 하는데 배상 명령 절차(현행법상 그 대상이 상해와 폭행죄, 그리고 재산 범죄에만 제한됨)를 도입한다면 소송 경제를 도모하고 판결의 모순을 피할 수 있을 뿐 아니라 신속한 원상 회복을 가능케 할 것이다(한인섭, 1994: 65).

2) 정부 관련 부처의 협조

성범죄 근절을 위하여 정무장관(제2)실에서는 제11차 여성 정책 심의 위원회('92. 3. 1)에 「성폭력 근절을 위한 종합 대책안」을 제안, 의결하여 현재 법무부, 보건 복지부, 내무부 등 8개 관련 부처에서 이를 추진하도록 하고 있는데, 성폭력 특별법 제정 이후의 변화된 정책은 아직 나오고 있지 않다.

특히 직장내 성희롱 근절을 위한 대책의 마련이 시급하며, 명실공히 여성 전담 행정 기구로서 정무장관(제2)실은 관련 정책의 수립과 타 관련 부처의 정책 실행을 촉구해야 한다. 또한 「여성 정책 심의 위원회」에 대책 방안을 제출하여 특별 분과 위원회에서 이 문제를 전담하여 다루게 할 수도 있다.

노동부는 성폭력과 1992년 정부 각 부처별로 발표한 「성폭력 근절을 위한 종합 대책」의 일환으로 여성 근로자 100인 이상 고용 사업장에 대하여 성폭력 상담 창구를 설치하도록 지시 공문을 발송했는데, 이후 후속 사업이 이루어지지 않고 있다가 성폭력 특별법(1994년 4월 1일)의 발효로 사업장 내의 상담소의 역할은 지역 상담소로 이전되면서 보건 복지부가 이를 담당하고 있다.

실제 성희롱 문제가 발생하고 피해자가 공식적인 항의를 해왔을 때 이를 담당할 기구가 필요하다. 미국의 경우 국가 기관인「연방 고용 기회 평등 위원회 Equal Em -ployment Opportunity Commission」와 각 주에 지방 사무소를 설치하여 성희롱 문제가 발생했을 때 구체적인 해결을 하고 있다(프리드만 외, 1994). 영국도 이와 유사한 장치를 갖고 있다(ILO, 1992). 본고에서는 이러한 기구의 신설에 대해서 다음 두 가지 안을 제시하고자 한다.

제1안은 현재 노동부 산하에 두고 운용하고 있는「고용 문제 조정 위원회」에「성 평등 위원회(가칭)」을 두어 여기에서 전반적인 성차별로 인한 문제를 다룸과 동시에 성희롱 문제를 전담할 수 있도록 하는 방안이다.「성평등 위원회」의 성희롱과 관련한 주요 업무 내용과 성격은 다음과 같다. 물론 현재의「고용 문제 조정 위원회」가 조정 기구로 구조상 준사법권이나 중재, 판정의 기능은 가질 수 없지만,「성 평등 위원회」의 기능은 특별히 확대하여 다음과 같은 업무를 수행할 수 있게 한다.

- 직장내에서 피해자가 공식, 비공식적 항의를 하였음에도 해결을 하지 못한 사건에 대해 준사법권을 갖고 이를 중재하고 판정한다.

- 직장내 성희롱 예방을 위한 규칙, 행정 지침을 제정한다. 여기에 사용자의 의무 규정을 명시하고 시행 여부를 감독, 지원한다.

- 구체적이고 세부적인 지침서를 제작, 배포한다.

- 현재 각 기업내에 있는「고충 처리 위원회」에 성희롱 전담 부서를 두게 하며 여기에서 성희롱 관련 업무를 함께 하도록 하고 이를 감독, 운영한다.

- 직장내 노동 조합이나「고충 처리 위원회」의 성희롱 상담 전담자의 실무 교육을 한다.

- 기업주들과의 간담회 등의 마련으로 사업장 내에서 직장내 성희롱을 예방하고 규제하는 인사 정책을 제도화하고 적극 실시하도록 지도, 감독한다.

- 성희롱 예방과 규제 등의 정책에 관한 노동조합과 여성 단체들의 의견이나 제안을 수렴할 수 있는 구조를 신설하여 운영한다.

제2안으로는 직장내 성희롱을 포함한 전반적인 성폭력 문제의 예방과 대처를 위해서 국무총리나 정무장관(제2)실의 직속 기관으로서 「성폭력 특별 위원회」(가칭)를 설치하는 방안이 있다. 우리 나라에는 이러한 기관이 1993년 성폭력 특별법 제정시 여성 단체와 민주당 법안에서 「성폭력 특별 위원회」를 국무총리 산하에 두는 것을 주장했지만 법 제정시 그 실효성의 논란으로 거부되었다.

이 위원회는 제1안의 주요 업무 내용과 동일하거나 유사한 역할을 담당하는데 노동부 산하의 「고용 문제 조정 위원회」보다 훨씬 커다란 조직 운영으로 종합적인 대책 마련과 영향력을 갖는다는 차이가 있다.

보건 복지부는 현재 성폭력 피해 여성의 보호 사업을 주관하고 있는데 특히 민간 여성 단체를 지원하는 정책의 마련이 시급하다. 현행법에서는 피해 상담과 보호, 지원에 대해 국가 기관의 주도하에서, 국가 기관의 관점과 통제의 틀 속에서 활동할 수 있도록 규정되어 있다(예: 민간 상담소의 설치·운영을 위해서는 일정한 시설 기준과 자격 요건을 갖춘 종사자를 갖추어야 하고 이를 당국에 신고해야 하며, 사회 복지 법인 등이 보호 시설을 설치·운영하기 위해서는 시·도지사의 허가를 받아야 한다). 반면에 국가적 지원은 '할 수 있다'고만 규정하고 있어 강제성을 부여하고 있지 않다.

우리 나라에서는 민간 단체에서 성희롱 문제의 해결을 위해 압도적인 역할을 하고 있는 실정이며, 또한 다양한 관심과 접근을 구사하는 단체들이 필요하고, 앞으로 생겨날 전망이다. 이들 단체 중 국가의 지원을 기대하는 단체에 대해서는 국가가 경비 보조와 기타의 지원 부분 만큼 감독권을 행사하고, 순수한 민간 단체이고자 하는 단체에 대해서는 그 설치와 운영을 자율성에 맡겨야 할 것이다(한인섭, 1994: 67-69).

법무부가 안고 있는 과제는 새로운 성차별 유형의 하나인 성희롱 문제를 여론 수렴 과정을 거쳐 법조항에 명시하는 것이다. 이와 함께 검찰, 재판부가 가질 수 있는 성차별적 시각이나 통념을 극복하기 위해서 사법 연수 과정과 이후의 과정에 성폭력 문제와 여성 문제에 대한 교육 이수 과정이 기획되고 의무화되어야 한다.

한편 성희롱에서 불쾌감을 주는 대부분의 행동은 남녀 사이에서 받아들여질 수 있는 행동과 불쾌감을 주는 행동에 대한 서로 다른 이해 때문에 일어난다. 이러한 행동은 아동기의 사회화 과정을 통해 시작되므로 초기 학교 교육 과정에 남녀의 성역할을 새롭게 변화시켜야 할 필요가 있다.

이를 위해 교육부에서는 성교육 교과 제도 도입, 성교육 교과서 집필, 성교육 교사 교육, 예산 확보, 성교육 프로그램을 학교 운영 방침에 제도화할 구체적 지침, 학교 주변 유해 환경을 규제할 행정 대안 등을 제시해야 한다. 또 교육부의 기존 교육 사업에 포함되고 있는 교과서의 성차별적 내용 시정, 성역할 고정 관념 시정을 위한 가정·기술 과목 통합, 여학생 진로 지도 교육, 어린이 성교육 등 유아 교육과, 교육 행정직에의 여성 진출 확대 등의 사업에 더욱 내실을 기할 것이 요구된다.

국방부는 군대가 남성들에게 왜곡된 성 인식과 여성관을 습득시키는 주요 장으로 되고 있음을 감안할 때(장필화·조형, 1991), 현역 군인들에 대한 올바른 성교육을 지속적으로 실시하는 것이 필요하며, 예비군 훈련에서도 성폭력 전반에 관한 교육을 의무적으로 실시해야 한다.

공보처는 공보처 자체나 용역 업체에 의뢰한 모니터링 내용 중 시정 건의가 있거나, 여성 단체 등에서 문제 제기한 여성을 상품화시키는 대중 매체의 내용에 대해 관련 방송 위원회를 통해 시정을 하도록 하는 역할 등을 담당할 수 있다. 또한 TV 공익광고 등에 성희롱 예방 내용을 제작하여 홍보한다.

문화 체육부의 역할에는 여성의 문화 활동을 지원하고 바람직한 생활 문화 정착을 위한 관련 사업을 추진하는 것이 포함된다. 이런 사업의 일환으로 '안전한 밤길 되찾기 캠페인'과 같은 사업을 지원하고 추진해 볼 수 있다.

마지막으로 내무부에서는 반상회를 통한 성폭력 예방법의 홍보와 교육, 동회와 구민 회관 등을 활용한 성희롱 예방을 위한 홍보 스티커 부착과 같은 일들을 기획해 볼 수 있다.(1994, 『여성학 논집』 제11집)

붙임 1. 「남녀 고용 평등법 개정 법률」 주요 내용

(법률 제5933호 1999.2.8 공포, 시행)

제2조의 2 '직장내 성희롱'의 정의 및 차별의 범위를 구체적으로 확대

① 이 법에서 '차별'이라 함은 사업주가 근로자에게 성별, 혼인 또는 가족상의 지위, 임신 등의 사유로 합리적인 이유없이 채용 또는 근로의 조건을 달리하거나 기타 불이익한 조치를 취하는 것을 말한다.

② 이 법에서 '직장내 성희롱'이라 함은 사업주, 상급자 또는 근로자가 직장내의 지위를 이용하거나 업무와 관련하여 다른 근로자에게 성적인 언어나 행동 등으로 또는 이를 조건으로 고용상의 불이익을 주거나 또는 성적 굴욕감을 유발하게 하여 고용 환경을 악화시키는 것을 말한다.

제8조의 2 '직장내 성희롱'의 예방

① 사업주는 직장내 성희롱을 예방하고 근로자가 안전한 근로 환경에서 일할 수 있는 여건 조성을 위하여 다음 각호의 조치를 취하여야 한다.

1. 직장내 성희롱의 예방을 위한 교육의 실시

2. 직장내 성희롱을 한 자에 대한 부서 전환, 징계 기타 이에 준하는 조치

② 사업주는 직장내 성희롱과 관련하여 그 피해 근로자에게 고용상의 불이익한 조치를 하여서는 아니된다.

제20조의 2 고용 평등 이행 실태 등의 공표 제도 도입

노동부 장관은 이 법 시행의 실효성을 확보하기 위하여 필요하다고 인정하는 경우에는 고용 평등 이행 실태, 기타 조사 결과 등을 공표할 수 있다. 다만, 다른 법률에 의하여 공표가 제한되어 있는 경우는 그러지 아니하다.

제23조의 2 과태료

다음 각호의 1에 해당하는 자는 300만원 이하의 과태료에 처한다.

1. 제8조의 2 제1항의 규정에 의한 조치를 하지 아니한 자

2. 제20조 제1항의 규정에 의한 보고 또는 관계 서류의 제출을 거부하거나 허위로 보고 또는

제출한 자

3. 제20조 제1항의 규정에 의한 검사를 거부, 방해, 기피한 자

붙임 2. 「남녀 차별 금지 및 구제에 관한 법률」 주요 내용

(법률 제5934호 1999.2.8 제정)

제2조 남녀 차별 및 성희롱의 정의

1. '남녀 차별'이라 함은 정치적 · 경제적 · 사회적 · 문화적 생활의 모든 영역에서 인간으로서의 기본적 자유를 인식 · 향유하거나 권리를 행사함에 있어서 합리적인 이유 없이 성별을 이유로 행하여지는 모든 구별 · 배제 또는 제한을 말한다.

2. '성희롱'이라 함은 업무, 고용 기타 관계에서 공공 기관의 종사자, 사용자 또는 근로자가 그 지위를 이용하거나 업무 등과 관련하여 성적 언동 등으로 성적 굴욕감 또는 혐오감을 느끼게 하거나 성적 언동 기타 요구 등에 대한 불응을 이유로 고용상의 불이익을 주는 것을 말한다.

제3조 고용에서의 차별 금지

공공 기관 및 사용자는 고용 분야에 있어서 남녀의 평등한 기회와 대우가 보장되도록 하여야 하며, 채용, 승진, 전보, 해고, 정년 등에 있어서 남녀 차별을 하여서는 아니된다.

제4조 교육에서의 차별 금지

공공 기관 및 사용자는 교육에 있어서 교육 기회 · 조건 · 방법 등에서 남녀 차별을 하여서는 아니된다.

제5조 재화 · 시설 · 용역 등의 제공 및 이용에서의 차별 금지

공공 기관 및 사용자는 재화 · 시설 · 용역 등의 제공 및 이용에 있어서 남녀 차별을 하여서는 아니된다.

제6조 법과 정책의 집행에 있어서의 차별 금지

공공 기관은 법령에 의하여 직무를 수행하거나 권한을 행사함에 있어서 남녀 차별을 하여서
는 아니된다.

제7조 성희롱의 금지
① 공공 기관의 종사자, 사용자 및 근로자는 성희롱을 하여서는 아니된다.
② 공공 기관의 장 및 사용자는 대통령령이 정하는 바에 의하여 성희롱의 방지를 위하여
교육을 실시하는 등 필요한 조치를 강구하여야 한다.
③ 성희롱은 남녀 차별로 본다.

제8조 남녀 차별 금지의 예외
다른 법률에 규정된 남녀 평등을 촉진하기 위한 잠정적 조치 등은 이 법에 의한 남녀 차별로
보지 아니한다.

제22조 남녀 차별 사항의 조사
① 위원회는 남녀 차별 사항의 시정 신청을 접수한 때에는 지체없이 그 사실에 관하여 필요
한 조사를 하여야 한다.
② 위원회는 중대한 남녀 차별 사항이 있다고 믿을 만한 상당한 근거가 있는 때에는 직권으
로 필요한 조사를 할 수 있다.
③ 위원회는 다른 기관이 처리하는 것이 적절하다고 판단되는 남녀 차별 사항을 그 기관에
이송할 수 있다. 이 경우 이송의 방법·절차 기타 필요한 사항은 대통령령으로 정한다.
④ 위원회는 조사를 개시한 후에도 조사를 계속할 필요가 없다고 인정하는 때에는 이를 종
결할 수 있다.
⑤ 위원회는 접수된 남녀 차별 사항에 관하여 제1항 단서에 의하여 조사를 하지 아니하거나
제3항의 규정에 의하여 다른 기관에 이송한 때와 제4항의 규정에 의하여 조사를 종결한 때
에는 그 이유를 붙여 지체없이 신청인에게 통지하여야 한다.
⑥ 제1항의 조사는 대통령령으로 정하는 특별한 사정이 없는 한 시정 신청을 접수한 날부터
90일 이내에 완료하여야 한다.

제28조 시정 조치의 권고 및 의견 표명

① 위원회는 제22조의 규정에 의한 조사의 결과 남녀 차별 사항에 해당한다고 인정할 만한 상당한 이유가 있을 때에는 남녀 차별임을 결정하고 당해 공공 기관의 장 또는 사용자에게 시정을 위하여 필요한 조치를 권고하여야 한다.

② 제1항의 규정에 의한 시정 조치는 다음과 같다.

1. 남녀 차별 행위의 중지

2. 원상 회복·손해 배상 기타 필요한 구제 조치

3. 재발 방지를 위한 교육 및 대책 수립 등을 위한 조치

4. 일간 신문의 광고란을 통한 공표

5. 기타 대통령령으로 정하는 사항

③ 위원회는 남녀 차별 사항을 조사·결정하는 과정에서 법령·제도나 정책 등의 개선이 필요하다고 인정되거나 부당한 행위 또는 이 법의 규정을 위반할 우려가 있는 사실을 발견한 때에는 당해 공공 기관의 장이나 사용자에게 이에 대한 합리적인 개선을 권고하거나 의견을 표명할 수 있다.

제30조 과태료

① 다음 각호의 1에 해당하는 자는 1천만원 이하의 과태료에 처한다.

1. 제23조 제1항 제1호의 규정에 위반하여 관계 자료·서류 등의 제출을 거부하거나 허위의 관계 자료·서류 등을 제출한 자

2. 제23조 제1항 제2호의 규정에 위반하여 정당한 사유 없이 출석 등을 하지 아니한 자

3. 제23조 제2항의 규정에 의한 실지 조사를 거부 또는 기피한 자

② 제23조 제1항 제3호의 규정에 의하여 감정을 의뢰받은 자가 허위의 감정을 한 때에는 500만원 이하의 과태료에 처한다.

성폭력을 정의하는 데 연속선 개념을 사용하게 되면 모든 여성은 일생 중 어떠한 시기에든지 성폭력을 경험한다는 사실을 드러내줄 수 있다. 대부분의 여성들이 의사에 반하는 강제적인 성관계의 경험을 가지고 있음에도 불구하고 강간을 나와는 먼 엽기적 사건으로 간주한다. 이는 '강간은 밤에 어두운 길목에서 모르는 치한이 저지르는 범죄이며, 여성은 목숨을 내놓고서라도 이에 저항해야 한다'는 통념 때문이다. 그러나 자유 의지에 반하는 성관계는 부부간, 애인 관계에서도 일상적으로 일어나고 있다. 하지만 많은 여성들은 이것이 서로 연관되어 있다는 것을 인식하기 어렵다. 그렇다고 해서 일부 여성들만이 성폭력을 경험한다고 볼 수는 없다. 연속선 개념으로서의 성폭력으로 보면 범죄로 규정되는 강간이라는 흔치 않은 경험과 여성이 일상적 생활에서 당하는 학대적인 경험 사이에는 공통점이 있음을 발견할 수 있게 되고, 이러한 연관을 통해 여성들은 자신들의 다양한 경험들을 성폭력으로 규정할 수 있게 된다.

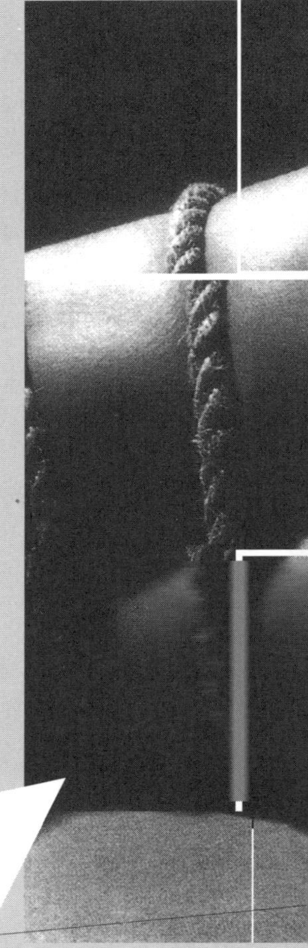

7 여성 체험의 공통성

▲Stéphane Graff,
「Constrictions」, 1990-92
▶ Joel-Peter Witkin,
「Daphné and Apollo」, 1990

이 글은 여성주의에서 주요하게 논의되고 있는 인식론적 문제를 검토하기 위한 시론이다. 여성이라는 범주를 전제하고 따라서 여성은 모두 어떤 공통점을 갖고 있다는 것을 함의하는 여성주의와 여성학의 이론을 점검하는 데 인식 주체와 인식 대상, 그리고 인식 방법의 문제는 핵심적인 문제에 속한다고 할 수 있다.

이 글에서는 첫째, 인식론적 물음의 여성주의적 재구성을 시도한 이상화의 논문을 토대로 해서 여성주의 인식론이 왜 필요한가에 대한 근거를 제시하려고 한다.[1] 여기에서 '가사 노동'은 이해와 분석의 좋은 사례가 될 것이다. 둘째로, "여성의 체험을 인식론적 기반으로 삼고자 하는 시도를 성공시키고자 한다면 여성이라는 범주와 체험이라는 범주를 보다 정교하게 다듬어야 한다"[2]는 이상화의 요구에 응하여, 여성들의 체험에 공통성이 있음을 보이고, 이를 통해 여성이라는 범주의 사용 가능성을 주장하는 여성주의 인식론의 타당성을 밝히고자 한다. 이는 구체적으로 가부장제 문화 속에서의 성에 대한 여성들의 체험을 '성폭력'과 관련시켜서 분석하는 작업으로 드러날 것이다.

1. 여성주의의 인식론적 물음

여성주의에서 논의의 초점이 되는 인식론은 지식 이론이다. 인식론은 어떠한 지식이 대상에 대한 가장 좋은 앎을 줄 수 있는가 하는 기준을 정해 준다는 의미에서

---

1) 1994년 이상화는 한국 여성학회가 주최한 여성학 워크숍에서 「여성주의 인식론에 대한 비판적 성찰」이라는 논문을 발표하면서, "여성주의 인식론은 불필요하며, 가능하지 않다"는 주장을 제기하였다. 이러한 주장이 여성주의 이론에 갖는 함의가 적지 않음에도 불구하고 이에 대한 논쟁적 토론이 전혀 없었다. 이 글은 지난 2년간 필자가 이상화와 협동 세미나 등 여러 가지 형식으로 함께 한 논의를 토대로 쓰여진 것이다.

2) 이상화, 1995, 「여성주의 인식론에 대한 비판적 성찰」, 『한국 여성 철학』, 한울 아카데미, 65쪽.

규범적 주장이다.3) 그리고 인식론은 그러한 기준을 설정할 뿐만 아니라 그 기준을
정당화해야 한다.

그러나 여성주의 인식론은 기존의 인식론이 과학적 지식의 '정당화의 맥락'만을
중요시했고, 과학적 '발견의 맥락'을 소홀히 해왔다고 비판한다. 이는 지적 권위를
부여하고 행사하는 다수가 남성이며, 대부분의 여성들이 그로부터 소외되어 있다
는 점에 주목하는 것이다. 이러한 점에서 여성주의 인식론은 지식에 대한 이해 자
체를 문제시하고, 과학적 지식을 고정된 산물로 보면서 그 객관성과 가치 중립성을
정당화하는 기존의 시각을 거부한다. 이러한 맥락에서 이상화는 여성주의에서 제
기하는 인식론적인 물음을 다음과 같이 정리한다.

(1) 누가 지식을 생산해 내느냐 혹은 누가 지식에 대한 권위를 부여하는가 하는 물음은
지식과 권력과의 상관 관계를 지시한다. 따라서 이러한 물음을 도외시하고 인식론적 기본
물음을 논구할 수는 없다. "누가 아는가?" 하는 물음은 인식 주체에 관한 물음이다. 이는
누가 지식을 생산하는가 하는 물음, 즉 지식 생산자에 대한 물음과 함께 고찰되어야 한다.

(2) "무엇을 아는가?" 하는 물음은 인식 대상에 관한 물음이다. 이는 과학적 지식의 대상
을 누가 선택하고 어떠한 가정으로부터 출발하며, 어떠한 방법론으로 접근하는가 하는 물
음과 함께 고찰되어야 한다.

(3) "(인식 주체가) 인식 대상을 어떻게 아는가?" 하는 물음은 인식 주체와 인식 대상 간에
이루어지는 인식 과정과 참된 인식의 원천에 대한 물음이다. 이 물음은 지식 생산 과정이
어떻게 사회적으로 조직되며, 과학적 지식의 권위를 판정하는 기준이 누구에 의하여 결정
되는가를 함께 고찰해야 답변될 수 있는 물음이다.4)

---

3) Sandra Harding, 1989, "Feminist Justificatory Strategies", in Ann Garry & Marilyn
Pearsall(eds.), *Women, Knowledge and Reality, Exploitations in Feminist Philosophy*, Boston, p.190.
4) 이상화, 위의 글, 50쪽.

"누가 아는가?"라는 첫번째 물음, 즉 인식 주체에 대한 물음은 우선 주체인 '인간'을 어떻게 규정하느냐와 긴밀히 연관되어 있다. 달리 말하자면 인간의 보편성을 전제하는 것을 어떻게 평가할 것인가가 문제된다. 인간은 특정한 역사적 맥락에 있는 사회 속에서 구체적 삶을 꾸려 나가는 존재이다. 인간은 성별, 계급, 인종이라는 육체적 물리적 차이를 가지고 있으며, 또한 각기 다양한 문화적 배경의 구성물로서 집단별 특수성을 갖고 있다. 그런 점에서 어떤 것을 인간의 보편적인 본질로 채택하느냐 하는 것은 결국 지식과 권력과의 상관 관계에서 정해지는 것이라고 할 수 있다. 이성이 인간의 보편적 본질로 채택될 때 인간의 다른 특성들은 주변으로 밀려난다.

여성주의에서는, 남성의 육체를 가지고 남성적 역할만을 수행하는 남성을 인간의 전형으로 상정하고 있다는 점에서 전통적인 인식론을 비판한다. 성별, 계급, 인종 집단이 차지하고 있는 사회적 위치의 차이, 정치적 영향력의 차이, 그리고 경제적 자원에 접근할 수 있는 기회의 차이들을 고려할 때에만 지배적 집단에 속한 구성원이 갖는 인식 주체로서의 권위와 억압받는 집단 구성원이 갖는 인식 주체로서의 권위의 차이를 설명할 수 있다.

둘째로, 인식 주체의 문제는 결코 인식 대상의 문제와 분리되어 있지 않다. "누가 아는가?"는 "무엇을 아는가?"뿐만 아니라 "무엇을 알고 싶은가?" 그리고 "왜 그것을 알고 싶어 하는가?"라는 물음들과 함께 제기되어야 한다. 이것은 인식 주체가 자신의 성별, 계급별, 인종별 위치에서 생겨나는 관심의 틀을 벗어나기 어렵다는 점을 염두에 두어야 함을 의미한다.

지배 집단과 피지배 집단은 서로 다른 지식 추구의 동기를 가진다. 또한 인식 대상, 즉 '알고 싶은 것'을 선정하는 행위는, 어떤 대상은 다른 대상보다 더 중요한 가치를 갖는 반면, 어떤 대상은 사소하거나 무가치한 대상이라는 평가 하에 이루어진다는 사실을 지적할 필요가 있다. 어떤 인식의 대상이 사소하거나 무가치하다는 평가를 받게 되면, 그 대상에 대한 탐구가 전개될 가능성은 희박해진다.

인식 주체와 대상, 그리고 그 인식을 둘러싼 사회적 맥락이 불가분의 관계에 있다는 점을 '가사 노동'에 대한 인식을 예로 하여 검토해 보자. '가사 노동'이란 사회의 유지와 존속을 위해 필수적이지만, 가부장제 사회 속에서는 낮은 가치를 지닌 것으로 이해된다.5) 전업 주부들에게 "무슨 일을 하십니까?"라고 질문하면 "일은 무슨 일요? 집에서 놀지요"라고 대답한다. 주부들의 이런 생각은 '일'이 무엇인가에 대해 사회적으로 규정된 가치 판단을 내면화한 데서 비롯되지만, 동시에 주부들 스스로가 가사 노동을 낮게 평가하는 것은 가사 노동에 대한 사회적 평가 절하를 지속시킨다.

자본주의 사회에서 '노동'의 전형으로 평가받고 있는 것은 '임금 노동'이다. 노동의 대가를 임금으로 지불받지 못한다는 점에서 가사 노동은 임금 노동에 비해 부차적인 것으로 여겨진다. 그러나 임금 노동을 기준으로 가사 노동을 평가하는 것은 많은 문제점을 내포하고 있다. 가사 노동은 임금 노동과 공통점을 지니는 동시에 근본적으로 다른 특성을 지닌다. 가사 노동을 세분화하면 어떤 영역은 자본주의 사회에서 상품으로 또는 서비스로 대체할 수 있지만 어떤 영역은 대체할 수 없다. 즉 의식주와 관련되어 집에서 생산하는 물질과 서비스는 어느 정도 화폐 가치로 환산할 수 있고 대리 노동자에게 넘길 수 있는 부분이 있다.

그러나 전업 주부 가사 노동자는 노동 시장의 임금 노동자와는 다른 특성을 가진다. 고용주가 고용하여 일을 부과하기보다는 가사 노동자가 스스로 업무의 내용과 그 우선 순위를 정한다. 가사 노동자는 정시 출퇴근이 없다. 하지만 그것은 곧 깨어 있는 시간의 전부가 노동 시간이라는 말과 통한다. 그렇다고 정례 휴가나 퇴직 연한이 있는 것도 아니며 노동자로서 보호받을 수 있는 법적 권리가 보장되어 있는 것도 아니다.

더 근본적인 차이는, 가사 노동은 가족 구성원이라는 특정 대상을 위한 평생 노동이며, 가족 구성원 각자의 시기적으로 변화하는 다양한 요구를 적절히 만족시켜

---

5) 그 개념이 만들어진 것은 극히 최근의 일이다. 이는 가사 노동이 수행된 장구한 역사와 견주어서 따로 분석해야 하겠지만 여기에서는 지면상 생략한다.

야 하는 (또는 지금 어떤 가족 구성원에게 무엇이 필요한 것인지를 파악하는 일을 비롯하여) 노동이다. 이것은 지적인 판단, 감성적 반응, 기술, 또한 엄격성 등을 총동원해야 겨우 가능해지는 일이다. 이러한 특성은 당사자들의 계약을 전제로 하는 노동 시장의 '노동' 개념으로는 설명할 수 없다.

그렇다면 가사 노동이 인식 대상으로 선택될 만한 가치가 있는가 없는가를 결정하는 주체는 누구인가? 가사 노동과 무관한 남성 지식인이나, 그리고 또 아내의 가사 노동이 주는 혜택을 받는 것을 당연한 남성적 특권으로 인식하는 남자들이 가사 노동을 가치 있는 인식 대상으로 설정할 이유가 없다. 설령 흥미 있는 대상으로 인정한다 하더라도 자신의 이해 관계를 해치거나 귀찮은 결과를 예견하고 대상에서 제외할 가능성도 있다. 이러한 태도는 지식인 여성에게서도 나타난다. 지식인 여성은 지식인으로 인정받기 위해 이미 권위를 인정받은 지식 영역에서부터 출발하기 때문이다. 지식인 여성이 개인적인 차원에서 가사 노동을 수행하느냐의 여부를 떠나서 그들이 어떠한 동기를 갖고 어떠한 인식 대상을 선택하는가 하는 문제는 이들이 발휘할 수 있는 영향력과 함께 고찰되어야 할 부분이다.

또한 가사 노동을 인식 대상으로 선택한다고 할지라도 인식 주체의 경험에 따라 가사 노동의 의미는 달라질 수 있다. 대부분의 가사 노동은 여성이 수행한다. 극소수의 남자들이 가사 노동을 한다거나 소수의 여성이 가사 노동으로부터 면제되어 있다는 점에 근거하여 가사 노동을 '여성이 수행한다'는 주장에 대해 반론을 제기할 수도 있다. 그러나 실질적으로 가사 노동을 전담하는 남자가 있다 하더라도 그의 경험과 전업 주부의 경험은 다르다. 남자의 역할과 여자의 역할을 구분하는 현모양처 이데올로기가 존재하는 한, 남자가 가사 노동을 전담하는 경험은 전업 주부의 삶을 선택한 여자의 경험과 다를 수밖에 없다. 취업 주부의 경우 가사 노동을 하지 않거나 또는 어느 부분을 대리인이 맡아 한다고 하더라도 끊임없이 임금 노동자로서의 정체감과 주부로서의 정체감이 갖는 괴리에서 갈등한다. 뿐만 아니라 대리인이 맡아 할 수 없는 부분을 임금 노동과 병행하지 않으면 안되는 이중 부담을 갖고 있다. 임금 노동자와 가사 노동자로서의 갈등을 해소하기 위해서는 당사자의 주관적 판단뿐만 아니라 여성의 역할에 대한 지배적 이데올로기와 함께 임금 노동과 가사 노동에 대한 사회적 가치나 분위기가 변화해야 한다.

셋째로 "(인식 주체가) 인식 대상을 어떻게 아는가?"의 문제 역시 가사 노동의 예로써 고찰할 수 있다. 이상에서 살핀 바와 같이 가사 노동은 노동자가 이성적 판단뿐만 아니라 주관성, 감성을 적극적으로 개입하는 노동이며 다양하고 상이한 영역(의식주 관련 영역, 인간 관계, 육아, 경제 등)에서 요구되는 지식과 기술을 갖추어야 수행할 수 있는 노동으로 인식되어야 한다. 또한 가사 노동자가 관계를 맺고 있는 특별한 개인(자녀, 남편, 시부모)의 상황 등을 고려할 때에만 올바르게 인식될 수 있다. 가사 노동을 한 가구의 경제적 위치나 그 가구가 처해 있는 문화적 맥락에서 떠나 이해한다는 것은 불가능하다. 그런 점에서 노동 시장의 '노동' 개념만으로는 가사 노동에 대한 참된 앎에 도달할 수 없다. 전업 주부의 가사 노동을 화폐 가치로 환산하는 것이 만족할 만한 성과에 도달하기 어렵다는 점은 화폐라는 기준이 적용될 수 있는 범위가 한정되어 있고 가치를 양화하는 것에 한계가 있다는 점을 다시 일깨워 준다.

2. '여성' 범주와 여성 체험의 통약 가능성

여성주의에서 여성의 체험을 인식론적 기반으로 삼는 가장 주요한 방식 중의 하나는 여성이라는 범주를 인식 주체로서 사용하는 것이다.[6] 그러나 인류의 절반 이상이 여성이며, 이들은 각기 다른 인종, 계급, 문화적 집단에 속해 있다. 따라서 '여성'이라는 범주를 여성주의 인식론의 인식 주체로 상정하는 데에는 문제가 따른다.

여성이 인식론적으로 타당한 범주가 되기 위해서는 여성과 남성을 결정적으로 구분할

---

6) 이상화, 앞의 글, 61쪽 참조.

수 있는 경험 혹은 일련의 경험들을 모든 여성들이 공유하고 있다는 전제가 입증되어야 한다. 그렇지 않을 경우, 여성적 체험을 강조하는 그 이유가 사라지기 때문이다. 그러나 체험이라는 것은 여성들이 서로 다른 조건 속에서 살고 있다는 엄연한 사실을 고려해 볼 때 모든 여성에게 공통이 되는 보편적인 여성 체험을 발견해 내는 일은 쉬운 일이 아니다.[7]

따라서 이상화는 "여성들 모두가 공통적으로 가지는 체험이 무엇인가가 제시될 수 있을 때에만 비로소 여성이라는 개념은 추상적인 관념에 불과한 것이 아니라 실체적인 내용을 가진 개념으로 지지될 수 있다"고 말한다. 이어서 그는 보편적 주체로서의 여성의 물질적 기반으로 '어머니됨 mothering'이나 '성 sexuality'을 제기하는 입장을 비판한다.[8]

어머니됨의 체험은 경험에 기반을 둔 것이기는 하지만, 어머니됨 혹은 모성이라는 하나의 본질로 여성의 본성을 설명하려는 본질주의를 슬며시 다시 끌어들이게 되는 결과를 초래한다는 비판을 면하기 어렵다. 또한 여성이 자신의 성을 체험하는 방식과 성이 억압의 기제로 작용하는 방식에 대한 무수한 논제들을 생각해 볼 때, 성이 보편적 주체로서의 여성이라는 개념의 물질적 기반을 제공할 수 있는지도 의문시된다.

이 장에서는 여성의 공통적 체험이 있으며 따라서 '여성' 범주가 실체적임을 밝히려고 한다. 그리고 성이 여성을 보편적 주체로 설정하는 조건이 되는지에 대해 그가 제기한 의문을 가부장제 성폭력 문화 속에서의 여성의 위치를 점검하고 성폭력의 연속선 개념을 통해서 검토하면서, 여성 체험이 '여성' 범주의 기반이 될 수 있는 근거를 밝히고자 한다.

---

7) 이상화, 위의 글, 61쪽.
8) 이상화, 위의 글, 61쪽 참조.

(1) 가부장제 문화와 '여성' 범주

임신, 출산 등에 대한 생물학적 지식을 발견하기 이전에 여성의 임신 출산 능력은
경외의 대상이었다. 그러나 남성이 재생산 과정에서 남성의 역할을 발견하여 '부성
父性'을 주장하고 생물학적 가족이라는 배타적 제도를 만들어 가면서 가부장제가
형성된다. 이러한 가부장제의 형성은 '여성의 세계사적 패배'의 과정과 겹친다. 가
부장제 문화에서는 남성이 인간을 대표하는 권위 있는 전형 **architype** 또는 대표적
모델의 자리를 획득하게 되고 여성은 일종의 변종으로서, 남성과 비교해서 '결핍
된', 또는 '열등한' 모조품과 같은 위치를 차지하게 된다.

　가부장제 사회에서 남성 중심의 문화적 상징은 남성의 사회 제도와 조직을 지배
하고 장악하는 권력의 물질적 기반을 자연스럽게 형성하도록 만들지만 동시에 그
기반은 남성 중심의 문화적 상징이 유지·발전될 수 있도록 한다. 가족을 대표하는
가장, 국가를 통치하는 원수 등이 남성이며 위계적으로 낮은 남자들이나 여자들이
가장과 세력을 가진 우두머리의 통제하에 들어가는 것은 자연의 질서처럼 받아들
여진다.

　이러한 가부장제 사회에서 여성이라는 범주는 여자 개개인의 정체감이나 개성
및 특성 이전에 이미 결정되는 것이다. 개별 여성은 그 여자가 속해 있는 가족의
신분이나 계급에 따라, 세력 있는 남성과 친밀한 관계를 맺고 있는 여자로서 (어머
니, 아내, 딸, 애인 등으로서) 남성이 갖고 있는 세력의 한 부분을 향유할 수 있다. 이
러한 점에서 모든 여성들의 구체적이고 개인적인 위치는 달라진다. 그러나 여성이
라는 범주는 여성을 제2의 성으로 규정하는 가부장제 문화 속에서 특정한 상징 작
용을 통해 여성들에게 어떠한 공통적 체험을 하게 한다. 이러한 상징 작용은 여성
들의 삶에 실질적인 영향력을 행사하는 것이다. 이러한 영향력은 가부장제 문화의
여성관, 특히 그 핵심이 되는 성적 행동에서 부각된다.

　가부장제 사회를 구성하는 가부장적 가족 제도는 여성의 성이 통제되지 않으면
존속되지 못한다. '대를 잇는다'는 것은 남성 혈통을 유지하는 것이기 때문에 여성

이 정절을 지키지 않으면 남성 혈통의 정통성을 확인하기 어렵게 된다. 전통 사회에서 여성은 대를 잇는 도구로 취급되는 것이다. 이는 동시에 여성이 일차적으로 남성의 성적 대상으로서만 존재 의미를 갖는다는 것을 뜻한다. 정절을 지키는 여성을 칭송하고 포상하는 '열녀상'과 '열녀문'은 '화냥년'에 대한 낙인과 함께 여성을 성적 존재로 규정하고 여성의 성적 행동을 통제하는 가부장제가 공통적으로 갖고 있는 통제의 기술이다. 성적 행동을 기준으로 정숙한 여성/타락한 여성을 나누는 이분법은 가부장제 사회가 갖는 여성관의 핵심이다. 이것은 개별 여성이 선택하는 다양한 가치관이나 능력, 경험이나 구체적 행위 등과 별개로 이미 주어지는 여성관이다.

여성은 하나의 집단으로서 여성에 대한 가부장제 사회의 성통제를 억압으로 경험한다. 억압이란 주요 경제적·정치적·문화적 제도 안에서 체계적으로 재생산되는 것으로 지배자를 처단하거나 새로운 법을 개정한다고 해서 제거될 수 있는 것이 아니다. 그것은 "한 집단이나 사람들의 범주를 꼼짝없이 그 범주에 남아 있게 하는 여러 세력과 장벽이 에워싸고 있는 구조"이다. 따라서 행위자들의 의도가 좋건 나쁘건 간에, 또는 의식적이건 무의식적이건 간에 가부장제 문화의 여성 억압적 고정관념은 일상 생활의 평범한 상호 작용을 통해서, 매스컴의 거미줄 같은 채널을 거쳐 확산되면서, 또한 시장 메커니즘을 통해 재생산된다. 여성에 대한 주·객관적 인식 평가는 여성의 일, 사회적 정체성, 업적 성취, 관계를 맺는 양식 등에 지대한 영향력을 행사한다. 이는 억압받는 집단에게 실질적인 불이익과 불의를 행사하는 결과를 가져온다.

(2) 인식 대상으로서의 성과 인식 주체로서의 남성과 여성

가부장제 사회의 성에 대한 금기와 통제는 여성에 대한 통제로부터 출발하였다. 앞서 언급한 바대로 가부장제 사회는 여성의 성이 통제되지 않으면 존속되지 못하기 때문이다. 가부장제 사회에서는 여성의 성을 통제하는 만큼 남성도 간접적으로나마 통제되기 마련이며, 일반적으로 성에 대한 담론이 금기시된다. 성을 과학적 지식의 대상으로 인정한 역사는 얼마 되지 않는다. 그것은 성을 금기시하는 전통과 이성 중심적 전통이 결합되어 있는 바탕에서 이해할 수 있다.

그러나 성이라는 인식 대상에 접근하는 인식 주체는 주로 남성이었다. 성은 몸과 불가분의 관계에 있고 여성과 남성은 다른 몸을 갖고 다른 체험을 한다는 사실을 인지한다면, 남성이 인식 주체인 경우와 여성이 인식 주체인 경우 구체적 인식 대상의 설정과 인식 방법은 달라질 수밖에 없다는 점을 알 수 있다. 남성 중심적 인식 대상은 주로 성교, 성행위를 중심으로 설정된다는 특성을 갖는다. 남성의 권위에 의해 성에 대한 일반적 인식은 성기 중심적이고 생리적이며 자율적인 영역으로 이해되어 왔다.

그러나 여성이 성을 이해하는 방식은 매우 다르다. 남성의 몸을 인간의 전형으로 상정하는 문화에서, 여성으로 성장 발육한다는 것은 많은 여자들에게 자신이 여자라는 것을 부정적으로 보게 한다. 탄생의 순간에서부터 여성의 성기는 실망과 좌절을 가져온다. 어린이들은 성기의 생물학적 차이를 배우기 이전에 그 차이에 대한 우열의 평가를 배운다. 소위 2차 성징이 나타나는 시기에 많은 여자들은 자신의 신체 변화에 대해 열등감을 느낀다. "젖가슴이 나오고 나서부터 표가 날까봐 어깨를 펴지 못하고 구부정하게 다녔다"든지 또는 "가슴의 크기와 지성적 이미지는 반비례한다"는 통념 때문에 속상해 하는 것은 사춘기의 여자들이 흔히 겪는 일이다.

그러나 결정적으로 자신이 여성임을 부정적으로 보게 되는 계기는 월경의 시작이다. 월경의 시작 시기와 때맞추어 부모와 교사는 순결 교육을 개시한다. 성을 금기시하고 은폐하는 문화 속에서 순결 교육은 구체적이고 정확한 생물학적 지식조차 제대로 전달하지 못한다. 남녀가 맺는 '관계'에 대한 토론보다는 결혼 전까지는 '조심'하지 않으면 안된다는 메시지를 전달하는 데에만 급급하여 성교육은 여아만을 대상으로 하는 경우가 허다하다. 이는 여자에게 순결의 책임을 일방적으로 부과하는 관행의 연장이다.

결과적으로 여아들은 성에 대한 막연한 두려움과 위축감을 갖게 되는 한편 성폭력의 피해를 입을 때 쉽게 자포자기하는 상황에 이르게 된다. 반면에 남자아이들은 일찍부터 성을 묘사하는 만화, 사진, 포르노 비디오 등에 노출된다. 이러한 매체들을 통해 습득하는 성각본은 '성관계는 곧 성폭력'이라는 등식을 포함하는 것이다. 또한 남아들의 사회화 과정은 여성을 일차적으로 남성의 성적 대상으로 상정하는 과정이다.

일반적으로 생각하는 것보다 훨씬 많은 수의 여자들이 어린 시절에 성폭력을 경험한다. 감당하기 어려워서, 그리고 너무 불쾌해서 기억 속에서 지워 버렸건, 아니면 성장한 후에도 극복하지 못한 채 심각한 문제로 남아 있건 간에 거의 모든 여자들은 성폭력 피해의 경험을 갖고 있다. 한 울타리 안에서 사는 이웃 오빠, 하숙생, 문방구 아저씨, 교사뿐만 아니라, 친오빠, 사촌오빠, 외삼촌, 할아버지, 아버지 등 가해자의 종류는 다양하고 쉽게 거절하거나 저항하기 어려운 권위와 힘을 가진 존재들이다. 이러한 경험을 기억 밖으로 추방하는 것은 성 금기와 여성 통제 문화 속에서 살아남는 생존 기제이기도 하다. 혹시 '정숙하지 못한 여자'로 오해와 낙인을 받을 것이 두려워 엄마에게도 도움을 청하지 못하면서 피해자는 가해자보다 더 큰 죄책감에 시달린다.

여성의 보편적 경험에 가까운 성폭력의 경험은 성적 낭만기라는 성숙 과정을 거치면서 더욱더 기억 저편에 자리잡게 된다. 성장한 여성은 성을 낭만적 환상과 동경의 대상으로 보는 성각본을 채택하게 된다. 이제 여성의 몸은 자신을 사랑하고 흠모하는 남성의 시선의 대상이 된다. 여성은 남성의 눈으로, 그리고 남성의 응시 속에서 자신을 쳐다본다. 이에 대해 개인적으로 저항하고 거부할 수 있지만, 그러한 개인적 결단에도 불구하고 여성은 집단적으로 응시의 대상이 된다. 이는 가부장제 문화의 어쩔 수 없는 단면이다.

이처럼 인식 주체로서 여성과 남성은 성이라는 대상에 대해 상이한 위치에 서 있다. 여성에게 정숙함을 강요하는 규범은 여성이 성을 인식하는 데에 한계로 작용한다. 한 남성의 혈통을 확실하게 보장하기 위해서 여성은 일생 동안 한 사람과의 배타적인 성관계만을 맺을 것이 요구된다. 이러한 상황에서 여성들이 남성과 동등한 성적인 욕구가 있다는 사실을 인정하는 것은 정숙한 여성의 규범을 지키는 데 장애가 된다. 따라서 남성에 의해 성이 통제되는 사회에서 여성은 무성적인 존재로 규정되고, 성적 주체성을 갖는 것은 금지되고, 이로써 성에 대한 여성의 주체적 인식은 불가능하게 된다.

이성애가 규범인 사회에서 여성과 남성은 서로의 성적 대상이다. 그러나 상호 성적 대상이라 하더라도 이들이 맺는 관계는 비대칭적이다. 가부장제 문화에서 지배적인 성각본은 남성을 능동적이고 여성을 수동적인 존재로 규정하면서 재생산된다. 남성이 인식 주체로서 더 우월하고 성적 행위자로서 더 능동적인 존재라는 고정 관념은 우리 사회에서 남성은 잠재적 가해자로, 그리고 여자는 피해자로 되는 것을 어쩔 수 없는 운명으로 받아들이게 한다.

(3) 성문화와 성폭력의 연속선 continuum

남성이 권위 있는 인식 주체이며 적극적 행위자일 때 '성적'이라는 것은 어떻게 규정되는가? 맥키넌은 다음과 같이 말한다.

> 무엇이 성적인 것인가? 남자를 발기시키는 것이다. 그것이 무엇이든 남근을 불끈하게 하면서 힘을 느끼게 하는 것이 섹슈얼리티가 문화적으로 의미하는 것이다. 그것이 두려움이건, 적개심이건, 증오이건, 어린이나 학생이 보이는 무력감이건, 힘없이 취약한 여자이건, (남자를 발기시킨다면) 바로 그것이 성적인 것이다. 자고로 삽입과 성교라고 일컬어져 온 '침해'가 성적 만남의 패러다임이다.[9]

다시 말하면 남성의 성은 여자에 대한 폭력으로 활성화된다는 것이고, 이는 성이 폭력적이며 그래서 아마도 폭력은 성적인 것으로 등치될 수 있다는 것을 함의한다.

---

9) Catharine MacKinnon, 1989, *Toward a Feminist Theory of the State*, Harvard University Press, p. 137.

이러한 맥락에서 잔인한 폭력의 장면을 장시간 자세히 묘사하거나 강간이 일어나는 장면을 에로틱한 성애의 장면으로 변조시키는 영화들은 성관계와 성폭력을 동의어로 만드는 주요 매체라고 볼 수 있다. 여자건 남자건 대중 문화 소비자들은 '에로틱한 강간'의 이미지를 수용하고 이를 실행에 옮긴다. 이를 통해 '강간'은 현실의 한 부분이 된다.

가부장적 성문화 속에서 성은 폭력적인 것이 되며 폭력은 다시 성적인 것이 되면서 성과 폭력의 구분을 하기 어려워진다. 이러한 성문화 속에서 살고 있는 여성들이 경험하는 거의 모든 성관계는 폭력적이며, 이러한 폭력적인 성관계는 성애화됨으로써 폭력적인 측면이 은폐되기 쉽다. 따라서 가부장적 사회 속에 살고 있는 여성들의 다양한 성경험에서 폭력적인 측면을 부각시키기 위해서는 기존의 법에서 사용되고 있는 협의의 성폭력 개념으로는 한계가 있다. 이를 극복하기 위해 '연속선 continuum'으로서의 성폭력 개념을 도입할 필요가 있다.

'연속선'이란 개념은 사전적으로 두 가지 의미를 갖는다. 첫째는 여러 가지 현상이나 사건들의 기저에 깔려 있는 공통적 특질을 가리키고, 둘째는 서로 통해 있으나 쉽게 구분이 되지 않는 일련의 사건들을 연속적인 사건으로 보는 것을 의미한다.10) '연속선' 개념은 이제까지 인식의 방법으로 사용해 온 범주화, 분석의 단위, 객관적 관찰이 놓치고 있는 여성 체험을 이해하게 하는 새로운 개념적 도구이다. 연속선 개념은 체험이 객관적 기준에 의해 구분되어 범주화될 수 있고 이러한 각각의 범주는 다른 범주와 명확히 구별될 수 있는 독자적 특성을 갖는다는 전제를 거부한다. 연속선 개념을 사용하면 모든 여성들이 성폭력을 경험한다는 것을 잘 드러내 줄 수 있다.

성폭력의 연속선 개념에 의하면 모든 성관계에서 공통되는 점은 남성이 여성을 통제할 때 여성을 학대하고 강요하며 무력을 행사하는 등 다양한 방법을 사용하고

---

10) Kelly, L., 1987, "The Continuum of Sexual Violence," in Hanmer J. and M. Maynard (eds.), *Women, Violence and Social Control*, London: Macmillan, p.48.

있다는 것이다. 정대현이 이미 지적한 대로, 강간을 "여성의 동의 없이 남성이 폭력, 공포, 사기를 사용하여 여성과 불법적 육체적 관계를 맺는 범죄"라고 정의하는 것은 강간의 실재를 그려내는 데는 미흡하다.[11] 연속선 개념을 채택하면 강간이 성폭력의 전부로 생각하는 잘못된 통념을 바로잡을 수 있으며, 이에서 더 나아가 다양한 성적인 경험들을 성폭력의 개념에 포함시킬 수 있다. 성폭력에는 여성들이 가부장적 사회에서 경험하는 남성으로부터의 폭력적 위협, 감정적/심리적 손상에서부터 성희롱, 성추행, 성관계에 대한 압력과 위협, 성적 모욕, 음란 전화, 구타, 성기 노출, 강간, 근친 강간 등이 포함된다.

가부장제 하에서 거의 모든 여성들은 남성으로부터 폭력의 위협을 받고 있으며, 성희롱과 성추행을 당하고, 성관계를 맺도록 압력을 받고 있다. 또한 여성들은 가정에서 남성들이 가하는 폭력에도 노출되어 있다. 이러한 성폭력 역시 여성들이 흔히 겪는 것인데 남성이 물리적 폭력을 쓰는 것을 비롯하여 물건을 집어던지면서 화 내는 것, 화를 내면서 말 안하는 것, 집을 나가는 것, 아내가 다른 사람과 접촉하는 것을 통제하는 것, 아내가 가사일을 제대로 수행하지 못하고 있다고 불만을 표출하는 것들이 포함된다.

연속선으로서의 성폭력 개념은 강간이나 근친 강간에서부터 가정내 폭력, 가벼운 성추행에 이르기까지의 다양한 사건들을 포함할 뿐만 아니라 이성애적 성관계에서 여성의 성경험까지도 성폭행의 연속선상에 있는 것으로 볼 수 있게 해준다. 켈리(1987)는 이성애적 성관계에서의 여성의 경험은 동의에 의한 성관계나 강간, 이 둘 중의 하나가 아니라, 선택으로부터 압력, 강제, 힘으로 나아가는 연속선상에 존재하고 있다고 한다. 즉 성관계를 가져야 한다는 압력을 받는 것과 강제적인 성, 강간이라는 범주가 서로 뒤얽혀 있다고 한다. 드워킨(1983)과 맥키넌(1982)도 강간으로 규정되지 않는 모든 육체적 관계를 모두 여성의 동의하에 이루어지는 성이라고

---

11) 정대현, 1995, 「성관계 개념의 여성 억압성」, 『한국 여성 철학』, 한울 아카데미, 150-151쪽.

보는 데에 문제를 제기하면서 강제적인 성, 강요된 성이 여성의 통상적인 경험이라고 주장하였다.

강간이 아닌 육체적 관계에 여성이 응하게 되는 유형은 세 가지로 들 수 있다.

첫째, 여성이 동의하는 경우 : 남녀 모두가 동등한 욕구에 의해 육체적 관계를 갖는 것.

둘째, 여성이 이타적 이유로 육체적 관계를 갖는 경우 : 상대 남자에게 동정을 느끼거나, 또는 거절하는 것에 대해 죄의식을 느끼는 것.

셋째, 여성이 타협의 한 방편으로 육체적 관계를 갖는 경우 : 동의하지 않는 것이 동의하는 것보다 더 나쁜 결과를 갖고 오기 때문에 응하는 것.

첫째의 경우는 이성애적 성관계 내에서 여성들이 쉽게 취할 수 있는 경우는 아니다. 여성이 동등하게 대우받고 동의에 의한 성관계를 맺기 위해서는 '스스로 성관계를 거절할 권리'를 가져야 하며 '내가 욕구를 가지고 있을 때에만 성관계를 맺는 것이 스스로를 존중하는 자세'라는 인식을 가져야 한다. "나는 처음으로 성관계에서 내가 이용당하고 있다는 느낌을 갖지 않고 동등하다고 느끼게 되었다. 그것은 내가 원하지 않았다면 딱 잘라 거부했을 수 있다는 것을 알았기 때문이다."

하지만 대부분의 여성은 성관계를 거부하기가 어렵다. 여성들은 원하지 않는 성관계를 가질 때가 많은데, 이것은 여성들이 성관계를 맺는 것은 자신의 느낌과는 상관없이 상대의 느낌과 욕구에 좌우되는 것으로 생각하기 때문이다. 즉 일종의 의무라고 생각한다는 것이다. "파김치가 되어 퇴근했을 때 그저 쓰러져 자고 싶은데 남편이 만지기 시작하면 '이제 또 시작이다'라는 생각이 든다. 그때 응하는 것은, 집세를 내는 의무와 같이 내가 해야 할 일이라는 생각이 든다."

둘째와 셋째의 경우는 여성이 동의하기 때문이라기보다는, 육체적 관계에 응하지 않으면 발생할 결과에 대한 심리적 부담과 혹은 응하지 않으면 안될 어떠한 압력과 위협이 있기 때문이다. 따라서 성관계가 동의에 의해서 이루어지는가의 문제보다는 그러한 동의가 어떠한 맥락에서 이루어지는가가 중요하다.

성관계를 거절함으로써 원하지 않는 피해와 부정적인 결과를 경험하면 거절은 쉽지 않다. 압력의 상태에서 동의하는 것은 '거절할 수 없다. 그래서 거절하지 않겠다'는 선택이다. 결과적으로는 같은 행위로 나타날 수 있지만 자유로운 동의와 '거절할 수 없어서 거절 안하는' 선택은 크게 차이가 있다. 그런데 '거절할 수 없다'는 판단은 두 가지 요인에 기인한다. 그 하나는 관계하는 두 사람이 갖는 힘의 비대칭성이며, 다른 하나는 남녀 관계와 자신의 권리에 대한 이데올로기이다. 남녀가 동등한 권력을 가질 수 있다 하더라도, 여성에 대한 가부장제 이데올로기는 여성이 성적 주체, 인식의 주체로서 권리를 주장하는 것을 억압한다.

성폭력을 정의하는 데 연속선 개념을 사용하게 되면 모든 여성은 일생 중 어떠한 시기에든지 성폭력을 경험한다는 사실을 드러내줄 수 있다. 대부분의 여성들이 의사에 반하는 강제적인 성관계의 경험을 가지고 있음에도 불구하고 강간을 나와는 면 엽기적 사건으로 간주한다. 이는 '강간은 밤에 어두운 길목에서 모르는 치한이 저지르는 범죄이며, 여성은 목숨을 내놓고서라도 이에 저항해야 한다'는 통념 때문이다. 그러나 자유 의지에 반하는 성관계는 부부간, 애인 관계에서도 일상적으로 일어나고 있다. 하지만 많은 여성들은 이것이 서로 연관되어 있다는 것을 인식하기 어렵다. 그렇다고 해서 일부 여성들만이 성폭력을 경험한다고 볼 수는 없다. 연속선 개념으로서의 성폭력으로 보면 범죄로 규정되는 강간이라는 흔치 않은 경험과 여성이 일상적 생활에서 당하는 학대적인 경험 사이에는 공통점이 있음을 발견할 수 있게 되고, 이러한 연관을 통해 여성들은 자신들의 다양한 경험들을 성폭력으로 규정할 수 있게 된다.

지금까지 연속선 개념을 통하여, 여성들의 성폭력 체험이 여성을 보편적 주체로 설정하는 조건이 될 수 있는지를 검토해 보았다. 여성이 인식론적 범주가 되기 위해서는 여성과 남성을 결정적으로 구분할 수 있는 경험을 모든 여성들이 공유하고 있다는 전제가 입증되어야 한다.

연속선의 개념에서 보면 거의 모든 여성들이 성폭행의 경험을 공유하고 있는 것으로 볼 수 있다. 일상적 삶에서 여성들은 가벼운 성추행에서부터 강간에 이르기까지 성폭력을 경험하고 있다. 뿐만 아니라 여성들은 이성애적 관계에서조차도 성관계를 하도록 압력을 받고, 강요된 성관계를 맺으며 성폭력의 연속선에 놓여 있다.

가부장적인 사회에서 성폭력은 남성과 여성을 뚜렷하게 구분해 주는 경험으로서 주장될 수 있다. 남성 지배 사회에서는 여성이 무성적인 존재로 규정되며, 남성의 성적 만족을 위한 성적 도구로만 대상화됨으로써 여성이 주로 강요된 성, 강제적인 성의 대상이 된다는 특성이 있다. 반면 남성은 성적인 주체로 규정되며, 성적으로 능동적일 것으로 기대됨으로써 성폭력의 가해자가 되거나 잠재적 가해자가 되는 위치에 놓이게 된다. 물론 남성도 성폭력의 대상이 되기도 하지만 이때 가해자는 대부분 여성이 아닌 남성이라는 점에서 남녀의 차이는 확연히 구분된다.

남녀가 성폭력의 경험을 인식하는 데에도 차이가 있다. 여성들은 성폭력을 자신의 의지에 반하는 행위를 하도록 강요받았다는 것보다는 순결을 상실했다는 것에 더 큰 비중을 두고 인식하게 된다. 이는 여성의 순결 상실은 바로 여성성의 상실이며 정숙한 여성에서 타락한 여성이 되어 미래의 삶에서 불이익을 당하기 때문이다. 하지만 남성에 의해 남성이 성폭력을 당했을 경우 남성은 동정을 잃었기 때문이 아니라 성적 주체가 되고, 성을 주도해야 할 남성성이 손상을 입었다는 것으로 인식하게 된다.

우리 사회에서 성폭력 상담소가 만들어지면서 성폭력에 대한 문제 제기를 사회적으로 확산하고 나선 것은 겨우 5년 남짓하다. "매년 성폭력이 증가한다"고 하지만 사실 실제로 성폭력 사건이 증가한 것인지, 아니면 성폭력에 대한 피해자들의 인식이 증가한 것인지를 정확히 파악하기는 어렵다. 즉 성폭력이라는 개념이 존재하기 전에 여성은 자신이 당하는 성폭력을 성폭력으로 인식하지 못한다.

바로 동일한 측면에서 필자는 성폭력의 연속선 개념을 통해 여성이라는 범주를 세우는 것이 중요하다고 본다. 페미니스트가 원하든 원하지 않든 가부장제 문화가 규정하는 여성 범주는 엄연히 존재한다. 가부장제의 여성 범주는 개별 여성의 체험 이전에, 또한 개별 여성의 의지와 상관없이 존재하고 구체적 개별 여성을 여성으로 만들어 낸다. 그러나 개별 여성이 자신의 삶에 깊이 침투해 있는 가부장적 이데올로기를 자각하는 것은 결코 쉬운 일이 아니다. 이러한 가부장적 여성관을 사회적 인식의 장으로 드러내는 것이 바로 여성주의 전략의 핵심적인 측면이다. 그리고 이러한 전략은 여성이 억압의 경험을 정확히 인식할 수 있게 하는 '여성'의 범주화에 의해 가능하다.(1996 겨울, 『계간 철학과 현실』)

성차별과 성윤리
— 성윤리에서의 성적 불평등

여성을 '성적인 물건'으로 보는 것과 '성적 욕망의 대상'으로 보는 것은 구분해야 된다. '대상'은 '목적'이나 '의도하는 바, 또는 목표로 하는 어떤 것'이라는 뜻으로 쓰인다. 예를 들면 관심의 목적, 애정의 목표, 조직의 목표 등을 들 수 있다. 성적 대상 또는 성적 대상화가 '성적 욕망의 목표'라고 한다면 모두 비난할 수만은 없다. 성적 파트너들이 서로를 성적 대상으로 하는 것을 비난할 수 없기 때문이다.

성적 대상화가 도덕적 문제가 되는 것은 여성을 물건으로, 몸뚱아리로, 또는 동물로 간주하는 때, 즉 인간으로서 도덕적으로 동등한 주체로 간주하기에는 지위가 실추되고 비하될 때 도덕적 문제 개념이 된다.

◀ 다산성 토우

▲ 김장섭 사진

1. 머리말

지난 수년 동안 우리 사회의 성 담론은 크게 확대되었다는 것이 일반적 인식이다. 특히 성폭력 문제에 관한 비판 의식은 빠른 속도로 확산되었으며, 이는 성폭력 특별법 제정과 시행이라는 구체적인 변화를 유도하기도 했다.

성폭력에 대한 비판 의식이 빨리 확산될 수 있었던 요인은 우선 대다수의 여성들이 성폭력의 잠재적 피해자로 느끼면서 이 문제에 공감했다는 점이다. 이것은 이전까지 성폭력에 대한 잘못된 통념, 즉 성폭력은 어떤 특정한 (행실에 문제가 있는) 여자들이 남자들의 성충동을 자극하여 일어나는 일이라는 통념을 바로잡아 주는 이론적 작업이 설득력 있는 사례와 함께 제시되었기 때문이기도 하다.

성폭력에 대한 잘못된 통념은 우리 사회의 성과 관련된 통념이라는 빙산의 일각이며 그 뿌리는 보이는 부분과 비교도 할 수 없을 만큼 크고 깊다고 할 수 있다. 성과 관련된 그릇된 통념은 우리 문화에서 남성을 잠재적 가해자로 그리고 여성을 잠재적 피해자로 만드는 주 요인으로 작용한다.

여성학 연구에서는 이미 20여 년 전부터 그 잘못된 통념을 성차별적 성윤리의 문제라고 보고 이를 '이중 규범' double standard of norms의 문제로 지적해 왔다. 이중 규범을 비판하고 단일한 잣대로 윤리적 판단을 내릴 수 있는 합의에 도달할 수 있다면 이는 큰 성과라고 할 것이다.

그러나 일견 단순할 것 같은 이 과제가 쉽지 않은 요인은 성 sexuality에 있어 여성과 남성에게 다르게 적용되는 이중 규범이 성의 영역에만 국한되어 있는 것이 아니라는 점에 있다. 이것은 성별, 즉 섹스 sex와 젠더 gender의 구별 그 자체에 배태되어 있고 성별 구분을 조직 원리로 하여 지탱되고 있는 가족 제도, 노동 시장 및 정치, 경제, 지식 생산의 영역 등 제분야에서 지지되고 있기 때문이다. 성적 sexual 이중 규범은 성별 gender 이중 규범과 상호 보완적인 관계를 지니고 있을 뿐만 아니라 어떤 이론가들의 지적처럼 후자가 전자를 결정한다고 볼 수 있을 만큼 강한 연관 관계를 맺고 있다.

이러한 문제 의식은 성차별적 성윤리를 다루는 데 성 **sexuality** 문제에만 논의를 한정시킬 수 없다는 문제 의식과 통한다. 그보다는 훨씬 더 근원적이면서도 포괄적인 문제, 즉 여성과 남성이 어떠한 사회에서 어떠한 관계를 맺고 살아가는가에 대한 물음이 제기되고 논의되어야 한다는 것을 의미한다. 그런 의미에서 이 글은 성차별은 무엇인가라는 물음과 성윤리는 무엇인가에 대한 물음을 제기하는 것이 우선적인 과제라고 본다. 이 두 문제에 대한 적절한 이해를 가질 수 있어야만 우리의 성윤리에서 어떤 것이 성차별적인가 하는 문제에 접근할 수 있을 것이기 때문이다.

성차별은 일차적으로 여성이 남성과 동등한 대접을 받는가라는 상대적 평등의 문제이지만 더 나아가서는 여성이 인간으로서 존엄성을 인정받으며 살 수 있는 사회 구조가 갖추어져 있는가라는 근원적 물음을 제기하는 문제이다. 여성이 사회 구성원으로서 동등한 주체로 인정받는가 하는 일반적 물음은 윤리적으로는 평등한 도덕적 주체로 인정받는가라는 구체적 물음이 된다.

분석의 대상으로서 성 **sexuality**을 특정한 인간 관계에서 일어나는 특정한 행위로 축소할 때에는 그 특성의 핵심을 놓치게 될 만큼 섹슈얼리티는 많은 관계 속에 또한 많은 행위 속에 의식, 무의식적으로 스며들어 있다. 또한 동일한 관계나 동일한 행위라 할지라도 그 관계나 행위가 어떠한 맥락에서 일어나느냐에 따라 각기에 대한 도덕적 판단은 달라질 수밖에 없다. 요컨대 섹슈얼리티에 대한 연구는 심각한 방법론적인 문제를 제기하지만 아직 만족할 만한 방법론을 정립하지 못한 상태이다. 따라서 이 글은 앞으로 진행해야 할, 더 포괄적인 연구를 위해 중심으로 끌고 들어와야 할 문제들을 짚어봄으로써 성윤리에서 성평등을 논의하기 위한 문제 제기의 시론이라는 점을 밝히고 싶다.

2. 성차별이란 무엇인가?

차별이란 평등한 사회를 지향하는 가치를 전제로 한 문제 개념이다. 인종 차별, 계급 차별이란 개념은 그 개념 자체에 그러한 차별이 부당하다는 문제 의식을 함의하고 있다. 따라서 차별을 극복하는 방향으로 사회가 변화되는 것이 바람직하다는 가치 판단 또한 함의하고 있다고 할 수 있다.

성별이 차별의 근거가 되는 성차별의 문제도 그 발생 원인과, 유지 기제에 대한 논구를 필요로 한다. 인종 차별이나 계급 차별과 마찬가지로 성차별 또한 차별받는 집단1)이 갖고 있는 속성, 차이 등이 차별을 정당화하는 근거로 사용되고 있다. 즉 여성과 남성은 육체적으로, 기질적으로, 또는 능력에 있어서 차이가 있고 그 차이가 차별을 정당화한다는 것이다.

다르게 만들어진 집단을 다르게 대우하는 것은 일견 타당하게 보일 수 있다. 여기서 문제가 되는 것은 첫째, 누가 누구의 관점에서 그 차이를 규정하는가, 둘째, 그 차이에 대한 규정이 과연 옳은가, 셋째, '다르게 대우한다'는 내용의 공정성을 어떠한 기준으로 평가할 것인가의 문제다. 차별은 구별과는 달리 공평하지 못하다는 함의를 갖고 있다. 따라서 다르다는 것을 이유로 공평하지 못한 대우를 하는 것이 차별의 의미이다. 공평하지 못하다는 것은 정의롭지 못한 것이다. 그렇다면 다른 집단을 다르게 대우하는 구별과 차별은 어떻게 정리될 수 있을까? 어떠한 점이 결과적으로 공평하지 못한 불의를 가져오는 것일까?

---

1) 여기서 말하는 집단의 의미를 가장 가깝게 설명하는 Iris Young 의 개념 규정은 다음과 같다. 집단이란 엄밀히 말해 사회적 집단이며 단순히 사람들의 집합을 의미하는 것이 아니다. 사회적 집단은 그 집단 구성원으로서의 정체성 identity을 갖고 있다. 사회적 집단은 문화적 형식, 습관, 삶의 방식에 의해 적어도 다른 하나의 집단으로부터 차별화되는 사람들의 집합이다. 그 구성원들은 유사한 삶의 방식 또는 경험 때문에 서로 친근감을 갖는다. 집단은 사회적 관계의 표현이다. 집단은 적어도 하나의 다른 집단과의 관계에서만 존재한다. Young, Iris Marion, 1990, *Justice and the Politics of Difference*, Princeton University Press.

성차별이 인종 차별이나 계급 차별과 다른 특성은 여성과 남성은 사랑의 관계, 성적 관계 등 친밀함이 강조되는 관계라는 점이다. 인종이나 계급이 분리된 영역에서 거리를 유지하며 다른 문화를 형성하고 살면서 다른 집단적 이해 관계를 갖는 것이 당연시되는 반면에, 여성과 남성은 같은 공간에서 같은 이해 관계를 갖는다는 전통적 사고의 바탕에서 살아간다. "한 여자가 한 남자와 서로 사랑하고 성적 친밀감을 나눈다"는 표현과 "차별받는 집단의 구성원인 여성과 차별하는 집단의 구성원인 남성이 사랑하고 성적 친밀감을 나눈다"는 표현 사이에 놓여 있는 간격을 이해하기 위해서는 다양한 분석과 폭넓은 성찰이 요구된다. 그 간격을 은폐하고 무감각하게 만드는 것은 사랑과 성에 대한, 남자와 여자에 대한 지배적 이데올로기의 힘일 수도 있고, 개인과 집단을 분리하여 사고하는 사고 습관일 수도 있지만 더 그 실체를 밝혀 볼 필요가 있다.

다음에서는 페미니즘에서 다루고 있는 성차별의 문제를 간략히 요약하여 성차별의 문제가 무엇인지를 정리할 것이다. 이를 위해서 성별 차이와 성차별이 어떻게 연결되는지에 초점을 맞추어 보겠다.

(1) 자유주의적 문제 제기[2]

자유주의 사상을 그 사상적 기초로 하고 있는 여성주의 이론은 개인의 자율과 자아 성취를 보장하는 사회가 바람직한 사회이며, 모든 인간은 자신의 자유와 권리를 행사할 수 있는 선택권을 가져야 한다고 믿는다. 인간의 권리는 인간 고유의 이성, 합리성 등 사고와 판단 능력을 근거로 한 것이며 여성도 남성과 동등한 이성 능력의 소유자라는 견지에서 남성과 동등한 권리를 가져야 한다고 주장한다.

그러나 이러한 권리를 가져야 하는 '인간'이라는 범주에 포함되는 사회 집단은

---

2) 더 자세한 논의는 앨리슨 재거, 1992, 『여성 해방론과 인간 본성』, 공미혜 · 이한옥 옮김, 이론과 실천; 로즈마리 통, 1994, 『페미니즘 사상』, 이소영 옮김, 한신문화사에서 찾을 수 있다.

역사적으로 볼 때 극히 한정되었다. 서구에서 자유주의 사상이 발전되어 가던 17, 8세기까지 교육을 받지 못하고, 재산을 갖지 못한 하층의 남성과 전 계층의 여성들 모두는 '인간'의 범주에 포함되지 못하고 결국 중산층 남성들만이 대상이 되는 인권의 논의가 전개된 점을 비판하며 시작된 여성주의 이론은 표면적으로 나타나는 여성의 열등성은 교육과 고용 기회의 부재에서 온다고 믿는다.

궁극적으로 자유주의 이념은 평균적 남녀간의 성차보다는 개인차를 존중하는 것이 논리적으로 일관된다고 본다. 실제로 개개인의 다양한 특성이나 기능의 차이는 그 편차가 매우 커서 평균치인 남녀간의 성차는 개개인을 파악하는 데 그다지 유용한 특성이 되지 못한다. 능력에 있어서도 가장 중요한 것은 한 개인의 능력이지 그 개인이 속한 성별 집단의 평균 능력은 아니다. 그러나 성차별적인 사회는 성별 구분이 개인보다 우선하는 것으로 보아 교육과 고용의 기회를 남성에게 우선적으로 부여한다. 이것은 성차별적 사회가 비효율적인 사회가 될 수밖에 없는 요소이다. 한마디로 성차별이 기회의 불평등으로 나타나는 것은 차별받는 여자들의 문제뿐만 아니라 사회 전체적으로 비합리적이고 비효율적인 결과를 갖고 오는 것이다.

사회가 합리적이고 정의의 원칙에 입각하여 운용된다고 하는 것은 모든 개인에게 동일한 규범을 적용하고 동일한 기준으로 평가한다는 것을 의미한다. 만일 여성과 남성에게 다른 규범, 이중적 규범을 적용한다면 그것은 원칙에 위배되는 일이다. 그러한 점에서 이중 규범이 아닌 단일 규범이 적용되어야 함은 재론의 여지가 없다.

그러나 무엇이 그 규범을 형성할 것인가? 공적 영역과 사적 영역을 엄격히 구분하고 프라이버시를 침해받지 않을 권리를 주장하는 자유주의적 규범에 비추어 볼 때 당사자가 자유롭게 선택한 결정은 그것이 타인에게 해를 미치지 않는 한 이에 대해 제재를 가하는 데에는 한계가 있을 수밖에 없다.

남성과 여성이 맺는 관계 또한 당사자들이 자율적인 인간이라는 것을 전제로 하는 계약론에 입각한다. 이들은 자발적인 선택에 의하여 자신들이 원하는, 또는 자신들에게 이익이 되는 관계를 갖는 데 동의한다. 성적인 영역에서도 여성은 쾌락을 추구하는 동등한 기회를 가져야 한다. 그런데 바로 이 계약론적 판단이 성윤리를 논함에 있어 어느 정도 유용한지가 문제의 핵심이 된다고 할 수 있다. 이 점에 관해서는 뒤에서 더 자세히 언급할 것이다.

이상에서 요약한 평등의 논의는 남성을 기준으로 하는 동등권의 요구로 집약되어 발전하는 경향을 보인다. 여기에서 핵심적으로 문제가 되는 것은 여성과 남성간에 실재하는 차이를 과연 무시하거나 최소화하는 것이 어떤 실제적이고 이론적인 한계를 갖는가 하는 문제이다.

남녀의 차이는 신체적인 것을 논외로 한다 하더라도 다른 많은 차이를 갖고 있다. 여아와 남아는 어릴 때부터 다른 사회화 과정을 거친다. 사회화 과정의 차이는 성인으로서 남녀가 어떠한 역할을 수행해야 한다는 신념에서 비롯되는 것으로 여아는 결혼하여 아내와 어머니로서의 역할로, 남아는 자신의 직업을 갖고 가정의 가장으로서 부양의 책임을 지는 것이다. 남아에게 직업에 대한 투자가 우선시되는 반면 여아에게는 남편을 찾기 위한 투자가 우선시된다. 이러한 성역할의 차이는 남녀에게 비대칭적인 결과를 갖고 온다. 노동 시장에서 여성은 이차적인 존재가 되고 이는 또한 결혼 관계에서 여성이 궁극적으로 불리한 위치에 서게 됨을 의미한다. 이러한 조건의 차이는 개인의 차이라기보다는 사회적으로 주어진 역할 배정과 이를 원칙으로 하여 이루어지고 있는 각 사회 부문별 작동의 결과라고 할 수 있다.

그러나 자유주의적 문제 제기는 인간을 원자적 존재로 보면서 주어진 조건의 차이를 무시하는 추상적 논의를 전개한다는 점에서 여성의 경험을 제대로 이해하거나 대변하지 못하는 한계를 갖는다. 다음 절에서 차이가 차별이 되는 이유에 대한 논구는 보다 더 근원적인 접근을 필요로 한다. 다음에서 요약하는 논의는 '근본적' 문제 제기를 중심으로 하는 여성주의의 논의이다.

(2) 가부장제 문화가 갖는 여성관과 여성의 이분화

인간은 이성적 존재이면서 동시에 감성적 존재이며, 노동이라는 정신적, 육체적 활동을 하는 실천적 존재이다. 인간은 또한 성별을 가진 존재이다. 그런데 인간의 특성 및 활동과 신체에 대한 가치 평가에는 위계적 이원론이 지배적으로 나타난다. 즉 이성 / 감성, 정신 / 육체, 남자 / 여자라는 이항 대립은 짝을 이루는 양자를 반대 또는 대립되는 본질로 보면서 동시에 앞의 항이 더 우월한 것으로 보는 위계적 이원론으로 구성되어 있다.

가부장제 문화는 남성을 기준으로 하여 그에 비해 열등하고, 결격 사유를 가진 존재로서 여성을 보는 여성관을 갖는다. 다시 말하면 여성과 남성의 차이를 사회 문화적으로 창출하고 유지시키는 구조를 갖추는 것이 가부장제이다. 가부장제 문화의 핵심은 성에 대한 금기와 통제를 갖는 데서 찾을 수 있다. 그런데 금기와 성통제는 여성에 대한 통제에서 비롯한다. 가부장제는 여성의 성이 통제되지 않으면 존속되지 못하기 때문이다. 물론 여성의 성을 통제하는 만큼 그렇게 통제되는 여성을 상대해야 하는 남성도 간접적이나마 통제당할 수밖에 없다. 바로 그 점 때문에 가부장제의 성통제는 그 핵심을 여성에 대한 성통제에 두고 있다는 점이 은폐되기 쉽다. 남성들에게는 이러한 통제로부터 벗어나는 여러 가지의 출구, 그 중에서도 대표적으로 매매춘 제도를 제공하는 것이 가부장제 사회이다.

성통제가 남녀에게 다르게 나타나는 가장 중요한 기제는 여성의 미덕을 정숙함(정절)에 두고, 이 미덕을 중시하는 여성 집단을 가꾸는 동시에 이에 결격 사유를 갖는 여성을 또 하나의 집단으로 이분화시키는 것이다. 여성의 일차적 존재 의미를 남편의 정당한 상속인 및 가 家의 계승자를 낳아서 가부장제를 유지 존속시키는 역할에서 찾는 것은 가부장제 사회에서는 매우 합목적적이다. 여성의 정절은 이렇게 여성 존재 의미의 핵심이 되기 때문에 여성을 평가하는 가장 중요한 기준으로서 그 여자의 능력이나, 인격, 품위 등에 우선한다.

'정숙하지 못한' '타락한' 윤락 여성에게 주는 사회적 낙인은 두 가지 효력을 갖고 있다. 즉 윤락의 낙인을 받고 탈출구를 찾을 수 없는, 그래서 더 취약하고 마음대로 다룰 수 있는 일군의 여성을 확보한다는 점에서 가부장제의 주인인 남성들에게는 편리하다. 그러나 그보다 더 중요한 것은 그 낙인이 '정숙한' 여자들에게 주는 경고의 효과에 있다. 낙인을 받지 않으려고 대다수의 여자들은 자발적으로 스스로를 통제한다. '화냥년'이라는 욕이 여자를 모욕하는 무기가 되는 데 반해 이와 대칭이 되는 남자를 모욕하는 욕은 없다. 정숙함과 비정숙함이 남자를 평가하는 기준이 된 적이 없기 때문이다.

가부장제 문화에서 여성이 일차적으로 남성의 성적 대상으로 규정되고, 이분화되고 있다는 것은 개개인의 행위나 경험과는 별개의 문제일 수 있다. 그러나 가부장제 문화는 우리의 의식과 무의식을 지배하고 있다. 우리의 일상 언어 속에서 여성은 끊임없이 타자화, 객체화된다.

이상의 문제들은 가부장제 사회에서 여성의 위치는 차별의 문제보다는 구조화된 억압의 문제로 개념화하는 것이 더 정확하다는 것을 깨닫게 한다. '차별'이라는 개념은 가시적인, 그리고 개인적 차이에 초점을 맞추는 경향을 갖는 데 비해 억압은 이를 '집단'과 구조의 문제와 함께 분석하고자 하는 개념이다.

억압이란 주요 경제적, 정치적, 문화적 제도 안에서 체계적으로 재생산되는 것으로서 지배자를 처단하거나 새로운 법을 개정함으로서 제거할 수 없는 일종의 '한 집단이나 사람들의 범주를 꼼짝없이 그 범주에 남아 있게 하는 여러 세력과 장벽들이 에워싸는 구조'이다. 이렇게 확장된 개념에서 볼 때, 억압은 일상 생활에서 보통 상호 작용으로, 매스컴이나 문화적 고정 관념, 시장 메커니즘 등을 통해서 의도가 좋든 나쁘든, 의식적, 무의식적으로 억압받는 집단들에게 불의를 행사하는 결과를 낳게 한다.

억압의 체계적 성격은 억압 집단이나 피억압 집단에 속하는 많은 개인의 일상적 행위가 억압을 재생산하고 유지하는 데 공헌하고 있다는 데서 나타난다. 그러나 그들은 단지 일상적인 그들의 일을 할 뿐이거나 그들의 삶을 살아갈 뿐이며, 그들 자신이 억압의 행위자, 혹은 피해자임을 이해하지 못한다. 어떠한 종류의 억압이 더 우선한다는 주장은 거의 의미가 없을 정도로 대부분의 개인에게는 특권과 억압이 교차할 수 있기 때문에 억압에 대한 다원적 설명이 필요하다. 착취, 주변화, 무기력, 문화적 (남성 중심적) 제국주의, 폭력 등이 여성 억압을 설명할 수 있다.

3. 성 sexuality

(1) 남성 중심적 담론

역사적으로 섹슈얼리티는 억압되어 왔다. 인류 역사상 가장 오래된 금기의 하나로서 섹슈얼리티에 대한 억압 혹은 통제는 대부분의 사회에서 사회 통제의 중요한 부분을 차지한다. 마르쿠제는 산업 사회에서 노동을 통제하는 도구로, 푸코는 권력 장치의 하나로 통제되는 것으로 섹슈얼리티를 보았다. 그리고 프로이트는 성적 억압이 남녀 모두가 거치는 성적 사회화 과정에 깊이 자리잡고 있으며 의식 무의식 속에 내면화되어 있다고 하였다. 성억압은 성을 오직 합법적인 부부 관계 내에서 생식을 위해서 정당화되거나, 혹은 일종의 필요악으로 보는 부정적 시각을 갖게 한다. 또는 그 정반대로 성을 쾌락을 위해서 존재한다고 하는 반론을 펴게 한다.

여성주의 입장에서는 이러한 보편적 성억압과는 또 다른 형태의 굴레를 성차별 사회의 성은 여성에게 씌워 왔다는 점에 착안한다. 이에 대한 문제 의식은 우선 가부장제 문화의 바탕에서 구성된 성개념, 성지식, 성윤리의 주체가 남성들이라는 점을 지적한다. 남성 중심적 담론은 우선 성을 성교, 성행위를 중심으로 이해하고 따라서 성기 중심적으로 이해하고 있다.

둘째로 이러한 성개념은 성을 생리적 현상으로 보고 사회 구조와는 분리되어질 수 있는, 자율적인 영역으로 생각하도록 한다. 성에 대한 담론이 주로 남성에 의해 독점적으로 진행되어 왔다는 사실은 남성과 여성이 점하고 있는 사회적 위치와 무관하지 않다. 그런데 언설을 주도하는 주체가 남성일 때 여성은 부정적 유혹자, 또는 쾌락의 도구로서 대상화된다.[3]

최근에 와서 성이 사회적 구성물이라는 점에 대한 이해가 확산되고 있다. 사회적

---

3) 더 자세한 논의는 앞에 나온 「성에 관련한 여성 해방론의 이해와 문제」를 참고할 것.

구성물로서 성을 이해할 때 성은 성기 중심적, 생리적 현상보다 훨씬 더 복합적인 것으로 이해하게 된다.

성은 문화적으로 구성되어 있다. 성은 신체 구조와 심리 구조, 사회적 규범과 특정 사회 조직들에 의해 지지되고 있는 복합적인 스펙트럼이다. 가장 사적인 것 같으면서도 사실은 가장 공적이며, 가장 여리고 예민하면서도 가장 폭력적일 수 있다. 다양한 관계에서 의식과 무의식, 의도된 것과 의도되지 않은 다양한 행위 속에 스며들어 있거나 표상되어 나타난다. 동일한 개인간의 관계라 할지라도 맥락에 따라 다른 의미를 갖게 되는 것이다. 또한 동일한 행위도 역시 그 행위의 주체가 어떤 상황에서 그리고 어떤 맥락에서 하는 행위냐에 따라 다른 의미를 갖는다.

현재의 섹슈얼리티가 가부장제 문화가 왜곡한 것이라면, 그리고 남성의 시각으로, 남성의 필요에 의해 구성된 것이라면, 왜곡되지 않은 섹슈얼리티란 어떤 것일까, 그리고 여성이 성 담론의 주체가 되는 것은 어떤 것인가? 인류의 시초에 인간의 섹슈얼리티가 어떠한 모습을 갖고 있었는지를 안다는 것은 불가능하다. 역사 기록은 가부장제 형성 이후로 상정되는 문자 시대 이후에 기록되기 시작했고 이것은 인간의 시작으로 보자면 너무 짧은 시간이다. 우리는 다만 짐작할 수 있을 뿐이다. 짐작이라는 것은 한편으로는 어떠한 이론에 의해 인도되면서 상상력으로 채워지는 것이다. 이론이나 상상력은 모두 우리가 갖고 있는 전제, 고정 관념, 선이해 등에 의해 한계를 갖는 것이다. 존 램버트의『인간의 시작』은 그 한계를 뛰어넘으려는 재구성의 목표에 어느 정도 도달하는 데 성과를 보인 작품이다.

(2) 여성의 몸과 성 :『인간의 시작』이야기

『인간의 시작』은 인류가 진화한 150만년 전부터 3만년 전까지의 긴 역사 속에 섹슈얼리티의 변화를 여성들을 중심으로 하여 소설의 형식으로 재구성한 작품이다. 이 작업은 오브라이언이『재생산의 변증법』을 통해, 그리고 거다 러너가 역사적으로 추론하는『가부장제의 창조』등을 통해 학문적으로 보여 주고자 했던 가부장제 형성 과정에 대한 골격에 살을 부여하는 작업과 같다.

이 작품은 짝짓기와 임신과의 관련성을 알지 못한 첫 세대 제나 시기(150만년 전에서 100만년 전)에서 시작한다. 이 시기는 본능적으로 짝짓기를 하고 여성은 본능적으로 아이를 보살필 줄 안다. 인간은 가장 기본적인 생존을 위해 자연 상태에서 협동한다. 두번째 제나 시기(50만년 전–20만년 전)에는 언어와 공동 생활이 발달하고 여성의 지혜가 도구를 발명하고 인간 특유의 문화를 만들어 간다. 문화는 '어머니'에 의해 주도된다. 어머니란 생물학적 '어미'와는 대비되는, 모든 생명을 주고 때로는 빼앗아 가고, 세상의 모든 질서를 통제하면서 인류를 존속케 하는 절대적 힘을 가진 신격이다. 이 시기 인류의 뇌가 커지고 출산은 산모와 태아 모두의 생명을 위태롭게 한다. 출산과 관계된 사망이 거듭되면서 이루어진 이러한 진화 과정의 결과는 태아는 골반을 통해 빠져 나올 수 있을 만큼만 태내에 머무르게 되고 이것은 다른 동물과는 달리 인간의 유아는 성인에게 의존하는 시기가 길어지는 것을 의미한다. 짝짓기는 여성이 자신의 능력으로 남성을 아울러 자연과 하나가 되는 의례적이고 영적인 행위이다. 여성은 대지를 비옥하게 하는 생명의 피를 흘려 생명의 어머니를 재현하며 출산함으로써 어머니의 위대함을 증거한다. 세번째 제나의 시기(5만년–3만년 전)에 자신의 힘을 믿고 여성을 폭행하는 남성이 출현하고, 자신을 비하하고 잘못된 사랑에 빠져 버리는 여성이 출현한다. 임신에서 남성의 역할이 밝혀지고 이러한 발견을 둘러싸고 '소유', 지배, 전쟁 등이 나타난다. 남성들은 이제까지 절대적 신격의 위치를 차지하던 「어머니」 말씀을 더 이상 받아들이지 않는다.

'아카트'라고 불리는 짝짓기는 어머니가 주신 최고의 선물이며 짝을 골라 아카트를 주도하는 것은 여자들의 몫이다. 이것은 여자들이 스스로 아카트를 할 수 있는 시기를 알기 때문이다. 짝짓기는 즐거운 일이고 매번 색다른 느낌을 안겨 준다. 아카트는 5가지의 종류4)로 나뉘는데 그 중 가장 완전한 형태가 아카타텔로이다. 아

---

4) 아카테: 욕망을 분출하는 짝짓기로 급하게 시작해서 급하게 끝나는 경우가 많다, 아카토: 아기자기하고 장난스러운 짝짓기, 아카탈레: 부드러운 짝짓기, 아카탈로: 느리고도 관능적인 것, 아카타텔로: 최고로 영혼을 나누는 짝짓기

카타텔로는 최고의 경지로서 영혼을 나누는 짝짓기로서 "어머니와 함께 하는" 짝짓기다. 아카타텔로는 짝짓기를 하는 두 사람 모두를 절정의 경지로 끌어 올린다.

어머니의 계시를 받아 부족을 이끄는 여성의 지혜로움과 능력은 여성들의 신체적 특성을 중심으로 하여 만들어진 특별한 사회적 제도와 뗄 수 없는 관계를 갖고 있다. 여성들은 배란기에 여성들만의 영역인 '에칼리'라는 곳에 간다. 생명의 신비감과 어머니와의 일체감을 느낄 수 있는 이 장소는 모성적 세계를 지탱해 주는 중요한 힘이다. 출산을 할 수 있다는 여성의 '우월성'은 그렇지 못한 남성을 배려하도록 만든다. 죽음과 출생에 대해 이들은 우리가 아는 것과는 다른 의미를 부여한다. 월경을 경험하는 여자들에게 피는 죽음을 의미하는 것이 아니라, 생명, 다산을 의미한다.

이 작품은 가부장제 문화 이전에 존재할 수 있었던 여성이 중심이 되는 문화에 대한 재구성을 통해 적어도 여성의 종속이 신체의 차이에 의해 결정되는 것이 아님을 강력히 시사한다. 이 작품의 끝부분에 나타나는 사건들은 남성이 재생산에서 기여하는 역할을 발견하고 '어머니'의 권위를 전복하기 시작하는 '여성의 세계사적 패배'가 시작되는 기점이다. '부성'의 발견과 생물학적 가족이라는 배타적 제도로 만들어 그 속에서 여성을 통제해 가는 것이 가부장제의 시초이며 이로부터 남성 성기 숭배를 중심으로 하는 가부장제 문화를 만드는 역사적으로 긴 과정이 이어진다.

오늘의 이야기

성이 여성 억압을 가져오는 것은 표면적 행위 이전에 더욱 깊은 뿌리를 갖는 것이다. 여성의 정체성, 자아의 형성에서 성과 성역할, 섹스와 젠더 등은 분리되지 않는다. 몸과 성은 분리되어 있지 않다. 여성의 몸에 대한 주·객관적 인식과 평가는 여성의 일, 사회적 정체성, 업적 성취, 관계의 양식들에 지대한 영향력을 행사한다. 남성의 몸이 인간의 전형인 문화에서 여성으로 성장, 발육하는 것은 많은 여자들에게 자신이 여자라는 것을 부정적으로 보게 한다.

여성의 경험을 보자. 출생의 순간에서부터 여성의 성기는 실망과 좌절을 가져온

다. 어린이들은 성기의 생물학적 차이를 이해하기 이전에 그 차이에 대한 우열의
평가를 배운다. 발육기에 소위 2차 성징이 나타나는 시기에 많은 여자들은 자신의
신체 변화에 대해 부정적인 반응을 한다. 그러나 결정적으로 자신이 여성임을 부정
적으로 보게 하는 요인은 월경의 경험이다. 월경은 특히 아무도 이에 대해 사전 지
식을 주지 않은 상태에서 많은 여아들에게 당혹스러운 경험이다. 이는 월경 경험을
전후해서 던져지는 학교의 '성교육' 프로그램이 실질적으로 별 효과가 없다는 점과
함께 지적되어야 할 부분이다. 여아들이 임신에 대한 구체적이고 정확한 지식보다
는 막연한 두려움을 오랜 동안 유지한다는 데서 나타난다. 이는 남녀 학생들에게
정확한 지식을 전달하기보다는 여자아이들에게 집중적으로 순결의 중요성을 강조
하는 목표를 갖고 있기 때문이기도 하다. 여아에게 순결의 책임을 일방적으로 부과
하는 관행에서 남자아이들은 성교육의 대상에서 제외된다. 결과적으로 남아들은
그들이 수용하고 있는 그릇된 통념을 교정할 기회를 갖지 못한다. 여아와 남아가
분리적 문화 속에서 살게 되는 것은 그들이 보는 만화, 소설, 드라마, 영화가 다른
것에서도 볼 수 있다. 남자아이들이 보는 만화는 주제가 스포츠와 같이 다른 경우
에도 반드시 여자를 강간하는 성관계 묘사를 포함하고 있다. 섹슈얼리티의 사회화
에 강력한 영향을 미치는 만화와 공식적 성교육 프로그램은 큰 간격을 갖고 있다.

 일반적으로 생각하는 것보다 훨씬 많은 수의 여자들이 어린 시절에 성폭력을 경
험한다. 불쾌한 사건으로 기억 속에서 지워버렸건, 아니면 성장한 후에도 극복하지
못한 채 심각한 문제로 남아 있건 거의 모든 여자가 성폭력 피해의 경험을 갖고
있다. 버스 안에서, 길에서, 학교와 집 주변에서 당하는 성추행의 경험은 자신의 몸
에 대한 무지와 더불어 자신의 성, 여성성에 대한 불만, 부정적 견해를 강화한다.
그러나 무엇보다도 괴로운 것은 성적 관심이나 호기심을 갖는 여자는 '정숙하지
못한' 여자라는 생각이 팽배한 문화에서 살면서 피해자로서 겪는 문제이다. 어린이
성폭력 피해자의 대부분이 그 사실을 숨기고 있다. 어른에게 알리고 도움을 받지
못하는 이유가 '야단 맞을까봐'이며 실제로 성폭력이 지속되는 경우 피해자가 야단
을 맞는 경우는 허다하다. 가해자보다는 피해자가 더 죄책감에 시달리는 문화에서

는 이 문제가 지속될 수밖에 없다.

그러나 아이러니칼하게도 성숙 과정은 이러한 부정적 경험과 함께 성적 낭만기를 거치게 한다. 이제까지 더럽고 어둡고 무섭게 여겨진 섹슈얼리티가 이제는 아름다운 동경의 대상이 된다. 이제 여성의 몸은 나를 사랑하고 흠모할 남성이 갖을 시선의 대상이 된다. 여성은 남성의 눈으로, 그리고 남성의 응시 속에서 자신을 쳐다본다. 여기에서 새롭게 등장하는 새로운 이슈는 외모 가꾸기가 된다. 외모를 상품화하는 소비 사회 속에서 남녀 모두는 외모에 대한 억압을 느끼기 마련이지만 특히 여성은 '꾸미지 않으면 자신의 몸을 돌보지 않는다는 사회적 지탄까지 받는다'는 압력을 느낀다. 어떤 여자들은 이를 거부하려 하지만 그러한 개인적 저항에도 불구하고 여성 집단을 응시의 대상으로 하고, 여성은 그 응시의 거울로 자신을 보는 것은 가부장제 문화의 어쩔 수 없는 단편이다.

4. 여성다움, 남성다움, 성과 권력, 그리고 폭력

정숙한 여성의 규범과 '섹시함'과 '아름다움'이 여성의 의무라고 선전하는 소비 문화가 접합된 사회에서 여성은 분열하지 않을 수 없다. 정숙한 여성이란 성에 대해 무지한, 성욕을 아직 느껴보지 못한 순진한 여성상에서 출발한다. 이를 규범으로 하는 사회는 여자의 성적 호기심, 성적 정체성, 성적 주체로서 자기 결정권을 둘러싼 질문과 이를 추구할 자유를 금지하고 있다. 따라서 여성은 남성이 주도하는 관계에서 수동적 존재가 된다.

이성애가 규범인 사회에서 남성과 여성은 서로의 성적 대상이라고 할 수 있다. 성적 대상인 남녀는 남성 우월의 문화의 맥락 안에서, 남성은 능동적이고 여성은 수동적이라는 성별 역할 고정 관념의 맥락에서 살고 있다. 또한 남성이 성 담론의 주체일 뿐 아니라 적극적 행위자가 되고 여성은 그 담론의 객체와 수동적 대상이 되는 사회에서 성관계는 성폭력과 동의어가 된다. 여성을 능동적 주체인 남성의 대상이자 수동적 객체로 볼 때 남성과 여성의 관계는 다음의 결과를 갖는다.

여자애가 잘난 척하는 거는 못 봐줘요. 언젠가 내 친구 보고 공주병 걸린 애가 "너 왜 이렇게 작아. 힘도 없이 생겼다"고 해서 화가 나잖아요. 그래서 꼬셔서 산에 올라가서 친구들이랑 돌려 버렸어요(한국 성폭력 상담소, 「나눔터」 19호, 1996년 8월)

이는 십대 남자아이의 목소리다. 친구를 모욕하여 나까지도 자존심을 상하게 한 여자를 혼내 주고 굴욕감을 갖게 하는 데 '돌린다'(윤간)는 방법을 사용한다. 이 목소리의 주인공이 '비행 청소년' 딱지를 붙이고 있다는 것만으로 '보통 남아들은 그렇지 않다'고 위안을 얻을 수는 없다. 다행히 모든 남아들이 실제로 윤간이라는 방법으로 자신의 남성성을 확인하지는 않을 것이다. 그러나 성행위를 통해 여성 지배를 과시하고 '남성다움'을 증명하려는 시도는 아마 남성 성문화에서 핵심을 차지한다고 보아도 크게 틀리지 않을 것이다. 드워킨은 다음과 같이 신랄하게 비판한다.

"섹스 속에 이미 학대의 흥분과 광기가 침투해 버렸기 때문에 학대가 학대로서 사회적으로 인식되는 것은 섹스가 너무나도 분별없이, 또 폭력적, 비상식적으로 행해진 경우나 또는 그것을 행한 남자 자신이 자기가 그와 같은 행위를 저질렀다고 하는 고백서에 실제로 서명을 한 경우뿐."(안드레아 드워킨, 「여자는 무엇으로 사는가」, 205쪽)

이런 현상은 개별 남성의 탓이라기보다는 남성 중심 성문화의 맥락에 기인하는 현상이다. 예를 들면 강간을 에로틱한 장면으로 처리하는 영화나 문학 작품 등이 활발히 만들어 내고 있는 대중 문화의 차원에서 보아야 한다. 대중 문화 소비자가 이러한 '에로틱한 강간' 이미지를 수용하고 실천한다면 곧 대중 문화는 현실의 반영이 되어 버리는 것이다. 포르노그라피의 주요한 주제는 남자의 권력의 본질과 그 중대성을 행사하는 데 부여하는 의미이다. 포르노그라피를 통해서 남자의 권력은 육체적 권력, 위협의 권력, 명명의 권력, 소유의 권력, 돈의 권력, 섹스의 권력 등이 상호간에 얽히고 설킨 강한 긴장 속에서 나타난다(드워킨, 「포르노그라피」, 88쪽).

남성의 성은 여자에 대한 폭력으로 활성화된다는 것이고 이는 성은 폭력적이고, 그래서 아마도 폭력이 성적인 것이라고 할 수 있을 것이다. 성은 일종의 권력이다, 성은 성차별의 지렛대이다는 지적은 피해자의 목소리이며 이러한 문제 제기는 보수적인 논의와 맥을 같이한다고 비판하는 견해도 있다. 그러한 견해는 이러한 분석의 핵심을 놓치는 것이다. 남성의 폭력적 성문화가 지배적인 성문화가 되고 그것이 여성을 황폐화한다는 것, 그리고 많은 여성들은 (많은 남성들 역시) 현재 구성되어 있는 방식 때문에 성관계를 폭력으로 경험한다는 것이다. 이를 지적하는 목적은 궁극적으로 여성과 남성의 관계가 오늘 우리가 익숙하게 아는 것보다 훨씬 더 아름답고 즐거움을 줄 수 있다는 것, 그리고 그것을 위해 우선 여성이 자유로운 담론의 주체가 되어야 한다는 것을 인지시키는 데 있다.

5. 전통적 성윤리에 대한 여성주의 비판

(1) 이중 규범과 단일 규범

성윤리는 일반 윤리에서 어떤 위치를 점하고 있는가? 성윤리는 개인 윤리인가, 아니면 사회 윤리인가? 성윤리라는 개념은 젠더에 관련한 윤리를 의미하는 것인가, 아니면 섹슈얼리티에 관련한 윤리인가? 성윤리를 성 sexuality의 관계를 지배하는 도덕의 원칙이라고 한다면 개인 윤리적 차원에서 그 적용이 일어난다 하더라도 이를 둘러싸고 있는 사회 윤리와 함께 메타 윤리학적 분석 대상이 되어야 할 것이다.

그러나 기존의 성윤리 개념은 다분히 개인 윤리의 차원에서 다루어지고 있다. 개인 윤리는 또한 '개인'에 대한 자유주의적 전제들, 고정 관념, 성에 대한 여러 사회적 (전통적) 통념으로부터 절대로 자유롭지 못하다. 이러한 성윤리는 일반인의 윤리 의식을 형성하는 동시에 기혼자의 간통, 미혼자를 개입하는 혼인 빙자 간통, 성폭력, 음란물 제작 및 유포, 윤락 등을 법적 제재의 대상으로 규정하는 기초가 된다.

성폭력 관련법 제정과 개정의 사례에서 나타나는 성윤리에 대한 일반의 시각은 성폭력 ‘사건’, 또는 ‘예외적’ 상황에서 제기되는 소수 피해자에게 발생되는 ‘문제’ 영역과 연관되어 전개된다. 이렇게 연결되는 성윤리의 논의는 상대적으로 그 범위를 제한하고 그 의미를 축소시키는 결과를 낳는다. ‘예외적 사건’을 일반 성문화의 한 부분으로 포함하여 본격적인 성윤리를 논의하는 것은 사회 구성원 모두가 잠재적 피해자 아니면 잠재적 가해자가 될 수밖에 없는 우리 사회 성문화에 대한 비판 의식을 갖고 시작해야 한다. 또한 이러한 논의의 바탕이 있어야 비로소 더욱 정의로운 법과 정책을 수립할 수 있는 단계에 접근할 수 있을 것이다.

전통적 성윤리에 대한 비판의 첫 단계는 이중 규범의 부당성에 대한 지적이다.[5] 앞서도 언급했듯이 이중 규범을 대치할 수 있는 단일한 잣대를 만들자는 합의에 도달하는 것만도 큰 성과라고 할 수 있다. 그러나 문제는 여성 차별적 시각을 갖는 사람들은 제쳐두더라도, 많은 여자들도 이에 대해 복잡한 심정을 갖는다는 데 있다. 이중 규범이 부당하다 하더라도 이는 어떤 점에서는 사회 문화적으로 불리한 위치에 있는 여성을 ‘보호’하는 측면을 갖고 있다고 이해하는 시각이 있기 때문이다. 이런 시각은 간통죄를 둘러싼 논란이나 윤락 여성 관련 논의에서 잘 나타난다.

우리는 이중 규범의 부당성을 인정하고 이를 단일 규범으로 대치한다면 그 내용과 기준을 어떻게 구성할 것인가를 논의해야 한다. 이 문제는 남성과 여성이 다른 신체 구조를 갖고 있고, 다른 가치관과 기호를 가졌으며, 다른 사회 경제적 조건에서 살고 있다는 것을 어떻게 담아낼 것인가와 관련된 문제이다.

우선 단일 규범을 형성하는 기준으로 가장 강력하게 제시되고 있는 ‘자발성’이나 ‘동의’를 보자. 이 개념들은 계약론적 패러다임에 기초하고 있다. 이는 한 사람의

---

5) 윤후정 · 신인령 공저, 1988, 『법 여성학』, 이화여자대학교 출판부.

어떤 행위, 또는 다른 사람과 맺는 관계가 어떤 의도(궁극적으로는 자신의 이익을 도모하려는)를 갖고 의식적인 결정을 거친 결과라는 전제에서 출발한다. 어떠한 행위나 관계가 자발적인 (강제가 아닌 상태에서) 동의에서 이루어지고 있으며 이것이 타인에게 해를 끼치지 않는다면 이를 비도덕적이라고 매도할 근거는 매우 희박하다. 매춘 활동을 비롯하여 여러 형태로 자신의 성을 상품화하는 행위를 하는 여자의 행위가 그 여자가 자발적으로 자신의 이익을 위한 동기에서 나온 결정이라고 할 때, 이를 '도덕적으로 그른 것이다'고 규정하기 위해서는 왜 매매춘, 또는 성의 상품화가 도덕적으로 그른지를 밝힐 수 있어야 한다. 물론 현실적으로 과연 어디까지를 자발적이라고 볼 것인지, '이익'이라는 것이 단기적으로는 그렇다 하더라도 장기적으로 볼 때에는 오히려 손해가 더 크다든지 하는 이유 등을 들어서 그것의 비도덕성을 증명하려는 시도를 할 수는 있다. 이러한 시도는 '자발성', '강제가 없는 상태', '동의' 등을 구체적 상황과 연결하여 더 자세히 분석하는 작업과 연결된다.6)

　매매춘이나 성의 상품화에 대한 윤리적 논의는 '문제 집단'의 문제로 축소되거나, 여성간 대립과 분화의 문제로 일축되는 경향을 띠어 왔다. 이는 의도된 행위만을 기준으로 함으로써 의도되지 않은 행위와 연결되어 있는 섹슈얼리티 문제의 많은 것을 놓치는 결과를 초래한다. 그런 점에서 동의의 문제를 '성적 대상화'의 문제와 연결하여 검토하는 것은 성윤리의 특수성을 밝히는 데 도움이 된다고 하겠다.

(2) 성적 대상화

여성을 '성적인 물건'으로 보는 것과 '성적 욕망의 대상'으로 보는 것은 구분해야 된다. '대상'은 '목적'이나 '의도하는 바, 또는 목표로 하는 어떤 것'이라는 뜻으로 쓰인다. 예를 들면 관심의 목적, 애정의 목표, 조직의 목표 등을 들 수 있다. 성적 대상 또는 성적 대상화가 '성적 욕망의 목표'라고 한다면 모두 비난할 수만은 없다.

---

6) Thomas Mappes, 1982, *Social Ethics : Morality and Social Policy*, McGraw-Hill.

성적 파트너들이 서로를 성적 대상으로 하는 것을 비난할 수 없기 때문이다.

성적 대상화가 도덕적 문제가 되는 것은 여성을 물건으로, 몸뚱아리로, 또는 동물로 간주하는 때, 즉 인간으로서 도덕적으로 동등한 주체로 간주하기에는 지위가 실추되고 비하될 때 도덕적 문제 개념이 된다. 이를 르몬책이 제시하는 다음의 세 가지 사례를 통해 분석해 보자.[7]

1) 어느 더운 여름날 오후, 짧은 치마에 소매 없는 파진 옷을 입은 고등학생 여자아이가 집으로 가는 길목이다. 근처 공사장에서 일하던 세 명의 남자가 그녀를 본 순간 한 남자는 '휙'하고 요란한 휘파람을 불었고, 다른 한 남자는 '야, 너 쪽 빠졌다, 좀 웃어보지 그래'라고 조롱했다. 나머지 한 남자는 말은 안했지만 '가슴팍 한번 탐스럽게 생겼다'고 생각하고 있었다.

이 남자들은 모두 자기들은 성적 행동에서 주도권을 쥐고 있다고 생각한다. 물론 그 여자아이가 자신들의 요구를 들어서 미소를 보낼 거라고 기대하지는 않겠지만 자신들의 행동 때문에 이 여자가 하는 반응이 어떨지 보는 것도 재미있는 일이라고 생각한다. 그러나 자기들의 행동이 그 아이가 좋아하는 칭찬으로 받아들인 것인지, 아니면 그것 때문에 지독히 화가 날 거라든지 하는 것은 이들의 관심 밖에 있다. 하지만 이들에게는 여자들은 남자가 관심을 보내는 것을 은근히 좋아한다는 믿음이 있다. 사실 여자들이란 원해도 원하는 척하지 않는 내숭 덩어리라고 생각하기 때문이다.

한편 이 여자는 그 남자들의 야유 때문에 당혹감, 분노, 더 나아가서는 공포를 함께 느낀다. 그들이 여차하면 가까이 다가와 어떻게 나올지 모르는 일이기 때문이다. 그래서 그들의 무례함에 대해 따지고 싶어도 참는 방법을 택한다. 동시에 자기가 무심코 입었던 옷을 다시 한번 살펴보고 지금까지 인식하지 못했던 자신의 성을

---

7) Linda Lemoncheck, 1985, *Dehumanizing Women: Treating Persons as Sex Objects,* Rowman & Allanheld.

278

인식하고 얼굴이 붉어진다. 그들의 시선이 속옷까지 들여다보는 것같이 느껴지면서 불쾌감을 떨칠 수 없다. 더구나 자신이 먼저 그들을 피해 지나갔어야 했는데 그러지 못한 것에 화가 난다. 더욱 화가 나는 것은 모든 남자들을 경계해야 한다는 것이고 이것은 이제까지 향유했던 자유와 자발성을 순식간에 잃는 것이다. 이제는 먼 길도 돌아가기로 결심하면서 그 자리를 피한다. '여자들을 성적 대상으로 보지 말아'라는 말을 끝내 하지 못하고 황급히 걸어가면서 굴욕감과 자신에 대한 분노를 느낀다.

2) 부부가 동일 직종에서 일하는 전문직 종사자이다. 함께 파티에서 돌아와 잠자리에 들려고 한다. 아내는 피곤했지만 오늘 하루 동안 있었던 일을 함께 얘기하고 싶어한다. 그러나 남편은 술에 취해 아내와 성관계를 하는 것 이외에는 아무 것도 안하려고 한다. 그는 아내의 상태나 욕구와는 관계없이 아내를 안고 성관계를 요구한다. 아내는 그 요구를 피하고 싶었지만 마지 못해 응했다. 성관계는 단 2분에 끝나고 그는 돌아누워 곯아떨어졌다. 아내는 성관계는 일방적인 것이 아니라 서로 성적 자극과 만족을 공유하는 경험이어야 한다고 생각한다. 그래서 남편은 성적 자극과 만족을 위해서 고안된 기계 하나만 있어도 충분하지 않을까 하는 생각도 든다. 성관계를 할 때 아내는 남편의 대상물에 지나지 않는다는 느낌을 지울 수 없다.

3) 사장은 성적 매력이 있고 능력과 지성을 겸비한 차장에게 관심을 갖게 되었다. 그는 그녀가 중년 기혼 남성인 자신에게 성적 매력을 느끼고 기꺼이 성관계를 가질지가 의심스러웠다. 그래서 그는 그녀를 승진시켜 주면 자기가 원하는 것을 얻을 수 있다는 생각을 했다. 그리고 자기와 성관계를 가지면 부장으로 승진시켜 주겠다고 제안한다. 열심히 일했기 때문에 승진할 자격이 충분히 있었던 그녀는 혐오감을 보이면서 돌아섰다. 내가 유능하고 회사 이익에 중요한 인물임을 알면서도 나를 애완 동물로 생각하는 것이 역겨웠다. 그러면서도 갈등한다. 승진할 자격도 있고, 회사를 그만두고 싶지 않았다. 그러나 성적 욕망의 노예 정도로 생각하는 남자들과

함께 일하는 것을 참기도 힘들다.

위의 세 사례의 여자들은 모두 각기 상황은 다르지만 남성의 성적 대상으로 취급되는 것에 대해 불만을 갖고 있다. 첫 사례의 경우 여자를 성적 대상화하는 상대는 세 사람의 낯선 남자들이다. 둘째와 셋째 사례의 경우 잘 아는 사람들에 의해 대상화 되었다. 특히 둘째 사례의 경우 남편이며 대상화는 가장 '적당한 장소'이며 자기 집의 침실이란 사적인 공간에서 일어났다.

첫번째 경우 그녀는 그저 지나가는 사람으로만 다루어져야 하는 맥락에서 성적인 욕망의 대상물이 되었다. 세번째 경우도 동료, 또는 조력자로서만 다루어져야 하는 맥락에서 성적 욕망의 대상으로 간주되었다. 문제는 어떠한 맥락에서 인간은 성적인 욕망의 대상이 되는 존재로 다루어지는 것이 적절하지 못한가를 규명하는 것이다. 그러나 첫번째와 세번째의 사례는 맥락이라는 이슈가 도덕적으로 비난받을 수 있다는 것을 이해하기가 쉽다. 그러나 두번째 사례는 맥락의 이슈만으로는 불충분하다는 것을 보여 준다. 성관계가 일어나는 맥락에 대한 논의뿐 아니라 성관계의 성격 그 자체에 대한 논의까지 함께 이루어져야 하는 것이다. 둘째의 사례에서 아내는 남편과의 성관계에서 동등한 성적 파트너로 다루어진 것이 아니라 '기계'와 같은 성적인 대상물로서 다루어졌다.

성적 대상화에 대한 불만이 '성관계' 그 자체에 대한 불만이 아닌 것처럼 '대상화' 그 자체에 대한 불만이 되는 것이 아니다. 인간이 자신을 또는 다른 사람들을 대상물이나, 육체, 심지어 동물과 같이 간주하는 예는 많다. 화가와 모델, 의사와 환자, 아이와 놀아주기 위해 동물 시늉을 하는 삼촌 등의 경우에는 대상화에 대한 문제를 제기하지 않는다. 위의 사례에 나타나는 여자들에게 문제가 되는 것은 대상물로 다루어지면서 인간으로 다루어지지 않기 때문이다. 첫사례의 경우 자신의 사적인 영역이 알지도 못하는 사람들의 공적인 논의의 대상이 되었고 무례한 호기심의 대상이 되었다는 점에 당혹한다. 많은 남자들이 자기도 모르는 사이에 자기의 몸을 훑어 보고 평가한다는 사실에 놀라고 불안감을 느낀다. 이제 그녀의 일상적 삶은 자유롭게 거리를 다니기 어렵게 침범당했고 그녀가 이렇게 생각하는 한 그녀의 사생활권, 이동과 표현의 자유, 시민권이 박탈당했다고 할 수 있다.

두번째 경우 아내는 남편과의 성관계에서 친밀감이 사라져 버렸음을 깨닫는다. 남편이 그녀의 감정에 대해 무감각하다는 것은 그가 성관계를 자신의 관점에서만 보려고 하는 것임을 알게 되었다. 남편은 그녀의 성적 욕망이 그녀의 행복과는 전혀 관계 없는 것이라고 생각하고 있고 따라서 그녀는 자신의 성적 욕구가 얼마나 중요한 것인지도 모르는 사람으로 취급된다.

세번째 경우 사장이 자신과 성관계를 맺어야 한다고 생각한다면 권력 관계를 악용하는 것이 되며 자신이 부당하게 이용당하는 것이다. 승진과 맞바꾸기 위한 성관계를 제안했다는 것은 그녀가 회사를 그만두지 않는 한 거절할 수 없지만 그녀는 이에 굴복하고 싶지 않다는 점에서 그녀에게는 위협이 된다. 따라서 그녀는 자신의 성생활과 직장 생활에서 자기가 원하는 대로 살아갈 자유가 결핍되었다고 느낄 것이다.

위 사례에서는 성적 대상에 대한 종속, 복종, 협박, 심리적 지배 등이 공통적인 주제로 나타난다. 이는 성적 대상화를 하는 사람은 성적 대상을 도덕적으로 동등한 존재로 보기보다는 자신이 누리고 있는 복지와 자유의 권리를 갖지 않고 있으며 그것을 누릴 만한 가치도 없다고 보는 것과 일치한다. 상대를 모욕, 협박, 무시해도 된다고 생각한다는 점에서 사례의 남자들은 여성을 도덕적으로 동등한 존재로 보지 않는다. 한 인간을 성적 대상물로 간주하는 것이 비인간화의 한 형태인 것은 대상물로 간주하는 것만이 문제가 아니라, 도덕적으로 동등한 주체로 보지 않기 때문이다.

자발성과 동의를 전통적 성윤리의 가장 중요한 기준으로 받아들일 때 이상의 분석에 대한 반문은 첫째, 여성이 자발적으로 성적 대상이 되기를 동의하고 따라서 여성의 비인간화는 자초한 결과가 아니냐? 둘째, 남자도 성적 대상이 되며 이들은 이에 기꺼이 동의하는데 왜 여자가 성적 대상이 되는 것만 문제이냐?는 물음이다.

우선 두번째 물음을 보자. 남자가 성적 대상으로 취급되는 데 동의하는 것과 여자가 성적 대상으로 취급되는 데 동의하는 것에는 어떤 차이가 있는가? 남자의 경우, 성적 대상으로 취급되는 것에 동의하는 것은 그의 지배적 지위를 강화하는 데 동의하는 것이라고 볼 수 있다. 성적 대상으로 취급되는 것을 즐기는 것은 남성은 성적으로 강하고, 정력이 세고, 도덕적으로도 강한 인간으로 대우받는 것이기 때문이다. 남자에게 있어 성은 능력이며, 지배적 위치에 있고, 우월한 존재임을 확인하게 하는 수단이다.

여자가 동의하는 경우에 대한 물음을 보자. 물론 이런 경우도 있을 수 있다. 그러한 경우는 첫째로 자신의 도덕적 권리에 대한 무지나 오해에서 비롯한 동의를 들 수 있다. 아내는 자신의 욕구보다는 남편의 욕구를 앞세워야 한다는 것은 사회적으로 미묘하게 이루어지는 세뇌의 결과이다. 어떤 여자들이 남성의 성적인 이해에 자신의 이해를 종속시키는 것을 한번도 회의해 보지 않고 선택하는 것이야말로 여자들이 무의식적으로 채택하고 무의식적으로 따르는 성적 이데올로기의 막강한 힘을 보여 주는 징표라 할 수 있다.

둘째로 자기 이익이 기준이 되어 동의할 수도 있다. 성적 대상화는 곧장 상품화로 연결된다. 내가 나에게 속한 성을 상품화하는 데 기꺼이 동의하는 데 무슨 문제냐고 반문할 수 있다. 그러나 인간은 사회적 격리 상태에서 사는 것이 아니다. 한 사람의 행동이 주위에 어떤 영향을 미치는가에 그 사람은 책임이 있다. 성적 대상화에 동의하는 것은 현상 유지를 강화시키며 변화를 시도하는 데 역행하는 행동이다. 또한 그 '이익'이라는 것이 장기적으로도 이익인가에 대한 대답은 부정적인 경우가 많다.

셋째로 성적 대상화를 비인간화로 간주하지 않기 때문에 성적 대상화에 동의하는 경우가 있을 수 있다. 이런 경우 성적 매력이 넘치고 이에 대해 칭송을 받는 것을 여자의 긍지로 느끼며 이를 위해 자유로운 성적 표현을 구사한다고 한다. 개인적으로는 이런 입장의 타당성이 있을 만큼 여성을 비인간화하지 않는 남성만을 상대한 경우도 있을 수 있다. 그러나 이러한 '행운'을 가진 여성들이 성적 대상화에 동의하는 것은 결과적으로 성적으로 억압적 환경을 영속시키게 된다. 이들은 여성 종속의 상징을 광고한다. 여자들을 남자들에게 섹시하게 보이기 위해 사고하고 행위하고 치장한다는 고정 관념을 강화한다.

성은 여성을 비인간화하는 데 지극히 효과적인 수단이다. 여성을 착취하고, 잔인하게 다루고, 위협이나 모욕함으로써 사회적으로 열등하고, 더럽다고 느끼게 하는 수단이 된다. 인간이 서로 격리된 상황에서 살거나 또는 남녀의 사회적 위치가 동등하거나, 아니면 여성이 도덕적 동등성을 확보한 상황에서라면, 자발적 동의가 정당화될 수 있을지 모른다. 그러나 현재의 지배적인 사회적 현실에서는 진정한 의미에서 자발적 동의가 있을 수도 없고 정당화될 수 없다. 이상에서 성적 대상화를 중심으로 한 분석은 어떠한 상황이 처해 있는 맥락의 중요성과 성관계의 특수성을 부각시킨다. 그런데 이제까지의 도덕 철학은 이러한 문제를 더욱 발전시키는 데에는 근본적인 한계를 갖고 있다. 이를 다음에서 지적하고자 한다.

6. 여성주의 비판

2장에서 다루었듯이 가부장제 문화에서 여성이 경험하는 억압은 부분적으로는 상호 작용의 습관, 무의식적인 전제, 상투적인 것들, 여성 집단에 대해 갖고 있는 고정 관념이나 느낌을 통해서 존속한다. 법이나 정책 등 공적으로 다루기 힘든 비공식적이며, 무심코 지나가며 내뱉는 분별 없는 말, 제스츄어, 관련, 농담, 이미지 등에서 나타난다.

그러나 많은 도덕 철학자들은 몸짓, 비공식적인 말, 미추의 판단, 불쾌의 느낌을 정의의 문제에 포함하는 것이나, 이를 도덕적 현상으로 생각하기 어려울 것이다. 도덕 이론의 지배적 패러다임은 도덕적 판단의 범위를 고의적인 행위로 제한하기 때문이다. 명시적으로 또는 암시적으로 많은 도덕 이론가들은 의도적 행위에 주의를 돌린다. 도덕 이론의 주된 목적 중 하나는 행위와 책임의 형식을 정당화하는 원리나 격률을 찾는 것이다. 그러한 목적은 명시적으로 도덕적 삶이란 여러 대안을 놓고 의식적으로, 신중하게 또 합리적으로 견주는 것으로 생각한다. 이 패러다임 안에서는 습관이나 느낌에 따르는 것, 또는 무의식적 반응은 도덕적 판단에는 부적합한 것으로 여겨진다. 오직 의도적 행위만이 주체의 도덕적이고 정치적인 판단이라는 암시적 전제는 피억압 집단의 구성원들의 분노, 항의를 묵살하는 전제이기도 하다(Young, 1990 : 148-151).

따라서 기존 도덕적 판단을 이루는 패러다임에 대한 비판의 작업은 여성주의 윤리학을 정립하는 데 필요한 첫 작업이라고 할 수 있다. 이를 요약하면 다음과 같다.8)

첫째 여성의 체험을 무시하거나 배제하고 남성의 체험과 관심만을 반영하고 있는 전통 윤리학의 남성성과 남성 중심주의는 비판의 대상이 된다. 다종 다양한 인간 (여성)의 체험을 포괄하지 못하는 획일적이고, 일원적이고 보편주의적인 도덕 원리를 비판한다. 원자적 자아를 도덕적 행위자로 상정하는 도덕적 주체에 대한 전통적 이해를 비판한다.

둘째, 전통적 윤리학의 세계상, 즉 세계는 자기 중심적이고 자기 관심적인 행위자를 중심으로 구성된다는 전제에 기반한 세계상을 거부한다.

셋째, 도덕적 주체에 대한 전통적 패러다임 즉 자율적이고, 합리적이며, 독립적인 행위 주체에 대한 개념을 거부한다. 따라서 전통 윤리 이론의 중심 개념들인 개인, 인격, 자기 정체성, 도덕적 주체 / 행위자와 같은 개념을 재개념화해야 된다고 주장한다.

넷째, 이제까지 도덕 이론에서 사적인 것, 주관적인 것으로 간과되었던 보살핌, 감정, 감성의 도덕적 중요성에 주목한다.

다섯째, 도덕적 결정의 맥락을 중시한다. 도덕 이론은 도덕적 행위자의 구체적인

---

8) 이상화·장필화, 1996년도 1학기 이화여대 대학원 철학과 「윤리학의 기초」와 여성학과 「사회 윤리와 성」 협동 강의 보고서.

삶의 체험, 특정한 사람에 대한 책임, 도덕적인 고려를 할 때에 처한 사회적 상황들을 주제화해야 한다.

이러한 비판들은 보살핌의 윤리, 비계약적 사회의 윤리 등 대안을 모색하는 활발한 작업으로 이어진다. 이미 공적인 삶뿐만 아니라 사적인 삶까지 지배하는 계약적 사회의 인간관은 현실주의적이고 자기 이익만을 쫓는 '경제적인 인간'의 모습이 주종을 이룬다. 결혼·이혼·상속 등 사적이면서도 공적으로 제도화되면서 계약적 사회의 전형으로서 경제적 인간의 모습이 두드러진다. 이러한 맥락에서 성관계를 거래하고 상품화하는 관행이 병행되는 것은 어떻게 보면 당연한 일이라고 할 수 있다. 결국 성적 대상화와 상품화 문제의 해결은 계약적 사회의 지배적 패러다임의 변화 없이 이루어지기 어려운 문제라고 할 수 있다.(1997, 아산재단 제8회 사회 윤리 심포지엄 『현대 사회와 윤리성』)

9 결혼 제도와 성

결혼 제도 내에서 여성의 성적 자산의 활용 방식은 결혼 제도를 위협한다고 말해지는 다양한 하위 각본에서도 거의 유사하게 나타난다. 결혼 제도가 존재하는 한 그 안과 밖의 완전한 분리는 불가능하다는 결론을 조심스럽게 내리려 한다. 그 차이는 미시적으로 나타나지만, 거시적인 규범인 이중적 성체계와 성 규범은 안과 밖 각각의 영역에서 지배적인 이데올로기로 작용한다.

그러므로 우리 사회의 결혼 제도가 과거의 축첩 제도를 인정한 가부장적 결혼이든 상대적으로 평등하다고 인정되는 근대의 계약 관계로서의 결혼이든 여성을 통제하는 방식에 있어서 다소 차이는 있지만, 여성의 성적 자원을 착취하고 점유하는 남성 주도의 성 패러다임은 변화하지 않았다. 따라서 결혼 제도를 둘러싼 여성 억압의 현실을 해결하기 위해서는 새로운 패러다임으로의 전환이 요구된다.

1. 머리말

일반적으로 결혼 제도는 사회 전반을 지배하는 성 규범을 유지하는 제도라고 인식된다. 그러나 최근 폭발적으로 증가하고 있는 성 담론에서 결혼은 그 의미가 축소되거나 별다른 중요성을 갖지 않는 것처럼 취급되고 있는 인상이다. 오늘날 우리가 들이마시는 문화적 공기가 성으로 가득 차 있다고 느끼는 사람들에게 '결혼'은 무시해도 좋은 낙후한 제도라고 생각되기 때문인가? 그러나 성 담론에서 결혼 제도가 제외된다고 해서 이 둘의 연관 관계가 쉽게 접어지는 것은 결코 아니며, 사실상 우리 사회의 성 담론이 현실성을 갖기 위해서는 결혼 제도에서부터 논의를 시작해야 할 것이다.*

통계적으로 절대 다수의 사람들이 결혼 제도에 속해 있다. 물론 최근 이혼율의 증가로 결혼의 위기, 가족의 해체 등에 대한 지적이나 결혼 제도의 모순에 대한 담론이 증가한 것은 사실이다. 그러나 엄밀하게 말하자면 이혼은 특정한 결혼 관계의 해소일 뿐, 이혼 당사자가 결혼이라는 제도와 결별하는 것은 아니다. 그런 점에서 이혼이 결혼 제도의 토대에 대한 도전이라고 볼 수는 없다. 또한 결혼 제도의 밖에서 이루어지고 있는 다양한 대안적 관계들, 예를 들면 '동거'(이성간의 동거뿐만 아니라 동성간에서도) 등에도 결혼 제도 혹은 그와 유사한 관계가 비판적 혹은 긍정적 준거로서 자리잡고 있음을 상기하지 않을 수 없다.

결혼 제도는 가족 관계를 형성하는 기본적 토대가 된다. 결혼한 부부와 그 사이에서 출생한 자녀와의 관계를 규정하는 것도 결혼 제도이다. 그러므로 혼외 출생자라는 변칙은 결혼 제도라는 규범 하에 발생하는 것이다. 결혼 제도는 법적으로 지지를 받을 뿐만 아니라 사회 구성원들의 마음속에 깊이 자리잡고 있기 때문에 쉽게 흔들리는 제도가 아니다.

---

* 이 논문은 1996년도 한국학술진흥재단의 학제간 연구 지원 사업 연구비에 의하여 연구되었다. 이 논문의 면접 자료 수집을 함께 해 준 박순주와 이성은에게 감사한다.

흔히 우리는 결혼 제도와 성의 문제를 부부 관계에 국한하여 설정한다. 이것은 성을 출산과 직결된 문제로 보는 전통적 시각의 출발점이기도 하다. 이러한 설정은 부부 관계 이외의 다른 관계에서 일어날 수 있는 성을 비가시화하는 역할을 한다. 그러나 결혼 제도와 성이라는 주제 앞에서 부부 관계만을 다루거나 부부를 중심으로 하여 이루어지는 다른 관계들 즉, 혼외 관계, 이중적 관계 등만을 다루는 시각은 매우 좁은 시각이다. 결혼 제도란 부부뿐만 아니라 자녀, 친인척을 주체로 포함하고 있으며 동시에 경제와 사회 전반이 운영되는 기초 단위로 간주되고 있기 때문이다. 따라서 결혼 제도와 성을 다룰 때 거시적 경제 사회 문제가 분석에서 제외될 수 없다.

이 연구는 결혼 제도가 구체적으로 지배적인 성 규범의 유지를 위해 어떤 관계로 어떻게 작동하는가 하는 물음에서부터 출발하였다. 이 물음에 답하기 위해서는 결혼 제도의 특성을 분석함은 물론, 이와 관련해 성이 무엇인가를 이해할 필요가 있다. 본 연구의 목적은 성에 대한 공식적 체계의 규범을 대표하는 결혼 제도 안에서 여성은 어떠한 경험을 하는가를 가능한 한 성의 문제와 연결하여 살펴보고, 이를 기초로 결혼 제도 밖 즉 비공식적 체계를 통해 드러나는 여성의 경험을 통해, 우리 사회의 이중적 성 체계가 갖는 특성과 그 안에서 구성되는 여성 성 sexuality의 내용을 살펴보고자 한다.

이와 같은 연구 목적을 수행하기 위한 연구 내용을 정리하면 다음과 같다.

첫째, 결혼 제도를 이해하는 맥락으로서, 가부장제의 형성 과정에서 결혼 제도의 역사적 변천과 남녀간의 비대칭적인 관계에 대해 개괄한다. 둘째, 근대화를 기점으로 여성을 독립된 개인으로 상정하면서 계약 관계로서 결혼을 규정하는 것이 정당한가를 비판적으로 평가해 본다. 셋째, 위의 분석을 토대로 우리 사회 성 규범의 특성, 즉 이중적 성 체계, 성 이중 규범, 여성의 이분화 등을 논의하고, 이러한 규범 체계가 구체적으로 어떻게 여성의 성을 구성하고 통제하는가를 이론적으로 검토한다. 넷째, 사례 분석을 통해 결혼 제도의 안과 밖에 있는 여성의 구체적인 성 sexuality과 관련된 행위를 분석함으로써, 결혼 제도가 어떻게 지배적인 성 규범으로 작동하는가를 살펴보고자 한다.

[사례 개요]

번호	나이	결혼 기간	자녀수	학력	직업(결혼 전)	(전)남편 직업
1	31	2년 2개월	1	전문대졸	간호사	자영업
2	30	3개월	무	전문대졸	간호사	회사원
3	45	20년	2	고졸	의류도매업	의류도매업
4	50	7년,이혼10년	2	대학원졸	여성단체간사	(회사원)
5	35	12년,이혼2년	2	고졸	주부	(무직)가구제조업
6	40	14년	3	대졸	주부(의원보좌관)	정치인
7	35	미혼		전문대졸	간호사	
8	32	미혼		대졸	회사원	
9	30	1년 6개월	1	대학원졸	협회간사	의사
10	29	1년 8개월,동거6개월		대졸	공무원	대학원생
11	27	2년	1	고졸	주부(미용사)	상업
12	35	12년,이혼1년6개월	2	고졸	상업(주부)	(건축업)
13	51	30년	3	중졸	미화원	건축업
14	61	40년	1	국졸	주부	건설중기업

　이 글은 가부장제, 결혼 제도, 성과 관련된 문헌들을 비판적으로 검토하는 방법과 아울러, 우리 사회의 결혼 제도를 둘러싸고 벌어지는 성관계 양태와 그 사회 문화적인 맥락을 파악하기 위해서 심층 면접법을 함께 사용하였다. 가능한 한 다양한 현상을 접하기 위하여 심층 면접의 대상으로 결혼 생활을 하고 있는 여성을 중심으로 연령별, 학력별, 계층별 차이를 고려하여 14사례를 선정하였다. 또한 결혼 제도를 둘러싼 다양한 하위 각본들을 살펴보기 위해서 이혼, 동거의 경험을 가진 여성과 독신 여성을 면접하였다. 이와 같이 다양한 여성들을 연구 대상으로 설정한 것은 가부장적 결혼 제도 하에서 우리 사회의 여성들이 가지는 경험의 유사성과 차이를 검토하기 위해서이다. 면접은 1997년 1월부터 5월까지 약 5개월에 걸쳐 이루어

290

졌다. 면접 내용은 성생활사적 접근을 통해 결혼 전 연애 과정에서부터 임신, 출산, 피임, 낙태, 외도 등의 경험과 그 경험에 대한 여성들의 해석 등이 중심이 되었다.

물론 결혼 제도를 둘러싼 성의 문제에는 여성과 남성이 동시에 개입될 수밖에 없다. 이런 점에서 여성뿐 아니라 남성에 대한 분석도 포함되는 것이 더 이상적일 것이다. 그러나 일차적으로 여성의 경험을 드러내는 작업이 중요하다고 여겨져 연구 대상을 여성으로 제한했으며, 남성에 대한 연구는 후속 작업으로 남겨 두었다.

2. 가부장제와 결혼 제도 그리고 성

(1) 한국의 가부장제와 결혼 제도

가부장 家父長, 또는 부가장 父家長은 말 그대로 가족의 우두머리인 가장이 '아버지'임을 일컬으며, 가부장제란 가족 구성원에 대한 가장의 지배를 지지하는 체제를 뜻한다. 따라서 협의의 의미로 가부장제는 가장을 중심으로 한 가족 제도다. 광의의 의미로는 개인 가족뿐만 아니라 사회 전반에서 연소자, 여성들에 대한 남성 지배를 제도화하여 사회의 모든 주요 제도의 권력을 남성이 가지며 여성은 권력에 접근하는 것이 허용되지 않는 사회 제도를 뜻한다. 또는 여성에 대한 남성의 권력을 합법화하고 사회 구조화시키는 제도로 보아 여성에 대한 남성의 억압 체계를 의미하는 개념으로 사용하기도 한다.

협의의 의미 즉 가족 제도상의 가부장제는 부계 父系, Patrilineage, 부명 父名, Patrinymy, 부거 父居, Patrilocality라는 세 가지의 구성 요소를 갖고 있고 이들이 가부장권, 또는 부권 父權, Patriarchy을 뒷받침하고 있다.

이러한 가부장제 구성 요소는 역사적으로 조금씩 변형되어 왔지만 그 기본틀은 현재 우리 사회에서도 거의 그대로 유지되고 있다. 여기서 혼인 규칙은 매우 중요한 위치를 차지한다. 여성의 입장에서 가부장제의 네 가지 구성 요소를 혼인 관계 중심으로 살펴보면 父는 夫로도 대치가 가능하다. 즉 출가한 여성은 아들을 낳아 남편 집안의 대를 이어주고 [夫系], 자식들은 남편의 성을 따르며 [夫姓], 남편의 거주지에 거주하고 [夫居], 남편은 자식에 대해 권한을 행사함 [夫權]으로써 남편의 권한을 유지시켜 주는 것이다. 그러므로 가부장제 가족을 형성하는 데 혼인 규칙은 매우 중요한 위치를 차지하며, 주로 혼인 대상, 혼인 후 주거지 및 혼인과 관련한 다른 거래 관계 등을 내용으로 한다. 남성을 중심으로 하여 혼인 관계를 설정하는 것은 여성을 교환 관계에 놓여 있는 것으로 파악하게 만든다. 이는 여성의 성을 통제하여 재생산의 수단으로 삼는 것을 용이하게 만드는 효과를 갖는다.

또한 가부장제 사회의 혼인 제도는 성에 관한 규칙을 규정하고 있다. 성관계를 가질 수 있는 대상, 가질 수 있는 시기 등의 규정은 여성뿐만 아니라 남성에게도 행위의 규제와 억압을 수반한다. 결혼 제도를 유지하기 위해서 남성도 어느 정도 그러한 규제와 억압에 따라야 한다. 그러나 지배 집단으로서의 남성은 규제와 억압을 해소할 수 있는 사회적 기제를 마련하고 이를 결혼 제도와 병행하는 것이 가능하도록 만든다. 이로 인해 노예 집단, 피정복 집단, 식민화된 집단의 여성은 성적으로 이용되며, 매매춘 제도가 유지된다. 그리고 결혼 제도 안에서는 축첩 제도가 병행되기도 한다. 이러한 기제들은 그 자체로서도 관심 있는 연구의 대상이지만, 더욱 중요한 것은 이것을 통하여 여성 집단이 이분화된다는 점이다(장필화, 1997a).

또한 부권 父權이나 부권 夫權은 가족 제도의 원리에 그치지 않고 점차 초기 국가 원리로 발전하며 사회 일반의 조직 원리로 확대되었다. 우리의 전통 사회 역시 가부장 제도가 여성 통제와 권력 관계의 매개체로 작용하였음을 잘 보여 준다.

역사적으로 부계 친족 체계가 제도화된 것은 조선조 16세기 이후였다. 중앙 집권화와 부계 조직의 강화로 인해 외손과 내손을 구별하지 않거나 아들 딸 구별 없이 균분 상속했던 이전의 관행이 차츰 자취를 감추게 되었다. 고려 가요 등에서 기술된 자유로운 남녀 관계, 여성의 불교 연회 참석 등을 고려해 볼 때 여성에게 상대적으로 자율성이 보장된 듯하다. 그럼에도 불구하고 이 사회에서도 여성은 비주체적이고 도구적인 역할을 했다는 사실을 간과해서는 안될 것이다. 예컨대 지방 호족의 세력을 견제하기 위해 결혼을 이용한 왕건의 정책에서 볼 수 있듯이 귀족 지배층에서는 여성을 매개로 한 동맹 관계가 중시되었다는 사료들이 이에 대한 전거가 될 것이다.

고려말 주자학의 도입 이후에는 새로운 사회의 건설을 위해 여성의 지위에 대한 재규정이 시작되었다. 특히 재가 금지와 정절 이데올로기를 중심으로 한 여성 통제는 정치 이념과 밀착되어 조선조 지배 계층에 적극 수용되었다. 여성의 정절은 가족과 가문 전체의 안녕에 영향을 줄 정도로 강조되고 철저한 남녀 내외법이 강조되었다.

조선의 신흥 사대부들이 권익을 보호하기 위해 이념형으로 채택한 유교 의례는 공권력을 통한 강제에 의해 이루어진 것이다. 실제로 결혼 규제가 실행되는 과정에서 이들에게 중요한 것은 당시의 세력권의 역학 관계였다. 예를 들어 여성의 재가 금지 조항도 지배 계층의 수적 증가를 막는 하나의 정책으로 볼 수 있다. 특히 양반 여성의 절대적인 도덕률인 정절은 사회화 과정 속에서 철저하게 주입되었는데, 이는 여성의 성적 억압이 얼마나 지배 이데올로기와 연결되어 있는가를 보여 주는 것이다(장필화, 1997a). 이와 같이 전통 사회에서는 혼인 관계 즉 결혼 제도가 여성성에 대한 통제와 남성 권력의 재생산을 담당함으로써 가부장제 유지의 핵심축으로 역할해 왔음을 보여 준다.

(2) 근대적 의미의 결혼 : 계약의 개념

근대 사회로 들어오면서 흔히 사람들은 결혼은 더 이상 가족이나 친족에 의해 결정되는 것이 아니라 개인들 간의 자유로운 선택에 의해 이루어지며, 그를 통해 평등한 부부 관계를 형성할 수 있는 것으로 보게 되었다. 이는 결혼을 시민 사회의 자유롭고 평등한 두 남녀가 서로의 이익을 위해 결혼 조건을 타협해 가면서 결합하기를 동의하는 일종의 '계약'의 개념으로 보는 것이다.

우리 나라도 해방 이후 자유민주주의에 기반한 헌법을 제정하면서 모든 개인이 평등하다는 것과 이에 기초하여 결혼은 개인의 존엄성과 양성의 평등을 기초로 성립되고 유지되어야 할 것임을 강조해 왔다. 특히 1991년부터 시행된 개정 가족법은 여전히 부성주의 父姓主義라는 가부장적 요소를 근간으로 하지만, 형식적인 성차별을 상당히 제거함으로써 법적으로는 어느 정도 성평등을 향해 나아가고 있다.

그러나 법적인 개선과는 별도로 실제 우리 사회에서 결혼은 아직도 전통적인 요소를 유지하고 있는 측면이 강하게 나타난다. 전통적인 가족 중심주의에 기반한 부계 혈통의 직계 가족 원리가 결혼을 지배하고 있고, 여성들의 사회 진출이 확대되고 있다는 표면적 변화 이면에는 여성들의 경제적 자립을 어렵게 하는 구조적 여건들이 여전히 건재하다. 이러한 상황에서 여성들의 결혼 관계 유입을 어느 정도 자발적인 선택으로 볼 수 있는가 하는 문제가 제기될 수 있다. 일단 결혼에 유입되면, 한 남성에게 성적인 서비스와 가사 서비스를 제공하는 역할과 가계 계승을 위한 자녀 출산의 도구로서의 역할이 부과되고, 여성들은 남성과 동등한 입장에서 이러한 역할을 협상하거나 계약할 수 있는 위치에 있지 못하다.

개인간의 결합으로 보여지는 근대적 결혼에 대한 비판은 결혼을 계약의 개념으로 이해하려는 견해와 계약의 개념으로 볼 수 없다는 견해 둘 다로부터 제기된다. 우선 결혼을 계약의 개념으로 이해하면서, 기존의 불평등한 문제들을 개선하려는 관점은 여성을 자율적 개인으로 인정하고 기존 결혼 계약의 종속성을 지적한다.

첫째, 결혼은 당사자들이 스스로 자신의 환경에 맞도록 결혼의 조건을 결정할 수 없다는 점에서 진정한 계약이 되지 못한다. 즉 결혼에 합의한 두 당사자는 결혼의 조건에 대해 협상할 수 있어야 하지만, 현실적으로 결혼은 관습이나 법을 통해 제도로서 개인에게 부과되기 때문이다. 특히 제도로서의 결혼은 남성에게 아내, 즉 여성의 몸에 성적으로 접근할 권리를 주장할 수 있게 하고 여성의 몸을 사용하는 성적 권리 male sex-right를 갖게 한다.

둘째, 결혼의 합의에 참여하는 여성의 상황에 대한 고려가 없는데, 이는 결혼 유입에서 여성들의 자발성을 어떻게 볼 수 있는가 하는 문제이기도 하다.

셋째로 결혼 계약은 다른 계약과는 달리 한쪽이 자기 보호권과 신체의 소유권을 포기할 것을 요구한다. 남편은 아내를 부양하므로써 보호하는 대신 아내는 남편에게 가사, 육아, 성적 서비스를 제공하면서 복종할 것을 요구한다. 결혼은 배우자간의 계약이 아니라 특정하게 규정된 지위를 수용하는 데 동의하는 것이다.

따라서 계약론적 입장에서 결혼을 비판하는 페미니스트 법학자들에 의하면, 결혼은 성에 따라 귀속적인 특질을 받아들여야 하므로 계약이 아니라 신분 status에 속하는 것이 된다(Pateman, 1988). 그러므로 이들은 결혼이 신분에서 계약으로 이행되어야 한다고 주장한다. 계약의 자유를 획득하여 적절한 계약이 되면 성과 같은 본질적이고 실질적인 속성은 어떠한 문제도 되지 않는다. 계약의 관점에서 보면 남녀의 구분은 사라지고 누구든 자유롭게 선택하고 결정할 수 있는 개인이 되기만 하면 된다. 이 두 개인은 남성과 여성이 아니라 자신의 자산을 소유한 당사자로서 자신들의 상호 이익을 위해 자신의 자산에 대해 동의하는 것이다.

하지만 이와 같이 계약론을 지지하는 페미니스트들의 입장에 대해 페이트만 Pateman은 계약론의 틀 자체가 여성의 종속을 전제로 하다고 비판한다(Pateman, 1988).

첫째로 계약론을 옹호하는 입장은 결혼이 성적 계약의 측면을 지니고 있다는 점을 보지 못함으로써 계약론의 틀 자체가 여성의 종속을 전제로 하는 가부장적 틀이라는 점을 간과하였다고 비판한다. 개인이 자유의 불안정성을 극복하기 위해 국가와 계약을 맺게 되는 최초의 계약 자체가 성적 계약이자 사회 계약이다. 성적 계약이란 여성에 대한 남성의 정치 권리를 확립하게 해주며 남성이 여성의 몸에 접근할 권리를 확립하게 하는 것이다. 그러나 이제까지 사회 계약론에서는 남성 개인이 국가와 맺는 사회 계약에만 초점을 맞추고 그러한 사회 계약을 가능케 하는 데 필요한 성적 계약에는 관심을 두지 않았다.

두번째 비판은 계약론을 옹호하는 페미니스트들이 주장하는 개인이라는 개념이 가부장적 범주라는 점이다. 여성들은 최초 계약에서 자연적으로 종속된 계급에 속해 있으므로 계약에서 배제되었고 남성만이 계약에 포함되었다. 따라서 결혼 계약은 성 중립적인 개인이 들어가는 것이 아니라 성별에 따라 구분되는 남성과 여성으로 들어가게 된다. 그러므로 결혼에서 여성이 개인이 될 수 있다고 보는 것은 잘못되었다고 주장한다.

세번째는 계약론자들이 이혼을 결혼 계약의 종식으로 보고 있음을 비판한다. 계약론에 따르면 상호 이익과 상호 사용을 위한 계약은 계약의 두 당사자에 이득을 주는 한에서만 지속되는 일시적인 것이다. 이 점에 근거해서 계약론 옹호자들은 계약의 한시성과 지속적 계약의 가능성이야말로 결혼 계약에서의 성불평등의 문제를 종식시킬 수 있는 새로운 대안을 제공할 수 있다고 본다. 하지만 과연 계약의 관점에서 결혼 계약의 종식이 모든 여성에게, 어떤 상황에서도 가능한 것인가에 대한 문제가 제기된다. 서구에서도 이혼은 1960년대 이후에나 모든 계층, 모든 성별의 시민들이 쉽게 할 수 있는 것이 되었다. 우리 사회에서도 법으로 이혼이 가능하고 이혼의 사례도 증가하고 있지만 이혼에 대한 금기시, 여성의 경제적 자립의 어려움, 여성의 수동적 사회화에 의한 심리적 독립의 저해, 모성 이데올로기 등으로 여성들이 자유롭게 결혼을 파기할 수 있는 상황은 아니다. 또한 이혼은 결혼의 반대이기보다 이혼 후의 자녀 양육이나 재혼들을 고려할 때 결혼의 변형이라고 보아야 한다. 이와 같은 논거에서, 결혼을 계약론의 틀 안에서 이해하여 결혼 제도가 가지고 있는 남녀 불평등의 문제를 해결하려는 관점은 심각한 한계를 지닌다.

이상에서와 같이 근대적 의미의 결혼에 대한 비판적 시각이 하나는 계약론적 관점에서 제기되고 다른 하나는 계약론 자체를 비판하는 시각에서 제기되고 있다는 차이를 보이지만, 근본적으로는 결혼 자체가 갖는 불평등성의 문제를 지적한다는 공통점을 갖는다. 이는 전통 사회에서 가부장제의 핵심 축으로 유지되던 결혼 제도가 근대 사회로 이행되면서 개인간의 선택 혹은 계약의 관계로 변화된 것처럼 보이지만, 사실상 변형된 가부장적 결혼의 속성을 벗어나고 있지 못함을 의미한다.

(3) 결혼 제도와 성

앞에서 가부장제의 성립 과정과 계약의 개념으로서 근대적 의미의 결혼에 대한 비판을 통해 결혼 제도의 가부장적 구성을 살펴보았다. 이 장에서는 결혼 제도를 통해 우리 사회의 성문화를 검토함으로써, 결혼 제도와 성 규범의 관계 및 그 특성을 논의하고자 한다.

성관계를 '부부 관계'라고 표현하는 언어 관습에서 알 수 있듯이, 우리 사회에서 성은 결혼과 밀접한 상관성을 갖는다. 우선, 성과 관련된 모든 행위가 그것이 결혼 관계 내에서 일어나는가 아닌가에 의해 평가된다는 점에서 그러하다. 또한 우리 사회의 어느 누구도 결혼 제도와 분리해서 자신의 성적 행위를 인식하거나 성적 정체성을 갖기 어렵다. 가령 미혼, 이혼, 혼외 관계 등의 개념은 결혼 제도 밖에 있지만 결혼 제도를 기준으로 범주화된다. 따라서 결혼 제도와 연관해서 성문화를 이해한다는 것은 단지 결혼 내의 성뿐 아니라 결혼 밖의 성도 포함하는 개념이라 할 수 있다.

1) 이중적 성 체계와 성 이중 규범

일반적으로 '지배적 규범'은 어떠한 기준을 설정하고, 그 기준에 합당한 측면에만 배타적으로 가치를 부여하고, 그 외의 측면들은 주변화한다. 즉 그 기준에 의해 정상과 비정상을 분리하고, 비정상으로 분류된 범주를 비난하거나 처벌의 대상으로 규정한다.

성의 사회적, 역사적 구성을 고려할 때, 그 특성을 설명하기 위해서는 성과 연관된 제반 사회 구조, 즉 경제, 문화, 가족 구조, 노동 구조 등에 대한 거시적·미시적 분석이 함께 이루어져야 한다. 그러나 여기서는 이를 더 단순화시켜 성 규범의 한 축을 결혼 제도로 그리고 다른 한 축을 성별 관계로 놓고 분석해 보려 한다. 결혼 제도가 가족 제도라는 큰 틀 안에 위치 지어져 있는 하나의 경제적·사회적 구조라면, 성별은 그 구조를 가로지르는 또 다른 축이다. 결혼 제도의 안과 밖에서 남성과 여성은 비록 부부라 하더라도 성별에 의해 서로 다른 규범이 부여되고 서로 다른 경험을 갖기 때문이다.

좀더 자세히 설명하면, 우선 결혼 제도는 성의 규범성을 판단하는 하나의 중요한 척도이다. 결혼은 흔히 개인간의 사적 관계 맺음으로 인식되지만, 사실상 지극히 공적인 제도이기도 하다. 결혼 연령 및 혼인에 관한 민법상의 규정과 절차들은 결혼이 공적 제도에 기초하고 있음을 보여 준다. 심지어 이혼에 관한 많은 판례들은 결혼 생활의 유지 조건에 대한 세세한 원칙까지도 공적으로 규정되고 있음을 시사한다.

공식적으로 우리 사회에서 인정되는 유일한 성은 결혼 관계 내에서의 성이다. 결혼한 남녀의 성은 자연스럽고 합법적이며 정상적이다. 반면 결혼을 하지 않은 미혼의 성은 '비도덕적'이거나 혹은 공식적으로 논의해서는 안 되는 주제이다. 또한 혼외 관계는 처벌될 수 있으며 매매춘은 불법이다. 그러나 다른 한편, 인간의 본성상 이러한 규범에 맞추어 살기 어렵고 때로는 비윤리적이고 규범에서 벗어난 행위를 할 수 있다는 인식이 존재한다. 때문에 실제로 혹은 비공식적으로 존재하는 성은 이보다 훨씬 복잡하고 다양하다. 가령 '결혼 외의 성'(어린이나 미혼, 독신, 이혼, 별거 등) 또는 '일탈'이라고 간주되는 성(동성애, 매매춘, 포르노, 강간 등)은 비도덕적이며 비정상적인 것으로 간주되고 심지어 법적 처벌의 대상이 된다.

규범적으로 우리 사회는 공식적 체계의 성만을 인정하고 도덕적이라고 평가하지만, 비공식 체계 역시 엄연히 우리 사회 성문화 속에 존재하는 성이며 많은 경우 전자보다 후자가 더 쾌락적이고 흥미로운 것으로 여겨지기도 한다.

이와 같이 볼 때 성 규범은 결혼 제도를 기준으로 공식 체계와 비공식 체계로 분리되는 '이중적 성 체계'의 특성을 갖는다. 공식 체계에서 지배적인 성 규범은 일부 일처제에 기반한 성적 배타성이다. 부부 관계에 있는 남성과 여성은 서로에 대해 성적 배타성을 유지해야 도덕적이다. 그러나 성적 배타성은 비공식 체계의 존재에 의해 파기된다. 결혼 밖의 성, 즉 미혼이나 독신, 동거, 이혼, 동성애 등 다양한 하위 문화의 존재나 매매춘으로 대표되는 상품화된 성, 강간과 같은 성폭력의 존재는 성적 배타성이 관철되고 있지 않는 현상을 드러낸다.

성의 규범성을 판단하는 또 다른 축은 성별 관계 즉 그 성의 행위자가 남성인가 여성인가 하는 점이다. 같은 결혼 내의 성이라 하더라도 '남편의 성'과 '아내의 성'은 다른 내용을 갖는다. 남편에게 성은 남성성의 한 부분으로서 적극적이고 능동적인 역할을 수행해야 하는 것으로 기대되지만, 아내의 성은 여성성의 연장에서 더 소극적이며 단지 남편의 주도를 '받아들이거나 거부하는' 정도에 머무른다. 만약 남편이 '남자 구실'을 제대로 못하거나 아내가 '여자답지 않은' 요구를 하게 되면 부부 관계(성관계)는 위기를 맞을 수 있다.

성별에 따른 성 규범의 이중적 적용은 비공식적 영역에서도 마찬가지다. 가령 독신 남성의 성관계는 어느 정도 당연한 것으로 받아들여지지만 독신 여성의 성관계는 비도덕적이다. 남성의 매매춘 경험은 공공연한 비밀이지만 여성이 호스트 바에 가는 것은 타락한 윤리의 전형으로 취급된다. 즉 성별에 따라 남성에게는 성적인 적극성이 바람직하고 정상적인 것으로 기대되지만, 여성은 성적으로 수동적이거나 무성적이어야 한다는 '성 이중 규범'이 부과된다. 이는 보다 기본적으로 남성과 여성의 본성이 상이하고 남성은 본성적으로 억제할 수 없는 성충동을 갖고 있다는 생각을 전제한다. 때문에 남성은 공식 체계 내의 결혼 제도를 통해 충족할 수 없는 성욕구를 비공식 체계의 매매춘이나 혼외 관계를 통해 해결할 수밖에 없다고 본다. 이에 비해 좋은 여성, 정숙한 여성은 성적 욕구가 없거나, 있더라도 스스로 통제할 수 있다고 기대된다. 이러한 성 규범 체계를 도식화해서 표현하면 다음과 같다(장필화, 1989).

2) 여성의 이분화와 여성 성 sexuality의 구성

위의 [표 1]에서 X축을 기준으로 상단은 공식적 체계 즉 결혼 내의 성이며 하단은 비공식 체계 즉 결혼 밖의 성이나 일탈적 성으로 구성된다. 이는 다시 성별(Y축)을 기준으로 수동성을 특성으로 하는 여성의 성과 능동성을 특성으로 하는 남성의 성으로 구분된다.

[표 1] 이중적 성 체계와 성 이중 규범

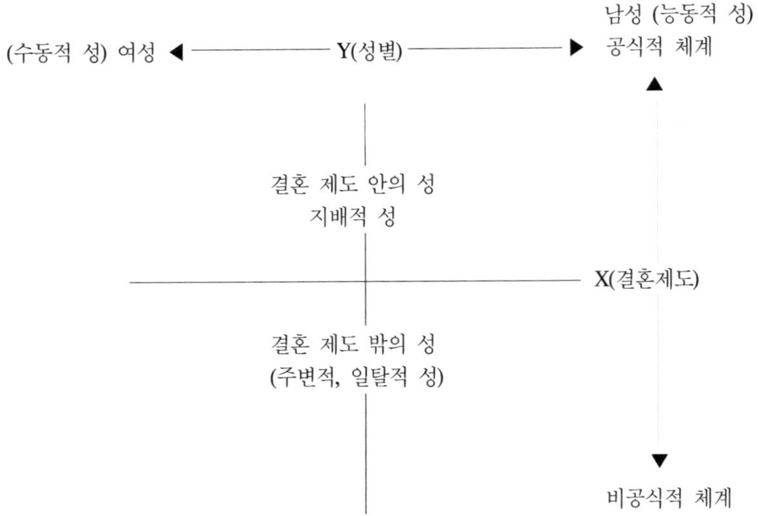

이러한 이중적 성 체계와 성 이중 규범은 곧 성적 행위에 대한 윤리적 평가로 여성을 나누는 '여성의 이분화'라는 문제와 직결된다. 이중적 성 체계에서 여성과 남성은 서로 다른 세계에 속한다고 해도 과언이 아니다. 남성의 경우, 공식적 체계와 비공식적 체계는 완전히 단절된 영역이기보다 어느 정도의 중첩성을 갖고 넘나들 수 있는 연속적이고 상호 침투적 개념([표 2], 점선 표시)이다. 남성은 아침에는 '남편'으로 출근해서 저녁에서는 매매춘 여성의 '고객'이 될 수 있으며, 이러한 행위가 비록 아내와의 관계에서는 문제가 될 수 있어도 사회적, 도덕적으로 큰 문제가 되지 않는 경우가 대부분이다. 반면 여성에게는 공식적 성 체계와 비공식적 성 체계의 경계가 뚜렷하고([표 2] 실선 표시), 상호 배타적이다. 일단 도덕적으로 정숙하지 않다고 낙인 찍힌 여성이 공식적 체계로 진입하는 것은 쉽지가 않다. 최근 문제가 되고 있는 '주부 매춘'이 그처럼 심각한 사회적 문제로 대두된 이유는, 공식적 체계에 속한 주부라는 존재와 비공식적 체계에 있는 매매춘이라는 상호 배타적 개

[표 2] 여성의 이분화

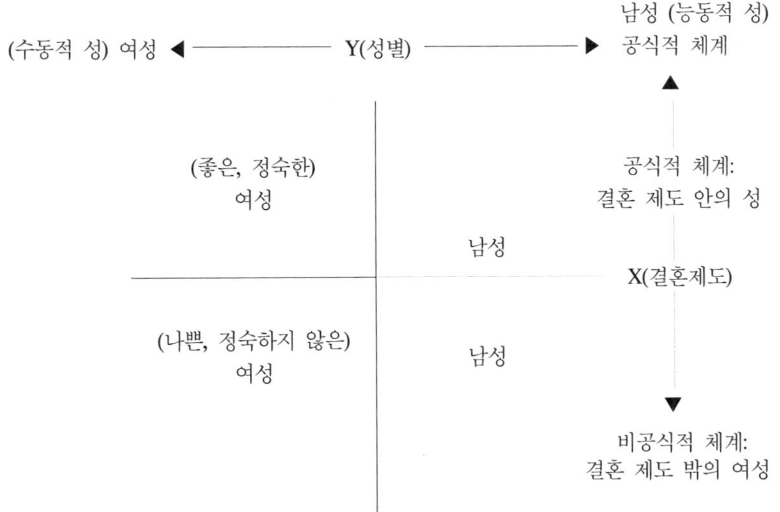

넘이 함께 묶였기 때문일 것이다. 즉 남성에게 공식적 체계와 비공식적 체계는 상호 넘나들 수 있는 통합적 체계이지만, 여성은 일단 한 체계에 속하면 다른 체계에서는 배제된다.

공식 체계와 비공식 체계의 존재는 일견 모순되는 것으로 보이지만 사실은 상호 보완적인 관계에 있으며, 특히 여성에 대한 비대칭적인 성통제를 위해서는 필수적인 구조이다. 여성들을 '좋은 여성'과 '나쁜 여성'으로 분리함으로써 여성 스스로 '좋은 여성'으로서의 '성적 자산'을 유지하게 하며 여성들간의 분리를 조장한다. 가령, 여성의 이분화 구조 속에서 여성들은 자신을 억압하는 대상이 남성이 아니라 '남편을 유혹하는 나쁜 여성'이라고 여긴다.

이와 같은 이중적 성 체계, 성 이중 규범, 여성의 이분화를 특성으로 하는 우리 사회의 성 규범 안에서 여성의 성과 남성의 성은 서로 다른 내용으로 구성될 수밖에 없다. 가령, 여성이 정숙하고 좋은 여성이라는 도덕적 평가를 받기 위해서는 공식적 체계에 속해야 하는데, 이는 곧 결혼 전 '순결'을 유지해야 함을 의미한다. 다시 말해, 순결은 공식적 체계로 진입하기 위한 성적 자산이 된다. 물론 여기서 순결은 현실적이고 물리적인 의미에서보다는 모든 여성을 지배하는 규범의 의미가 더 강하게 작용한다. 반면 남성에게 순결은 성적 자산으로 별 의미를 갖지 못하며, 오히려 성적으로 강한 남성인가 아닌가의 문제가 더 큰 의미로 작용할 것이다. 그러나 남성의 성적 능력에 대한 평가는 그 개인의 총체적 삶에 대한 윤리적 평가이기보다 말 그대로 그가 갖고 있는 능력(비록 중요한 능력으로 평가된다 하더라도)의 한 부분일 뿐이다.

　여성의 성을 구성하는 또 다른 특성은 수동성이다. 결혼 전 여성의 성경험 자체에 대한 부정은 결혼 후 아내의 성 역시 수동적이어야 한다는 기대로 이어진다. 여성의 성적 수동성은 단지 성관계 행위에서의 수동성뿐 아니라 그것이 결과하는 피임의 실패, 낙태의 경험, 성적 욕구 표현이나 쾌락 추구의 억제, 결혼 혹은 성과 관련된 선택의 부재 등 궁극적으로 성적 자율성의 결여를 의미한다. 최근 많은 여성 잡지들이 아내의 적극적 성을 부추기고 신세대 남편들 역시 아내가 더 적극적이고 섹시하기를 원한다고는 하나, 여기서 여성의 성적 적극성이 무엇을 의미하는가는 생각해 볼 문제이다. 만약 아내의 성적 적극성이 여성 자신의 성적 자율성을 의미하기보다 남성의 쾌락을 확장하기 위한 성 파트너로서의 역할이라면, 새롭게 부각되고 있는 여성의 성적 적극성은 단지 남성의 성적 쾌락을 위해 요구되는 또 다른 형태의 여성 성에 대한 통제에 불과할 것이다.

　이와 같이 볼 때 결혼 제도(X축)와 성별(Y축)은 권력 관계의 축이라 하겠다. 권력을 가진 X축 상단의 집단(기혼)은 권력을 갖지 못하거나 상대적으로 약한 권력을 가진 집단(미혼, 혹은 결혼 밖의 집단)을 지배하고 통제할 수 있다. 이성애적 일부 일처 결혼 제도는 성적 행위의 다양성을 배제하며, 다른 형태의 성을 비정상으로 억압하고 차별화한다. 또한 Y축을 기준으로 보면, 남성 집단은 여성 집단에 대해 자신에게 유용한 규범을 만들고 그것을 지배 규범화하면서 여성 집단을 이분화하고 통제하고 있다. 우리 사회의 성 규범은 공식적으로 일부 일처제의 배타적 관계를 표방하지만 사실상 남성에게 비공식적 성 체계를 허용함으로써 가부장적 성 규범의 특성을 갖는다. 또한 결혼 제도는 가부장적 성 규범을 지지하는 핵심 축이자 동시에 여성을 이분화하는 가부장적 성통제에 의해 강화되고 있는 것이다.

3. 우리 사회의 결혼과 성문화

이 장에서는 제도로서의 결혼이 사회적으로 구성되는 여성의 성에 어떠한 영향력을 행사하며, 여성의 성이 어떤 특성을 갖고 구성되어 있는가를 검토할 것이다. 결혼 제도에서 남성이 여성의 성적 자산을 어떤 방식으로 활용하고, 그에 대한 여성들의 대응은 어떠한지, 또한 결혼 제도를 둘러싼 다양한 하위 각본들의 존재가 과연 실질적으로 결혼 제도를 위협하는지, 아니면 그저 외관상으로만 결혼 제도의 영역 밖에 존재하는지 등과 같은 의문들을 여성들의 경험을 통해서 살펴보겠다.

(1) 공식 체계와 여성의 성

1) 성적 자산으로서의 순결

우리 사회에서는 순결한 처녀와 능력 있는 남성의 결합을 이상적인 결혼으로 간주한다. 여성들은 가정, 학교, 매체 등의 영향에 의해서 이상적인 결혼을 삶의 목표로 삼으면서 자란다. 이와 함께 여성에게 있어 순결이란 일종의 도덕적 의무를 의미한다. 여성의 순결은 결혼을 통해 계승되는 부계 혈통의 순수성을 보장하기 위한 것이므로 남성의 입장에서는 당연한 권리로서 여성의 순결을 요구할 수 있다고 받아들여진다. 이런 사회적 분위기에 적응하면서 여성은 처음 성관계를 맺은 남성과 결혼하기를 원하며, 또 그것을 당위로 받아들인다. 그러므로 여성들은 결혼하기 전에는 가급적이면 성관계를 하지 않는 것이 바람직하며, 혹시 성관계를 맺게 되더라도 그 상대는 결혼을 전제로 한 남성이어야 한다고 여긴다. 따라서 현실에서 여성들은 결혼 상대자 남성을 위해서 순결을 유지하기도 하고, 사랑하기 때문에, 또는 결혼을 약속한 관계이기 때문에 성관계를 허용하기도 한다.

"순결은 남편에게 주는 가장 소중한 선물이라고 생각해요"라는 말은 30대 초반으로 직장 생활을 하는 기혼 여성(사례2)의 말이다. 연령적으로 전통과는 다른 의식을 가질 것이라고 짐작할 수도 있지만, 세대와는 무관하게 '순결'을 결혼의 중요한 자원으로 인식하고 있다. '순결'의 중요성은 남편에게 주어야 할 '선물'이라는 점에 있다. 여기에서 성관계란 어떠한 행위라는 측면보다는 여성에게는 어떤 고정된 물품에 비견되는 것이며 이는 '준다'는 말로 표현된다.

그냥 나를 다 주고 싶더라구요, 어떤 계산 없이.(사례6)

주고 받는 행위는 현재의 시장 市場 관계적 함의를 갖고 있기 때문에 그것이 아니라는 점을 덧붙이는 것도 중요하다.

내가 성관계를 원했다기보다는 그 요구를 수용한 거죠.(사례10)

사례6은 40대의 법조인의 부인이며, 사례10은 20대 후반으로 현재 공무원으로 재직중이다. 이 두 사례는 공통점보다는 연령, 계층 등의 차이점을 더 많이 가지고 있다. 하지만 그들은 성적 행위와 관련해서는 유사성을 갖는다. 즉 양자 모두 결혼 전에 성관계를 경험한 사례는 많이 있지만, 그에 대한 표현은 본인이 진정 원해서라기보다는 상대방 남성의 욕구를 수용한 결과이며 적극적인 선택의 의미보다는 어쩔 수 없는 동의의 의미가 강조되고 있다.[1]

---

1) 이것을 적극적인 선택으로 볼 수 없는 이유는 여성들은 대체적으로 혼전 성관계 경험 안에서 쾌락을 느끼기보다는 남성의 끈질긴 요구에 혹은 낭만적인 사랑의 이데올로기에 의해서 성관계를 수용하게 되는 경우가 많기 때문이다(이숙경, 1993, 「미혼 여성의 성에 관한

미혼 여자는 자신의 성행위가 초래할 결과에 대해 민감하지 않을 수 없다. 대체로 여성은 성, 사랑, 결혼을 하나로 일치시키고자 한다(장필화, 1991). 사랑 없는 성은 생각할 수 없고, 이상적인 사랑의 대상을 결혼 대상으로 생각하는 여성에게 결혼을 전제로 한 사랑만이 성관계를 허용하는 기준이 될 수 있다. 그러나 남성의 경우 성과 사랑이 분리될 수 있는 것으로 인식한다면 그러한 남녀의 인식 차이는 성과 결혼의 일치에 도달하지 못하게 하는 출발점이 될 수밖에 없다. 결과적으로 성관계를 가진 남성과 결혼을 하게 되면 다행이고, 그렇지 못하면 그녀의 순결은 평생 문제로 남게 된다.

사례2와 사례6은 상반된 선택을 한 것처럼 보이지만, '순결'을 남편에게 주어야 할 선물로서 인식한다는 것은 일맥 상통한다. 사례2가 결혼식이라는 형식을 치른 후에 "순결'을 바쳤다'면, 사례6은 결혼을 전제로 한 만남이기 때문에 결혼 전에도 '자신을 다 줄 수 있다'고 생각한다. 또한 사례6은 상대방 남성에게 모든 것을 바쳤기 때문에 그 남자로부터 자유로울 수 없으며, 따라서 남성이 자신을 결혼 상대로 선택하지 않을까 하는 불안감 때문에 전전긍긍하기도 한다.

물론 남성과 결혼 전에 성관계를 맺었지만, 성관계 때문에 꼭 결혼해야 한다고 생각하지는 않는다고 답변한 사례도 있다.

> 같이 잘 때는 물론 그 사람을 사랑하고 좋아하니까, 결혼을 하고 싶은 생각이 있겠지, 그 사람하고도 결혼하려고 마음 먹었던 거야… 근데 사람이 싫어지면 꼭 같이 잤다고 해서 결혼해야 하는 건 아니야. 싫은 사람하고 참으며 살아야 하는 것은 아니야.(사례12)

사례12는 현재 이혼한 후 동거의 경험이 있는 30대 후반인데, 앞의 사례들과는

연구」, 이화여대 석사학위 논문). 그리고 본 연구를 위해서 면접에 응한 대상들 중 혼전 성관계를 경험한 사례가 8건이었으나, 그들 중 본인이 진정으로 원해서 성관계를 맺고, 그로 인한 즐거움을 느낀 사람은 거의 없었고, 오히려 피임의 미비로 임신에 대한 불안감이 컸다는 대답이 대다수였다.

달리 순결에 대한 사회적 규범을 거부하는 듯하다. 처음 성관계를 맺은 남성과 결혼을 하지 않은 그녀는 성적 자산으로서의 순결을 포기하고 차선책으로 '사랑하고 좋아하는' 낭만적 사랑을 더욱 중요시한다. 그래도 성관계를 가질 당시에는 결혼을 전제하고 있었다는 것이다. 결국 성과 결혼의 일치를 강조하는 사회 규범에 대한 그녀의 거부는 적극적 비판 의식의 발로라기보다는 오히려 '사랑'을 강조하여 자신이 처한 상황을 합리화하는 시도라고 해석할 수 있다. 따라서 위에서 제시한 사례들과는 다소 차이가 있지만, 여성이 성관계를 허용한다는 것은 결혼을 염두에 두고 있다는 사실에 있어서는 공통적이다.

이러한 분석을 통해서 알 수 있는 것은, 여성의 성적 자산으로서 '순결'이 갖는 중요성은 변화하지 않았지만, 그 '순결'을 남성에게 허용하는 시기는 꽤 유동적이 되었다고 할 수 있다. 즉 과거에는 '순결'을 결혼 첫날 밤 주어야 할 선물로 생각한 반면, 최근에는 결혼 약속은 이미 상대 남성의 성적 대상이 됨을 약속하는 것이기 때문에 형식적인 결혼 전에도 성관계가 가능하다는 정도의 변화로 평가할 수 있다. 여성들이 결혼을 전제로 성관계를 허용했으나, 남성의 배신으로 결혼을 하지 못하게 될 경우 혼인 빙자 간음 혹은 강간으로 상대 남성을 고소할 수 있는 법적 제도 역시 그러한 우리 사회의 관념을 반영하고 지지하는 것이라 할 수 있다. 남성의 순결은 문제의 대상으로 떠오르지도 않게 되는 이러한 이중 체계는 결혼 제도의 안과 밖에서 강력하게 작동하고 있다.

2) 아내의 성 : 이타적 성에서 강제적 성까지

우리 사회에서 '부부 관계'라는 말은 성관계를 점잖게 표현하는 어휘이다. 부부 간의 관계는 성관계이며 성관계는 부부 관계로 인식된다. 그러므로 결혼 제도 내의 성관계를 둘러싼 규칙은 남편의 강제적인 성관계에 대한 문제 제기, 즉 "부부간에도 강간이 발생할 수 있다"는 문제 제기를 성립될 수 없게 한다. 남편은 아내의 현실적인 조건2)과 무관하게 성관계를 요구할 수 있는 반면, 아내는 남편에게 성관계를 요구하는 경우가 드물다고 답변하는 사례가 대다수였다는 점을 보아도 알 수 있다.3) 여성들은 성관계를 강제적인 의무로 의식한다. 그들의 의사와는 무관하게 남편의 성관계 요구에 따라서 어쩔 수 없이 허용하는 경우가 허다하기 때문이다.

가부장적 결혼 제도는 남성이 여성을 통제하도록 하는 제도이기 때문에 여성성을 우선적으로 통제하게 된다. 그러므로 여성은 남성의 요구를 수용하는 방식으로 스스로를 통제함으로써 결혼 내에서 자신의 위치를 확보하게 된다. 따라서 결혼 제도 내의 여성의 성은 이타적 성4)에서부터 강제적 성에 이르는 다양한 스펙트럼으로 나타난다고 할 수 있다.

> 남자는 한번 하고 싶으면 해야 되나 봐. 그러면 하게 되죠. 끝까지 완고하게 내 고집을 세워서 거부해 본 적은 없어요.(사례11)

사례11은 어린 시절부터 미용 기술을 배우면서 야간 고등학교를 다닐 정도로 상당히 자립적이며 생활력이 강하다. 하지만 성관계에 있어서는 자신의 의사를 관철시키기보다는 남편의 욕구를 배려한 이타적 성관계를 맺는다. 즉 남성의 성욕은 여성보다 강하기 때문에 억제하기 힘들다는 생물학적인 이유를 대면서, 여성 자신의

---

2) 현실적인 조건이란, 예를 들어 아내가 임신 초기나 만삭일 경우, 심리적, 육체적으로 피로한 상태에서 성관계에 응하고 싶지 않을 때 등이라고 할 수 있다.

3) 최근 중년 부인들이 남편에게 보신제를 먹이는 것을 둘러싸고 여성들이 자신의 성적 쾌락을 위해서 남편을 대상화하는 것이라는 담론이 제기되기도 하는데, 이는 다소 왜곡된 면이 있다고 본다. 왜냐하면, 여성이 자신의 여성성을 확인 받는 것이 남편과의 성관계를 통해서라고 생각하기 때문에, 자신의 성적 쾌락이기보다는 부부 간의 관계 규정을 공고히 하기 위한 행위로 볼 수 있다.

4) Bart Pauline, 1985, *Stopping Rape: Successful Survival stratigies*, Pergamon Press 참조. 바트는 남녀 간의 성관계를 다양한 스펙트럼의 연속선으로 바라본다. 즉 성관계를 '동의의 성→이타적 성→강제적 성→강간'으로 구분하면서, 남녀 간의 권력 차이가 존재하기 때문에 여성은 완전한 동의의 성은 획득할 수 없다고 말한다. 일반적으로 결혼 제도 내의 부부 간의 성은 이타적 성인 경우가 많고, 직장 내 성희롱 등을 강제적 성의 예로 볼 수 있다고 한다. 또한 강제의 강도가 심각할 경우 강간으로까지 해석될 수 있다는 것이다.

욕구와는 무관하게 성관계를 허용하는 것이 자신의 도리라고 생각한다.

> 한번은 거의 만삭일 때, 남편이 하자고 조르는 거야. 난 너무 힘들어서 도저히 못하겠더라고 그러다가 한번은 웃으면서 당신 그러면 바람 피워 봐줄게, … 남편이 억지로 내 생각은 안하고 막 한 적이 있어, 막 거부했는데 힘으로 잘 안 되잖아, 그래서 나무토막처럼 가만히 있었는데… 기분이 정말 강간 당하는 것 같고, 내가 물건 취급 당하는 것 같고 그렇더라.(사례1)

> 아휴 그래 네 마음대로 해라, 이런 식이지, 이거 강간 당하는구나 그런 적은 없었어. 기분이 찝찝하지, 안 좋지. 아휴 그냥 빨리 해라, 이거지.(사례12)

사례1과 사례12는 대졸과 고등학교 중퇴라는 학력 차이와 중산층과 하층이라는 계층 차이에도 불구하고 거의 유사하게 남편의 일방적 성관계를 허용한다. 사례1의 경우 사례12보다는 다소 적극적으로 거부의 의사를 표시하지만, 성관계를 하는 남편과 완전히 분리된 상태에서 남편이 빨리 끝내 주기만을 기다린다는 점에서는 경험이 동일하다. 아내의 성적 만족은 남성의 만족을 위한 보조적 수단이 되어 아내에게 오르가슴을 연기하게 만들기도 한다.

이들이 비록 본인의 경험을 강간과 유사하다고는 언급하지만, 이를 강간으로 규정하는 데는 주저한다. 그 첫번째 이유는, 강간이란 물리적인 폭행을 동반한, 모르는 사람에 의한 성관계라는 통념 때문이고, 둘째로는 남편의 성관계 요구를 거부했을 때 야기될 남편의 외도를 막기 위해 자발적으로 허용했다고 생각하기 때문이다. 그리고 셋째로는, 계약으로서의 결혼 제도가 남편과 아내의 상호 성관계를 허용해야 한다고 규정하기 때문이다. 언뜻 보기에 이 규칙은 남녀 모두에게 평등하게 적용되는 것처럼 보이지만 현실은 그렇지 못하다. 언제든지 상대방의 요구에 응해야 하는 쪽은 여성이다. 모성과 소극성이라는 '바람직한' 여성성은 둘 다 성적으로는 걸림돌이 된다. 또한 남편의 요구를 거부하는 것은 아내의 도리가 아니라는 인식은 자발적이지 못한 성관계를 지속하게 한다. 결혼 안에서 자신의 지위를 지속하기 위해 여성은 남편이 요구하는 성관계에 동의하는 이타적인 성과 어쩔 수 없이 허용하는 강제적인 성 사이에서 표류할 수 있다.

3) 출산력과 몸에 대한 통제

결혼 제도 내에서 여성의 몸은 일차적으로 출산력을 둘러싼 영역, 즉 임신, 출산, 피임의 공간이다. 또한 최근 소자녀화 경향에 의해 출산을 위한 성 이외에 쾌락을 위한 성도 과거에 비해 상대적으로 높은 비중을 차지하지만, 그 명확한 분리는 여전히 어렵다.5)

따라서 최근 결혼 제도에서 여성의 몸은 출산력을 충분히 발휘해야 함과 동시에 출산 후에도 남편의 성적 대상으로서의 매력을 갖추어야 한다. 자녀 수의 감소, 빠른 단산으로 인해서 결혼 기간 동안 출산력을 발휘하는 시기가 과거에 비해서 상대적으로 줄어들었기 때문이다. 그러므로 재생산을 둘러싼 여성의 역할은 출산뿐 아니라, 피임, 낙태로 이어지며, 이 과정을 거친 후에도 남편에게 매력적으로 보이기 위한 몸매 가꾸기까지 그 영역이 확장된다. 결혼 제도 내에서 출산이 가지는 가장 보편적인 의미를 다음 사례를 통해서 짐작할 수 있다.

아이 낳고 나니까 남편이 달라 보여. 우리 아기 아빤데 하는 생각이 들고, 남편도 아기 낳고 좀 달라졌지. 결혼 전에는 같이 맞벌이를 해도 자기가 늦게 들어오니까 나한테 대접 받으려고만 했는데.(사례1)

사례1은 신혼 초 여러 가지 갈등을 아이의 출산을 통해 해소한 경우이다. 자신이

---

5) 이미경, 1989, 「한국 농촌 여성의 피임 결정 요인에 관한 사례 연구」, 이화여대 석사학위 논문 참조. 이미경은 이러한 분리가 왜 어려운지에 대해서 다음과 같이 설명하고 있다. "여성의 성을 가정 내로 한정시키고, 순결과 정절을 요구하며, 여성의 성욕은 모성애로 대체시킬 수 있다는 심리적 이데올로기화 등이 출산과 성애의 분리에 저해 요인이 되고 있다. 즉, 여성의 성은 가족의 생산과 재생산에서 그들의 노동력을 통제하고 충원하기 위하여 그리고 부계 혈통을 유지시키기 위한 메카니즘으로 은폐되어 온 것이다."

직장을 가지고 있으면서도 여성이기 때문에 가사 노동을 모두 수행해야 하고, 남편의 모든 요구를 받아줘야 한다는 상황에 참지 못하고 이혼까지 고려했음에도 불구하고, 임신과 출산이라는 과정을 통해 남편에게 '단지 남편이 아니라 아이 아빠'라는 정체성을 부여하고 스스로도 '아내일 뿐 아니라 아이 엄마'라는 정체성을 획득하게 되면서 결혼 관계를 더욱 공고히 하게 된 사례이다.

> 윗집에 애 없는 부부가 있었는데, 어른들이 고추를 못 쓰나 여자가 병신이나 그런 말을 하길래, 난 그런 소리 듣기 싫어서 안 낳을 생각은 못하고 하나 낳으려고 그랬어요. 병신 소리는 안 들어야 되잖아요. 그리고 엄마가 맨날 여자는 시집 가서 애를 낳아야 밥값을 하는 거라고 그랬어요.(사례13)

위 사례를 통해 결혼한 여성의 몸이 수행하는 중요한 역할 중 하나가 출산임을 알게 된다. 결혼 내에서 아이를 낳지 못하는 여성은 꼭 해야 할 의무를 수행하지 못한 것으로 평가 받는다. 그러므로 결혼 후 출산은 선택이 아니라 당연한 의무로서 여성에게 강제된다. 이러한 맥락에서 출산을 담당하는 여성은 피임 역시 책임겨야 한다.

> 제왕절개 수술을 하면서 피임 수술을 했어요. 제가, 나이 때문에 어차피 둘까지 됐으니까 수술을 했죠(사례 4)

> 애기 낳고 내가 했지, 배꼽 수술.(사례13)

> 지는 콘돔 같은 거 하기 싫대, 안 써봤대. 싫다는 데 굳이 쓰라고 할 필요는 없잖아… 그래서 수술하려고 산부인과에 갔는데, 애가 어리다고 루프를 권장해 주더라고(사례12)

위 사례들은 단산을 하는 경우 남편이 수술을 하기보다는 자신들이 복강경 수술을 함으로써 영구 피임을 한다. 그리고 영구 피임을 하기 전에도, 남성들이 간단하게 콘돔을 사용할 수 있음에도 불구하고 여성의 건강에 해로운 루프와 같은 피임 기구를 사용한다. 우리 사회의 부부 간의 성관계는 남성 주도적인 특성을 가짐에도 불구하고, 피임의 책임은 일차적으로 여성에게 전가된다. 이러한 양태들은 여성 편중적 피임 방법들이 일으키는 신체적 부작용 때문에 피임을 어렵게 하거나 실패하게 한다(임순영, 1991).

그러므로 출산의 도구로서 인식되는 여성의 몸은 낙태를 경험하기도 한다.

큰애 전에 하나, 큰애 낳고 하나, 둘째에 낳고 둘. 우리는 질외 사정을 했거든. 그러다가 잘못하면 걸리고, 둘째 낳고 루프 끼기 바로 전에 걸리고.(사례12)

사례12는 낙태를 거의 피임의 도구로서 사용한 예이다. 남편의 피임 거부는 무려 4번이나 부인에게 낙태를 경험하게 한다. 출산을 수행하는 여성의 몸에 대해 여성은 자신의 권리를 행사하지 못하고, 단지 수단으로서 이용되고 있다. 최근 소자녀화 경향과는 대조적으로 맞물리는 남아 선호 사상에 의한 성감별 낙태는 몸으로부터 여성을 분리시키는 대표적인 예이다.

단산 후 여성의 몸은 재생산과는 또 다른 방식으로 통제된다.

몸매 관리 했지, 난 아줌마가 되기는 싫거든. 그리고 앞으로 다시 직장을 나가야 되면 싫잖아. 그러니까 해야지. 그리고 남편이 그래 너 배 봐라, 웃으면서 그래도 좀 신경이 쓰이지.(사례1)

얼굴만 신경을 썼지. 나는 몸매 같은 거는 내가 생각했을 때, 배만 나왔지, 다이어트 그런 거 신경 안 썼어요. 지금 이 사람도 살 빼는 거 이런 거 별로 안 좋아해.(사례5)

사례1은 출산 후 6개월 된 때 면접을 했기 때문에 면접 당시 한참 몸매 관리에 열을 올리고 있었다. 꼭 남편을 염두에 두어서라기보다는 자신이 앞으로 직장 생활을 계속 해야 하기 때문에 결혼 전, 출산 전의 몸을 유지해야 한다고 답변했다. 사례5는 이혼 후 현재 동거 중인데, 다이어트에 별로 신경을 쓰지 않는다고 했지만, 그녀는 몸매나 외모에 대한 자신감이 있기 때문에 그런 답변을 할 수 있었으며, 또한 동거 남성이 통통한 스타일을 좋아하기 때문에 굳이 무리해서 몸매 관리를 할 필요가 없다고 말했다.

사례1의 답변을 보면, 사회 전체가 여성의 몸을 어떻게 통제하는지 알 수 있다. 직장에서 꺼리는 아줌마이기 때문에 외형상으로라도 아가씨 같아야 사회 활동을 유지할 수 있다는 것이다. 또한 몸매에 대한 남편의 농담 같은 지적도 그녀가 다이어트에 열을 올리는 요소가 된다. 사례5는 몸매 관리를 하지 않는다고 했지만, 이미 갖추었기 때문이고, 동거 남성이 그녀의 몸에 만족하기 때문이다.

성적 자원인 여성의 몸에 대한 남성의 권리 행사 방식은 불평등한 결혼 계약의 단면을 보여 준다. 만약 계약으로서 결혼이 가능하려면, 양자가 서로의 자원을 활용함에 있어서 한편의 일방적인 희생이 전제되어서는 안된다. 하지만 남성이 그 주도권을 가지고 있음으로써 대상화되는 여성의 몸이 겪는 고통은 결혼 계약에서 전혀 고려되지 않는다.

여성의 몸에 대한 통제를 살펴보면서, 결혼 제도 내에서 여성이 남성과 동등할 수 있다는 주장이 얼마나 허구적인가를 알 수 있었다. 따라서 여성들이 스스로 자신의 몸에 대한 권리를 가지지 못하는 한 결혼 내에서 여성의 성적 평등 운운하는 것은 시기 상조라 생각된다.

(2) 비공식 체계와 여성의 성

1) 배타성의 허구 — 외도와 매매춘

결혼 제도가 계약 관계로 성립되려면 우선 성적 배타성이 남녀에게 동등하게 적용되어야 할 것이다. 특히 일부 일처제에 있어 부부간의 정조는 필수적인 의무이며, 현재 우리 사회의 법에도 부부 상호간의 정조는 지켜져야 한다고 명시되어 있다. 과거의 축첩 제도와 비교할 때, 일부 일처제는 여성을 보호하는 장치처럼 보인다. 그러나 남녀의 권력 관계의 차이로 인하여 남성과 여성에게 성적 배타성은 비대칭적으로 적용된다. 결혼 생활 동안 배우자 한 사람과 배타적으로 성관계를 가지겠다는 명시적 약속은 남성보다 여성에게 더 규범적이다. 여성이 배타성의 규칙을 어기게 되면 남성보다 더 엄격한 제재를 받는다. 이와 같은 이분화는 남성의 혼외 성관계를 암묵적으로 허용하는 역할을 한다. 남성은 여성보다 성욕이 강하고 억제할 수 없을 정도로 충동적이라는 전제는 현실에서 남성의 외도를 허용하는 기제이다. 반면에 여성은 성욕이 없거나 스스로 통제할 수 있다고 보기 때문에 그렇지 못한 여성은 사회적 비난을 받게 되고, 순수한 부계 혈통의 계승을 보장하기 위해 여성의 정조 관념은 더욱 강조된다.

한편, 현대 사회의 이와 같은 이분화는 정조를 지키는 정숙한 아내이면서 동시에 남편의 성욕을 만족시켜 주는 섹시한 아내로서의 모순된 역할을 여성들에게 요구한다. 하지만 이를 완벽하게 수용할 수 없는 아내는 자신이 아닌 다른 여성이 남편의 성욕을 만족시켜 주는 것을 허용할 수밖에 없다. 하지만 그것은 가족 내에서 아내, 엄마로서의 지위가 흔들리지 않는 범위 내에서만 가능하다.

> 돈 주고 여자 사는 거야 일시적인 충동을 채우기 위해서 자기가 가는 거잖아. 그렇지만 다른 여자한테 마음까지 뺏겨가지고 만나는 그런 거, 우리가 흔히 말하는 바람은 용납할 수가 없는 거지.(사례12)

사례12는 남편의 외도를 두 가지로 구분한다. 하나는 남성의 생물학적 특성상 어쩔 수 없는 상황에서의 매매춘으로 엄밀한 의미의 '외도'로 간주되지 않는다. 다른 하나는 결혼 제도 내에서 자신의 위치를 위협하는 대상과의 외도이다. 상대가 누구이든 남성은 배타성의 규칙을 어겼기 때문에 비난받아야 하지만, 현실에서는 여성들조차도 대체적으로 후자의 경우만을 문제 삼는다. 따라서 배타성이라는 약속은 현실적으로 여성에게만 적용되는 복종의 서약이고, 남성은 언제든지 이 약속을 깨뜨릴 수 있다. 또한 여성들은 남편의 외도를 자신의 잘못으로 돌리면서 배타성의 모순을 수용하게 된다.

> 처음에는 안 그러다가 바람을 피니까 아, 거부하는 게 아니구나. 그래서 그때는 싫어도 했지. 어디 앞에 거부를 하겠어. 싫든 좋든 하는 거지. 지금까지도 그러면 바람을 핀다고 생각을 해.(사례14)

총 사례 중 가장 나이가 많고(61세), 결혼 기간이 40년이 되는 사례14는 외도의 원인이 성관계의 의무를 다하지 못한 자신에게 있다고 생각하고, 그 해결 방법을 자신에게서 찾으려 한다. 외도 당사자인 남편에게 책임을 묻는 것은 결혼 제도의 파기를 의미하는 것이고, 이러한 해결은 오히려 자신에게 치명적일 수도 있기 때문이다. 따라서 결혼이 여성에게 안정적 지위를 보장하는 한 여성은 남성의 외도를 묵인할 수밖에 없고, 배타성의 이중 규범에 반론을 제기하기 힘들다.

> 어떤 남자를 하나 알았어요. 걔도 유부남이었는데, 걔를 알면서 같이 어울리고, 내가 외박을 하게 됐어요, 그래 몇 번 술 먹고 외박하고 그러니까, 나가라 그러더라고 그런다고 못 나가냐, 지가 보따리 싸주더라고.(사례5)

사례5는 무능력하고 방랑벽이 있는 남편과의 이혼을 시도했지만, 이혼에 응해 주지 않자, 급기야 그녀도 외도를 하게 된다. 사례5의 남편은 거의 몇 개월씩 집을 비우고, 경제적인 자립 능력이 없음에도 12년 간의 결혼 생활을 유지할 수 있었지만, 그녀의 몇 번의 외박은 이혼으로 직결된다. 최근 여성의 외도를 둘러싼 담론에서 마치 남성의 외도와 유사한 것으로 그것을 평가하는 경향이 있다. 남성 중심의 성문화의 영향으로 그 행태에 있어서는 남성과 유사한 면이 있지만, 외도의 결과는 남성과 여성에게 다르다. 위의 사례에서도 여성이 외도를 하는 것은 이미 결혼에서의 자신의 위치를 포기하겠다는 전제가 있는 것인 반면, 남편의 외도는 아내와의 결혼 관계 포기는 아니다.

그러므로 결혼 제도 내의 성적 배타성을 둘러싼 남녀 관계의 비대칭성은 외도가 결혼 관계에 어떠한 영향을 미치는지를 살펴보면 잘 드러난다. 즉, 남편의 외도가 이혼의 직접적인 사유가 되는 예는 드물지만, 아내의 외도는 거의 이혼으로 연결된다. 이것은 남성이 여성의 성적 자산을 소유하고 있는 현실에서 필연적인 결과다.

2) 결혼 제도의 하위 각본 — 동거, 이혼, 독신

결혼이 아닌 다양한 하위 각본들은 형식적으로는 결혼 밖에 존재하지만, 결혼 제도 안의 성관계와 유사한 점들이 발견된다. 그러므로 하위 각본에는 완전한 결혼 제도의 해체 가능성보다는 가부장적 결혼 제도가 표방하는 이중적 성 규범이 그대로 녹아들어 있거나, 미세한 변화의 가능성만을 담고 있을 뿐이다.

다음 사례를 보면, 이혼 후 첫번째 결혼보다는 나은 남성과의 관계를 만들기 위한 준비의 과정으로서 동거가 나타난다.

나는 결혼에 대해서 막 매달리고 그런 건 아닌데도, 이 사람을 놓치고 싶은 마음이 없어요. 좀 욕심이라고 그럴까, 내가 이 사람을 만남으로 인해서 내 생활이 많이 안정이 되고, 여러 가지로 참 좋은 점이 많은 것 같아요. 그리고 내가 항상 기댈 수 있는 사람이 있다는 것도 좋고.(사례5)

사례5는 이혼 후 마땅히 지낼 곳이 없고, 생활 능력이 없었기 때문에 경제적인 안정을 보장해 주는 남성을 그 대안으로 선택했다. 이는 이혼을 선택했지만, 결혼 제도에 대한 거부라기보다는 첫번째 선택한 남편에 대한 거부일 뿐이다. 그러므로 그녀는 자신의 안정된 생활을 보장해 주는 또 다른 남성에게 종속될 수밖에 없다. 하지만 그녀는 결혼으로 진입하기 위해서 필요한 성적 자원인 '순결'과 출산력을 가지지 못했기 때문에 고민한다. 즉, 이혼한 여성들의 욕구는 이 사회가 규정한 '정상적 여자'로서 사는 것이다. 그것은 '포기할 수 없는 낭만적 사랑'에 대한 추구이거나 한 남자에게 사랑받는 여자로서 안정된 삶을 원하는 형태가 된다(김혜련, 1995). 그러므로 이혼 후 적당한 상대가 생기면, 재혼을 통해 정상적인 여자로 인정받고 싶어한다. 하지만, 사례5에서처럼 우리 사회에서 여성의 재혼은 그리 쉽지 않다. 따라서 그 대안으로서 동거를 선택하거나 독신으로 살게 된다.

> 음~ 여러 가지로 맞으면 할 수도 있다고 생각을 하죠. 근데 저는 결혼의 행복보다 고통을
> 많이 경험한 사람이예요. 내가 누군가와 결혼을 하면은 그 사람의 지금까지의 삶의 무게
> 를 저도 또 안아야 되잖아요. 그게 도저히 자신이 없는 거죠(사례4)

사례4는 이혼 후 10년 동안 독신으로 살고 있다. 하지만 그도 적당한 사람이 생기면 재혼하길 원한다. 독신 생활을 최선이기보다는 차선이라고 생각하기 때문이다. 그러면서도 재혼 문제로 갈등하는 이유는 여성으로서 결혼을 유지하기 위해서는 상대 남성의 과거를 모두 받아들여야 한다고 생각하기 때문이다. 반면 여성은 다른 상대와 재혼을 할 경우 자신의 과거는 모두 버리고 가야 한다. 이러한 비대칭성은 여성이 재혼을 쉽게 선택할 수 없게 만드는 요소이다. 따라서 미혼 여성의 독신은 잠재적일 가능성이 높다. 독신을 선언했건 아니건 독신 생활보다 더 나은 삶을 보장하는 결혼 상대가 나타난다면 언제든지 결혼해야 한다는 입장을 가지기 때문이다.

> 때가 되면 나의 천생 연분이 나타나면 하는 거고 혼자 살 팔자다 그러면 혼자 사는 거고,
> 그렇게 결혼에 대해서 연연하지는 않지만, 그렇다고 독신을 주장하거나 그러진 않아요.
> (사례7)

경제적인 자립 능력을 가진 사례7은 30대 후반이지만, 결혼을 포기한 것은 아니다. 그래서 괜찮은 상대가 있으면 선을 보기도 하고, 결혼을 위해서 노력한다. 그렇다고 무조건 결혼을 선택해야 한다고는 생각지 않는다. 이러한 갈등 양상은 여전히 결혼을 선택한 여성만이 정상적이라는 규범 때문이다. 그렇다면 독신 여성들의 성은 어떻게 자리매김할 것인지에 대한 의문이 제기된다. 이혼 후 10여 년을 혼자 살고 있는 사례4는 가끔 성욕을 느끼기는 하지만, 마땅한 상대가 없기도 하고, 자식들 데리고 생활하느라 너무 분주해 성욕에 몰두할 겨를이 없었기 때문에, 그리고 기독

교라는 신앙적 규율 때문에 거의 금욕적인 생활을 했다고 한다. 사례7도 현재까지 성관계를 경험한 적이 없고, 가끔 직장 동료(기혼 남성)와 함께 식사하거나 술을 마시게 될 경우 받게 되는 주위의 따가운 시선이 싫어서 그 정도의 교류조차도 삼가는 생활을 하게 된다. 이러한 예에서 알 수 있는 것은 우리 사회의 독신 여성들의 성은 금욕적이어야 한다는 규범이 지배적이라는 점이다. 이러한 규범은 여전히 여성들 전반에 가해지는 '순결'과 정절 이데올로기의 선상에서 독신 여성들도 예외가 아님을 알 수 있다.

> 글쎄 굳이 말할 필요는 없다고 생각해. 둘 관계의 어차피 새로운 시작이고, 어떤 사람이랑 만나서 결혼을 하면은 새로운 시작인데… '나 예전에 어떤 남자랑 어떤 관계까지 갔어'라는 게 동서양을 떠나서 당당해지고, 지금 남자에게 당당하게 얘기할 수 있는 부분은 아닌 것 같애.(사례8)

사례8은 30대 초반으로 현재 독신이지만, 여러 차례 성관계 경험을 가진 사례이다. 나름대로 해방적이고, 자유로운 의식을 가진 여성임에도 그는 자신의 성경험을 이후 결혼 상대가 알게 되는 것은 곤란하다고 생각한다. 왜 그가 당당해질 수 없을까? 우리 사회에서 남자의 나이가 서른이 넘으면 동정을 가지고 있으리라고 아무도 기대하지 않는다. 사례8 역시도 자신이 앞으로 만날 남자가 총각일 것이라고 기대하지 않는다고 말한다. 왜 자신이 처녀가 아님을 솔직히 말할 수 없을까? 이는 개인이 아무리 진보적인 의식을 가지고 다양한 하위 각본에 의해서 행동한다 하더라도 지배적인 규범에서 완전히 벗어나는 데는 한계가 있음을 보여 주는 예이다.

다양한 하위 각본은 분명 일말의 긍정성이 있다. 그리고 미래의 변화 가능성을 보여 주는 시작점이기도 하다. 하지만, 그 형태를 있는 그대로 겉모습만으로 판단한다면 근거 없는 희망이 될 수도 있다. 따라서 그 다양한 측면들이 발전적이지 못하게 하는 거시적인 요소인 지배적인 규범의 틀에 우선적으로 문제를 제기하는 것이 절실히 요구된다.

결혼 제도 내에서 여성의 성적 자산의 활용 방식은 결혼 제도를 위협한다고 말해지는 다양한 하위 각본에서도 거의 유사하게 나타난다. 결혼 제도가 존재하는 한 그 안과 밖의 완전한 분리는 불가능하다는 결론을 조심스럽게 내리려 한다. 그 차이는 미시적으로 나타나지만, 거시적인 규범인 이중적 성체계와 성 규범은 안과 밖 각각의 영역에서 지배적인 이데올로기로 작용한다.

그러므로 우리 사회의 결혼 제도가 과거의 축첩 제도를 인정한 가부장적 결혼이든 상대적으로 평등하다고 인정되는 근대의 계약 관계로서의 결혼이든 여성을 통제하는 방식에 있어서 다소 차이는 있지만, 여성의 성적 자원을 착취하고 점유하는 남성 주도의 성 패러다임은 변화하지 않았다. 따라서 결혼 제도를 둘러싼 여성 억압의 현실을 해결하기 위해서는 새로운 패러다임으로의 전환이 요구된다.

4. 맺음말

결혼의 형태는 역사적으로 다양하게 변화하여 왔지만, 인류 역사에서 적어도 지난 수천년간 가부장적 결혼 제도는 매우 지배적인 위치를 점하여 왔다. 가부장제 사회라는 역사적 맥락 안에서 성통제 특히 여성에게 가해지는 성통제는 결혼 제도를 통하여 유지되어 왔다.

결혼 제도가 여성을 성적으로, 경제적으로 종속시키는 제도라는 데 문제를 제기하고 이를 해결하고자 하는 노력의 하나가 결혼을 계약으로 보자는 논의이다. 이러한 주장은 계약에 참여하는 여성을 남성과 동등한 개인으로서 위치지움으로써 결혼을 더욱 평등하게 만들 수 있다고 본다. 이는 결혼을 하나의 제도로서 보기보다는 개인의 선택에 의해 조정될 수 있는 것, 결혼은 동등한 개인들이 자발적으로 선택을 할 수 있다는 것을 전제로 한다. 그러나 이러한 견해는 결혼을 제 사회 제도나 규범, 정치, 경제 등의 사회적 맥락과는 무관한 하나의 사적인 관행으로 본다는 문제를 갖는다. 특히 이러한 시각이 사회 속에 존재하는 개인들의 맥락과 위치를 무시하고 개인을 추상적이고 고립된 인간으로 상정한다면 제도에 대한 비판은 무의미해질 것이다. 그렇다고 해서 필자가 개별적인 수준에서 동등한 위치를 향유하는 남녀가 존재한다거나 또는 이들의 개인적 선택이 어느 수준에서 사회적 변화를 유도할 수 있다는 가능성을 무시하는 것은 전혀 아니다. 단지 바람직한 변화를 모색하기 위해서도 결혼은 사적인 관행이 아니라 국가, 종교, 법률, 경제, 관습 등과 관련된 일련의 사회 제도의 하나로서 존재한다는 인식은 중요하다.

사회 제도로서의 결혼은 기존의 사회 관계 내에 작동하는 제 권력 관계를 반영한다. 제도화된 결혼은 기존 사회의 남성과 여성의 불평등한 권력 관계를 반영하고 이는 혼인에서의 경제적 교환 및 성적 자산의 교환 문제, 재생산의 문제 등과 같은 재산과 성이라는 문제와 연관되어서 나타나게 된다. 사회의 대다수 인구가 따르는 사회 활동의 기본 양식으로 공고해진 결혼 제도는 오랫동안 지속되어 상대적으로 고정된 행위 양식이 되며 이러한 양식들은 강한 제재에 의해서 유지된다. 따라서 사회 속에 살고 있는 개인은 결혼 제도가 갖고 있는 지배적인 규범이나 가치를 수용하여야 한다. 그러므로 결혼 제도는 개인의 선택을 통해서 조정될 수 있는 것이 아니다.

또한 결혼의 당사자인 남성과 여성은 동등한 상황이 아니다. 여성은 결혼을 통해서 가사, 육아, 성적인 서비스를 한 남성에게 제공할 것을 요구받고, 이를 위해 성적으로 대상화되며, '순결'과 정절을 지켜야 한다. 결혼 제도는 성의 영역을 통해서 가부장제를 유지시키고 공고히 한다. 이를 위해 결혼 제도는 결혼 내의 성뿐만 아니라 결혼 밖의 성 모두를 규제하면서 지배적인 성 규범을 반영하게 되고 이를 지속시킨다. 결혼 제도가 가부장적인 성 규범을 유지시키는 기제는 공식, 비공식의 이중적 성 규범 체계를 성별에 따라 달리 적용시킴으로써 가능하다. 서로 모순되는 규범을 여성의 이분화를 통해 효과적으로 공존시키면서 남성에게는 외도, 매매춘, 축첩과 같은 혼외 관계를 맺도록 하고, 여성은 한 남성에게 국한되는 성관계만을 가질 것을 요구한다. 따라서 결혼에 유입되는 여성의 상황과 남성의 상황은 매우 다를 수밖에 없으며, 여성이 경험하는 성, 여성의 성을 구성하는 내용 역시 남성과는 다르다. 가부장제 사회에서 구성된 여성의 성은 단지 여성을 성으로부터 소외시킨다는 문제를 넘어서 여성의 삶 자체를 억압하고 종속시킴으로써 여성을 통제하는 기능을 갖는다.

그러므로 우리가 결혼 제도 내에서 여성의 성적 종속을 해결하기 위해서는 제 사회 관계와 연관을 맺고 있는 결혼 제도에 대한 검토가 필요하고, 결혼이란 제도로 유입되는 여성의 특수성을 고려해야 할 것이다. 이를 위해 우리는 여성을 남성과 동등한 개인이라는 범주로 보기보다는 남성에 비해 상대적으로 억압을 받는 여성으로서의 특수성과 차이를 부각시켜서 접근해야 할 것이다. 영 Iris Young의 지적대로 남성과 여성의 차이를 사상시키기보다는 남성과 여성의 차이에 기반한 특수성을 드러내어 이를 긍정하고 이에 대한 목소리를 내게 할 수 있을 때 오히려 종속 집단으로서의 여성 억압의 문제를 더 잘 다룰 수 있을 것이다. 그러기 위해서는 결혼 제도 내에서 성적으로 종속당하는 여성들로 하여금 사회 집단을 형성할 수 있게 하여야 하며, 이러한 집단으로서의 특수성을 긍정하면서 이들의 목소리를 내게 하여 기존의 결혼과 성에 대한 지배 규범을 상대화하는 것이 필요할 것이다.(1997, 『한국 여성학』 제13권 2호)

참고문헌

강숙, 1984, 「'왜곡된 성'의 역사 — 가내 노예에서 기생 관광까지」, 『민중 현실과 민족 운동』 현장 1, 돌베개.

강영수, 1989, 「한국 사회의 매매춘에 관한 연구」, 이화여대 석사학위 논문.

고석주, 1985, 「광고의 성차별주의에 대한 소비자 의식 연구」, 이화여대 석사학위 논문.

김명숙, 1986, 「여성문제(I)」, 『현대 사회와 여성』, 아산 사회복지산업재단.

김미경, 1987, 「매춘을 통해 본 성통제 구조 일 고찰」, 이화여대 석사학위 논문.

김병서, 1989, 「사회 여성학 — 일탈과 여성」, 『여성학 영역별 연구』, 한국여성연구소 편, 이대 출판부.

김선영, 1989, 「강간에 대한 통념의 수용에 관한 연구 — 경찰, 의사, 교사, 법률인, 상담원, 언론인을 중심으로」, 이화여대 석사학위 논문.

김선욱 외, 1993, 『여성 정책 담당 국가 행정 기구의 기능 강화 방안』, 한국여성개발원.

김엘림 외, 1994, 『UN과 ILO의 여성 관계 조약과 한국 여성 노동 관계법의 비교 연구 — 국내법의 입법 과제와 정비 방향의 제시』, 한국여성개발원.

김은실, 1996, 「출산 문화와 여성」, 『한국여성학』 제12집, 한국여성학회.

김학준, 1994, 「美 성희롱 규제 논쟁: 제발 내 몸에 손대지 마세요」, 『신동아』 6월호.

김혜련, 1995, 『남자의 결혼 여자의 이혼』, 도서출판 또 하나의 문화.

김효선, 1994, 『우리 시대의 결혼 이야기』, 여성신문사.

노동부, 1993, 『임금 구조 기본 통계 조사 보고서』.

데일리, 메리, 1996, 『하나님 아버지를 넘어서: 여성들의 해방 철학을 향하여』, 이대 출판부.

드워킨, 안드레아, 1990, 『여자는 무엇으로 사는가』, 문학관.

______, 1996, 『포르노그라피』, 동문선.

또 하나의 문화 동인들, 1991, 『새로 쓰는 성 이야기』, 도서출판 또 하나의 문화.

______, 1996, 『새로 쓰는 결혼 이야기 1』, 도서출판 또 하나의 문화.

램버트, 존, 1996, 『인간의 시작』, 아름드리.

릴레, 도로테, 1987, 『사랑과 노동』, 박재순 역, 한국신학연구소.

마르쿠제, 1982, 『에로스와 문명』, 김종호 역, 양영각.

문소정, 1994, 「여성과 법」, 여성한국사회연구회 편, 『여성과 한국 사회』, 사회문화연구소.

박선미, 1989, 「강간 범죄의 재판 과정에 나타나는 성차별적 선택성에 관한 연구」, 이화여대 석사학위 논문.

박혜란, 1986, 「성 Sexuality으로 본 여성의 실상」, 이화여대 석사학위 논문.

베벨, A., 1982, 『여성과 사회』, 선병렬 역, 한밭출판사.

베이커, 엘리스톤, 1983, 『철학과 성』, 홍성신서.

보건사회부, 1958, 『보건 사회 행정 개관』.

______, 1987, 『부녀 행정 40년사』.

서울 YMCA, 1989, 「청소년 비디오 시청 실태 조사 보고서」.

______, 1990, 「청소년들이 많이 보는 홍콩비디오물에 대한 모니터 결과 보고서」.

서울 YMCA 시민 자구 운동 본부, 1989, 『향락 문화 추방 시민 운동 보고서』.

______, 1990, 『향락 문화 추방 시민 운동 보고서』.

______, 1991, 『향락 문화 추방 시민 운동 보고서』.

서울대 조교 성희롱 사건 공동 대책 위원회, 1994, 『침묵에서 외침으로』.

손덕수, 1988, 「서비스 산업에서의 신종업: 호스티스(일명 'Caffeetess')」, 1988년 한국여성학회 춘계 학술발표자료.

송동건, 1987, 「J. Lacan과 여성학」, 『여성학논집』 4집, 이화여대 한국여성연구소.

심영희, 1992, 『여성의 사회 참여와 성폭력』, 나남.

안혜성, 1993, 「사무직 노동 조합 운동과 성별 위계 구조」, 이화여대 석사학위 논문.

윤후정·신인령, 1988, 『법 여성학』, 이대 출판부.

이명선, 1989, 「강간에 대한 여성학적 접근 — 피해 여성의 사례를 중심으로」, 이화여대 석사학위 논문.

이미경a, 1987, 「매춘 문제에 대한 여성 운동론적 접근」, 『매춘 문제와 여성 운동』, 한국 교회 여성 연합회.

이미경b, 1989, 「한국 농촌 여성의 피임 결정 요인에 관한 사례 연구」, 이대 석사학위 논문.

이상화, 1995, 「여성주의 인식론에 대한 비판적 성찰」, 『한국 여성 철학』, 한울 아카데미.

이숙경, 1993, 「미혼 여성의 성에 관한 연구」, 이화여대 석사학위 논문.

이영자, 1996, 「소비 사회와 여성 문화」, 『한국여성학』, 한국여성학회.

이은영, 1994, 「신체 접촉, 왜 수인한도 受忍限度 밖인가?」, 『직장내 성희롱 어떻게 볼 것인가?』, 남녀 평등을 위한 교수 모임.

이종걸, 1994, 「Sexual Harassment의 성부 成否」, 『인권과 정의』, 대한 변호사 협회.

이화여대 한국여성연구소, 1988, 『우리들이 본 사회』 I.

이화여대 대학원 여성학과, 1989, 『우리들이 본 사회』 II.

임순영, 1991, 「기혼 여성의 인공 유산 경험에 대한 사례 연구」, 이화여대 석사학위 논문.

장필화, 1989, 「성에 관련한 여성 해방론의 이해와 문제」, 『한국여성학』 제5집.

______, 1991, 「성, 사랑, 결혼에서 주인되기」, 『새로 쓰는 사랑 이야기』, 도서출판 또 하나의 문화.

______, 1992, 「성 sexuality에 관련된 여성 해방론의 이해와 문제」, 한국 여성 연구소 편, 한국 여성 연구 3 『일과 성』, 청하.

______, 1997a, 『여성학 노트』(미간행).

______, 1997b, 「성차별과 성윤리 : 성윤리에서의 성적 불평등」, 『현대 사회와 성윤리』

장필화 · 조형, 1991, 「한국의 성문화: 남성 성문화를 중심으로」, 『여성학 논집』 제8집, 이화여대 한국여성연구원.

재거, 앨리스 M., 1987, 「페미니스트 이론과 인간 생물학: 성적 평등에 관한 재고찰」, 캐롤 C. 굴드, 『지배로부터의 자유』, 한국 여성 개발원.

______, 1992, 『여성 해방론과 인간 본성』, 공미혜 · 이한옥 옮김, 이론과 실천.

정경자, 1989, 「피임 광고를 통해서 본 성문화 일고찰」, 이대 석사학위 논문.

정대현, 1985, 「여성 문제의 성격과 여성학」, 『한국여성학』 창간호.

______, 1986, 「사회 과학의 철학적 기초: 서론」, 『여성학 방법론: 사회 과학적 방법』, 한국 여성 연구소

______, 1995(1988), 「성문화의 오늘과 내일」, 『지배 문화 남성 문화』, 도서출판 또 하나의 문화.

______, 1995, 「성관계 개념의 여성 억압성」, 『한국 여성 철학』, 한울 아카데미.

정세화 외, 1988, 「한국 여성사 정립을 위한 인물 유형 연구: 고대에서 대한제국 시대까지」, 『여성학 논집』 5집, 이화여대 한국여성연구소.

조순경, 1994, 「성희롱, 왜 고용상의 차별인가」, 남녀고용평등을 위한 교수 모임, 『직장내 성희롱, 어떻게 볼 것인가?』.

조정아, 1993, 「대졸 사무직 여성의 노동과 좌절」, 이화여대 석사학위 논문.

조정아 · 조혜순, 1991, 「직장에서의 성적 폭력」, 『새로 쓰는 성 이야기』, 도서출판 또 하나의 문화.

조형, 1986, 「여성학 연구의 시각: 서론」, 『여성학 방법론: 사회 과학적 방법』, 한국 여성 연

구소.

추애주, 1985, 「소외의 관점에서 본 여성다움에 관한 연구 ― 한국 대중 소설에 나타난 여성 상을 중심으로」, 이화여대 석사학위 논문.

카플란, A. G. · M. A. 세드니, 1989, 『성의 심리학』, 김태련 · 이선자 · 조혜자 역, 이대 출판부.

탄나힐, 레이, 1982, 김광만 역, 『성의 역사』, 김영사.

통, 로즈마리, 1995, 『페미니즘 사상』, 이소영 옮김, 한신출판사.

편집부, 1988, 『사랑의 품앗이 그 왜곡된 성』, 등에.

편집부, 1989, 『새우리말 큰사전』 삼성출판사.

푸코, 미셸, 1979, 박정자 역, 『성은 억압되었는가』, 도서출판 인간.

프리드만 외, 1994, 『이것이 성희롱이다』, 우영은 역, 여성사.

하그만, 니니 1991, 『이제는 말하자』, 참세상.

한국 성폭력 상담소, 1992, 「건강한 일터, 자유로운 여성」.

한국 여성 개발원, 1989, 「윤락 행위 등 방지법의 개정 방향과 내용」.

한국 여성단체 협의회, 1991, 「직장내의 폭행에 관한 조사」.

한국 여성 민우회, 1993, 「직장내 성희롱에 관한 조사」.

한국 여성 민우회 임금위원회, 1991, 「승격, 승진 제한으로 증폭되는 차별 임금」, 『사무직 여성』 1991 여름호.

한국 여성학회 편, 1989, 『한국 여성학』 제5집.

한국 형사 정책 연구원, 1991, 「간통의 실태 및 의식에 관한 연구」.

한인섭, 1994, 「성폭력특별법과 피해자 보호: 그 문제와 개선점」, 『인권과 정의』 6월호, 대한 변호사협회.

현대 사회 연구소, 1984, 「퇴폐, 윤락 문제 대처방안 연구」.

황은자, 1988, 「성교육 담당 교사의 성역할 고정 관념적 태도에 관한 연구」, 이화여대 석사학위 논문.

Astrachan, A., 1988, *How Men Feel*, New York: Anchor Press.

Banks, O., 1981, *Faces of Feminism*, Martin Robertson.

Bart, Pauline, 1985, *Stopping Rape: Successful Survival Stratigies*, Pergamon Press.

Bell, L.(ed.), 1987, *Good Girls / Bad Girls : Feminists and Sex Trade Workers Face to Face*, Toronto: The Seal Press.

Birke, Lynda, 1986, *Woman, Feminism, and Biology: The Feminist Challenge*, Harvester Press.

Bleier, Ruth, 1984, *Science and Gender: A Critique of Biology and its Theories on Women*, N.Y.: Pergamon Press.

Brittan, A., 1989, *Masculinity & the Power*, Basil Blackwell LTD.

Carter, A., 1984, *The Sadeian Woman*, Virago.

Carter, C. Sue, 1985, "Hormones: A Biobehavioral Perspective," in Treichler, C. Kramarae, B. Stafford, *For Alma Mater: Theory and Practice in Feminist Scholarship*, Urbana: Univ. of Illinois Press.

Cartledge, S. & Ryan, J., 1983, *Sex and Love: New Thoughts on Old Contradictions*, The Women's Press.

Commission of The European Communities, 1990, "How to Combat Sexual Harasssment at Work. Contract in Hindu Marriage," *Social Reform Sexuality and the State*, Sage Publications India Pvt Ltd.

Coontz & Henderson, 1986, "Property Forms, Political Power and Female Labour in the Origins of Class and State Societies," in Coontz & Henderson(eds.), *Women's Work, Men's Property: The Origins of Gender and Class*, London: Verso.

Coveney, Lal, Margarer Jackson, Sheila Jeffreys, Leslie Kay, and Pat Mahony, 1984, *The Sexuality Papers: Male Sexuality and the Social Control of Women*, London: Hutchinson.

Coward, R., 1983, *Patriarchal Precedents: Sexuality and Social Relations*, RKP.

Daly, Mary, 1978, *Gyn/Ecology: the Metaethics of Radical Feminism*, Boston: Beacon Press.

_____, 1984, *Pure Lust: Elemental Feminist Philosophy*, Boston: Beacon.

Edwards, A., 1987, "Male Violence in Feminist Theory: An Analysis of the Changing Conception of Sex / Gender Violence and Male Dominance," Jalna Hanmer and Mary Maynard(eds.), *Women, Violence and Social Control*, British Sociological Association.

Ehrenreich, Barbara, 1983, *The Hearts of Men*, London: Pluto Press.

Eisenstein, Zillah, 1988, *The Female Body*, Power Press.

Engels, F., (1884) 1975, *The Origin of the Family, Priavite Property and the State*, 3rd,(ed.) H.B.Leacock, New York: International Publishers.

Fasteau, M. F., 1975, *The Male Machine*, New York: Delta Book.

Feminist Review, 1987, *Sexuality: A Reader*, Virago.

Flshtain, J.B., 1982, *The Family in Political Thought*, The Harvester Press.

Foucault, M., 1985, *The Use of Pleasure: The History of Sexuality*, Vol.2, A. Peregrine Book.

Gallop, J., 1982, "The Daughter's Seduction," *Feminism and Psychoanalysis*, Cornell University Press.

Gilman, 1981, "Women as Shapers of the Human Adaptation," Fances Dahlberg(ed.), *Woman the Gatherer*, New Haven & London: Yale University Press.

Godelier, 1981, "The Origin of Male Domination," *NLR*, No. 27.

Grim, Patrick, 1982, "Sex and Social Roles: How to Deal with the Data," in Mary Vetterling-Braggin, Totowa (ed.), *'Femininity,' 'Masculinity,' and 'Androgyny'*, N.J.: Littlefield, Adams.

Haraway, Donna, 1991, *Cybogs, and Women: The Reinvention of Nature*, N.Y.: Routeledge.

Harding, Sandra, 1989, "Feminist Justificatory Strategies," in Ann Garry & Marilyn Pearsall(eds.), *Women, Knowledge and Reality, Exploitations in Feminist Philosophy*, Boston: Unwin Hyman.

Haug, F., 1987, *Female Sexualization*, Verso.

Hearn, J. & Parkin, W., 1987, *'Sex' at 'Work': The Power & Paradox of Organisation Sexuality* Wheatsheat Books LTD.

Hubbard, Ruth, 1990, *The Politics of Women's Biology*, Rutgers Univ. Press.

James, Jennifer, 1978, "The Prostitute as Victim," Roberts Chapman and Margaret Gates(ed.), *The Victimization of Women*, Beverly Hills: SAGE Publishers.

Kaplan, C., 1986, *Sea Changes: Culture & Feminism*, Verso.

Kaufman, M., 1987, *Beyond Patriarchy*, Oxford University Press.

Kelly, 1987, "The Continuum of Sexual Violence," Jalna Hammer and Mary Maynard(ed.), *Women, Violence and Social Control*, London: Macmillan.

Kinnear, M., 1982, *Daughters of Time: Women in the Western Tradition*, The Univ. of Michigan Press.

Kirkpatrick, M., 1982, *Women's Sexual Experience: Explorations of the Dark Continent*, Plenum Press.

Kirp, Daniel L., Yudof, Mark G. and Franks, Marlene Strong, 1986, *Gender Justice*, Chicago and London: The University of Chicago Press.

Kramarae, Cheris and Paula A. Treichler, 1985, *A Feminist Dictionary*, Pandora.

Landes, J., 1982, "Hegel's Conception of the Family," in *The Family in Political Thought*, The Harvester Press.

Lederer, L., 1980, *Take Back the Night*, New York: Wiliam Marrow & Company, INC.

Lemoncheck, Linda, 1985, *Dehumanizing Women: Treating Persons as Sex Objects*, Rowman & Allanheld.

Lerner, Gerda, 1986, *The Creation of Patriarchy*, Oxford University Press.

Livinston, J., 1982, "Responses to Sexual Harassment on the Job: Legal, Organizational and Indiridual Action," *Journal of Social Issues*, Vol. 4.

Longino, Helen & Ruth Doell, 1987, "Body, Bias and Behavior: A Comparative Analysis," in Sandra Harding & Jean O'Barr (eds.), *Sex and Scientific Inquiry*, The Univ. of Chicago Press.

MacKinnon, Catharine A., 1979, *Sexual Harassment of Working Women*, Yale University Press.

__________, 1989, *Toward a Feminist Theory of the State*, Havard University Press.

Mappes, Thomas, 1982, *Social Ethics: Morality and Social Policy*, McGraw-Hill.

Marks, E. & de Courtivron, I.(eds.), 1980, *New French Feminisms: An Anthology*, The Univ. of Masschusetts Press.

Martin, Emily, 1987, *The Women in the Body*, Beacon Press.

Miller, E. M., 1986, *Street Women*, Philadelphia: Temple Univ. Press.

Mitchell, J. & Rose, J.(eds.), 1983, *J. Lacan & The Ecole Freudienne Feminine Sexuality*, The MacMillan Press.

Mitchell, J., 1971, *Woman's Estate*, Penguin Books.

Moi, T., 1986, *The Krisleva Reader*, Basil Blackwell.

New South Wales Women's Adversory Council, 1988, *Sexual Harassment at Work*, mimeograph.

O'Brien, M., 1983, *The Politics of Reproduction*, London: Routledge & Kegan Paul.

Ortner, Sherry, 1981, "Gender and sexuality in hierarchical societies: the case of Polynesia and some comparative implications," in Sherry Ortner and Harriet Whitehead (eds.), *Sexual Meanings: The Cultural Construction of Gender and Sexuality*, Cambridge Univ. Press.

Pateman, Carole, 1988, *The Sexual Contract*, Polity Press.

Rabinow, P.(ed.), 1984, *The Foucault Reader*, Penguin Books.

Ramazanogu, C., 1989, *Feminism and the Contradictions of Oppression*, Routledge.

Russell, Diana E. H., 1984, *Sexual Exploitation: Rape, Child Abuse, and Workplace Harassment*, California: Sage.

Ruth, Sheila, 1980, *Issues in Feminism*, Houghton Mifflin.

Sanday, P. R., 1981, *Female Power and Male Dominance on the Origins of Sexual Inequality*, Cambridge: Cambridge Univ. Press.

Sayers, Janet, 1982, *Biological Politics: Feminist and Anti-feminist Perspective*, London: Tavistock.

Sellers, Susan (ed.), 1994, The Hélène Cixous Reader, Routledge.

Stanko, E. A., 1988, "Keeping In and Out of Line: Sexual Harassment and Occupational Segregation," Sylvia Walby(ed.), *Gender Segregation at Work*, Yale University.

Stanton., E., 1985, *The Women's Bible*, Polygon Books.

Star, Susan Leigh, 1991, "Sex differences in hemispheric brain asymmetry," in Sneja Gunew (ed.), *A Reader in Feminist Knowlege*, Routledge.

The Open University, 1983, *The Changing Expreience of Women: Unit 4 Sexuality*, The Open Univ. Press.

Tolson, A., 1977, *The Limits of Masculinity*, London: Tavistock Publications.

Tong, R., 1989, *Feminist Thought: A Comprehensive Introdution*, Westview Press.

Treicher, Paula A., Kramarae, Cheris, & Stafford, Beth, 1985, *For Alma Mater: Therory and Practice in Feminist Scholarship*, Urbana & Chicago: Univ. of Illinois Press.

Tuttle, Lisa, 1986, *Encyclopedia of Feminism*, New York: Facts on File Publications.

Uberoi, Patriia, 1996, "When is a Marriage not a Marriage? Sex, Sacrament and Contract in Hindu Marriage," *Social Reform Sexuality and the State*, Sage Publications India Pvt Ltd.

Walby, S., 1990, *Theorizing Patriarchy*, Basil Blackwell LTD.

Walkowitz, Judith R., 1984, "Prostitution," *Women, Sex and the Law*, New York: Rowman & Allanheld Publishers.

Weeks, Jeffrey, 1981, *Sex, Politics and Sexuality*, London: Longman House.

______, 1985, *Sexuality and Discontents*, London: Routledge & Kegan Paul

______, 1986, *Sexuality*, Tavistock.

Wollstonecraft, M., 1974, *The Rights of Woman*, Everyman's Library.

Young, Iris, 1990, *Justice and the Politics of Difference*, Princeton University Press.

가부장제 24, 39, 47, 142, 160, 243, 247, 248, 253, 256, 266, 271, 289, 290, 291-293, 296, 297, 318, 319, 320 ; ─ 가족 39 ; ─ 기원 25 ; ─ 문화 9, 24, 142, 240, 246, 247, 248, 250, 251, 256, 265-269, 271, 273, 283 ; ─ 성문화 142 ; ─ 이데올로기 255

가사 노동 118, 159, 240, 243-245, 310

가사 종사자 145

가정 주부 '주부'를 볼 것.

가족 29, 39, 40, 42, 43, 47, 58, 142, 144, 145, 159, 160, 177, 225, 234, 243, 244, 247, 260, 271, 288, 291, 292, 293, 294, 297, 313 ; ─법 294 ; ─ 부양자 145 ; ─ 중심주의 294

간통 30, 42, 44, 276

강간 6, 31, 34, 55, 56, 63, 64, 65, 100, 105, 109, 116, 125, 143, 201, 203, 205, 219, 229, 252, 253, 254, 255, 272, 274, 298, 306, 308

결혼 계약 '계약'을 볼 것.

결혼 제도 11, 12, 28, 125, 128, 288-320

경제 결정론 29, 38, 39

경험 연구 45, 53

계몽주의 26, 27

계약 293, 294 ; 결혼 ─ 28, 294, 295, 296, 312 ; ─ 관계 289 ; ─론 264, 265, 276, 295 ; ─적 사회 285 ; 근로 ─ 228, 244

고용 문제 조정 위원회 227, 228, 231, 232

고용 조건형 200, 206, 210

고충 처리 위원회 221, 223, 224, 225, 231

공격성 31, 32, 105, 109, 110, 137, 143, 147

공사 영역 40

공식적 사회화 84, 85, 86

공적 영역 118, 152, 264

공창 폐지법 164, 165

과학주의 153

국가 29, 39, 165, 172, 173, 175, 178, 179, 190, 199, 208, 211, 226, 292, 295, 319 ; ─ 기관 40, 231, 232, ; ─ 수입 179 ; ─의 역할 215, 226-247 ; ─ 재정 164, 170, 171, ; ─적 손실 222 ; ─적 지원 232 ; ─ 정책 172, 181, 182, 183 ; 우방 ─ 168, 169

군대 문화 90, 93, 94, 98

권력 11, 29, 39, 41, 42, 109, 136, 141, 142, 200, 202, 241, 242, 247, 255, 273, 274,

275, 291, 302 ; — 관계 18, 33, 42, 46, 50, 109, 147, 212, 281, 292, 293, 302, 313, 319 ; — 장치 268 ; 공— 166, 293 ; 절대 — 40 ; 정치 — 141

급진주의 25, 29, 35

기생 관광 158, 162, 163, 174, 178, 179, 181, 182, 183, 188

기지촌 163, 173

기혼 남성 60, 69, 71, 72, 75, 80, 81, 83, 105, 106, 279, 317

낙태 31, 291, 302, 309, 311

남근 상징 질서 phallic order 36

남녀 고용 평등법 226, 227, 228, 234

남녀 차별 금지 및 구제에 관한 법률 235

남녀 평등 136, 236

남성 : —다움 35, 62, 89, 90, 97, 106, 107, 108, 117, 121, 273, 274 ; — 문화 72 ; —성 35, 44, 46, 117, 256, 274, 284, 299 ; — 조직 84, 90, 94, 101

남존 여비 139

낭만적 사랑 30, 32, 121, 306, 315

노동 : —권 198, 202, 222, 226 ; — 조합 215, 220, 228, 231 ; — 환경형 200, 201

논리 중심주의 logocentrism 36, 37

대중 매체 43, 46, 65, 84, 123, 233

데일리, 메리 31

도덕주의 33, 34

독신(자) 168, 169, 290, 298, 299, 315, 316, 317

동거 288, 290, 298, 305, 312, 315, 316

동성애 22, 298

드워킨, 안드레아 31, 253, 274, 275

디너스타인, 도로시 35

또래 집단 84, 87, 88

라캉, 자크 36, 37

래디컬 페미니즘 Radical Feminism 31

램버트, 존 269

러너, 거다 39, 269

러셀, 다이아나 200, 209

롱기노, 헬렌 150

루소, 쟝 작크 26, 27

마르쿠제, 허버트 23, 41, 268

마르크스, 칼 29, 30

마르크스주의 25, 29

매매춘 39, 43, 45, 46, 50, 54, 55, 56, 73, 75, 79, 82, 91-110, 143, 156-195, 266, 277, 292, 298, 299, 300, 312, 313, 319 ; — 제 도 46, 266, 292

매춘 여성 72, 73, 74, 94, 123, 143, 159-191, 300

맥키논, 케더린 31, 253

모성 본능 22, 144

몸 50, 60, 61, 86, 87, 95, 105, 117, 118, 132-153, 167, 176, 178, 181, 186, 202, 204, 207, 249, 250, 269, 271, 272, 273, 280, 283, 294, 295, 309, 310, 311, 312

문화적 성 20
미러 스테이지 mirror stage 36
미첼, 줄리엣 35
밀레트, 케이트 31, 32

배타성(성적) 124, 125, 126, 127, 298, 299,
    312, 313, 314
버크, 린다 149
변형론 transformationism 151
본질주의 246
부거제 39
부계 39, 291, 292, 294, 303, 313
부권 291, 292
부녀 상담소 173
부르주아 29, 41
부부 관계 29, 41, 43, 75, 76, 77, 78, 79, 268,
    289, 293, 297, 298, 299, 306
부성 247, 271
부성주의 294
불평등 관계 28, 32, 34
블레이어, 루스 147
비공식적 사회화 84, 87, 88, 89, 107
비공식적 체계 42, 43, 44, 46, 300, 301, 303
비판 철학 23
빅토리아 시대 32

사랑 28, 30, 32, 43, 59, 74, 82, 83, 89, 109,
    114-129, 250, 263, 270, 273, 304, 305,
    306, 315
사적 영역 32, 118, 264

사회 구조 27, 46, 136, 140, 141, 149, 160,
    161, 202, 226, 261, 268, 291, 297
사회적 구성물 20, 125, 268
사회적 평등 50
사회학 38
사회화 과정 26, 27, 42, 53, 54, 83, 84, 87,
    89, 94, 97, 98, 104, 107, 109, 126, 233,
    250, 265, 268, 293
상징 질서 symbolic order 36, 37
상징 체계 40
상호 작용론 150, 151
생리학 50, 122, 132, 152, 153
생물학 18, 21, 22, 31, 38, 115, 122, 125,
    132, 134, 143, 146-152, 160, 247, 249,
    270, 271, 272, 307, 313
생산력 39
생산성 211, 222
성경험 11, 24, 54, 55, 61, 69-74, 79-83,
    91-93, 95, 105-107, 116, 252, 253, 302,
    317
성계급 32
성 과학 22, 23, 25, 41
성관계 19, 20, 30, 31, 32, 40-43, 46, 56,
    59-62, 64, 66-70, 74, 75, 77-80, 83, 87,
    89, 93, 98, 103-106, 110, 114, 116-124,
    205, 218, 250, 252-256, 274-275, 280,
    281, 283, 285, 290, 292, 297, 299,
    302-309, 311, 313-315, 317, 319
성교육 43-45, 84-86, 115, 116, 223, 233, 249,
    272 ; ― 지침서 44

성 규범 22, 43, 46, 52, 108, 122, 124, 142, 288, 289, 297, 298, 299, 301-303, 315, 318, 319

성 담론 260, 269, 273, 288

성문화 18, 50, 52, 53, 56, 83, 102-104, 106-110, 121, 142, 160, 212, 251, 252, 274-276, 297, 298, 303, 314

성별 19, 20, 64, 65, 115, 118, 200, 201, 204, 208, 212, 234, 235, 242, 260, 262, 263, 264, 266, 296, 297, 298, 299, 302, 319; ― 분업 139, 145 ; ― 불평등 202 ; ― 역할 분리 35, 273 ; ― 이중 규범 71, 225 ; ― 인식 138

성역할 89, 138, 213, 233, 265, 271

성욕(구) 45, 62, 63, 64, 65, 101, 102, 118, 122, 143, 160, 169, 273, 299, 307, 313, 316

성윤리 30, 32, 161, 260, 261, 265, 268, 275-277, 281

성의 상품화 18, 84, 98, 99, 103, 108, 123, 277

성의 정치학 31

성 이중 규범 80, 83, 106, 107, 289, 297, 299, 300, 301

성 인식 21, 22, 39, 43, 59, 83, 89, 94, 104, 107, 121, 142, 233

성 장치 41

성적 권리 28, 294

성적 대상화 22, 25, 38, 61, 66, 105, 116, 133, 172, 256, 268, 278, 280, 281, 312

성적 대상화 277, 278, 280-285

성적 배타성 298, 299, 312-314

성적 자율권(성) 198, 202, 302

성지식 19, 22, 65, 83, 85-88, 101, 115, 268

성차 27, 115, 134, 148, 149-151

성차별 86, 108, 109, 110, 148, 149, 151, 160, 163, 188, 160, 163, 188, 191, 198, 200-203, 208, 212, 213, 214, 220, 221, 225-267, 231-233, 260-264, 268, 275, 294 ; ― 문화 213

성추행 34, 203, 253, 255, 272

성충동 44, 62-65, 105, 110, 143, 160, 260, 299

성통제 39, 40, 42, 44-46, 248, 266, 201, 301, 303, 318

성폭력 18, 33, 34, 50, 122, 203, 214, 219, 225, 228-233, 240, 246, 249-253, 255-256, 260, 272, 274, 276, 298

성폭력 특별법 219, 228-232, 260

성행위 19-21, 41, 115-116, 193, 204, 249, 268, 274, 305

성희롱 198-237, 253 ; ― 지침서 199, 214, 231 ; 시각적 ― 204 ; 언어적 ― 205 ; 육체적 ― 205, 206 ; 직장내 ― 198, 200, 202, 206, 211-214, 219, 226, 227, 228, 230-234 ; 환경형 ― 201, 210

섹슈얼리티 19, 20, 251, 261, 268, 269, 272, 273, 275, 277

수동성 143, 299, 302

순결 25, 32, 45, 47, 69-74, 86, 106, 114, 117,

119, 123, 124, 249, 256, 272, 302-306, 315, 317, 319

스탄코 Stanko 200, 212

스탠튼, 엘리자베스 캐디 28

스트레스 호르몬 144

신체 결정론 46, 134, 139, 141-147

씩수, 엘렌 36

아내 구타 30

아동기 32, 233

아퀴나스, 토마스 22

양육 18, 21, 35, 42, 144, 296

어머니됨 mothering 246

억압(적) 32, 33, 40, 43, 50, 94, 108, 110, 123, 134-137, 139, 147, 152, 153, 159, 160, 172, 186, 190, 226, 229, 242, 246, 248, 255, 257, 267, 271, 273, 282-284, 291, 293, 301, 302, 318, 320

언술 행위 18, 24, 128

에로티카 erotica 33, 34

엘리스, 해블록 22

엥겔스, 프리드리히 29, 39

여성(의) 이분화 22, 24, 66, 83, 265, 289, 299-301, 319

여성다움 35, 89, 121, 209, 213, 273

여성 단체 198, 219, 232, 233

여성 억압 50, 135, 137, 139, 160, 190, 248, 267, 271, 318, 320

여성에 대한 폭력 철폐 선언 226

여성주의 240-242, 245, 257, 263-265, 268, 275, 283, 284

여성주의 인식론 240, 241, 245

여성 차별(주의) 136, 137, 147, 183, 276

여성 착취 185

여성학 19, 37, 38, 47, 50-52, 108, 111, 132-137, 139, 144, 153, 192, 198, 200, 233, 240, 260, 320

여성 해방론(자) 19, 25, 29, 31-37, 41, 51, 136, 137, 160, 188

역사학 38

연방 고용 기회 평등 위원회 231

연애 54, 66, 291

영, 아이리스 320

오르가슴 23, 308

오브라이언, 메리 269

외도 54, 55, 60, 75-82, 106, 114, 117, 121, 123, 291, 308, 312-315, 319

외모 133, 138, 201, 208, 273, 312

요보호 여성 173

월경 21, 45, 145, 249, 271, 272

월스톤크라프트, 메리 26

위안부 168, 169, 171

위틱 36

유물론 32

윤락 여성 158, 162, 163, 165, 166, 170, 173-190, 266, 276

윤락 행위 162, 185, 188, 190, 193-195 ; 「— 등 방지법」 156, 161-163, 172- 174, 180, 182, 186, 187, 189, 193-195

이리거레이, 뤼스 36

이분법 25, 40, 76, 132, 151, 248

이성 관계 68

이성애 32, 33, 251, 253, 254, 255, 273, 302

이원론 dualism 36, 37, 266

이중 부담 244

이혼 80, 114, 119, 285, 288, 290, 296, 297,
    298, 305, 310, 312, 314, 315, 316

인류학 38, 144, 148

인식 : ― 대상 240-242, 244, 245, 248, 249
    ; ―론 35, 240, 241, 242, 245, 255 ; ―
    주체 240-251

일부 일처제 42, 43, 126, 159, 298, 302, 312

임금 노동(자) 30, 243-245

임신 21, 45, 55, 59, 61, 78, 94, 105, 116,
    118, 120, 133, 144, 145, 152, 153, 201,
    208, 234, 247, 270, 272, 291, 309, 310

자발성 201, 276, 277, 279, 281, 294

자본주의 29, 30, 32, 39, 46, 99, 159, 243

자연 결정론 29, 40

자유주의 26, 171, 263-265, 275

재거, 앨리슨 30

재생산 29, 30, 45, 46, 53, 83, 96, 108, 118,
    142, 160, 247, 248, 251, 267, 269, 271,
    292, 293, 309, 311, 319

전업 주부 '주부'를 볼 것.

전체론 holism 150, 151

정신 분석학 25, 35, 36, 50

정절 25, 37, 39, 118, 138, 248, 266, 293, 317,
    319

정체성 248, 271, 273, 284, 297, 310

정치 경제학 30

제1의 물결 25

제2의 물결 19, 25, 29

제2의 여성 해방 운동 50

젠더 20, 260, 271, 275

주관성 24, 202, 245

주부 243, 244, 300 ; 가정 ― 29 ; 전업 ―
    243-245 ; 취업 ― 244

직장 문화 98, 108, 211, 222

청소년기 75, 83, 84, 85, 89-91, 94, 98, 107,
    108, 151

쵸도로우, 낸시 35

출산 21, 28, 30, 41, 45, 50, 51, 55, 59, 60,
    76, 105, 118, 133, 144, 145, 149, 152,
    153, 201, 208, 247, 270, 271, 289, 291,
    294, 309-311 ; ―력 39, 309, 315

취업 주부 '주부'를 볼 것.

칸트, 임마누엘 22

켈리, 리즈 253

코베니 Coveney 108

코워드 40

쾌락 22, 34, 37, 41, 59, 76, 102, 108, 117,
    129, 159, 264, 268, 298, 302, 309

쿤츠 39

크리스테바, 줄리아 36

타나티카 thanatica 34

타락한 여성(자) 43, 143, 248, 256

파이어스톤, 슐라미드 31, 32
패러다임 27, 153, 251, 276, 283-285, 318
페이트만, 캐롤 295
포르노그라피 31, 33, 34, 274, 275
푸코, 미셸 18, 40, 41, 268
프로이트, 지그문트 22, 25, 35, 41, 138, 268
프롤레타리아 29
프리단, 베티 31
프리드만 201, 202, 209, 231
피임 21, 31, 32, 50, 55, 59-61, 105, 118, 120,
    291, 302, 309-311

하라웨이, 도나 149
하이트 리포트 Hite Report 23
한국 여성 개발원 157, 183, 191
합리적 논리성 28
합리적 인간 202
해체주의 36
향락 산업 99, 103, 156, 157
허바드, 루스 149, 151
헨더슨 39
혼인 제도 292
환경 결정론 38, 40
효율성 152, 211, 222
후기 구조주의 36

여성·몸·성

초판 1쇄 발행 — 1999년 3월 31일
초판 5쇄 발행 — 2006년 7월 12일
지은이 — 장(윤)필화
펴낸이 — 유승희
펴낸곳 — 도서출판 또 하나의 문화
편집장·유승희, 영업·고진숙, 총무·김효진
121-818·서울 마포구 동교동 184-6 대재빌라 302호
전화 (02) 324-7486 팩스 (02) 323-2934
e-mail tomoon@tomoon.com
홈페이지 http://www.tomoon.com
출판등록번호 — 1987년 12월 29일 제9-129호
ISBN 89-85635-35-2 03330

ⓒ 장(윤)필화, 1999

* 지은이와의 협의하에 인지를 생략합니다.
* 잘못된 책은 바꾸어 드립니다.
* 책값은 뒷표지에 있습니다.